ITQ
파워포인트 2016

이 책의 구성

 **유형 분석하기**

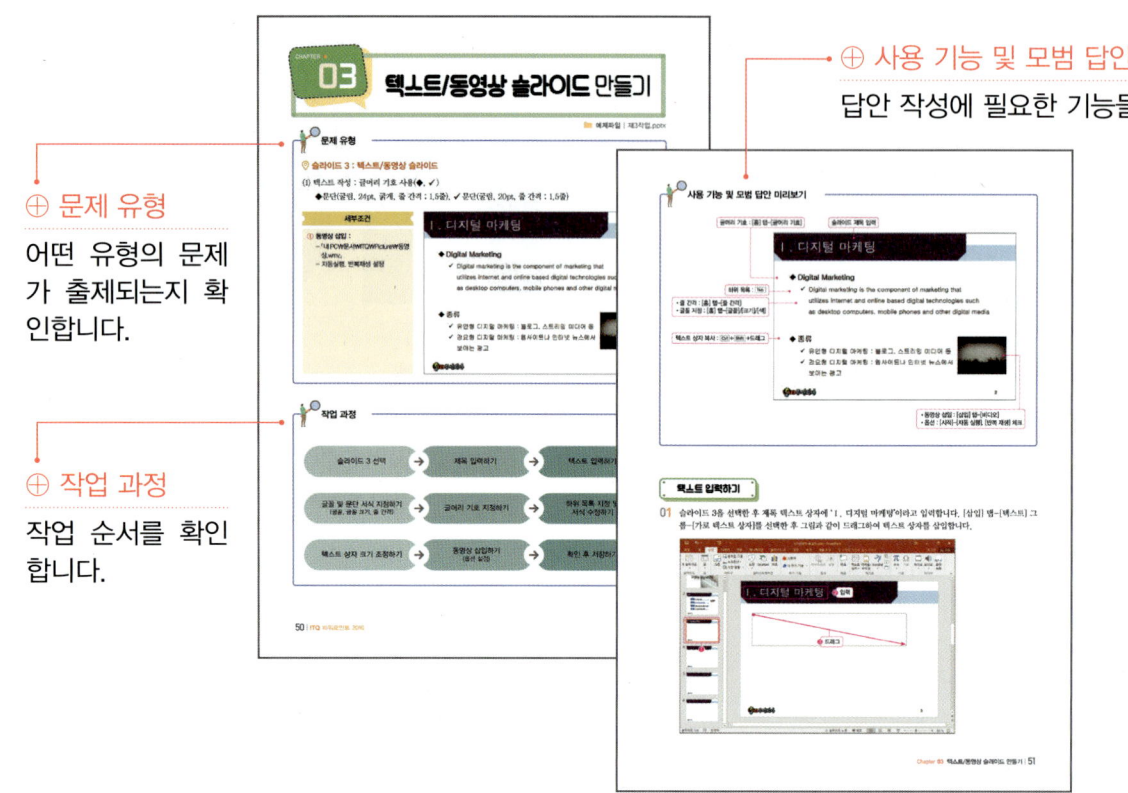

⊕ **사용 기능 및 모범 답안 미리보기**
답안 작성에 필요한 기능들을 확인합니다.

⊕ **문제 유형**
어떤 유형의 문제가 출제되는지 확인합니다.

⊕ **작업 과정**
작업 순서를 확인합니다.

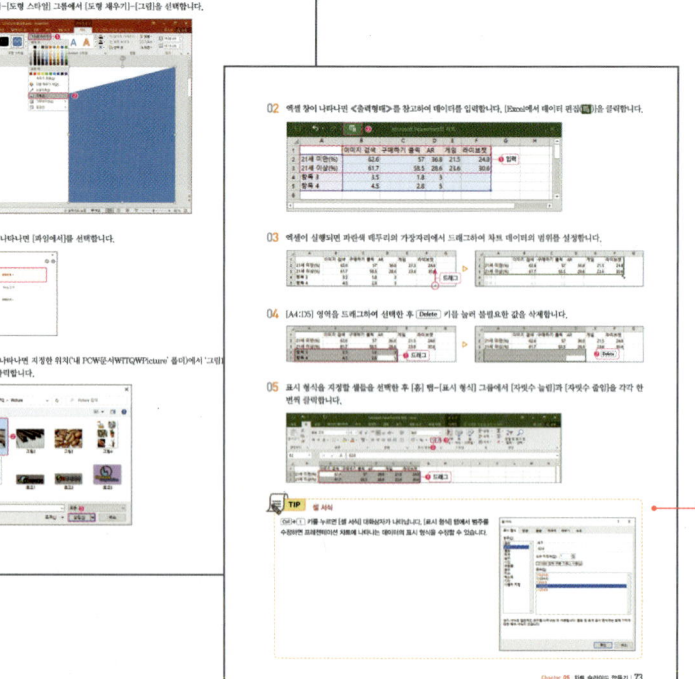

⊕ **따라하기**
작업 과정에 따라 주요 핵심 기능을 익힙니다.

⊕ **TIP**
따라하기에서 살펴보지 못한 부분의 보충 설명이나 주의점 등을 알려줍니다.

 기본 예제 / 기출 유형 문제

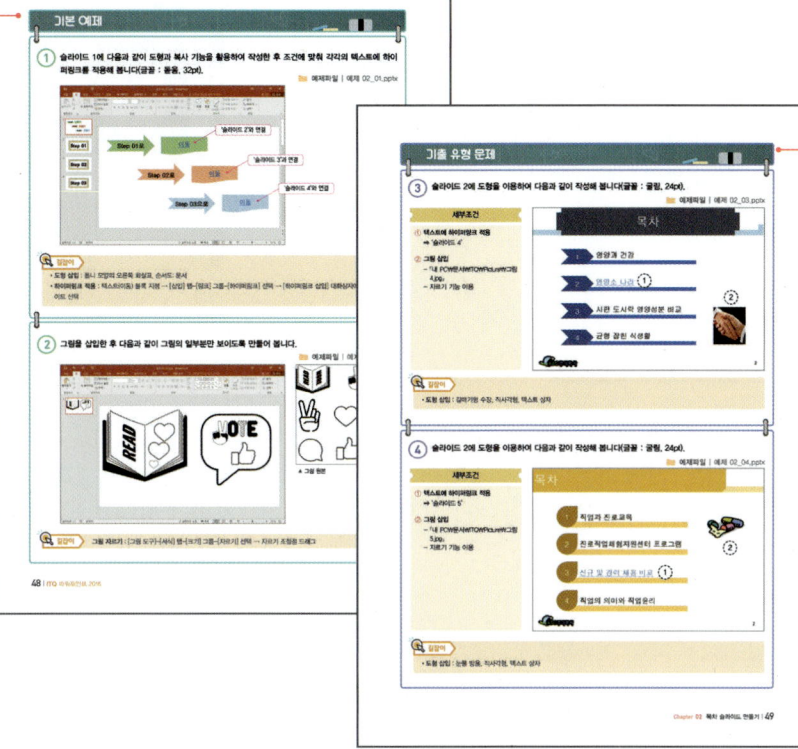

⊕ 기본 예제

기본 기능을 탄탄하게 다질 수 있도록 한 번 더 살펴봅니다.

⊕ 기출 유형 문제

출제 유형을 파악할 수 있도록 작업별로 연습해 봅니다.

 실전 모의고사 / 최신 기출문제

다양한 유형의 문제를 통해 문제 해결력을 기르고 최신 기출문제를 풀어봅니다.

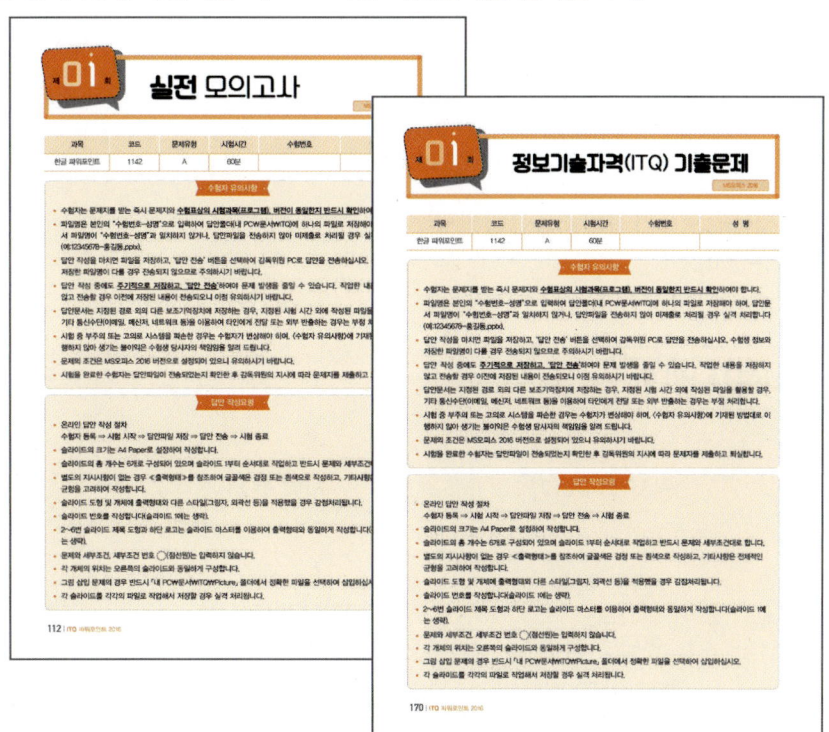

검정 안내

 ITQ 시험은?

정보화 시대의 기업, 기관, 단체 구성원들에 대한 정보기술능력 또는 정보기술 활용능력을 객관적으로 평가하는 시험입니다. 산업인력의 정보경쟁력 강화를 통한 국가정보화 촉진을 목적으로 시행하고 있으며, 초등학생부터 대학생, 직장인, 노년층에 이르기까지 다양한 계층에서 응시하고 있는 "국가공인(민간)자격" 시험입니다. 1957년 산업발전법에 의거하여 설립된 한국생산성본부에서 시행합니다.

 활용 분야

- 기업체 : 의무취득, 입사 시 우대, 사원교육제도, 승진가점, 경진대회
- 대학교 : 학점인정, 교양필수, 개설과목 적용, 졸업인증제, 정보화능력배양, 신입생특별전형
- 정부부처 및 지자체 : 의무취득, 공무원 채용가점, 공무원 승진가점, 경진대회, 이벤트, 주민정보화교육

 자격 특징

- 공정성, 객관성, 신뢰성이 확보된 OA 자격 시험입니다.
- 동일 시험 과목에 응시가 가능하며, 취득한 성적별로 A · B · C 등급을 부여하여 업그레이드할 수 있습니다.
- 8과목 중 1과목만 취득하여도 국가공인자격이 부여됩니다.
- 필기 시험 없이 실기 시험만으로 평가합니다.
- 실무 중심의 작업형 문제로 출제되는 현장 실무 위주의 시험입니다.

 한국생산성본부 자격인증 센터

- 홈페이지 : license.kpc.or.kr
- 주소 : 서울시 종로구 새문안로 5가길 32 생산성빌딩
- 문의 : (국번없이) 1577-9402

자격검정 응시절차 안내

응시 자격 조건	원서 접수하기	시험 응시	합격자 발표
제한 없음 (누구나 가능)	방문 접수 또는 인터넷 접수 (license.kpc.or.kr)	실무 작업형 시험 (60분)	"license.kpc.or.kr"에서 결과 확인 (합격자 : 자격증 발급 신청)

ITQ 합격 기준

(만점 : 500점 만점, 시험 시간 : 60분)

A등급	B등급	C등급
400~500점	300~399점	200~299점

ITQ 시험 과목

자격 종목		시험 프로그램(S/W) 및 버전	기타
국가공인 ITQ 정보기술자격	아래한글	한컴오피스 NEO	실기 시험으로만 평가
	한셀		
	한쇼		
	MS 워드	MS오피스 2016	
	한글 엑셀		
	한글 액세스		
	한글 파워포인트		
	인터넷	IE 8.0 이상	

※ 한 회차에 아래한글·MS 워드, 한글 엑셀/한셀, 한글 액세스, 한글 파워포인트/한쇼, 인터넷의 5개 과목 중 최대 3과목까지 시험자가 선택하여 신청 가능 (단, 아래한글/MS 워드, 한글 엑셀/한셀, 한글 파워포인트/한쇼는 동일 과목군으로 동일 회차에 응시 불가)

ITQ "파워포인트" 시험 출제 기준

문항	배점	출제 기준
전체 구성	60점	**전체 슬라이드 구성 내용 평가** 슬라이드 크기, 슬라이드 개수 및 순서, 슬라이드 번호, 그림 편집, 슬라이드 마스터 등
1. 표지 디자인	40점	**도형과 그림을 이용한 제목 슬라이드 작성 능력 평가** • 도형 점 편집 및 그림 삽입, 도형 효과 • 워드아트 • 로고 삽입(투명한 색 설정 기능 사용)
2. 목차 슬라이드	60점	**목차에 따른 하이퍼링크와 도형, 그림 배치 능력 평가** • 도형 편집 및 효과 • 하이퍼링크 • 그림 편집
3. 텍스트/동영상 슬라이드	60점	**텍스트 간의 조화로운 배치 능력 평가** • 텍스트 편집 / 목록 수준 조절 / 글머리 기호 / 내어쓰기 • 동영상 삽입
4. 표 슬라이드	80점	**표 작성 능력 평가** • 표 삽입 및 편집 • 도형 편집 및 효과
5. 차트 슬라이드	100점	**차트를 작성할 수 있는 종합 능력 평가** • 차트 삽입 및 편집 • 도형 편집 및 효과
6. 도형 슬라이드	100점	**도형을 이용한 슬라이드 작성 능력 평가** • 도형 및 스마트아트 이용 • 그룹화 / 애니메이션 효과

목차 (Contents)

- 이 책의 구성 ········ 002
- 검정 안내 ········ 004
- 소스파일 다운로드 및 사용방법 ········ 008

Part 01 출제유형 분석하기

Chapter 00 전체 구성 디자인하기 ········ 010
  기본 예제 ········ 024
  기출 유형 문제 ········ 025

Chapter 01 표지 슬라이드 만들기 ········ 026
  기본 예제 ········ 035
  기출 유형 문제 ········ 036

Chapter 02 목차 슬라이드 만들기 ········ 037
  기본 예제 ········ 048
  기출 유형 문제 ········ 049

Chapter 03 텍스트/동영상 슬라이드 만들기 ········ 050
  기본 예제 ········ 058
  기출 유형 문제 ········ 059

Chapter 04 표 슬라이드 만들기 ········ 060
  기본 예제 ········ 069
  기출 유형 문제 ········ 070

Chapter 05 차트 슬라이드 만들기 ········ 071
  기본 예제 ········ 085
  기출 유형 문제 ········ 086

Chapter 06 도형 슬라이드 만들기 ········ 087
  기본 예제 ········ 106
  기출 유형 문제 ········ 107

Plus Page 알아두면 유용한 도형 만들기 ········ 108

Part 02 실전 모의고사

제01회 실전 모의고사 ··· 112
제02회 실전 모의고사 ··· 116
제03회 실전 모의고사 ··· 120
제04회 실전 모의고사 ··· 124
제05회 실전 모의고사 ··· 128
제06회 실전 모의고사 ··· 132
제07회 실전 모의고사 ··· 136
제08회 실전 모의고사 ··· 140
제09회 실전 모의고사 ··· 144
제10회 실전 모의고사 ··· 148
제11회 실전 모의고사 ··· 152
제12회 실전 모의고사 ··· 156
제13회 실전 모의고사 ··· 160
제14회 실전 모의고사 ··· 164

Part 03 최신 기출문제

제01회 정보기술자격(ITQ) 기출문제 ··· 170
제02회 정보기술자격(ITQ) 기출문제 ··· 174
제03회 정보기술자격(ITQ) 기출문제 ··· 178
제04회 정보기술자격(ITQ) 기출문제 ··· 182
제05회 정보기술자격(ITQ) 기출문제 ··· 186
제06회 정보기술자격(ITQ) 기출문제 ··· 190
제07회 정보기술자격(ITQ) 기출문제 ··· 194
제08회 정보기술자격(ITQ) 기출문제 ··· 198
제09회 정보기술자격(ITQ) 기출문제 ··· 202
제10회 정보기술자격(ITQ) 기출문제 ··· 206

Part 04 문제 풀이

- 실전 모의고사 풀이 ·· 212
- 최신 기출문제 풀이 ·· 222

소스파일 다운로드 및 사용방법

홈페이지에서 다운받기

01 SD에듀 홈페이지(www.sdedu.co.kr)에 접속한 후, 로그인을 합니다.
※ SD에듀 회원이 아닌 경우 회원가입을 한 후 로그인을 합니다.

02 홈페이지의 위쪽 메뉴 중 [프로그램]을 선택합니다.

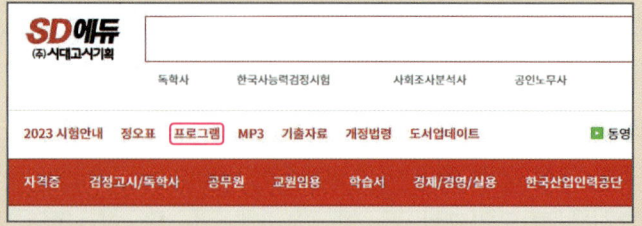

03 학습에 필요한 소스파일을 다운로드받습니다.

소스파일 구성

다운로드된 파일의 압축을 해제하면 다음과 같이 구성되어 있습니다.

[ITQ] 폴더 이동

[ITQ] 폴더를 [문서] 폴더로 이동한 후, 연습을 시작합니다.

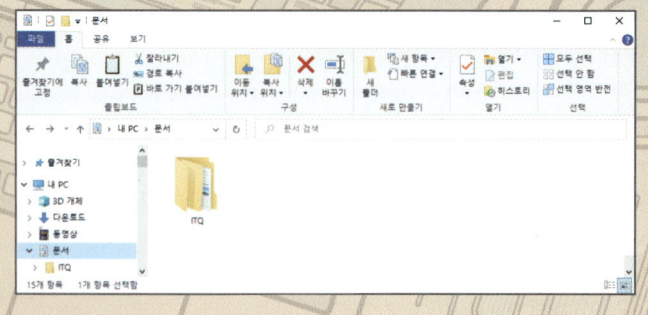

PART 01

출제유형 분석하기

Chapter 00	전체 구성 디자인하기
Chapter 01	표지 슬라이드 만들기
Chapter 02	목차 슬라이드 만들기
Chapter 03	텍스트/동영상 슬라이드 만들기
Chapter 04	표 슬라이드 만들기
Chapter 05	차트 슬라이드 만들기
Chapter 06	도형 슬라이드 만들기

CHAPTER 00 전체 구성 디자인하기

 **문제 유형**

· 수험자 유의사항 ·

- 수험자는 문제지를 받는 즉시 문제지와 **수험표상의 시험과목(프로그램), 버전이 동일한지 반드시 확인**하여야 합니다.
- 파일명은 본인의 "수험번호-성명"으로 입력하여 답안폴더(내 PC₩문서₩ITQ)에 하나의 파일로 저장해야 하며, 답안문서 파일명이 "수험번호-성명"과 일치하지 않거나, 답안파일을 전송하지 않아 미제출로 처리될 경우 실격 처리합니다(예:12345678-홍길동.pptx).
- 답안 작성을 마치면 파일을 저장하고, '답안 전송' 버튼을 선택하여 감독위원 PC로 답안을 전송하십시오. 수험생 정보와 저장한 파일명이 다를 경우 전송되지 않으므로 주의하시기 바랍니다.
- 답안 작성 중에도 **주기적으로 저장하고, '답안 전송'**하여야 문제 발생을 줄일 수 있습니다. 작업한 내용을 저장하지 않고 전송할 경우 이전에 저장된 내용이 전송되오니 이점 유의하시기 바랍니다.
- 답안문서는 지정된 경로 외의 다른 보조기억장치에 저장하는 경우, 지정된 시험 시간 외에 작성된 파일을 활용할 경우, 기타 통신수단(이메일, 메신저, 네트워크 등)을 이용하여 타인에게 전달 또는 외부 반출하는 경우는 부정 처리합니다.
- 시험 중 부주의 또는 고의로 시스템을 파손한 경우는 수험자가 변상해야 하며, 〈수험자 유의사항〉에 기재된 방법대로 이행하지 않아 생기는 불이익은 수험생 당사자의 책임임을 알려 드립니다.
- 문제의 조건은 MS오피스 2016 버전으로 설정되어 있으니 유의하시기 바랍니다.
- 시험을 완료한 수험자는 답안파일이 전송되었는지 확인한 후 감독위원의 지시에 따라 문제지를 제출하고 퇴실합니다.

· 답안 작성요령 ·

- 온라인 답안 작성 절차
  수험자 등록 ⇒ 시험 시작 ⇒ 답안파일 저장 ⇒ 답안 전송 ⇒ 시험 종료
- 슬라이드의 크기는 A4 Paper로 설정하여 작성합니다.
- 슬라이드의 총 개수는 6개로 구성되어 있으며 슬라이드 1부터 순서대로 작업하고 반드시 문제와 세부조건대로 합니다.
- 별도의 지시사항이 없는 경우 《출력형태》를 참조하여 글꼴색은 검정 또는 흰색으로 작성하고, 기타사항은 전체적인 균형을 고려하여 작성합니다.
- 슬라이드 도형 및 개체에 출력형태와 다른 스타일(그림자, 외곽선 등)을 적용했을 경우 감점처리됩니다.
- 슬라이드 번호를 작성합니다(슬라이드 1에는 생략).
- 2~6번 슬라이드 제목 도형과 하단 로고는 슬라이드 마스터를 이용하여 출력형태와 동일하게 작성합니다(슬라이드 1에는 생략).
- 문제와 세부조건, 세부조건 번호 ○(점선원)는 입력하지 않습니다.
- 각 개체의 위치는 오른쪽의 슬라이드와 동일하게 구성합니다.
- 그림 삽입 문제의 경우 반드시 「내 PC₩문서₩ITQ₩Picture」 폴더에서 정확한 파일을 선택하여 삽입하십시오
- 각 슬라이드를 각각의 파일로 작업해서 저장할 경우 실격 처리됩니다.

◎ 전체 구성　　　　　　　　　　　　　　　　　　　　　　　　　　　　　　　60점

(1) 슬라이드 크기 및 순서 : 크기를 A4 용지로 설정하고 슬라이드 순서에 맞게 작성한다.
(2) 슬라이드 마스터 : 2~6 슬라이드의 제목, 하단 로고, 슬라이드 번호는 슬라이드 마스터를 이용하여 작성한다.
　　- 제목 글꼴(굴림, 40pt, 흰색), 가운데 맞춤, 도형(선 없음)
　　- 하단 로고(「내 PC₩문서₩ITQ₩Picture₩로고2.jpg」, 배경(회색) 투명색으로 설정)

작업 과정

파워포인트 실행하기 → 페이지 설정하기 → 슬라이드 마스터 실행하기 →

도형 삽입하기 → 제목 작성하기 (글꼴 및 크기, 색 지정) → 로고 삽입하기 (투명한 색 설정) →

슬라이드 번호 삽입하기 → 슬라이드 마스터 닫기 → [빈 화면] 레이아웃 설정하기 →

[제목만] 슬라이드 추가하기 → 슬라이드 삽입하기 → 확인 후 저장하기

사용 기능 및 모범 답안 미리보기

- 슬라이드 크기 : [디자인] 탭-[페이지 설정]-[A4]
- 슬라이드 마스터 : [보기] 탭-[슬라이드 마스터]

- 저장 : Ctrl + S
- 파일명 : 수험번호-성명.pptx

- 도형 삽입 : [삽입] 탭-[도형]

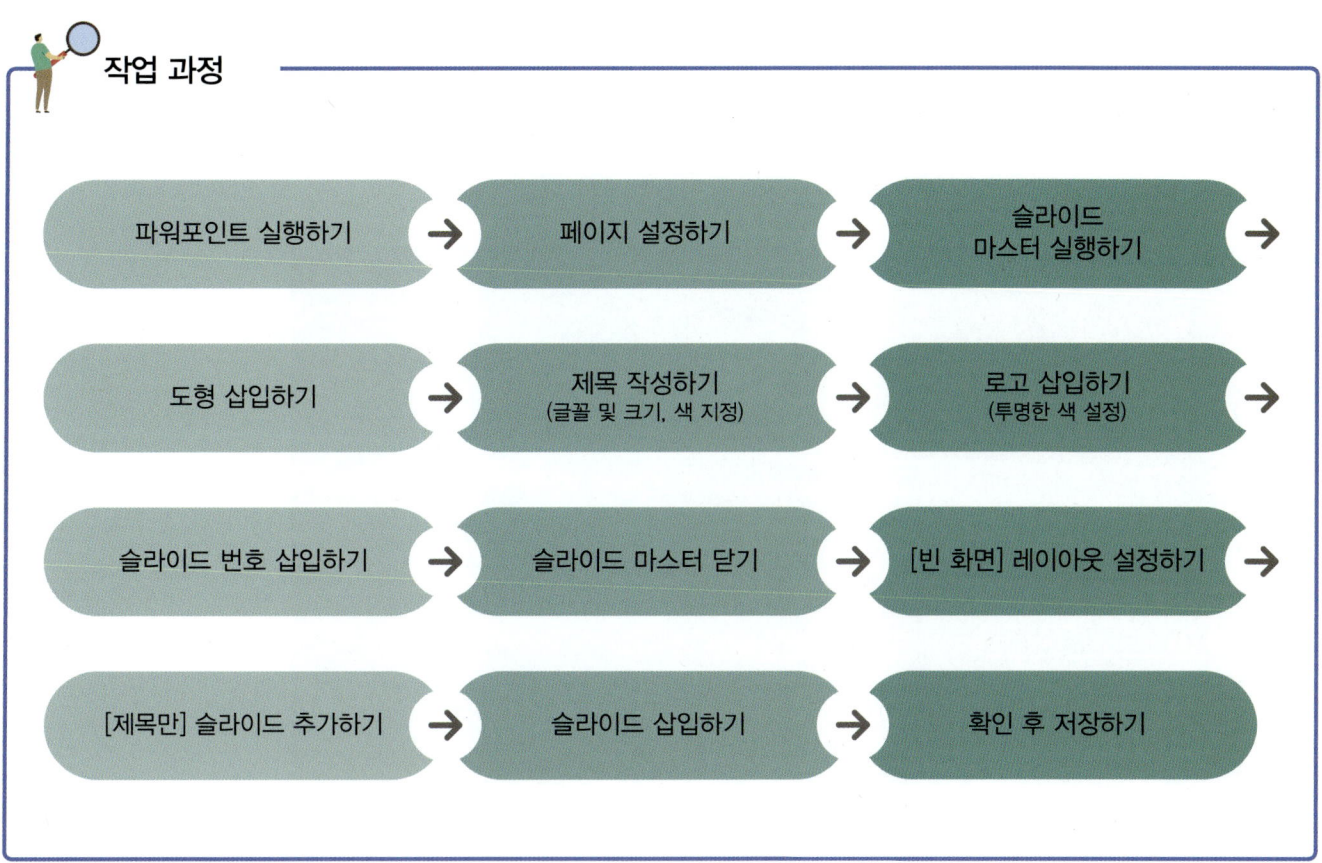

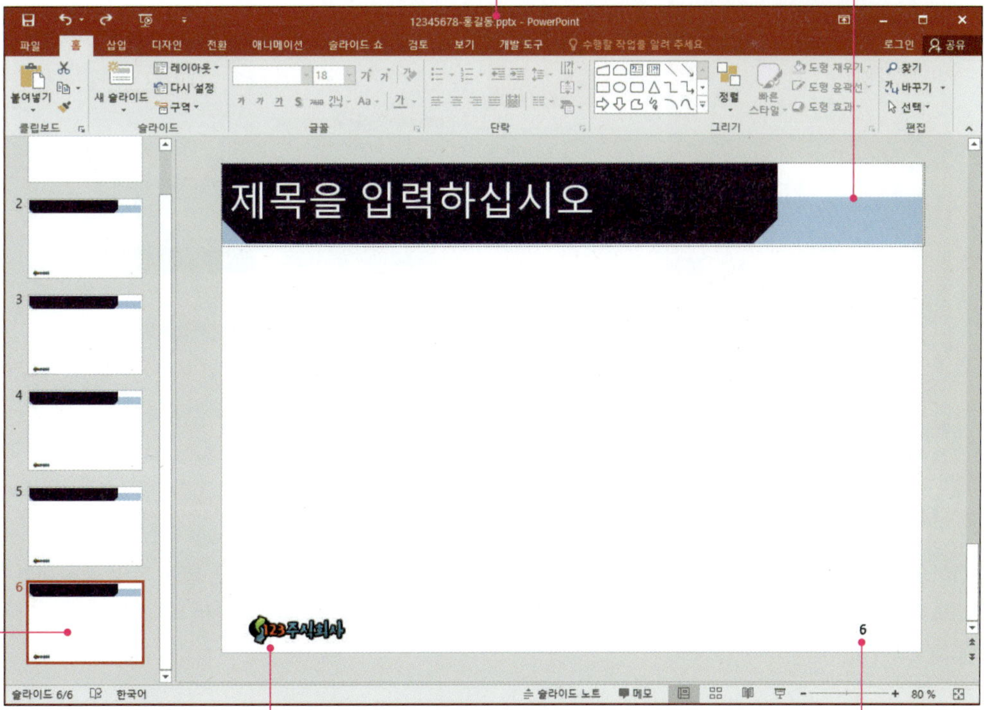

- 슬라이드 추가 : Ctrl + M

- 로고 삽입 : [삽입] 탭-[그림]
- 투명한 색 : [서식] 탭-[색]-[투명한 색 설정]

- 번호 삽입 : [삽입] 탭-[슬라이드 번호]
- '제목 슬라이드에는 표시 안 함' 체크

파워포인트 실행하기

01 [시작(⊞)]-[PowerPoint 2016]을 선택합니다.

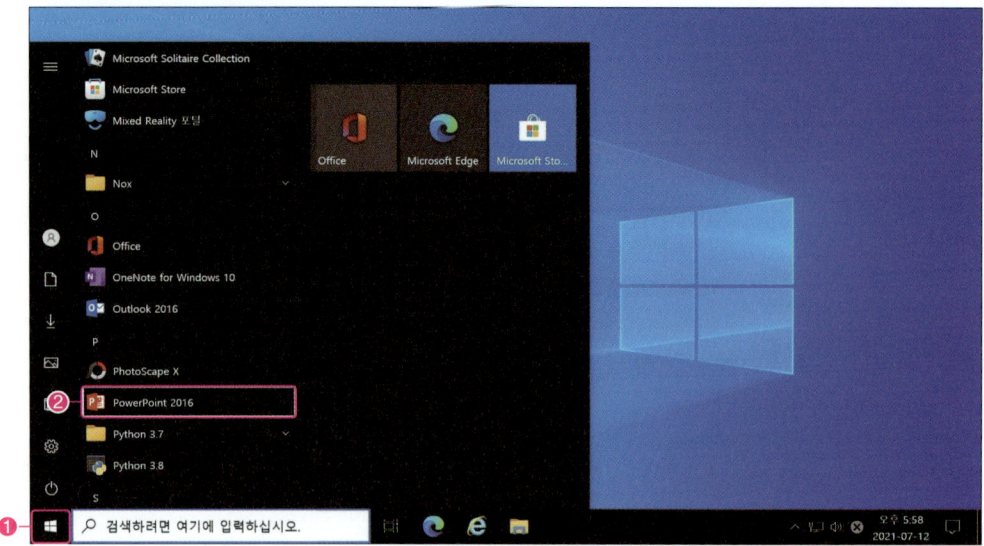

02 [PowerPoint 서식]이 나타나면 [새 프레젠테이션]을 선택합니다.

> **TIP** 프레젠테이션 템플릿(테마)
>
> 마이크로소프트 사에서 무료로 제공하는 템플릿으로 프레젠테이션의 색상 및 레이아웃, 글꼴, 문양 등을 미리 설정한 템플릿입니다. 템플릿은 서로 다른 테마로 구성되어 있으며 테마를 선택하면 테마 색상을 선택할 수 있습니다. [새 프레젠테이션]은 아무런 서식이 적용되어 있지 않은 템플릿입니다.

03 새로운 프레젠테이션이 나타납니다.

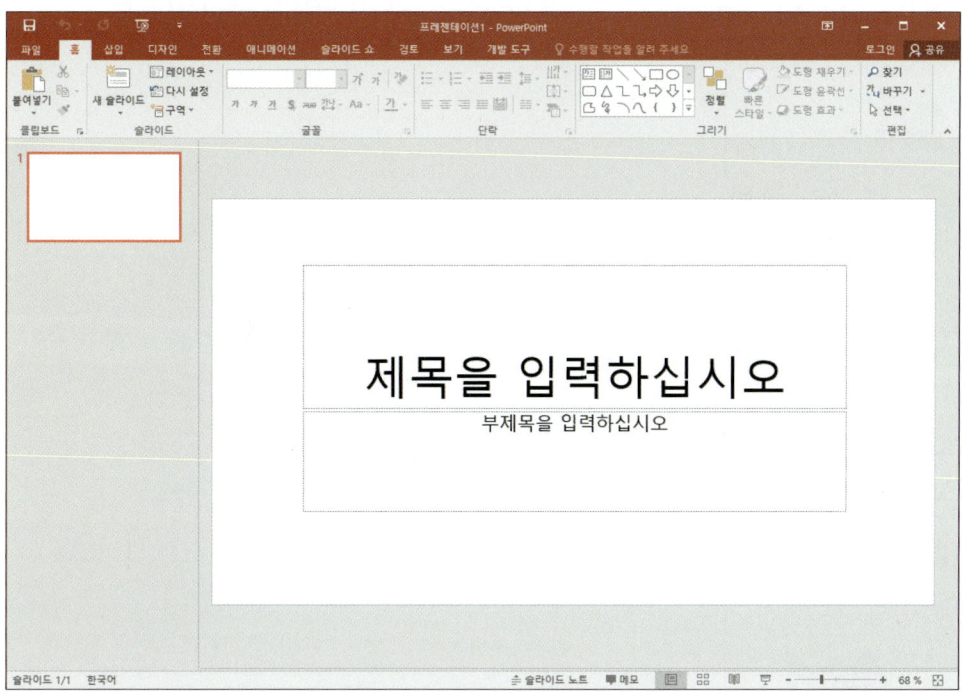

페이지 설정하기

01 [디자인] 탭-[사용자 지정] 그룹-[슬라이드 크기]-[사용자 지정 슬라이드 크기]를 선택합니다.

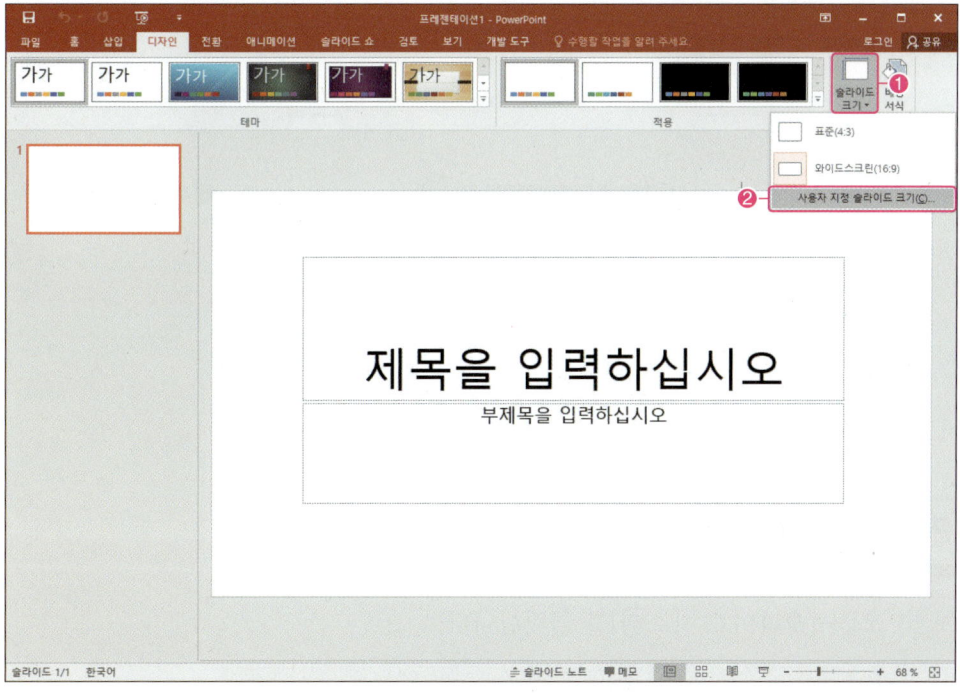

02 [슬라이드 크기] 대화상자가 나타나면 슬라이드 크기를 [A4 용지(210×297mm)]로 설정한 후 슬라이드 시작 번호가 '1'인지 확인합니다. 슬라이드 방향이 [가로]인지 확인하고 [확인] 버튼을 클릭합니다.

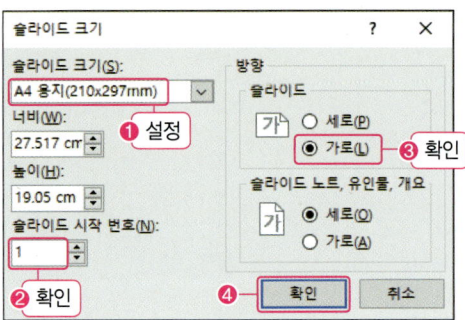

03 [Microsoft PowerPoint] 대화상자가 나타나면 [최대화] 버튼을 클릭합니다.

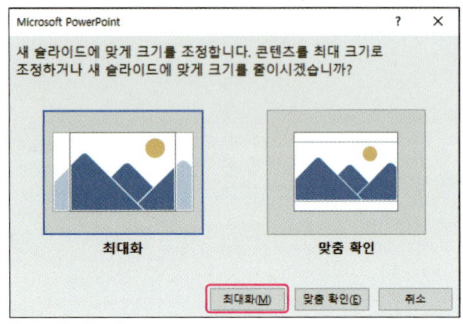

> **TIP** [최대화]와 [맞춤 확인]의 차이
>
> 슬라이드 크기를 변경할 때 슬라이드의 자료 크기를 결정합니다.
> - 최대화 : 슬라이드 크기와 상관없이 자료 크기를 그대로 유지합니다.
> - 맞춤 확인 : 슬라이드 크기에 맞추어 자료 크기를 조절합니다.
>
>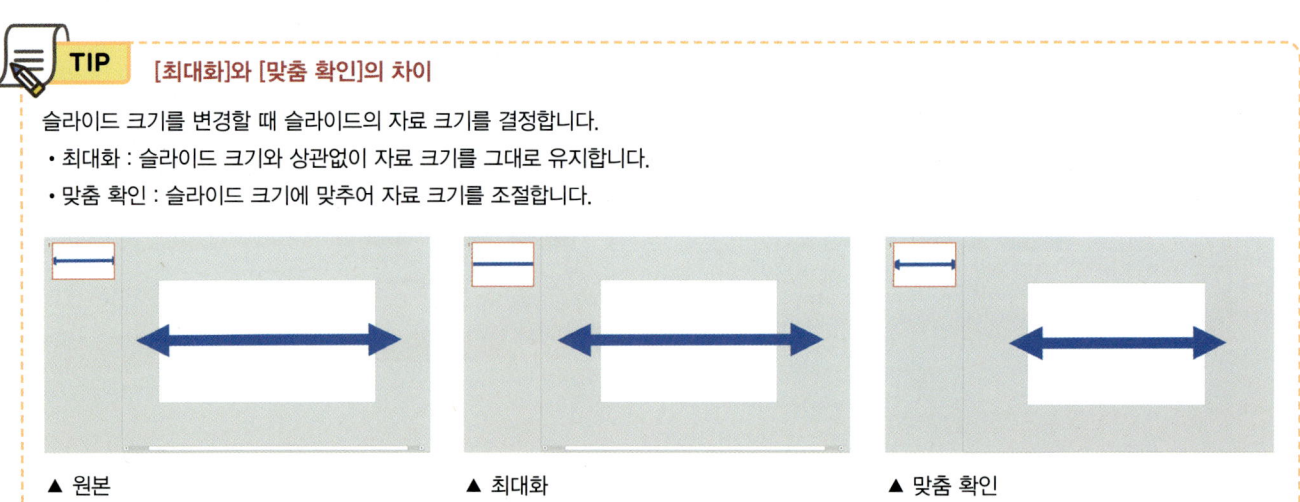
>
> ▲ 원본   ▲ 최대화   ▲ 맞춤 확인

슬라이드 마스터 만들기 - 제목 도형 만들기

01 [보기] 탭-[마스터 보기] 그룹-[슬라이드 마스터]를 클릭합니다.

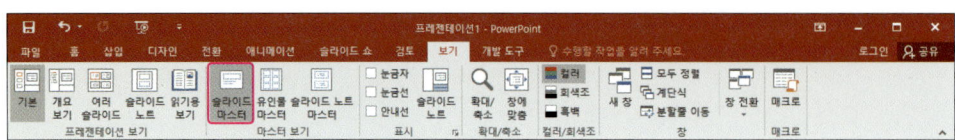

02 슬라이드 마스터 화면이 나타나면 왼쪽 창의 [제목만] 레이아웃을 선택합니다. [삽입] 탭-[일러스트레이션] 그룹에서 [도형]-[양쪽 모서리가 잘린 사각형(□)]을 선택합니다.

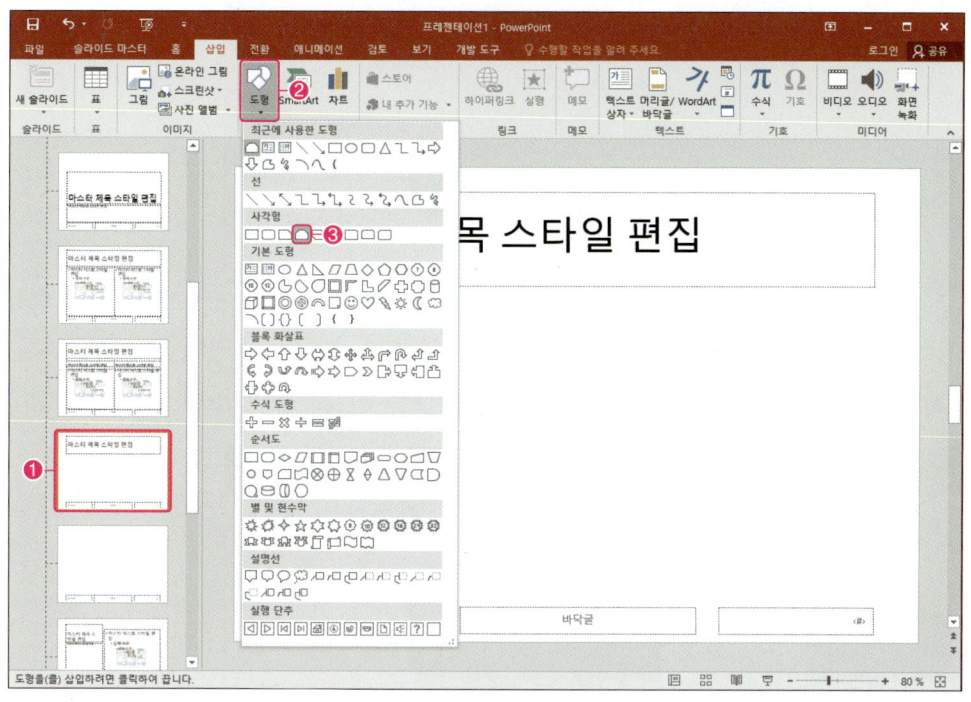

03 마우스 포인터의 모습이 + 모양으로 바뀌면 슬라이드 왼쪽 상단 모서리에서 대각선 방향으로 드래그합니다.

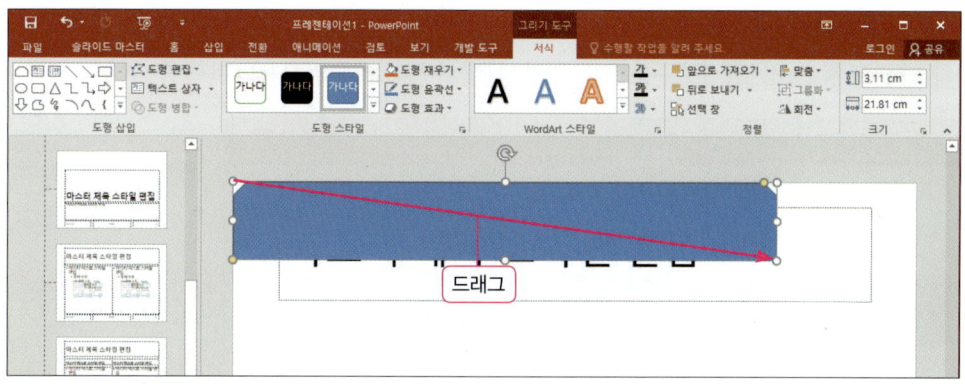

> **TIP 도형 모양**
>
> 문제에 제시된 도형 모양을 참조하여 필요에 따라 ● (모양 조절점)이나 ○ (크기 조절점), ⟲ (회전 조절점)을 이용하거나 대칭 및 회전 기능을 이용해 도형 모양을 조정합니다.

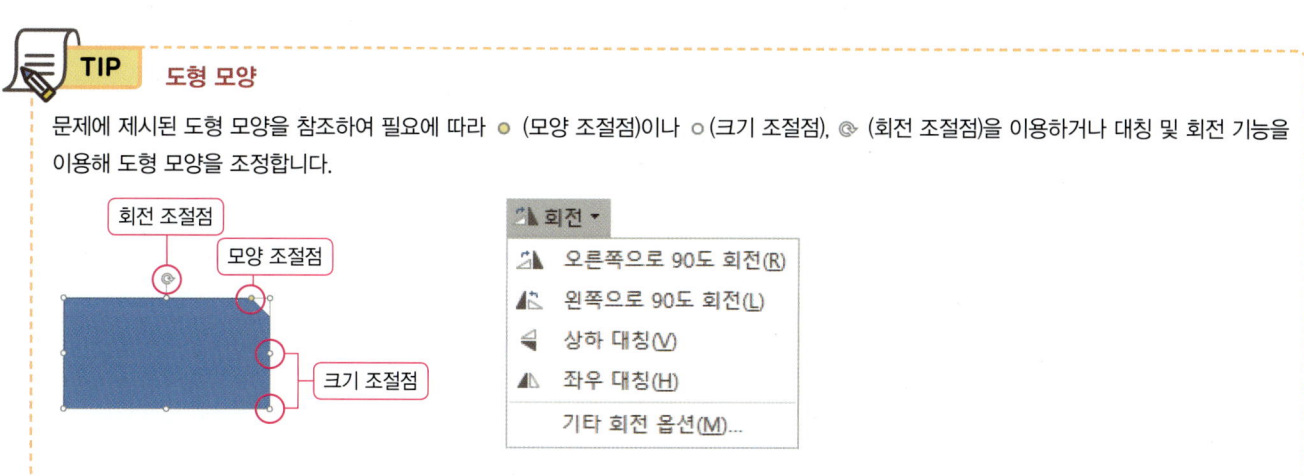

Chapter 00 전체 구성 디자인하기 | 15

04 [그리기 도구]-[서식] 탭-[정렬] 그룹에서 [회전]-[상하 대칭]을 선택합니다.

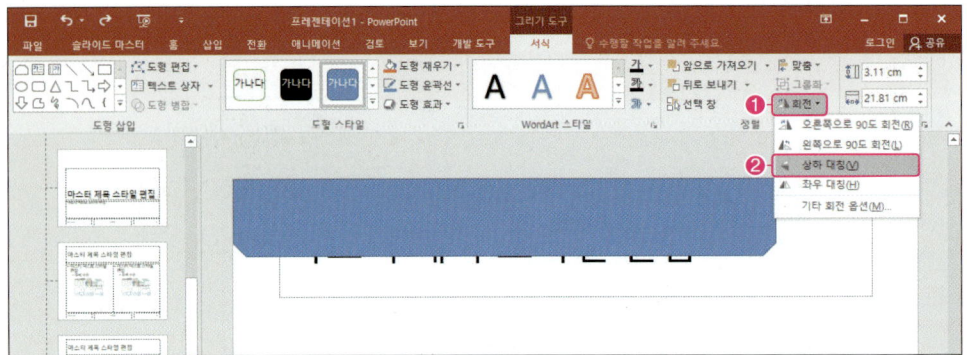

05 ≪출력형태≫를 참고하여 [그리기 도구]-[서식] 탭-[도형 스타일] 그룹-[도형 채우기]에서 색상을 변경합니다.

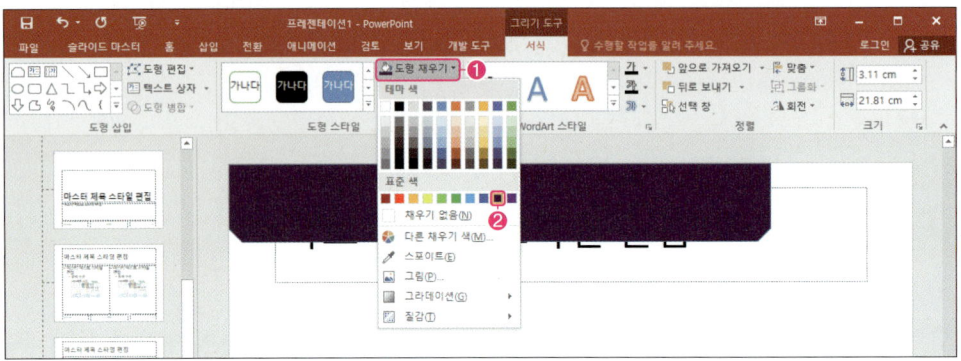

06 [그리기 도구]-[서식] 탭-[도형 스타일] 그룹-[도형 윤곽선]에서 [윤곽선 없음]을 선택합니다.

도형의 채우기 색 및 윤곽선

- 도형의 채우기 색에 대한 명확한 지시사항이 없으므로 ≪출력형태≫를 고려해 문제의 색상과 유사한 계열의 색을 선택하여 지정합니다.
- 도형의 윤곽선 또한 마찬가지로 명확한 지시사항이 없으므로 ≪출력형태≫를 고려해 유사한 선 두께 및 색을 선택합니다.

07 [삽입] 탭-[일러스트레이션] 그룹에서 [도형]-[직사각형(□)]을 선택합니다.

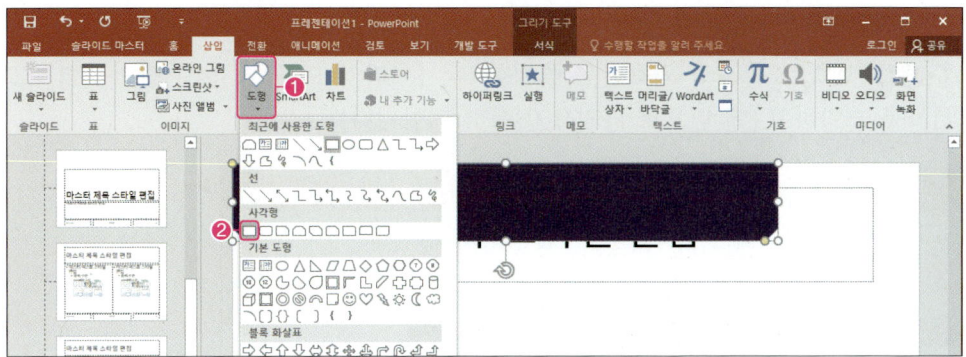

08 슬라이드 왼쪽에서 대각선 방향으로 드래그하여 도형을 추가합니다.

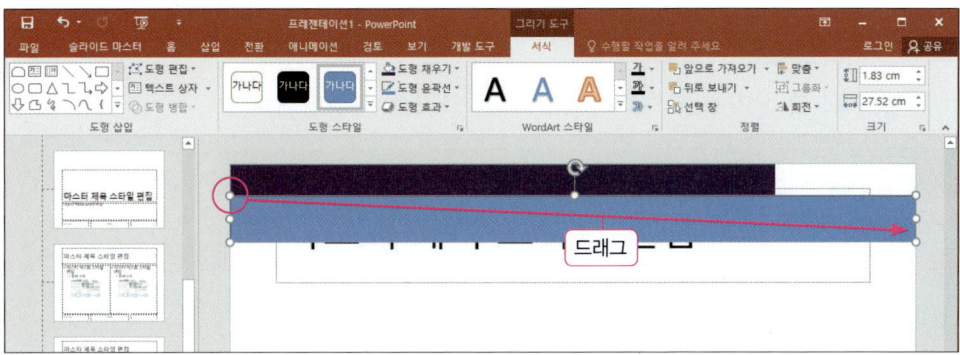

09 ≪출력형태≫를 참고하여 [그리기 도구]-[서식] 탭-[도형 스타일] 그룹의 [도형 채우기]와 [도형 윤곽선]에서 도형의 색상 및 외곽선을 변경합니다.

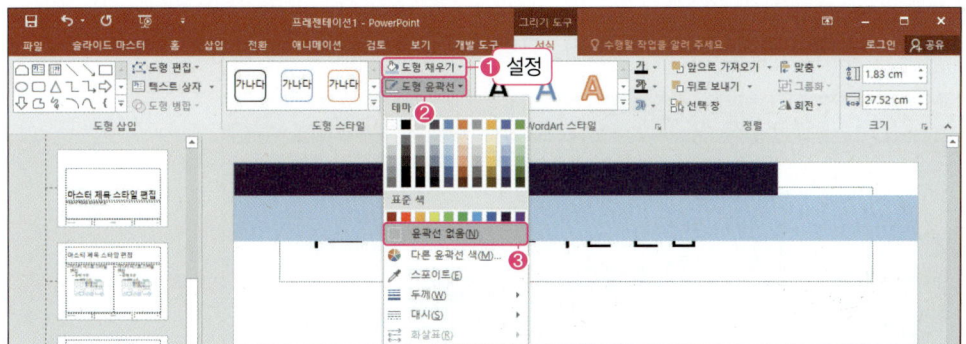

10 [그리기 도구]-[서식] 탭-[정렬] 그룹에서 [뒤로 보내기]의 ▼를 클릭하고 [맨 뒤로 보내기]를 선택하여 도형의 순서를 변경합니다.

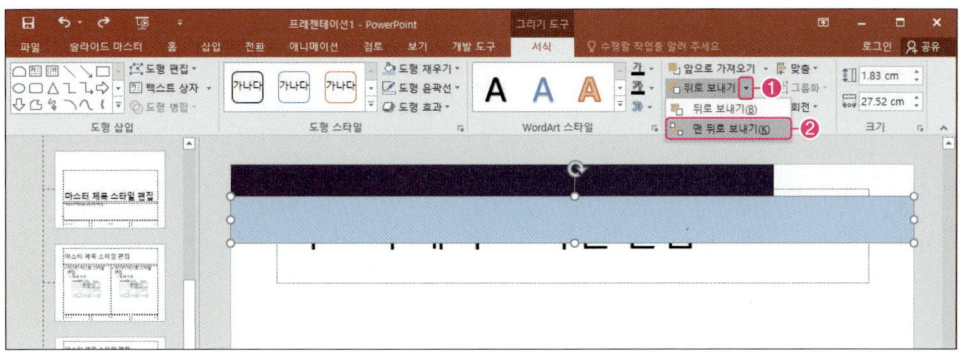

슬라이드 마스터 만들기 - 제목 글꼴 지정하기

01 [마스터 제목 스타일 편집] 텍스트 상자의 외곽선을 클릭한 후, [그리기 도구]-[서식] 탭-[정렬] 그룹에서 [앞으로 가져오기]의 ▼를 클릭하고 [맨 앞으로 가져오기]를 선택합니다.

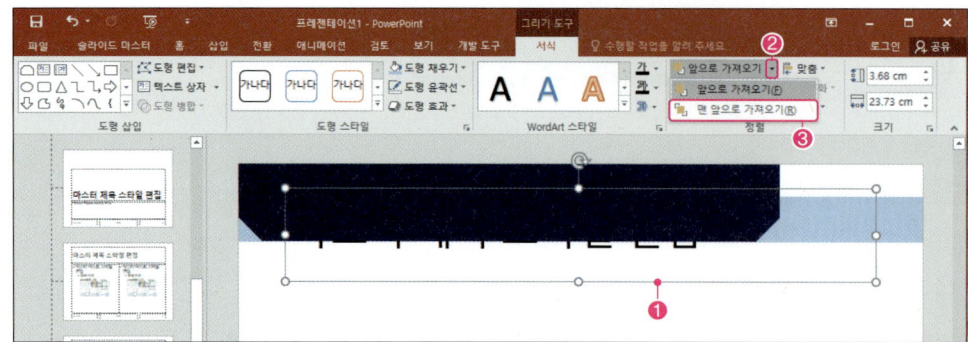

02 [마스터 제목 스타일 편집] 텍스트 상자를 드래그하여 위치와 크기를 조절합니다.

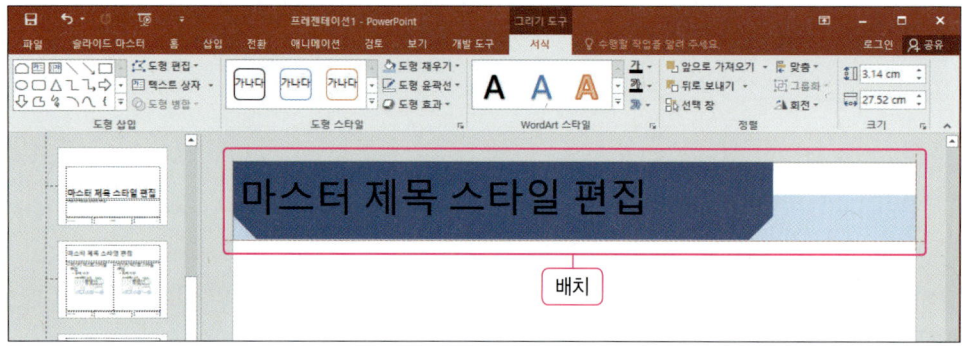

03 [홈] 탭-[글꼴] 그룹에서 글꼴(돋움), 글꼴 크기(40pt), 글꼴 색(흰색, 배경 1)을 설정합니다.

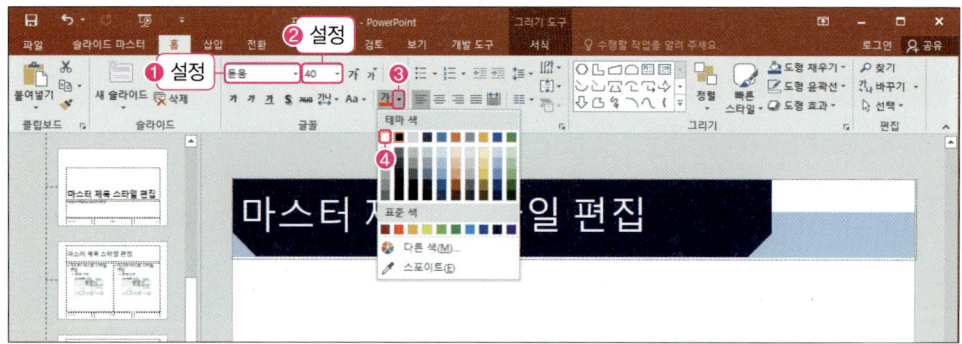

TIP
텍스트 상자를 선택할 때 텍스트 상자 내부를 클릭하여 텍스트 입력 커서가 나타나면 해당 위치의 텍스트부터 글꼴이 변경됩니다. 텍스트 상자의 외곽선을 클릭하면 텍스트 상자 전체의 글꼴을 변경합니다.

슬라이드 마스터 만들기 - 로고 이미지 삽입하기

01 [삽입] 탭-[이미지] 그룹-[그림]을 클릭합니다.

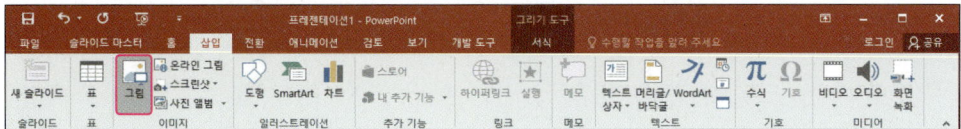

02 [그림 삽입] 대화상자가 나타나면 지정한 위치('내 PC\문서\ITQ\Picture' 폴더)를 찾아 이동한 후 '로고 2.jpg' 파일을 선택하고 [삽입] 버튼을 클릭합니다.

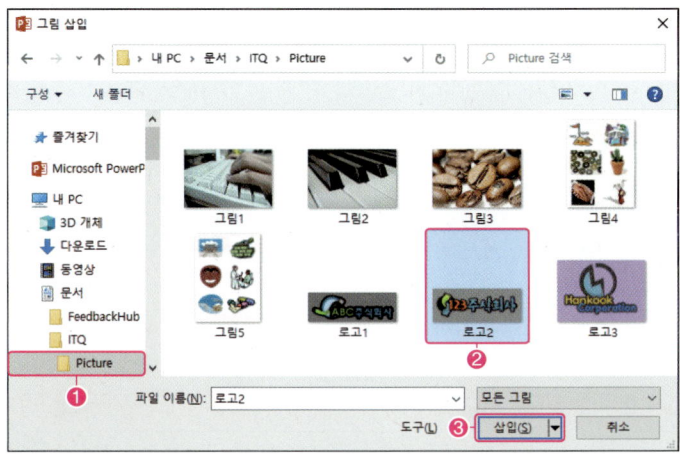

03 [그림 도구]-[서식] 탭-[조정] 그룹에서 [색]-[투명한 색 설정]을 선택합니다.

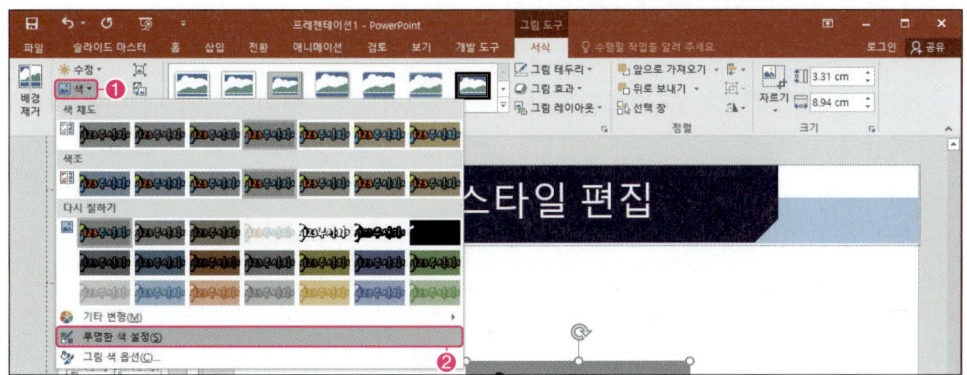

04 마우스 포인터의 모습이 ⤴로 바뀌면 삽입된 그림의 회색 영역을 클릭합니다.

 ▷

05 크기 조절점(○)으로 마우스 포인터를 이동한 후 마우스 포인터의 모양이 ↔으로 바뀌면 왼쪽 하단으로 드래그하여 크기를 줄입니다.

06 그림의 외곽선 안쪽으로 마우스 포인터를 이동한 후 마우스 포인터의 모양이 ✥으로 바뀌면 슬라이드 왼쪽 하단으로 드래그합니다.

슬라이드 마스터 만들기 - 슬라이드 번호 삽입하기

01 [삽입] 탭-[텍스트] 그룹-[머리글/바닥글]을 클릭합니다. [머리글/바닥글] 대화상자가 나타나면 [슬라이드 번호]와 [제목 슬라이드에는 표시 안 함]에 체크한 후 [모두 적용] 버튼을 클릭합니다.

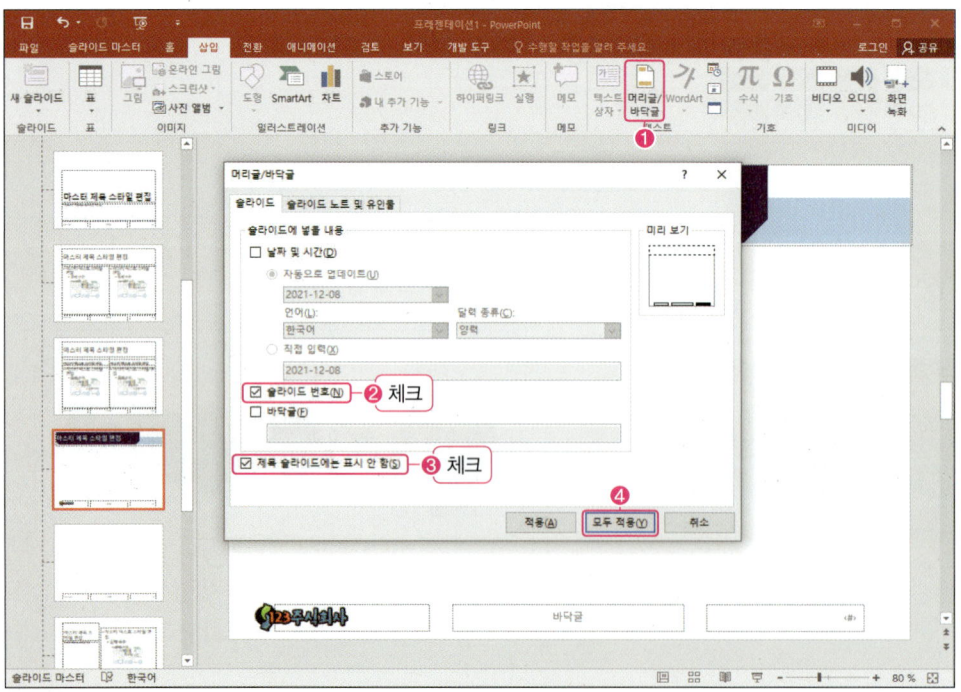

02 [슬라이드 번호] 상자의 외곽선을 클릭한 후 [홈] 탭-[글꼴] 그룹에서 [글꼴]과 [글꼴 크기]를 ≪출력형태≫와 유사하게 설정합니다.

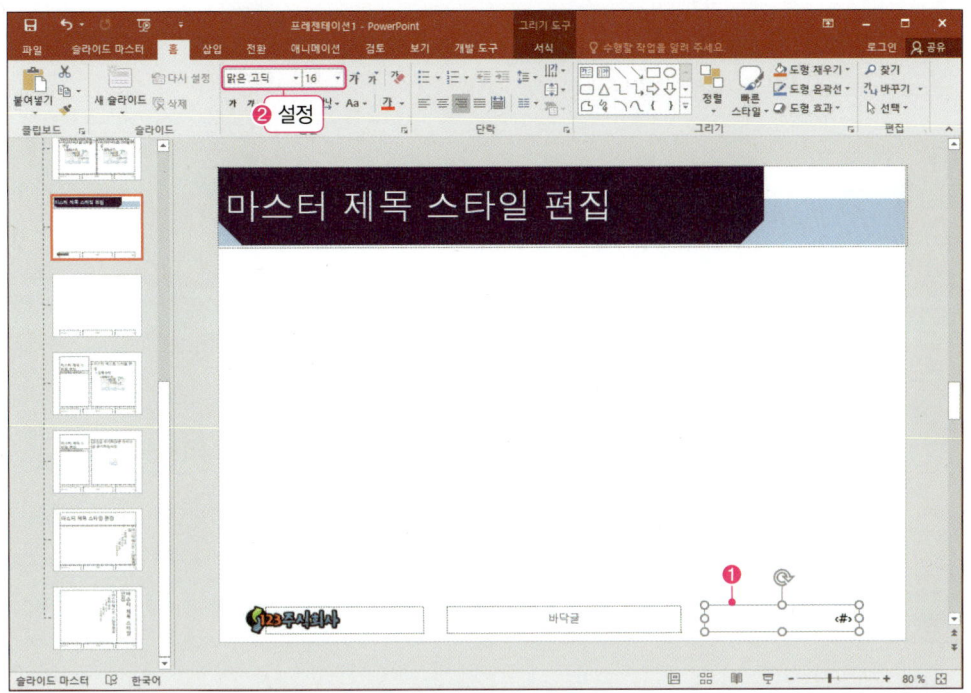

 **TIP** 슬라이드 번호의 색상 및 크기에 관한 명확한 지시사항이 없으므로 ≪출력형태≫를 고려하여 설정합니다.

03 [슬라이드 마스터] 탭-[닫기] 그룹-[마스터 보기 닫기]를 클릭합니다.

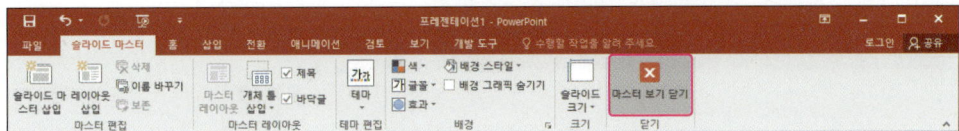

작업 슬라이드 준비하기

01 [홈] 탭-[슬라이드] 그룹-[레이아웃]에서 [빈 화면]을 선택합니다.

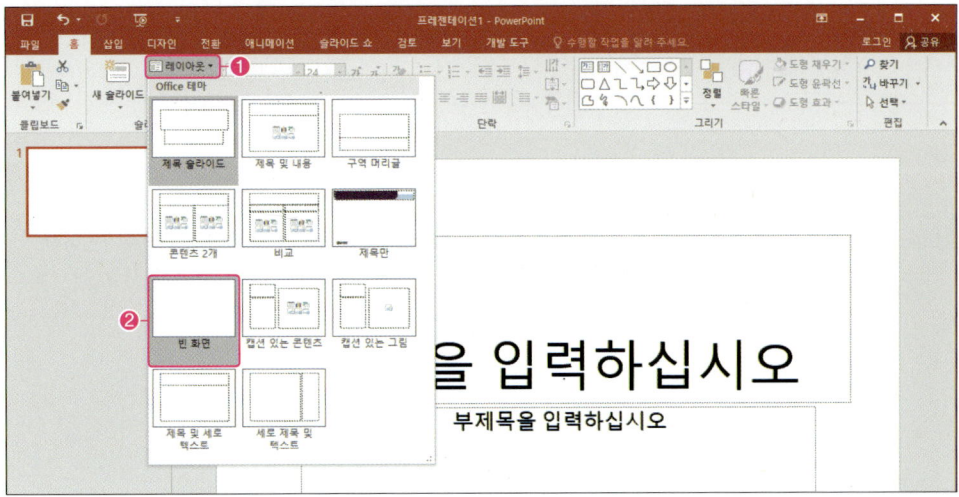

02 [홈] 탭-[슬라이드] 그룹에서 [새 슬라이드]-[제목만]을 선택합니다.

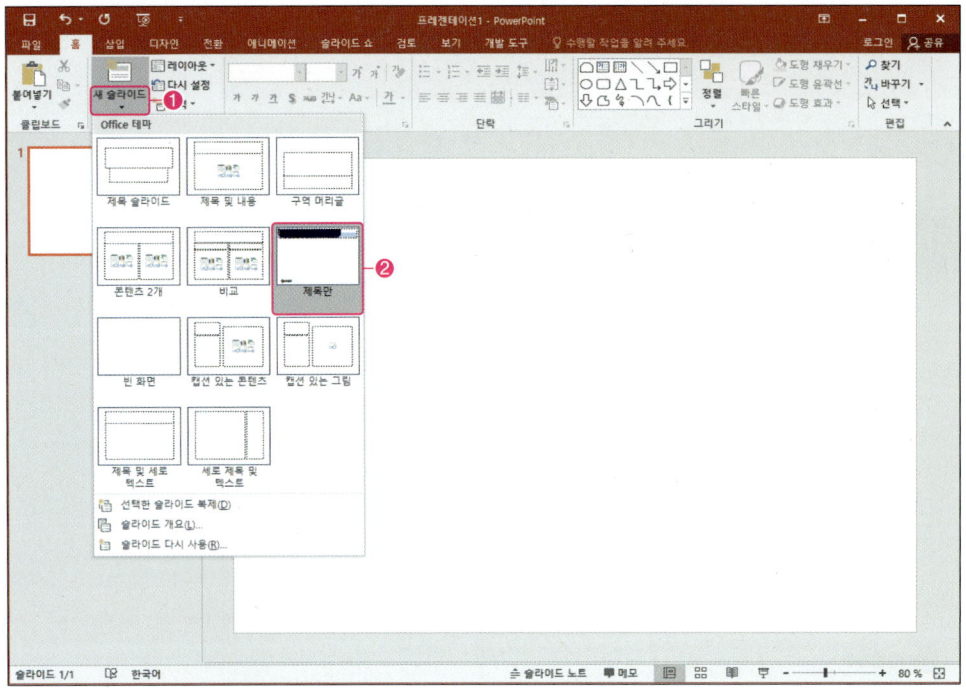

03 2번째 슬라이드가 생성되면 같은 방법으로 나머지 4개의 [제목만] 슬라이드를 추가합니다.

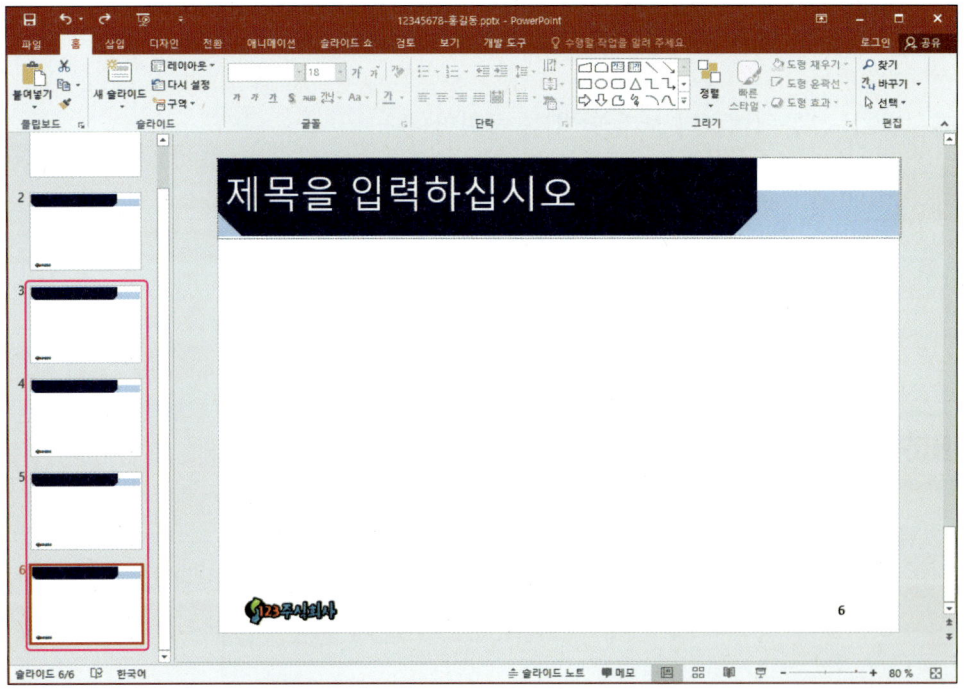

> **TIP**
> Ctrl + M 키를 누르거나 [홈] 탭-[슬라이드] 그룹에서 [새 슬라이드]를 선택하면 이전 슬라이드와 동일한 새 슬라이드가 추가됩니다.

저장하기

01 [파일] 탭을 클릭합니다.

TIP
- 빠른 실행 도구 모음의 [저장(📄)]을 클릭하거나 Ctrl+S 키를 눌러 저장할 수도 있습니다.
- 이후 슬라이드를 작성하는 과정에서 Ctrl+S 키를 눌러 중간 저장을 해두는 것이 안전합니다.

02 [다른 이름으로 저장]-[찾아보기]를 선택합니다.

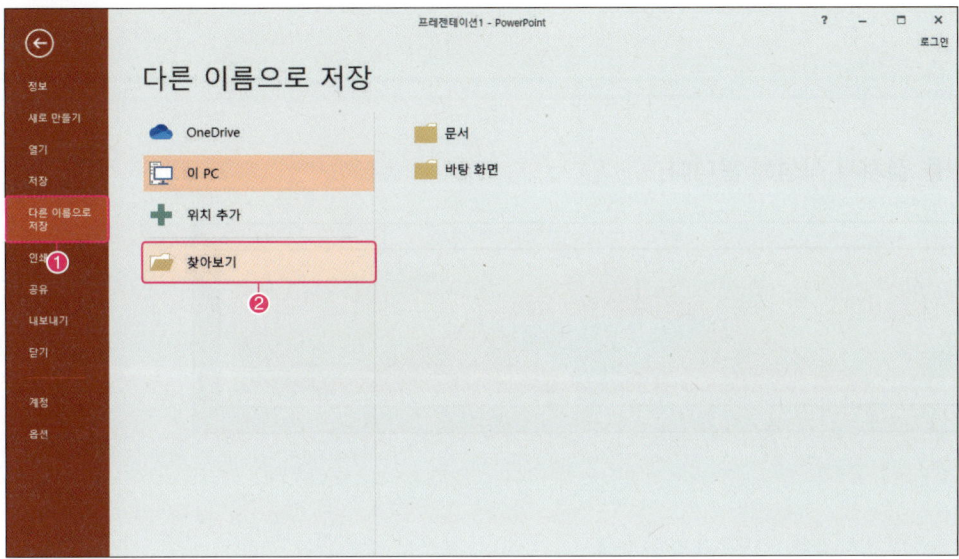

03 [다른 이름으로 저장] 대화상자가 나타나면 문제에서 지정한 위치('내 PC₩문서₩ITQ' 폴더)를 찾아 선택한 후, 파일 이름을 반드시 '수험번호-성명' 형식으로 입력하고 [저장] 버튼을 클릭합니다.

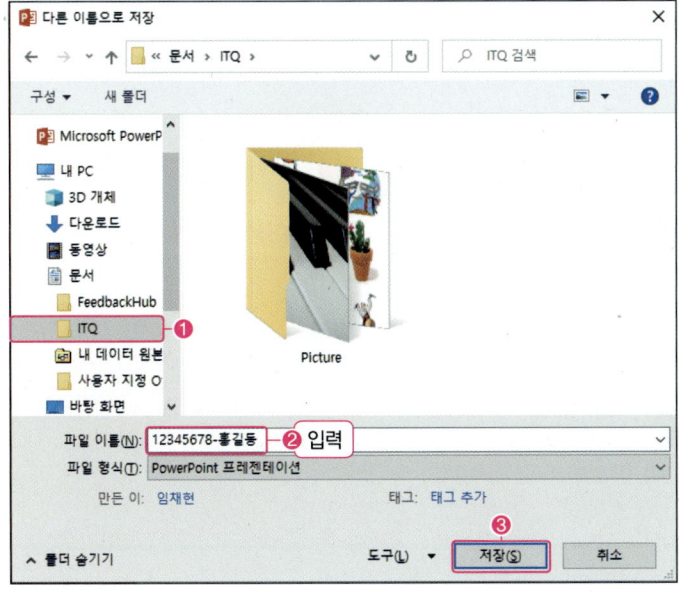

기본 예제

① 다음과 같은 도형을 만들어 봅니다.

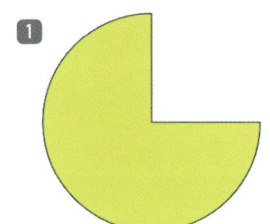
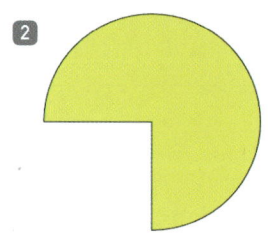
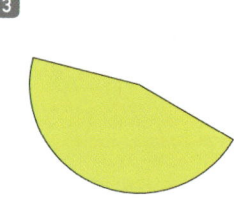

> **길잡이**
> - **1** : [삽입] 탭-[일러스트레이션] 그룹-[도형]에서 [기본 도형]의 [원형] 삽입
> - **2** : [그리기 도구]-[서식] 탭-[정렬] 그룹-[회전]에서 [상하 대칭], [좌우 대칭] 선택
> - **3** : 모양 조절점(○)을 이용하여 모양 변경

② 다음과 같이 도형을 겹쳐서 작성해 봅니다.

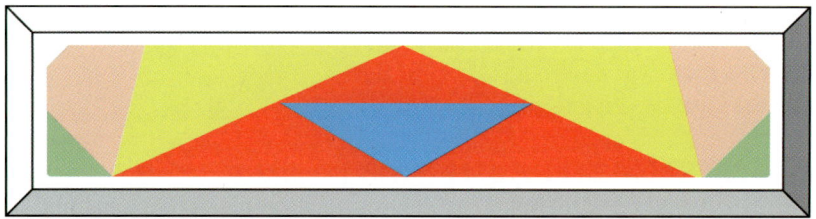

> **길잡이**
> - **도형-1** : [빗면] 삽입 → 크기 및 위치 조정 → [채우기 없음] 선택
> - **도형-2** : [양쪽 모서리가 잘린 사각형] 삽입 → 크기 및 위치 조정 → 색 설정 및 [윤곽선 없음] 선택
> - **도형-3** : [도형-2] 복사 → 하단의 모양 조절점 이용 → 크기 및 위치 조정 → 색 설정
> - **도형-4** : [사다리꼴] 삽입 → 크기 및 위치 조정 → 색 설정 및 [윤곽선 없음] 선택
> - **도형-5** : [이등변 삼각형] 삽입 → 크기 및 위치 조정 → 색 설정 및 [윤곽선 없음] 선택
> - **도형-6** : [도형-5] 복사 → 상하 대칭 → 크기 및 위치 조정 → 색 설정

③ 다음과 같이 그림을 삽입한 후 배경색을 지워 봅니다.

📁 예제파일 | 예제 00_03.jpg

> **길잡이**
> - **그림 삽입** : [삽입] 탭-[이미지] 그룹-[그림] 선택 → [그림 삽입] 대화상자에서 파일(시대교육그룹)을 찾아 삽입
> - **배경색 지우기** : [그림 도구]-[서식] 탭-[조정] 그룹에서 [색]-[투명한 색 설정] 선택 → 배경색(파랑) 클릭

기출 유형 문제

④ 슬라이드 마스터를 활용하여 다음과 같은 슬라이드 6개를 작성해 봅니다.

세부조건

① **슬라이드 크기 및 순서** : 크기를 A4 용지로 설정하고 슬라이드 순서에 맞게 작성한다.

② **슬라이드 마스터** : 2~6 슬라이드의 제목, 하단 로고, 슬라이드 번호는 슬라이드 마스터를 이용하여 작성한다. 제목 글꼴(돋움, 40pt, 흰색), 하단 로고(「내 PC₩문서₩ITQ₩Picture₩로고1.jpg」, 배경(회색) 투명색으로 설정)

※ 단, 슬라이드 1에는 제목 도형과 하단 로고, 슬라이드 번호 생략

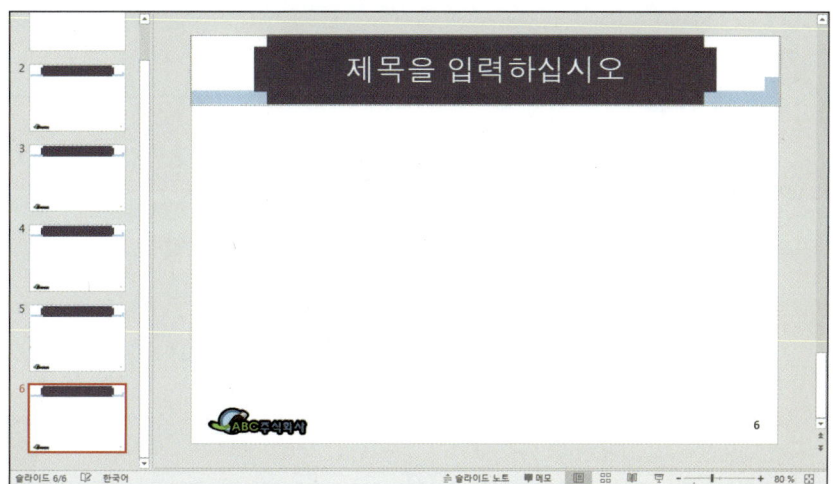

 **길잡이** 슬라이드 제목 도형 : [십자형], [L 도형] 삽입 → [L 도형] 선택 후 [좌우 대칭] 실행 → 크기 및 위치 조정

⑤ 슬라이드 마스터를 활용하여 다음과 같은 슬라이드 6개를 작성해 봅니다.

세부조건

① **슬라이드 크기 및 순서** : 크기를 A4 용지로 설정하고 슬라이드 순서에 맞게 작성한다.

② **슬라이드 마스터** : 2~6 슬라이드의 제목, 하단 로고, 슬라이드 번호는 슬라이드 마스터를 이용하여 작성한다. 제목 글꼴(돋움, 40pt, 흰색), 하단 로고(「내 PC₩문서₩ITQ₩Picture₩로고1.jpg」, 배경(회색) 투명색으로 설정)

※ 단, 슬라이드 1에는 제목 도형과 하단 로고, 슬라이드 번호 생략

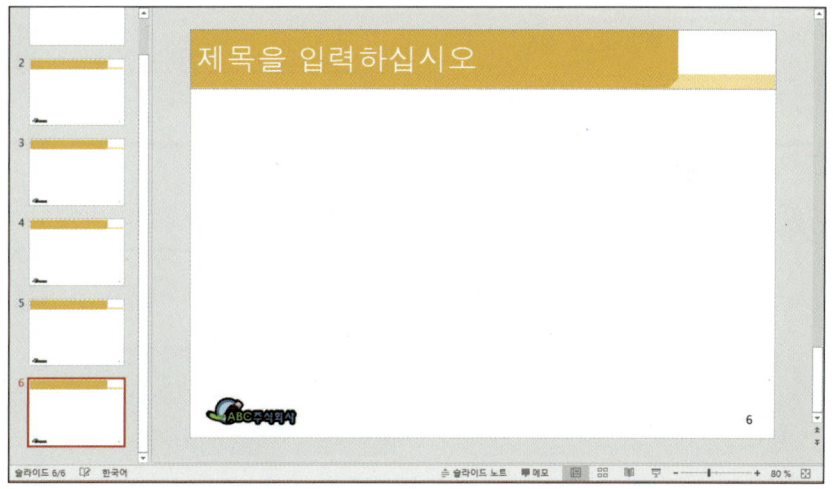

길잡이 슬라이드 제목 도형 : [한쪽 모서리가 잘린 사각형], [사각형] 삽입 → [한쪽 모서리가 잘린 사각형] 선택 후 [상하 대칭] 실행 → 크기 및 위치 조정

CHAPTER 01

표지 슬라이드 만들기

예제파일 | 제1작업.pptx

문제 유형

📍 **슬라이드 1 : 표지 디자인** [40점]

(1) 표지 디자인 : 도형, 워드아트 및 그림을 이용하여 작성한다.

세부조건

① 도형 편집
- 도형에 그림 채우기 : 「내 PC₩문서₩ITQ₩Picture₩그림1.jpg」, 투명도 50%
- 도형 효과 : 부드러운 가장자리 5포인트

② 워드아트 삽입
- 변환 : 역갈매기형 수장
- 글꼴 : 돋움, 굵게
- 텍스트 반사 : 근접 반사, 터치

③ 그림 삽입
- 「내 PC₩문서₩ITQ₩Picture₩로고2.jpg」
- 배경(회색) 투명색으로 설정

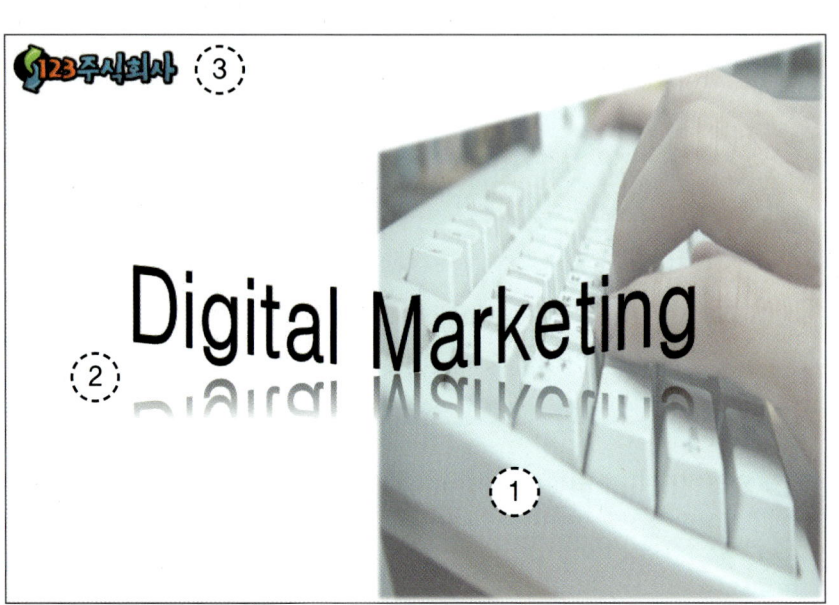

작업 과정

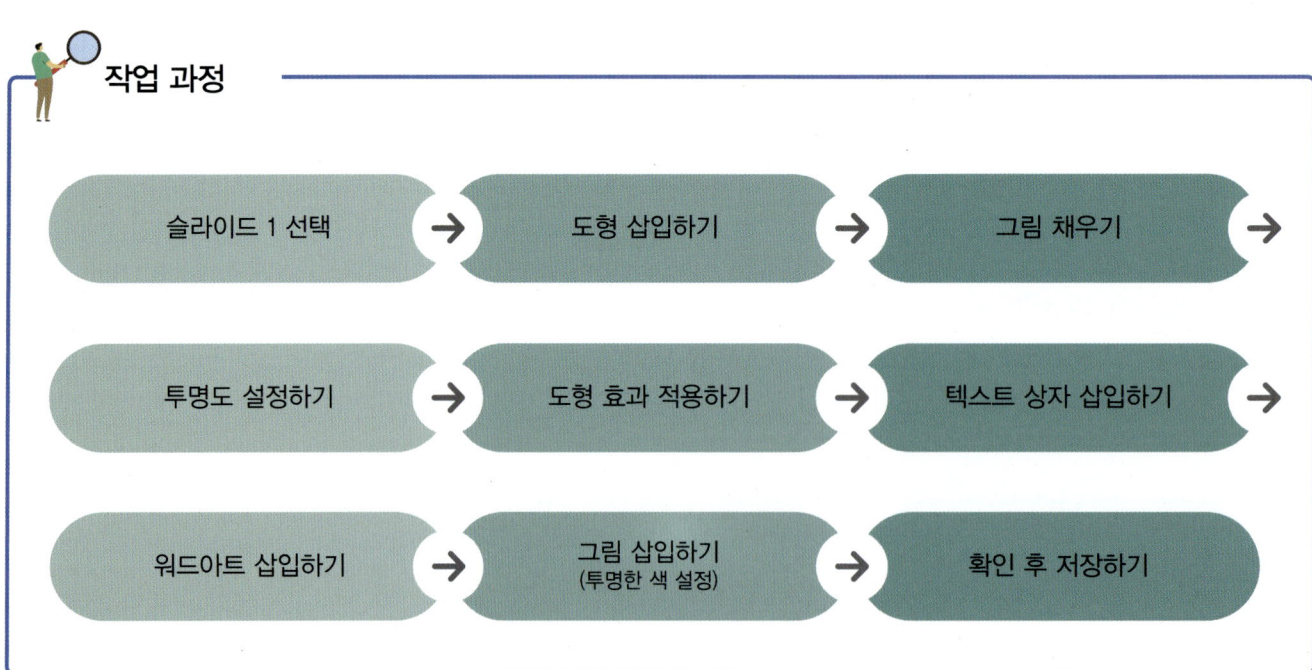

슬라이드 1 선택 → 도형 삽입하기 → 그림 채우기 →

투명도 설정하기 → 도형 효과 적용하기 → 텍스트 상자 삽입하기 →

워드아트 삽입하기 → 그림 삽입하기 (투명한 색 설정) → 확인 후 저장하기

사용 기능 및 모범 답안 미리보기

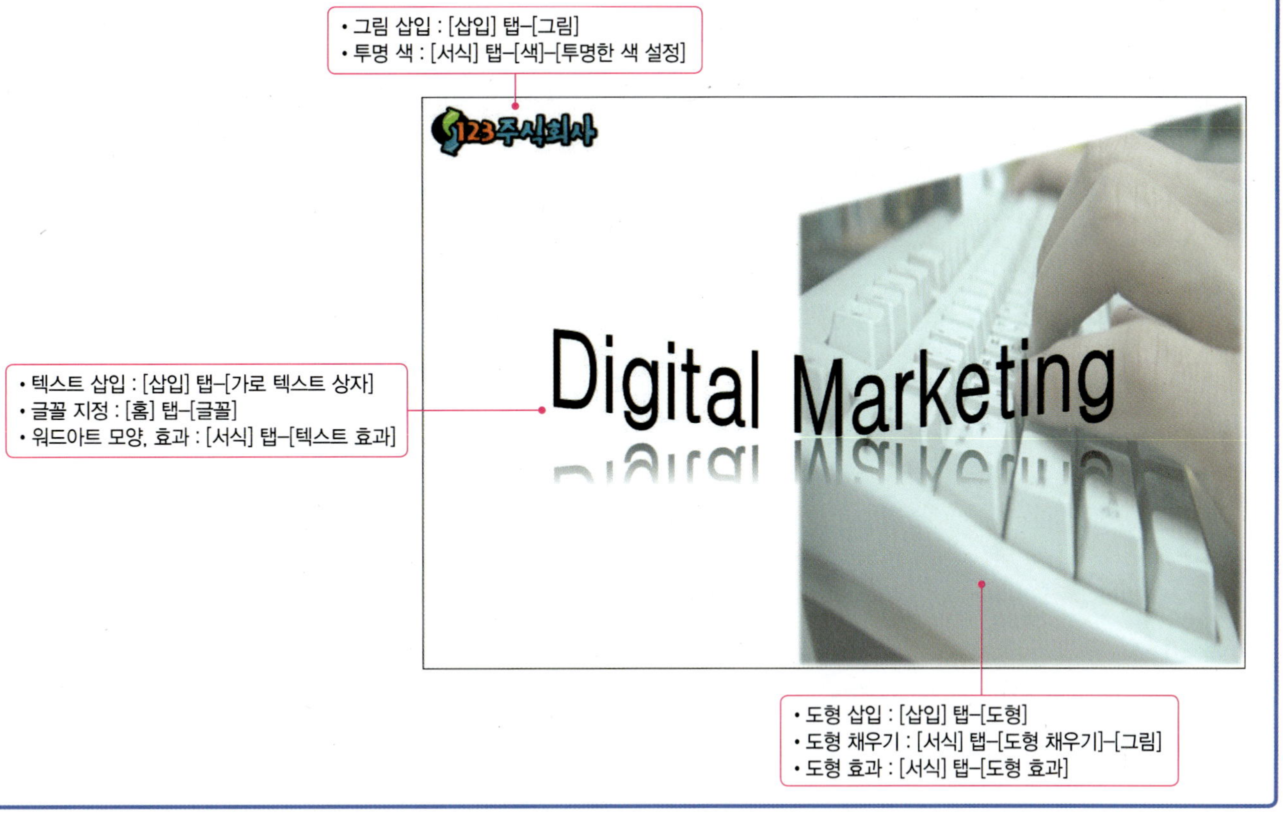

- 그림 삽입 : [삽입] 탭-[그림]
- 투명 색 : [서식] 탭-[색]-[투명한 색 설정]

- 텍스트 삽입 : [삽입] 탭-[가로 텍스트 상자]
- 글꼴 지정 : [홈] 탭-[글꼴]
- 워드아트 모양, 효과 : [서식] 탭-[텍스트 효과]

- 도형 삽입 : [삽입] 탭-[도형]
- 도형 채우기 : [서식] 탭-[도형 채우기]-[그림]
- 도형 효과 : [서식] 탭-[도형 효과]

도형 만들기

왼쪽 슬라이드 창에서 슬라이드 1을 선택한 후 [삽입] 탭-[일러스트레이션] 그룹에서 [도형]-[순서도: 수동 입력]을 선택합니다. 그림과 같이 드래그하여 도형을 삽입합니다.

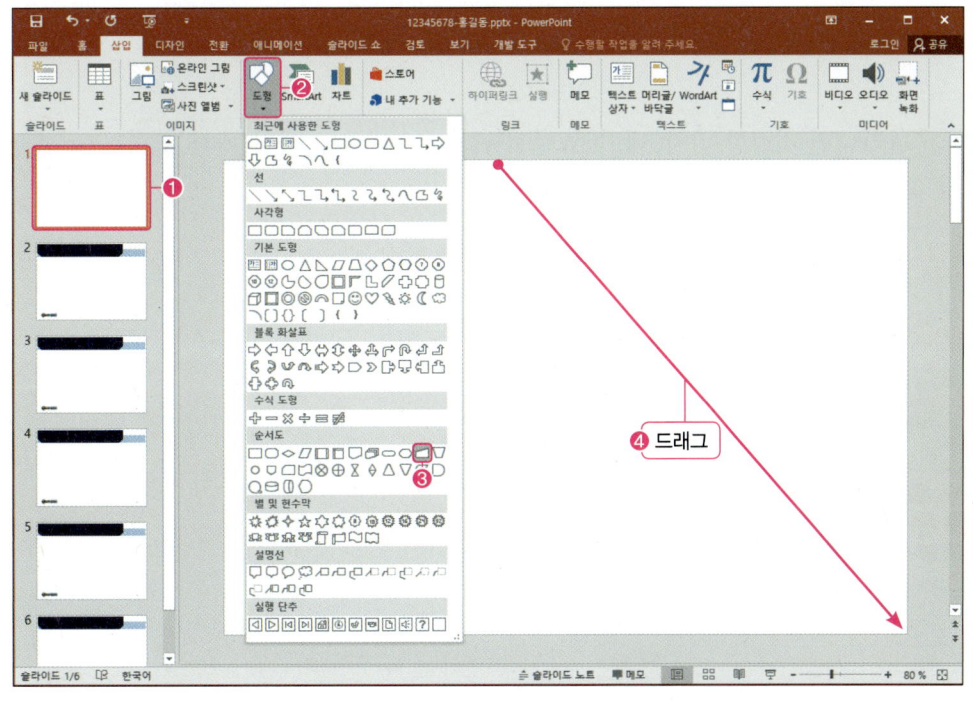

Chapter 01 표지 슬라이드 만들기 | 27

그림 채우기 및 도형 효과 적용하기

01 [그리기 도구]-[서식] 탭-[도형 스타일] 그룹에서 [도형 채우기]-[그림]을 선택합니다.

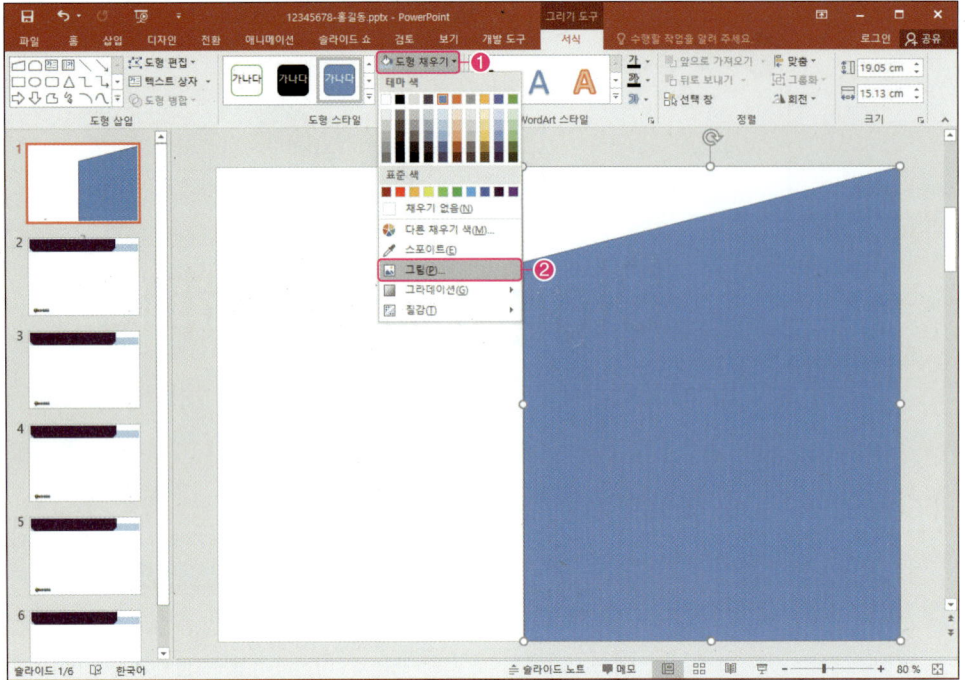

02 [그림 삽입] 대화상자가 나타나면 [파일에서]를 선택합니다.

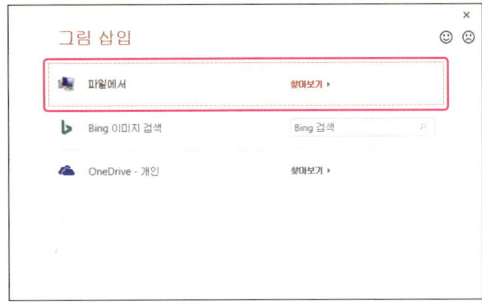

03 [그림 삽입] 대화상자가 나타나면 지정한 위치('내 PC\문서\ITQ\Picture' 폴더)에서 '그림1.jpg' 파일을 선택한 후 [삽입] 버튼을 클릭합니다.

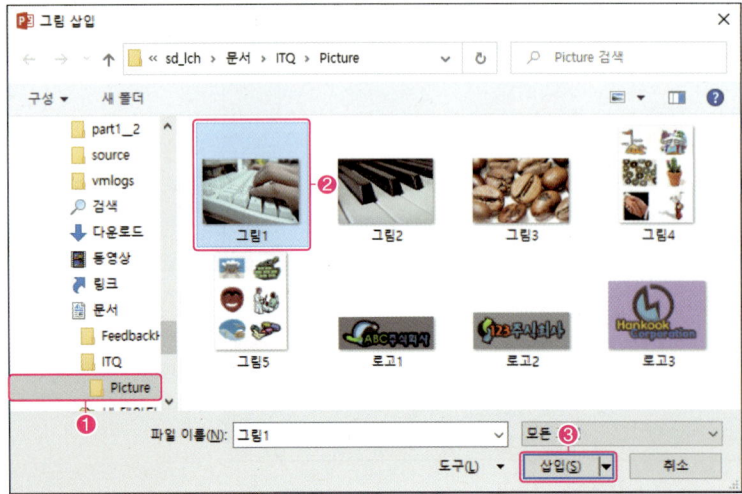

04 삽입한 도형을 마우스 오른쪽 버튼으로 클릭한 후 바로가기가 나타나면 [그림 서식]을 선택합니다.

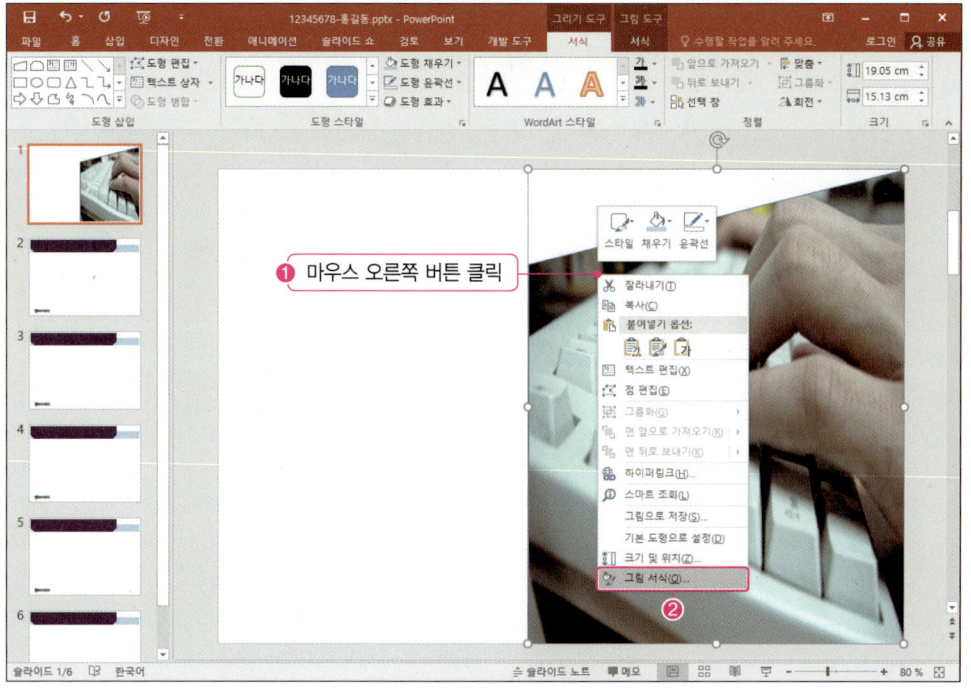

05 [그림 서식] 대화상자가 나타나면 [채우기 및 선]-[채우기]를 선택한 후 [투명도]에 '50'을 입력합니다. [그림 서식] 대화상자의 [닫기] 버튼을 클릭합니다.

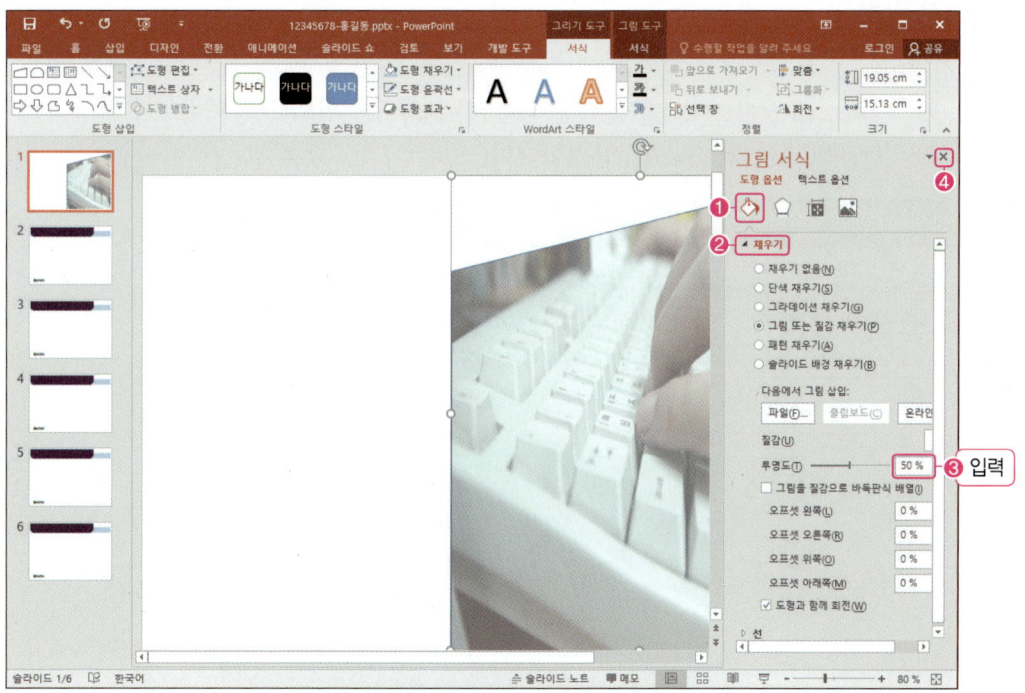

 TIP

투명도는 0~100%까지 설정할 수 있으며 값이 높아질수록 도형이 투명해 집니다.

06 [그리기 도구]-[서식] 탭-[도형 스타일] 그룹에서 [도형 효과]-[부드러운 가장자리]-[5포인트]를 선택합니다.

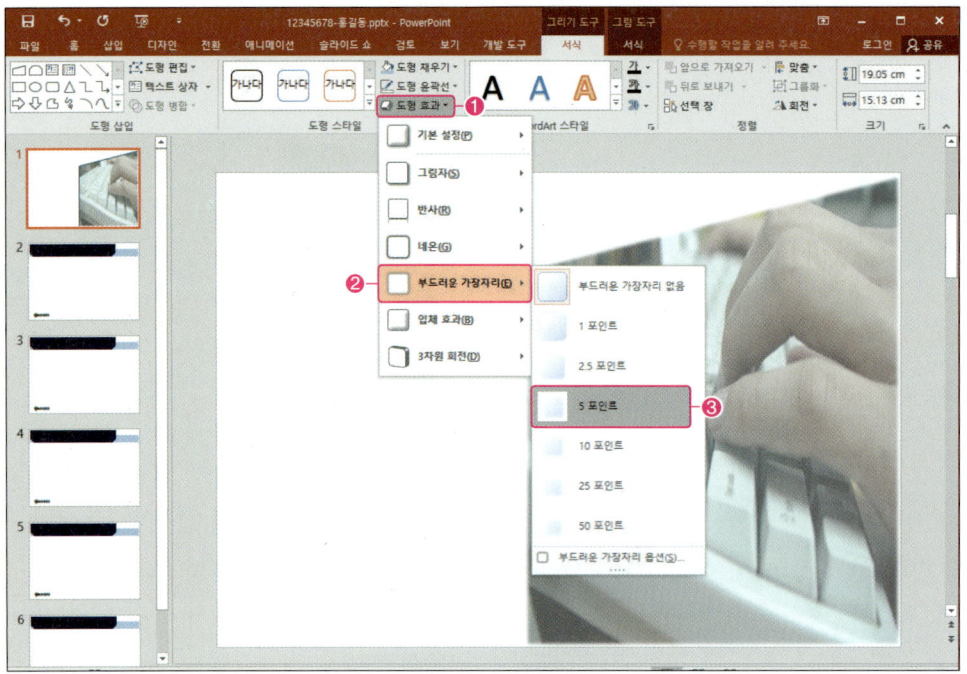

워드아트 삽입 및 편집하기

01 [삽입] 탭-[텍스트] 그룹-[텍스트 상자(　)]를 클릭합니다. 마우스 포인터의 모양이 ↓으로 변경되면 적당한 위치를 클릭한 후 텍스트(Digital Marketing)를 입력합니다.

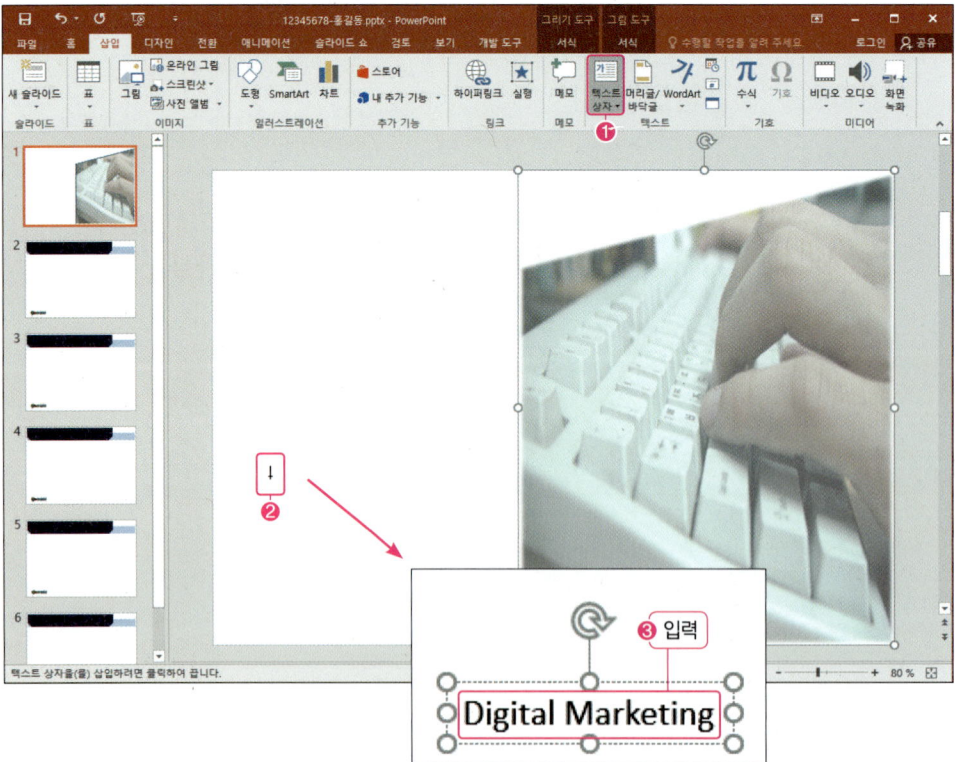

02 텍스트 상자의 외곽선을 클릭한 후 [홈] 탭-[글꼴] 그룹에서 글꼴(돋움), 글꼴 스타일(굵게)을 지정합니다.

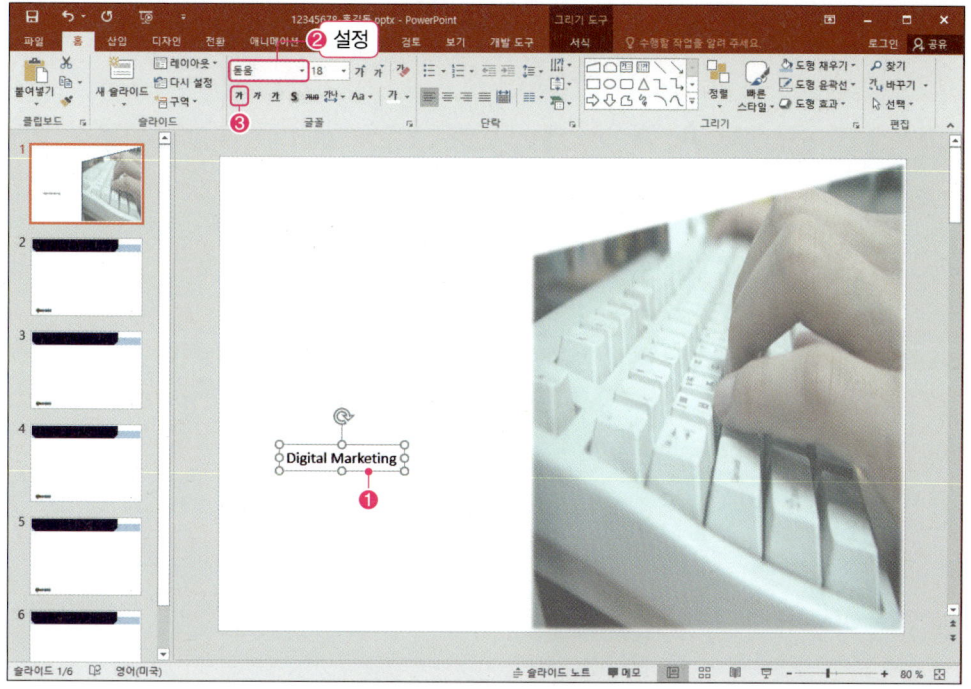

03 [그리기 도구]-[서식] 탭-[WordArt 스타일] 그룹에서 [텍스트 효과(가)]-[변환]-[역갈매기형 수장]을 선택합니다.

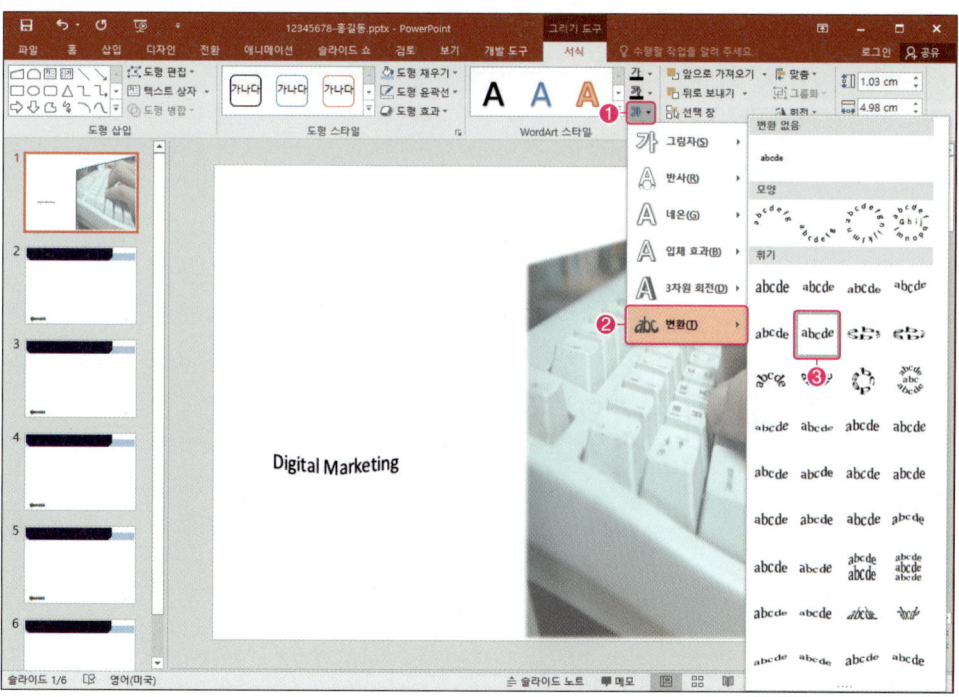

04 [그리기 도구]-[서식] 탭-[WordArt 스타일] 그룹에서 [텍스트 효과(가)]-[반사]-[근접 반사, 터치]를 선택합니다.

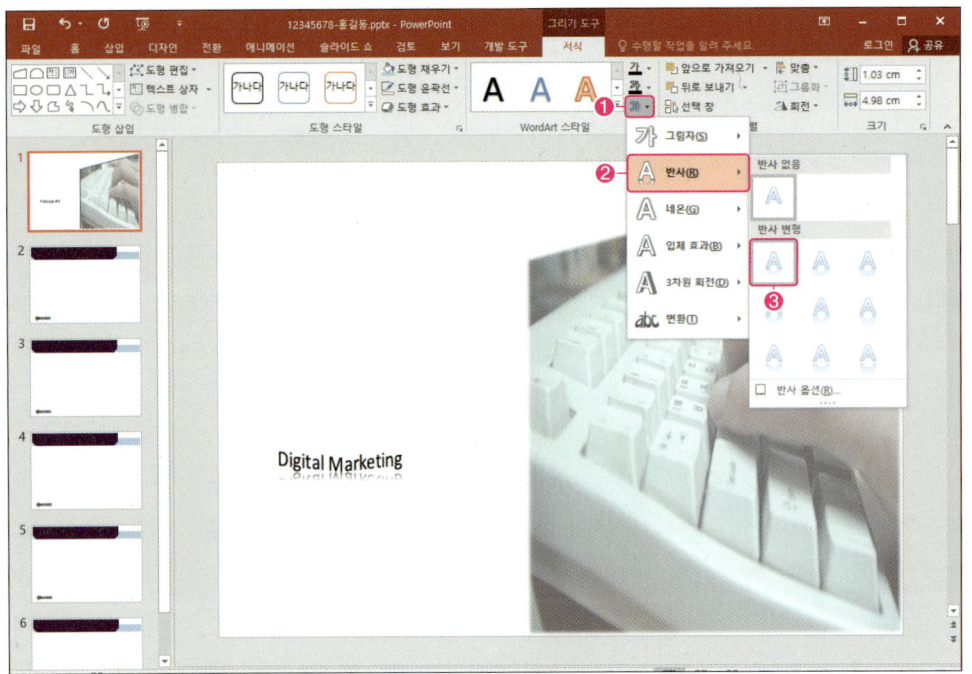

05 《출력형태》를 참조하여 텍스트 상자의 크기와 위치를 조정합니다.

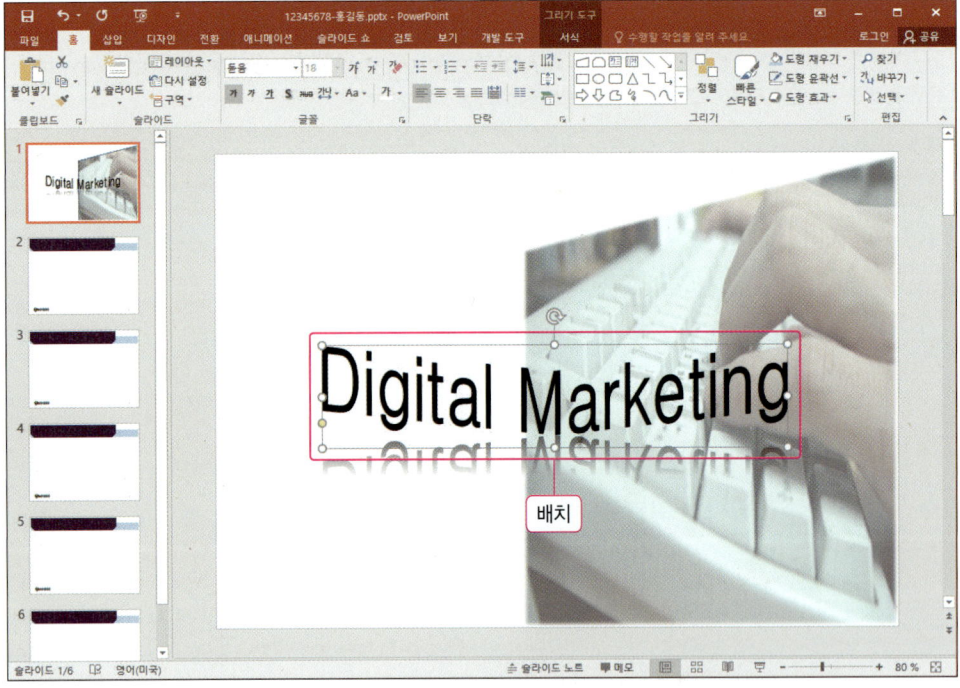

그림 삽입 및 편집하기

01 [삽입] 탭-[이미지] 그룹-[그림]을 클릭합니다.

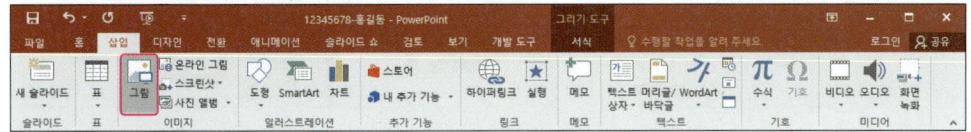

02 [그림 삽입] 대화상자가 나타나면 지정한 위치('내 PC₩문서₩ITQ₩Picture' 폴더)에서 '로고2.jpg'파일을 선택한 후 [삽입] 버튼을 클릭합니다.

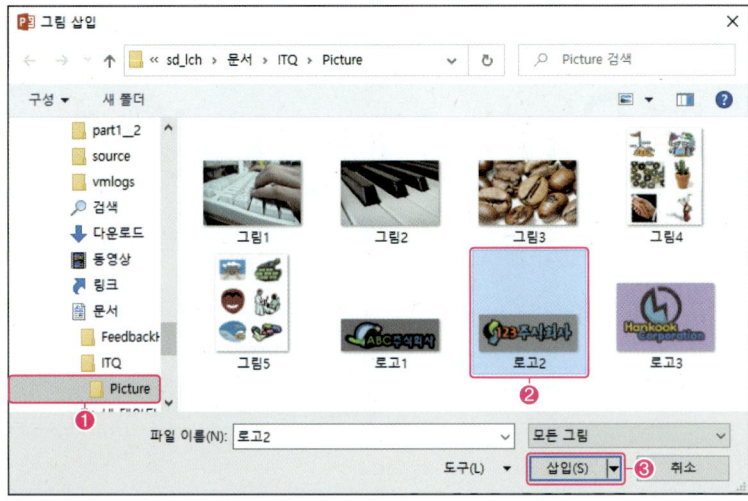

03 [그림 도구]-[서식] 탭-[조정] 그룹에서 [색]-[투명한 색 설정]을 선택합니다.

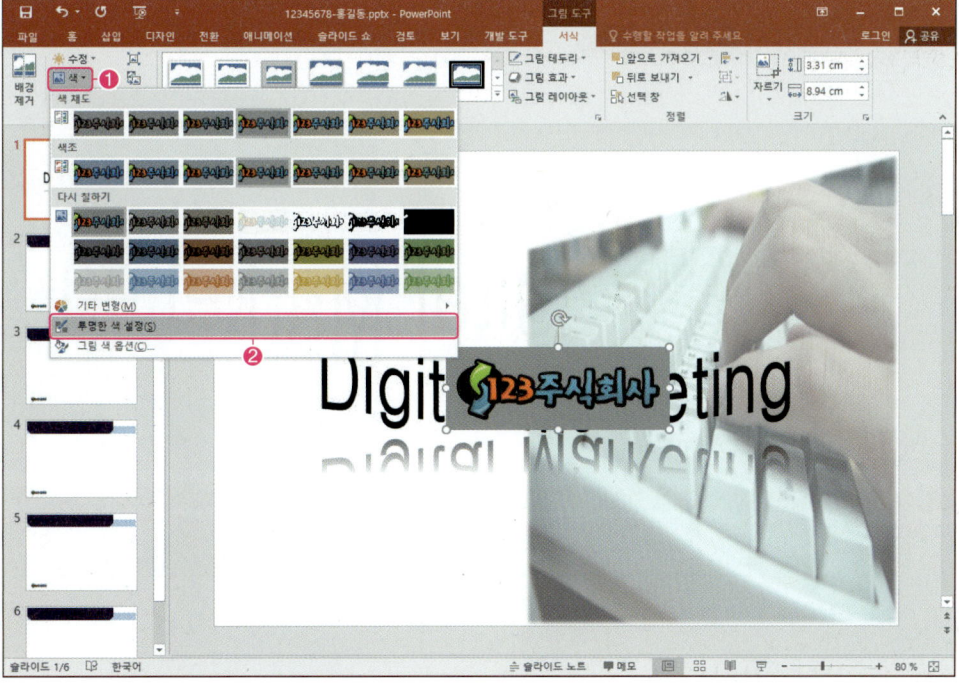

04 그림의 회색 영역을 클릭하여 투명하게 만듭니다.

 ▷

05 그림 크기를 조절한 후 슬라이드 왼쪽 상단으로 이동합니다.

배치 확인 및 저장하기

슬라이드에 삽입된 각 요소의 전체적인 배치를 확인하고 수정한 후 Ctrl+S 키를 눌러 저장합니다.

기본 예제

① [빗면] 도형을 삽입한 후 그림을 채우고 '부드러운 가장자리 10포인트' 도형 효과를 적용해 봅니다.

📁 예제파일 | 예제 01_01.jpg

길잡이
- 그림 채우기 : [그리기 도구]–[서식] 탭–[도형 스타일] 그룹에서 [도형 채우기]–[그림] 선택 → [그림 삽입] 대화상자에서 선택
- 도형 효과 : [그리기 도구]–[서식] 탭–[도형 스타일] 그룹에서 [도형 효과]–[부드러운 가장자리]–[10포인트] 선택

② 텍스트 상자를 삽입하여 'ITQ 파워포인트 2016'이라고 입력하고 '휘어 내려가기' 텍스트 변환 효과와 '전체 반사, 터치' 텍스트 반사 효과를 적용해 봅니다(돋움, 굵게).

길잡이
- 텍스트 상자 삽입 및 입력 : [삽입] 탭–[텍스트] 그룹에서 [텍스트 상자] 선택 → 텍스트 입력
- 워드아트로 변환 및 효과 지정 : 텍스트 상자 외곽선 클릭 → [그리기 도구]–[서식] 탭–[WordArt 스타일] 그룹에서 [텍스트 효과]의 [변환]–[휘어 내려가기]/[반사]–[전체 반사, 터치] 설정
- 글자 서식 : 텍스트 상자 외곽선 클릭 → [돋움]/[굵게] 설정 → '파워포인트' 텍스트 부분 드래그 → 글꼴 색 변경

Chapter 01 표지 슬라이드 만들기 | 35

기출 유형 문제

③ 슬라이드 1에 도형, 워드아트 및 그림을 이용하여 다음과 같이 작성해 봅니다.

📁 예제파일 | 예제 01_03.pptx

세부조건

① 도형 편집
  - 그림 채우기 :
    「내 PC\문서\ITQ\Picture\그림1.jpg」, 투명도 50%
  - 도형 효과 :
    부드러운 가장자리 5포인트

② 워드아트 삽입
  - 변환 : 역삼각형
  - 글꼴 : 돋움, 굵게
  - 텍스트 반사 : 근접 반사, 8pt 오프셋

③ 그림 삽입
  - 「내 PC\문서\ITQ\Picture\로고1.jpg」
  - 배경(회색) 투명색으로 설정

길잡이

- **도형 효과** : [서식] 탭-[도형 효과]-[부드러운 가장자리]-[5포인트] 설정
- **워드아트 삽입** : [삽입] 탭-[텍스트 상자] 삽입 → 글꼴 지정 → 텍스트 입력 → 워드아트 텍스트 효과 지정([서식] 탭-[텍스트 효과]-[변환]의 [역삼각형] → [서식] 탭-[텍스트 효과]-[반사]-[근접 반사, 8pt 오프셋]) → 위치 및 크기 조정

④ 슬라이드 1에 도형, 워드아트 및 그림을 이용하여 다음과 같이 작성해 봅니다.

📁 예제파일 | 예제 01_04.pptx

세부조건

① 도형 편집
  - 그림 채우기 :
    「내 PC\문서\ITQ\Picture\그림2.jpg」, 투명도 50%
  - 도형 효과 :
    부드러운 가장자리 5포인트

② 워드아트 삽입
  - 변환 : 아래쪽 수축
  - 글꼴 : 돋움, 굵게
  - 텍스트 반사 : 전체 반사, 터치

③ 그림 삽입
  - 「내 PC\문서\ITQ\Picture\로고1.jpg」
  - 배경(회색) 투명색으로 설정

길잡이

- **도형 효과** : [서식] 탭-[도형 효과]-[부드러운 가장자리]-[5포인트] 설정
- **워드아트 삽입** : [삽입] 탭-[텍스트 상자] 삽입 → 글꼴 지정 → 텍스트 입력 → 워드아트 텍스트 효과 지정([서식] 탭-[텍스트 효과]-[변환]의 [아래쪽 수축] → [서식] 탭-[텍스트 효과]-[반사]-[전체 반사, 터치]) → 위치 및 크기 조정

목차 슬라이드 만들기

예제파일 | 제2작업.pptx

문제 유형

슬라이드 2 : 목차 슬라이드   60점

(1) 출력형태와 같이 도형을 이용하여 목차를 작성한다(글꼴 : 굴림, 24pt)

세부조건

① 텍스트에 하이퍼링크 적용
  ➡ '슬라이드 4'
② 그림 삽입
  - 「내 PC₩문서₩ITQ₩Picture₩그림5.jpg」
  - 자르기 기능 이용

작업 과정

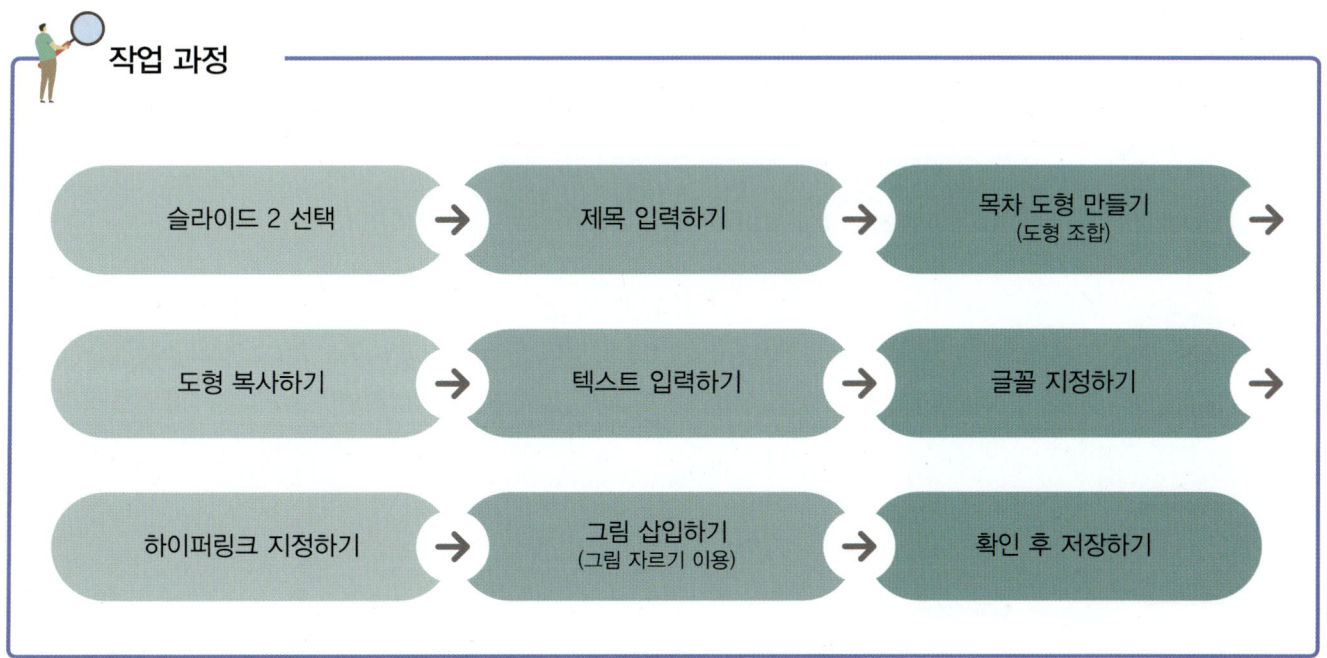

슬라이드 2 선택 → 제목 입력하기 → 목차 도형 만들기 (도형 조합) →

도형 복사하기 → 텍스트 입력하기 → 글꼴 지정하기 →

하이퍼링크 지정하기 → 그림 삽입하기 (그림 자르기 이용) → 확인 후 저장하기

사용 기능 및 모범 답안 미리보기

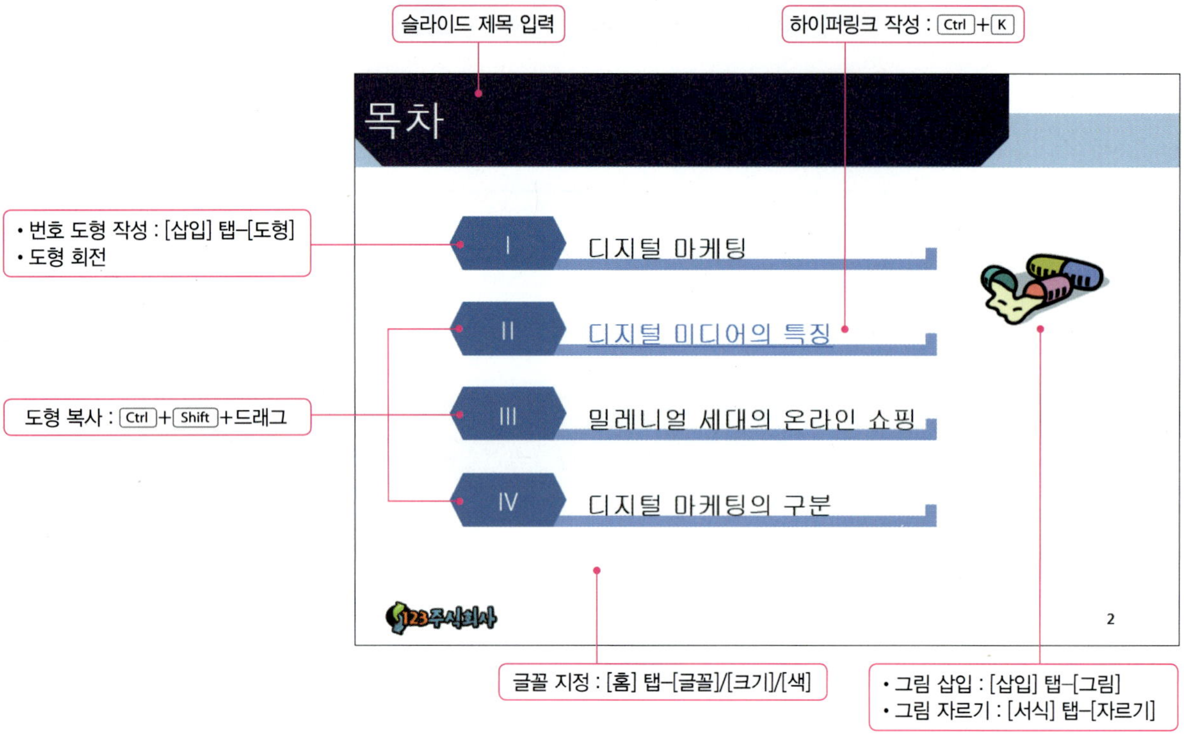

- 슬라이드 제목 입력
- 하이퍼링크 작성 : Ctrl + K
- 번호 도형 작성 : [삽입] 탭-[도형]
- 도형 회전
- 도형 복사 : Ctrl + Shift + 드래그
- 글꼴 지정 : [홈] 탭-[글꼴]/[크기]/[색]
- 그림 삽입 : [삽입] 탭-[그림]
- 그림 자르기 : [서식] 탭-[자르기]

슬라이드 제목 입력하기

슬라이드 2를 선택한 후 제목 텍스트 상자에 '목차'라고 입력합니다.

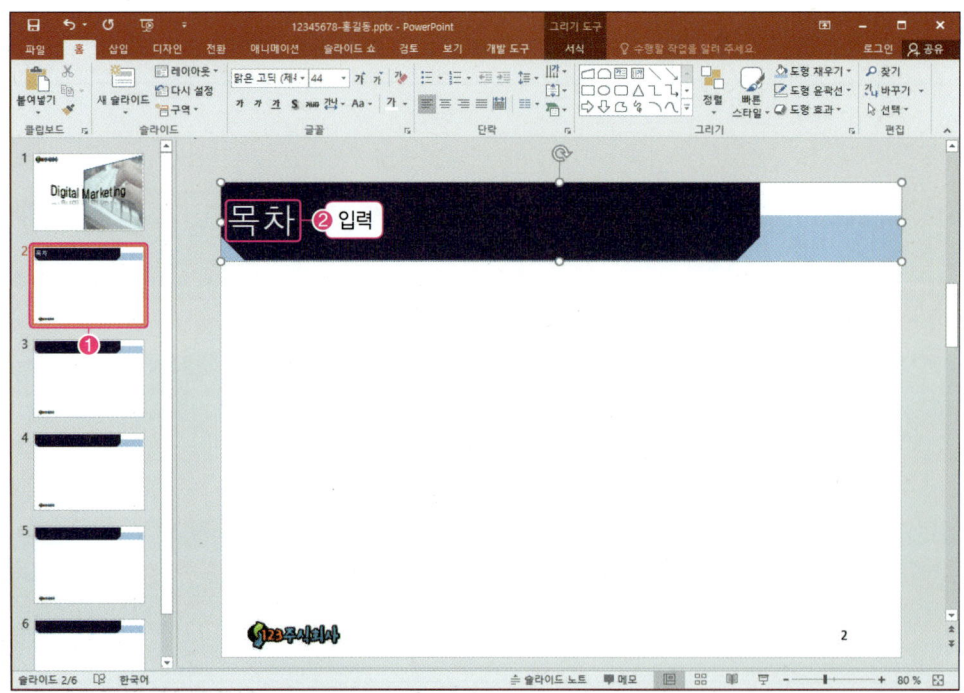

목차 도형 만들기

01 [삽입] 탭-[일러스트레이션] 그룹에서 [도형]-[L 도형]을 선택합니다.

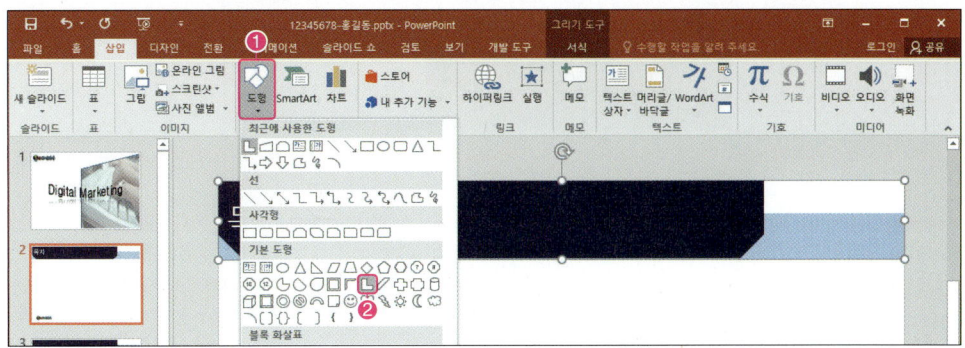

02 그림과 같이 드래그하여 도형을 삽입한 후 [그리기 도구]-[서식] 탭-[정렬] 그룹에서 [회전]-[좌우 대칭]을 선택합니다.

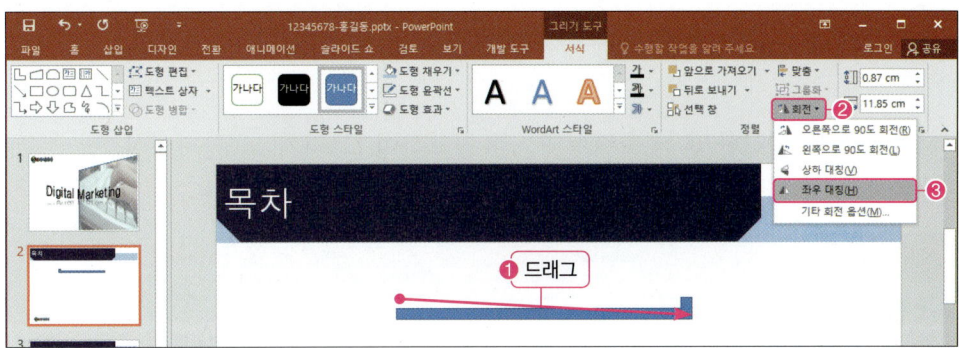

03 ≪출력형태≫를 참고하여 [그리기 도구]-[서식] 탭-[도형 스타일] 그룹에서 도형 채우기, 도형 윤곽선을 설정합니다.

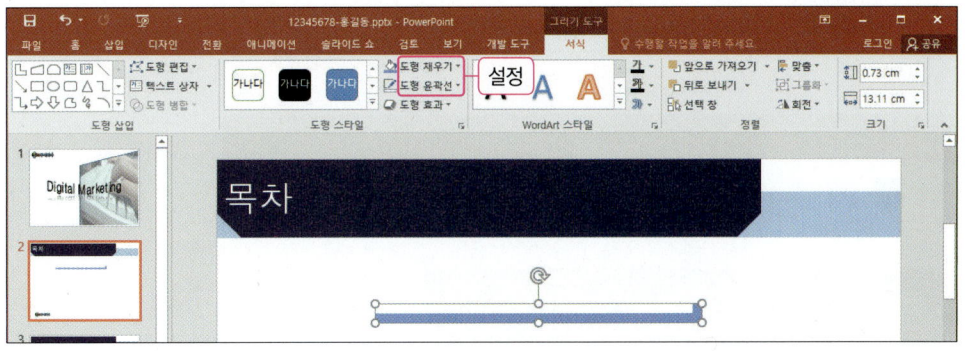

> **TIP**
> 각 도형의 채우기 색이나 도형 윤곽선 등은 명확한 지시사항이 없으므로 ≪출력형태≫를 고려하여 설정합니다.

04 [삽입] 탭-[일러스트레이션] 그룹에서 [도형]-[육각형]을 선택합니다.

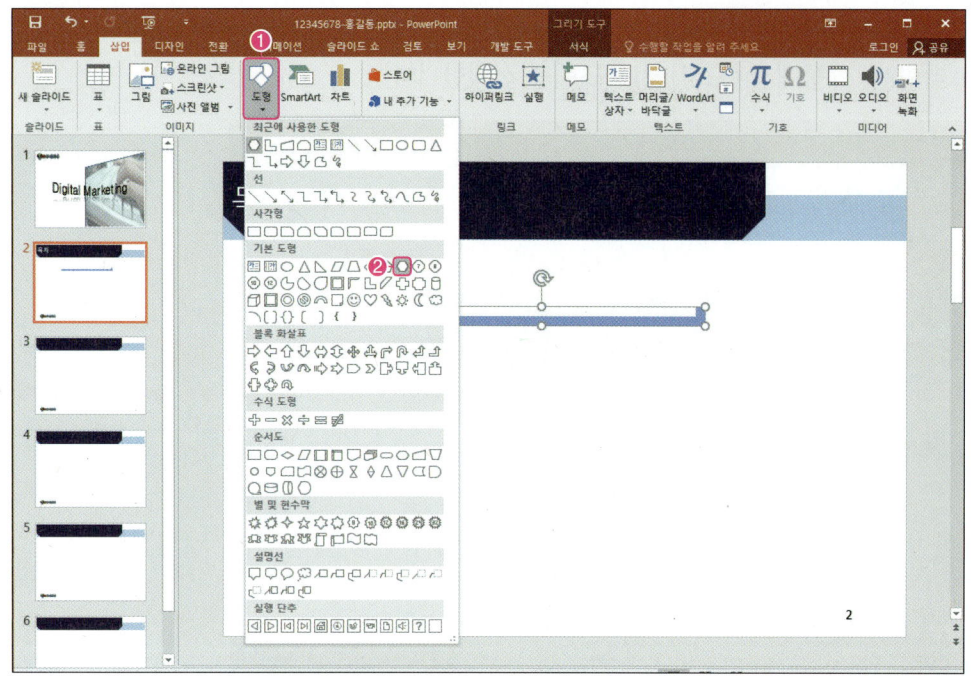

05 그림과 같이 드래그하여 도형을 삽입한 후 ≪출력형태≫를 참고하여 [그리기 도구]-[서식] 탭-[도형 스타일] 그룹에서 도형 채우기와 도형 윤곽선을 설정합니다.

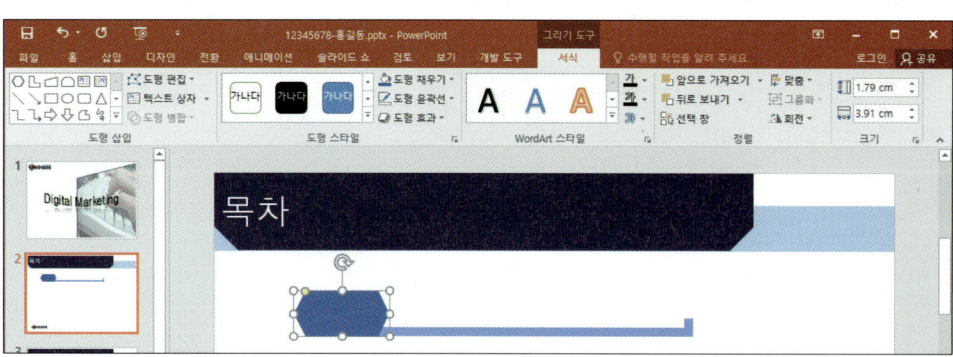

목차 도형 복사하기

01 그림과 같이 드래그하여 도형을 모두 선택합니다.

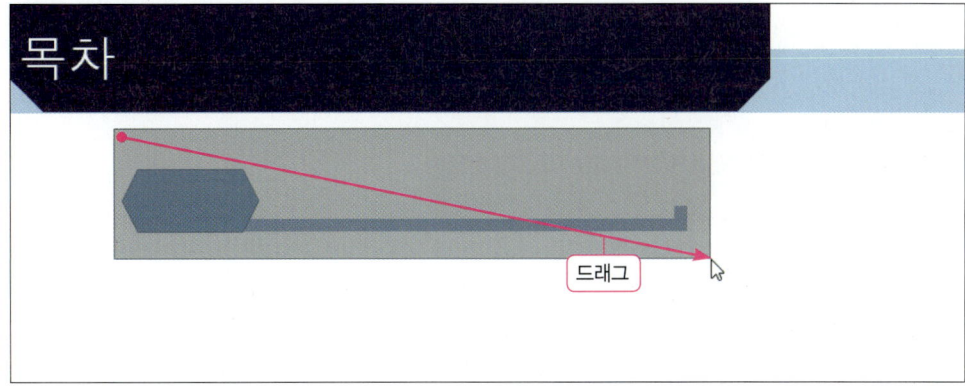

02 Ctrl + Shift 키를 누른 채 아래로 드래그하여 복사합니다.

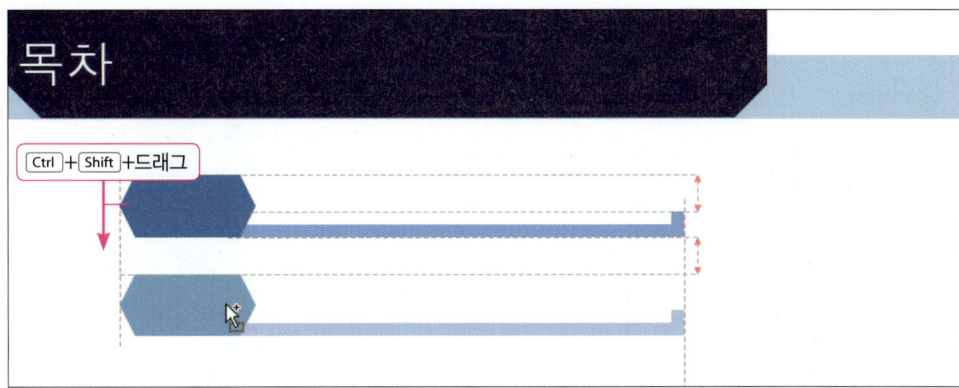

03 같은 방법으로 도형을 복사하여 총 4개의 목차 도형을 만듭니다.

텍스트 입력 및 글꼴 지정하기

01 첫 번째 육각형을 마우스 오른쪽 버튼으로 클릭한 후 [텍스트 편집]을 선택합니다.

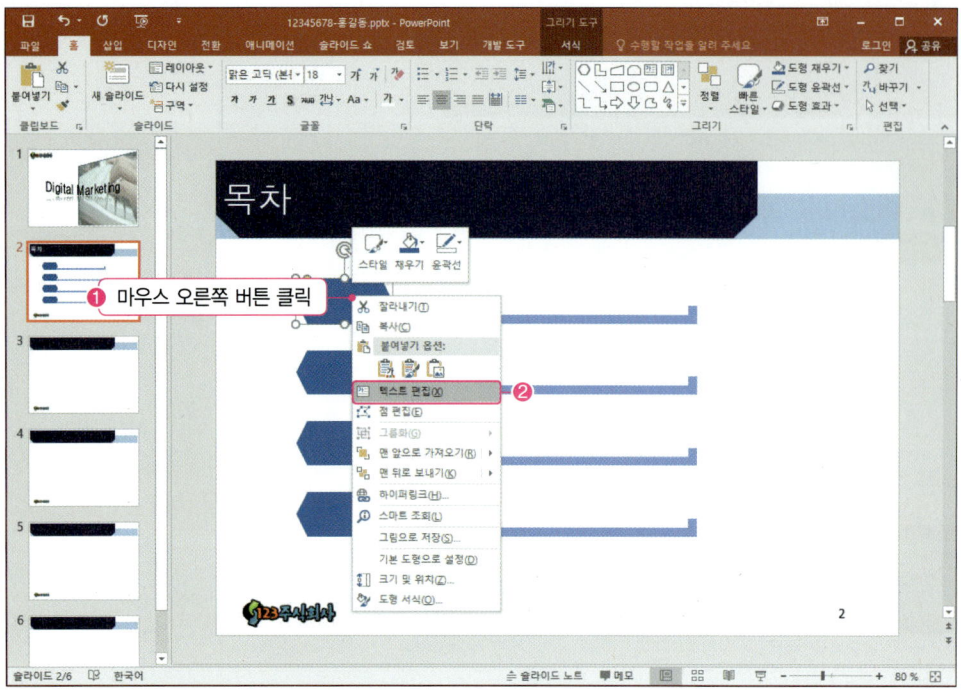

02 'ㅈ'를 입력한 후 [한자] 키를 누릅니다. 바로가기 창이 나타나면 'Ⅰ'를 선택합니다.

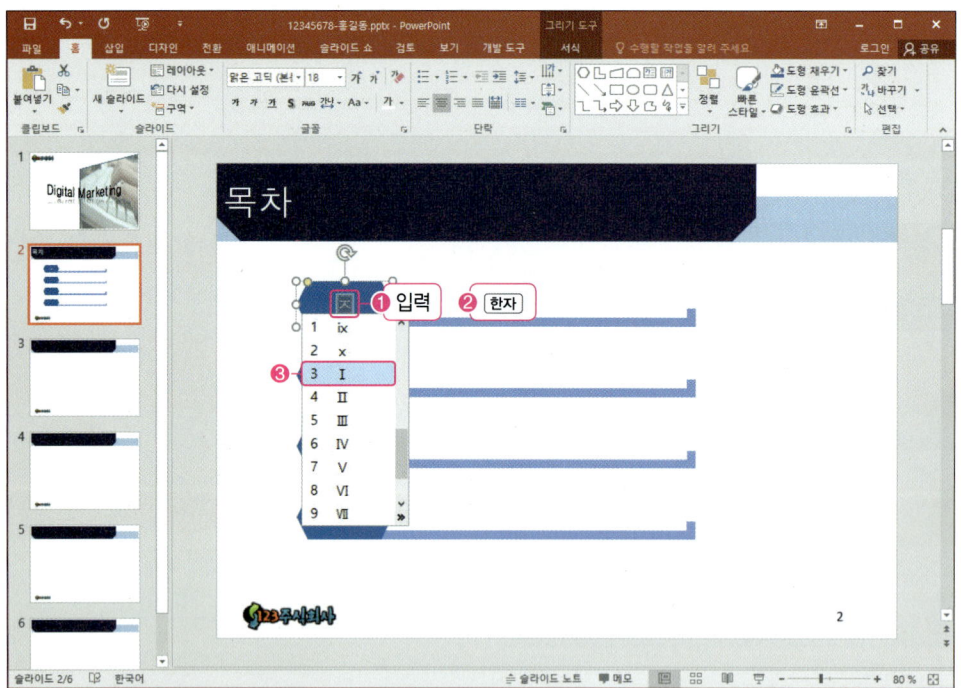

> **TIP** 특수 문자 입력하기
> - 한글 자음을 입력한 후 [한자] 키를 누르면 특수 문자를 삽입할 수 있습니다.
> - [삽입] 탭-[기호] 그룹-[기호]를 선택하여 특수 문자를 삽입할 수 있습니다.

03 같은 방법으로 'Ⅱ', 'Ⅲ', 'Ⅳ'를 입력한 후 [삽입] 탭-[텍스트] 그룹에서 [텍스트 상자]를 클릭합니다. 'Ⅰ'의 오른쪽에 드래그하여 텍스트 상자를 삽입합니다.

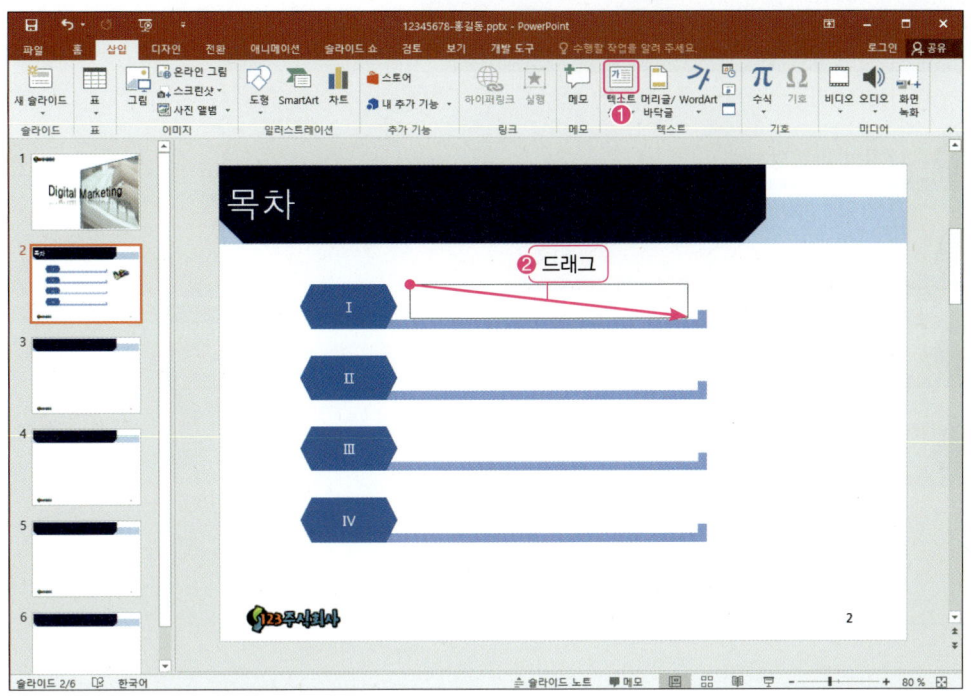

04 텍스트 상자에 '디지털 마케팅'이라 입력한 후 텍스트 상자를 클릭합니다. Ctrl + Shift 키를 누른 채 아래로 드래그하여 'Ⅱ'의 오른쪽에 텍스트 상자를 복사합니다.

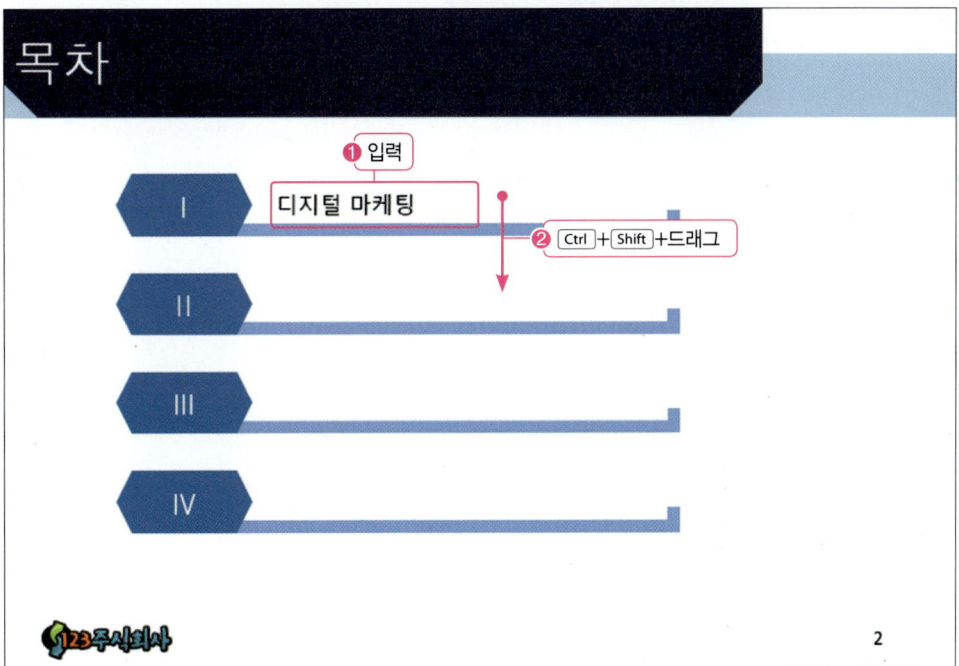

 Ctrl 키로 복사하고 Shift 키로 정렬하기

- 그림이나 도형, 스마트아트, 워드아트 등을 선택한 후 Ctrl 키를 누른 채 드래그하면 개체를 복사할 수 있습니다.
- 그림이나 도형, 스마트아트, 워드아트 등을 선택한 후 Shift 키를 누른 채 드래그하면 개체를 직각으로 이동할 수 있습니다.
- 그림이나 도형, 스마트아트, 워드아트 등을 선택한 후 Ctrl + Shift 키를 누른 채 드래그하면 개체를 직각으로 복사할 수 있습니다.

05 같은 방법으로 'Ⅲ', 'Ⅳ' 오른쪽에 텍스트 상자를 복사한 후 그림과 같이 텍스트를 입력합니다.

06 목차 도형을 드래그하여 한 번에 모두 선택합니다.

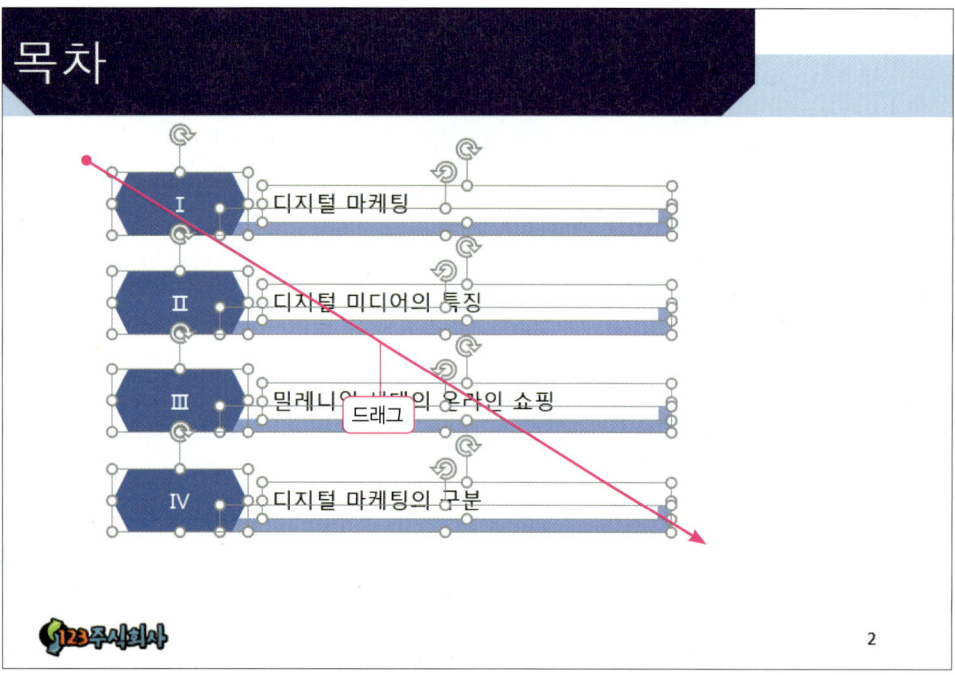

07 [홈] 탭-[글꼴] 그룹에서 [글꼴]과 [글꼴 크기]를 설정합니다.

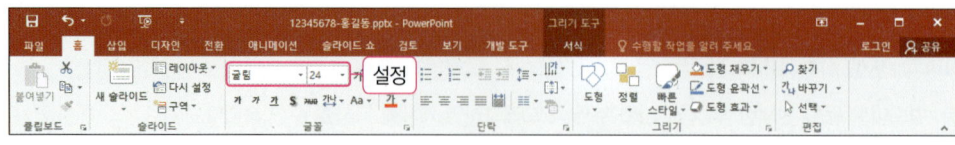

하이퍼링크 지정하기

01 하이퍼링크를 지정할 텍스트를 드래그하여 블록 설정한 후 [삽입] 탭-[링크] 그룹-[하이퍼링크]를 클릭합니다.

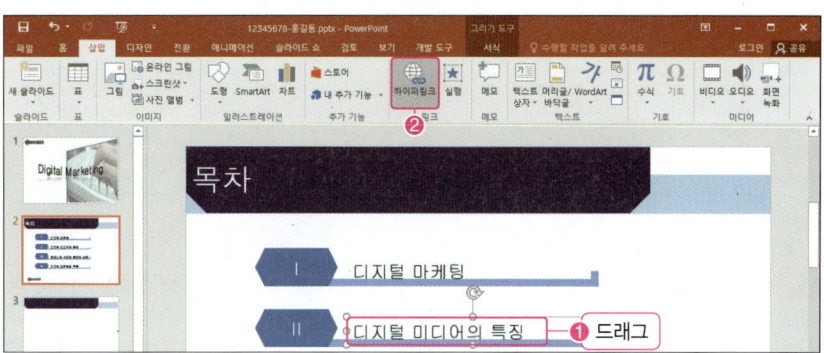

02 [하이퍼링크 삽입] 대화상자가 나타나면 [현재 문서]를 클릭한 후 [슬라이드 4]를 선택하고 [확인] 버튼을 클릭합니다.

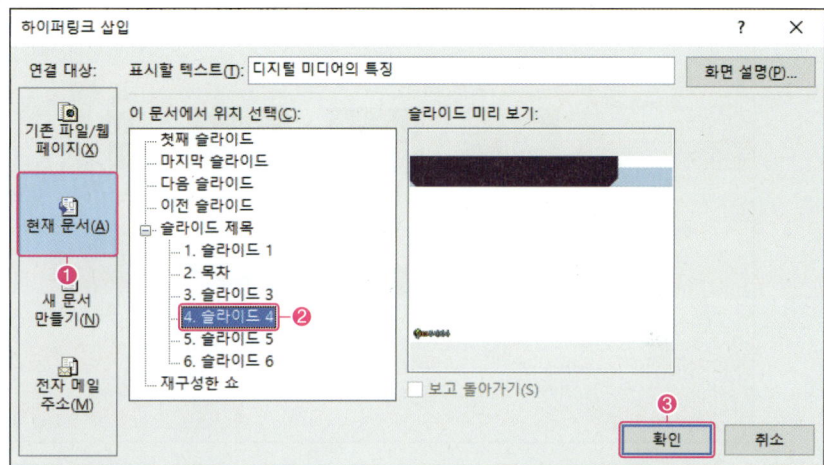

03 선택한 텍스트에 하이퍼링크 표시가 나타남을 확인합니다.

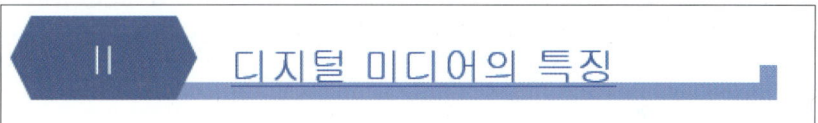

> **TIP** 하이퍼링크 연결 확인하기
>
> 01 연결을 확인하기 위해서 [슬라이드 쇼] 탭-[슬라이드 쇼 시작] 그룹-[현재 슬라이드부터]를 클릭합니다.
>
> 02 슬라이드 쇼가 실행되면 하이퍼링크로 설정한 텍스트로 마우스 포인터를 이동합니다. 마우스 포인터의 모습이 👆로 바뀌면 클릭하여 슬라이드 4로 이동되는 것을 확인합니다.
>
>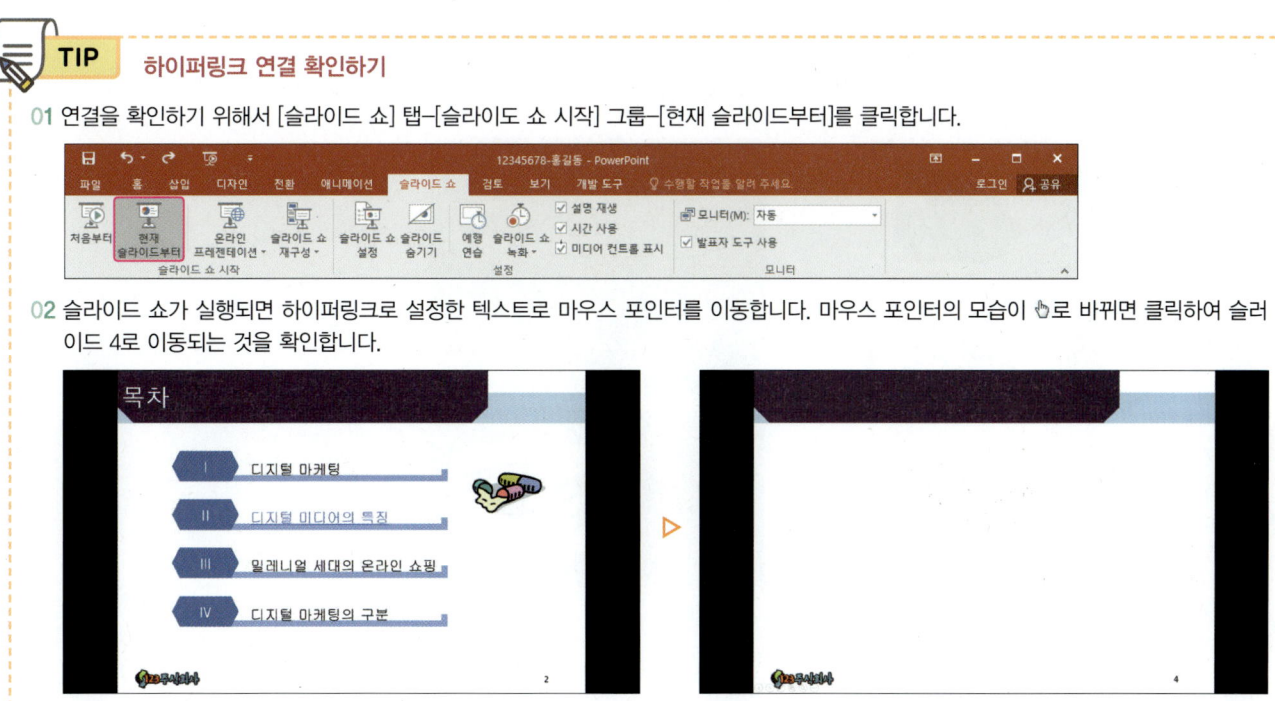

그림 삽입 및 편집하기

01 [삽입] 탭-[이미지] 그룹-[그림]을 클릭합니다.

02 [그림 삽입] 대화상자가 나타나면 지정한 위치('내 PC₩문서₩ITQ₩Picture'폴더)에서 '그림5.jpg' 파일을 선택한 후 [삽입] 버튼을 클릭합니다.

03 그림이 삽입되면 [그림 도구]-[서식] 탭-[크기] 그룹에서 [자르기]를 클릭합니다.

04 그림에 자르기 조절점이 표시되면 드래그하여 필요한 부분만 보이도록 합니다.

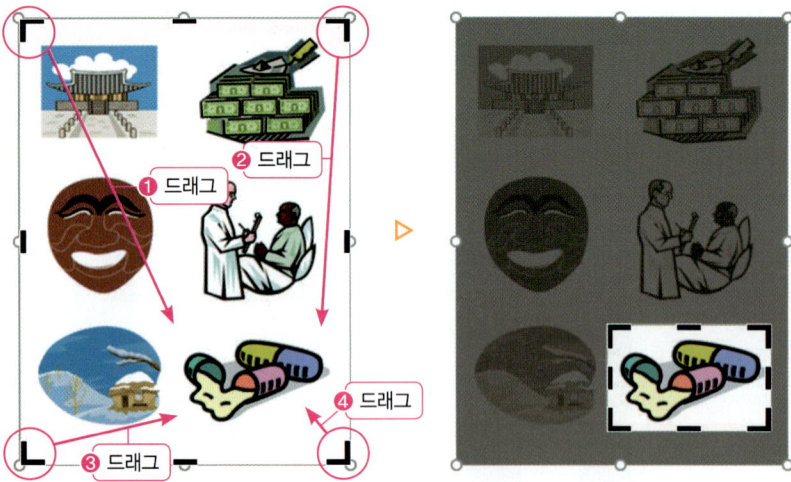

05 [그림 도구]-[서식] 탭-[크기] 그룹에서 [자르기]를 클릭합니다.

06 ≪출력형태≫를 참고하여 그림의 위치와 크기를 조정합니다.

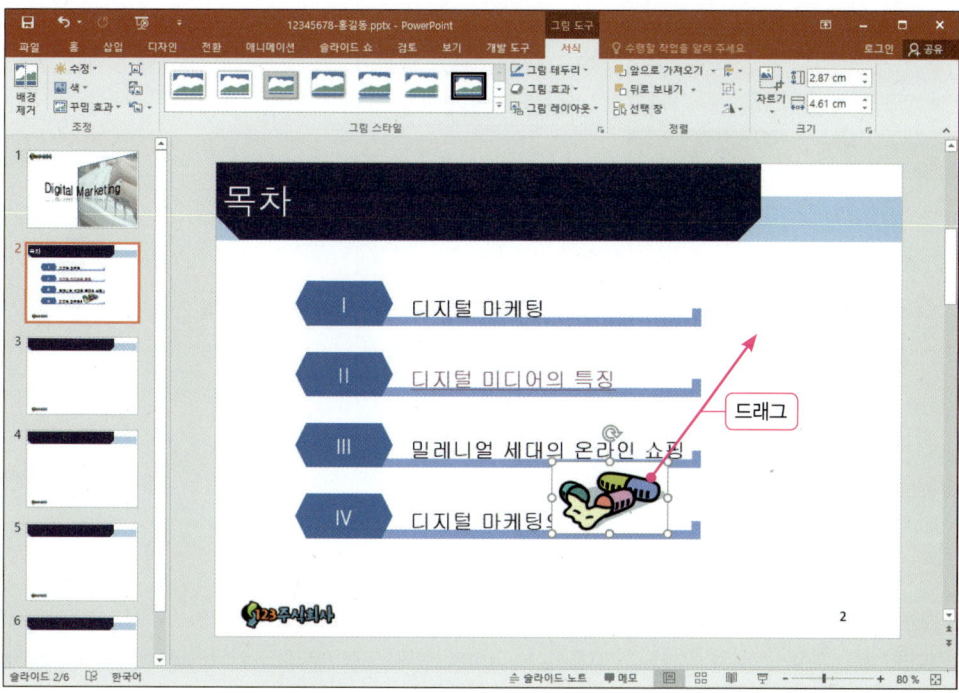

배치 확인 및 저장하기

슬라이드의 전체적인 배치를 확인하고 수정한 후 Ctrl + S 키를 눌러 저장합니다.

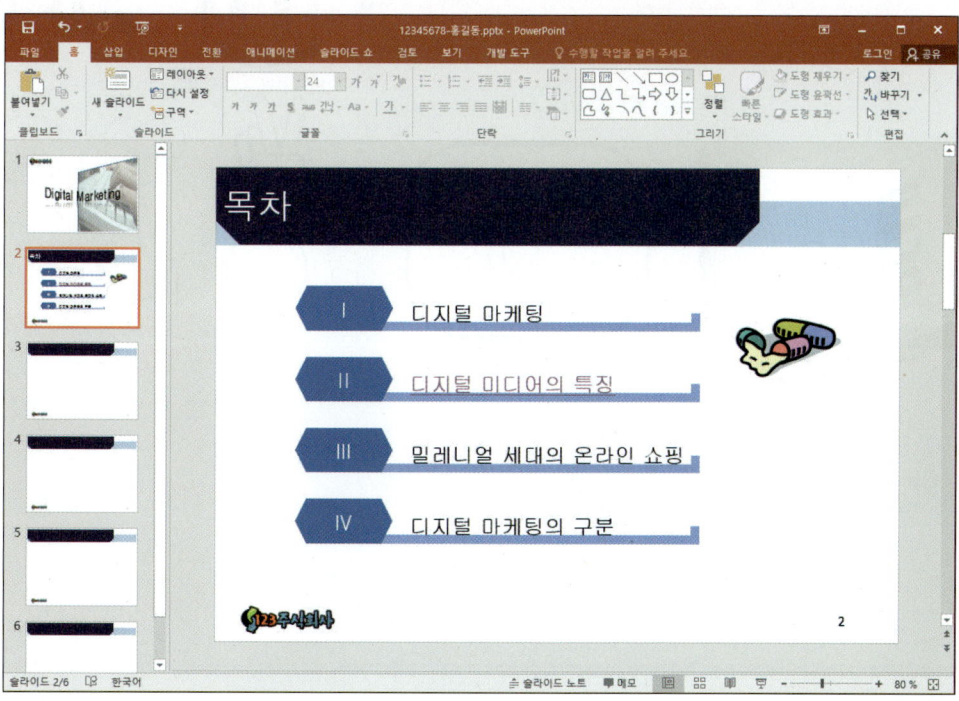

Chapter 02 목차 슬라이드 만들기 | **47**

기본 예제

① 슬라이드 1에 다음과 같이 도형과 복사 기능을 활용하여 작성한 후 조건에 맞춰 각각의 텍스트에 하이퍼링크를 적용해 봅니다(글꼴 : 돋움, 32pt).

📁 예제파일 | 예제 02_01.pptx

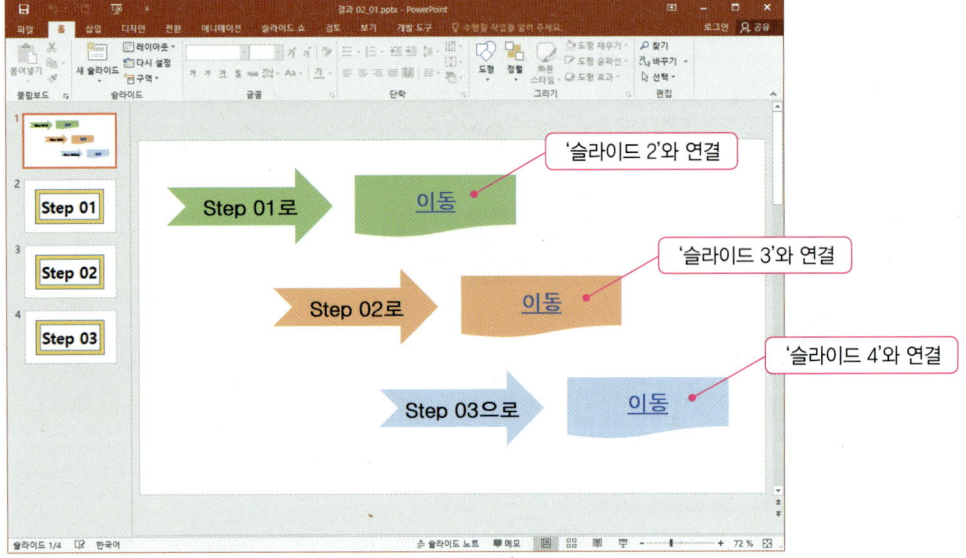

길잡이

- **도형 삽입** : 톱니 모양의 오른쪽 화살표, 순서도: 문서
- **하이퍼링크 적용** : 텍스트(이동) 블록 지정 → [삽입] 탭-[링크] 그룹-[하이퍼링크] 선택 → [하이퍼링크 삽입] 대화상자에서 해당 슬라이드 선택

② 그림을 삽입한 후 다음과 같이 그림의 일부분만 보이도록 만들어 봅니다.

📁 예제파일 | 예제 02_02.png

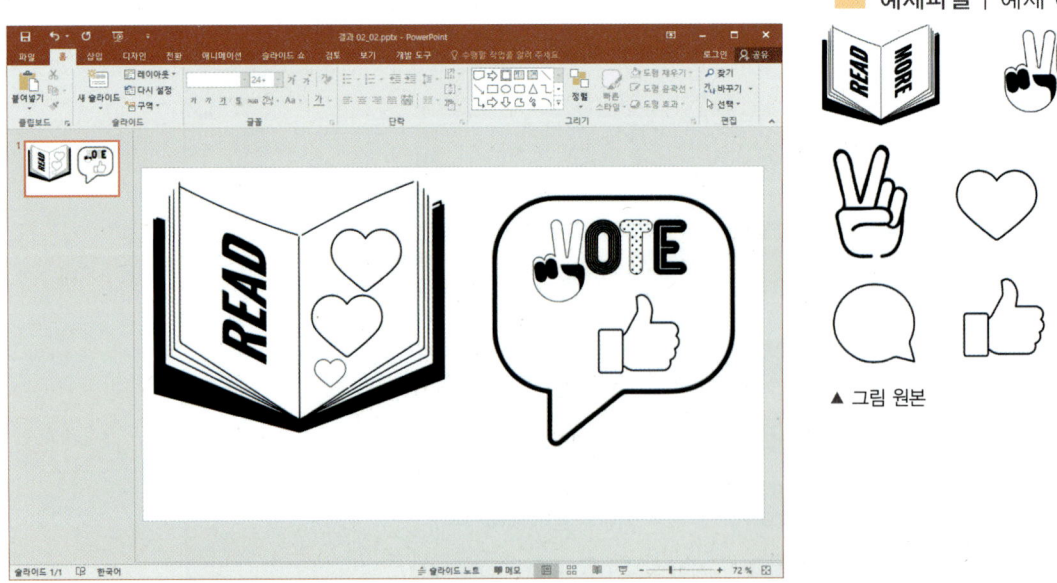

▲ 그림 원본

길잡이

그림 자르기 : [그림 도구]-[서식] 탭-[크기] 그룹-[자르기] 선택 → 자르기 조절점 드래그

기출 유형 문제

③ 슬라이드 2에 도형을 이용하여 다음과 같이 작성해 봅니다(글꼴 : 굴림, 24pt).

예제파일 | 예제 02_03.pptx

세부조건

① 텍스트에 하이퍼링크 적용
  ➡ '슬라이드 4'

② 그림 삽입
  - 「내 PC₩문서₩ITQ₩Picture₩그림 4.jpg」
  - 자르기 기능 이용

길잡이

- **도형 삽입** : 갈매기형 수장, 직사각형, 텍스트 상자

④ 슬라이드 2에 도형을 이용하여 다음과 같이 작성해 봅니다(글꼴 : 굴림, 24pt).

예제파일 | 예제 02_04.pptx

세부조건

① 텍스트에 하이퍼링크 적용
  ➡ '슬라이드 5'

② 그림 삽입
  - 「내 PC₩문서₩ITQ₩Picture₩그림 5.jpg」
  - 자르기 기능 이용

길잡이

- **도형 삽입** : 눈물 방울, 직사각형, 텍스트 상자

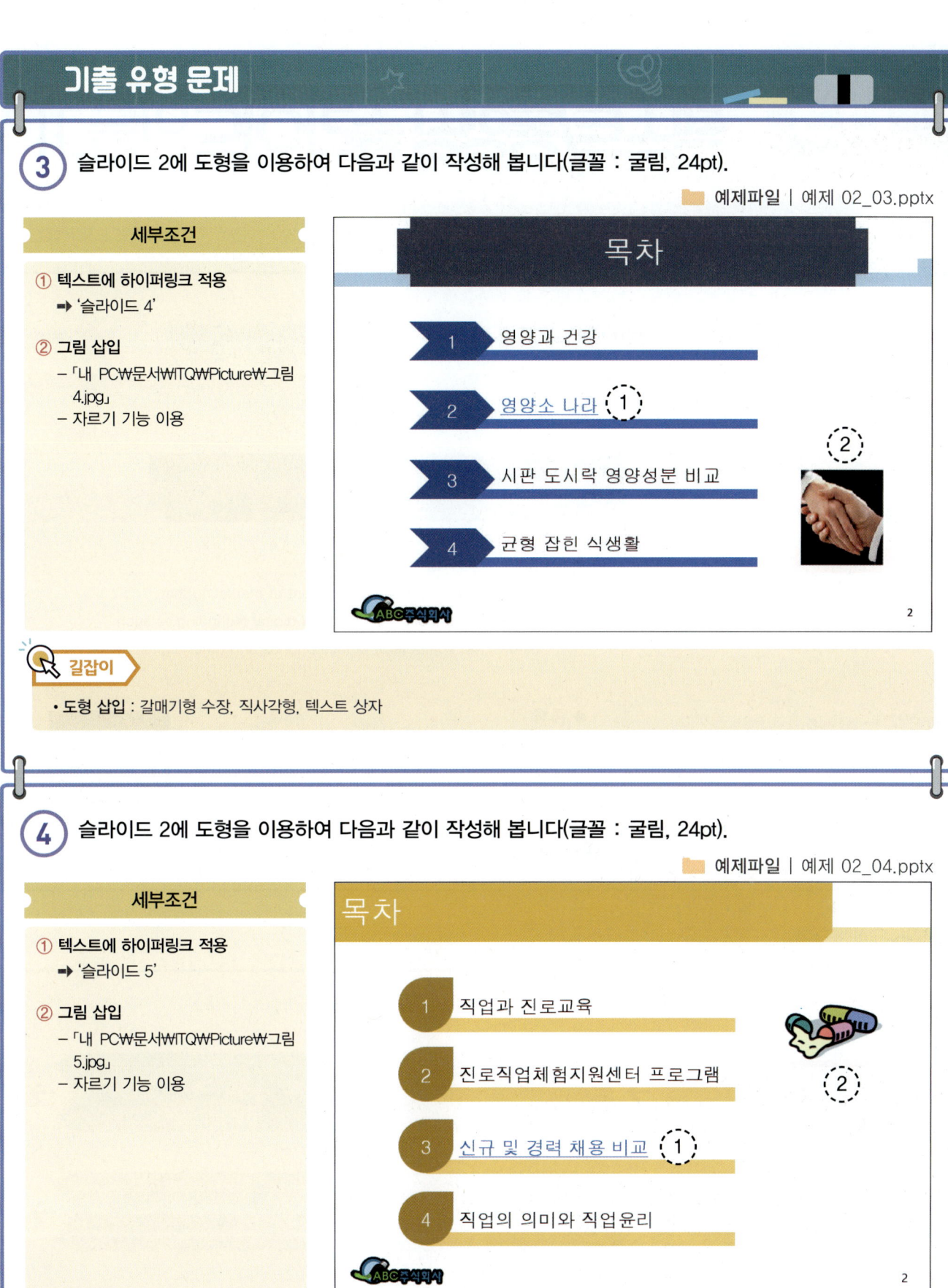

CHAPTER 03

텍스트/동영상 슬라이드 만들기

예제파일 | 제3작업.pptx

문제 유형

📍 **슬라이드 3 : 텍스트/동영상 슬라이드** 60점

(1) 텍스트 작성 : 글머리 기호 사용(✓, ❖)

✓문단(굴림, 24pt, 굵게, 줄간격 : 1.5줄), ❖문단(굴림, 20pt, 줄간격 : 1.5줄)

세부조건	

① 동영상 삽입 :
– 「내 PC₩문서₩ITQ₩Picture₩동영상.wmv」
– 자동실행, 반복재생 설정
	Ⅰ. 디지털 마케팅
	
	◆ Digital Marketing
	  ✓ Digital marketing is the component of marketing that utilizes internet and online based digital technologies such as desktop computers, mobile phones and other digital media
	
	◆ 종류
	  ✓ 유인형 디지털 마케팅 : 블로그, 스트리밍 미디어 등
	  ✓ 강요형 디지털 마케팅 : 웹사이트나 인터넷 뉴스에서 보이는 광고

작업 과정

슬라이드 3 선택 → 제목 입력하기 → 텍스트 입력하기 →

글꼴 및 문단 서식 지정하기 (글꼴, 크기, 줄 간격) → 글머리 기호 지정하기 → 하위 목록 지정 및 서식 수정하기 →

텍스트 상자 크기 조정하기 → 동영상 삽입하기 (옵션 설정) → 확인 후 저장하기

사용 기능 및 모범 답안 미리보기

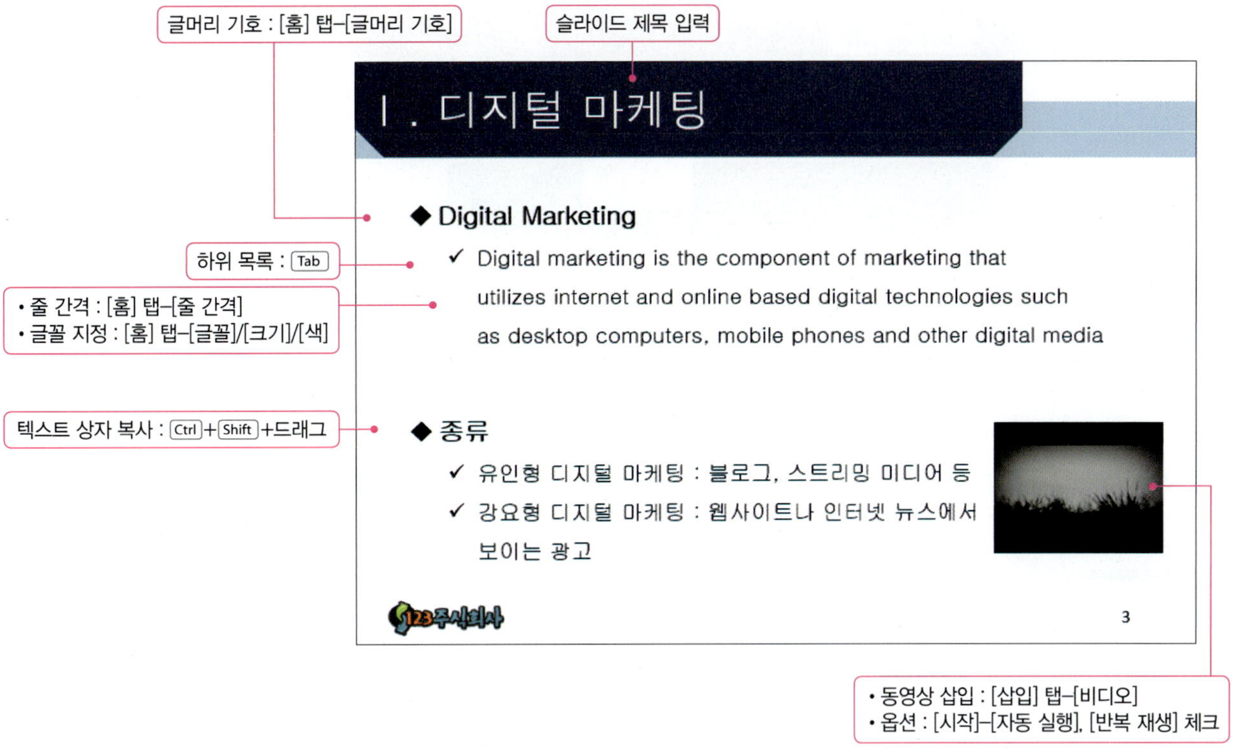

- 글머리 기호 : [홈] 탭-[글머리 기호]
- 슬라이드 제목 입력
- 하위 목록 : Tab
- 줄 간격 : [홈] 탭-[줄 간격]
- 글꼴 지정 : [홈] 탭-[글꼴]/[크기]/[색]
- 텍스트 상자 복사 : Ctrl+Shift+드래그
- 동영상 삽입 : [삽입] 탭-[비디오]
- 옵션 : [시작]-[자동 실행], [반복 재생] 체크

Ⅰ. 디지털 마케팅

◆ Digital Marketing
  ✓ Digital marketing is the component of marketing that utilizes internet and online based digital technologies such as desktop computers, mobile phones and other digital media

◆ 종류
  ✓ 유인형 디지털 마케팅 : 블로그, 스트리밍 미디어 등
  ✓ 강요형 디지털 마케팅 : 웹사이트나 인터넷 뉴스에서 보이는 광고

텍스트 입력하기

01 슬라이드 3을 선택한 후 제목 텍스트 상자에 'Ⅰ. 디지털 마케팅'이라고 입력합니다. [삽입] 탭-[텍스트] 그룹-[가로 텍스트 상자]를 선택한 후 그림과 같이 드래그하여 텍스트 상자를 삽입합니다.

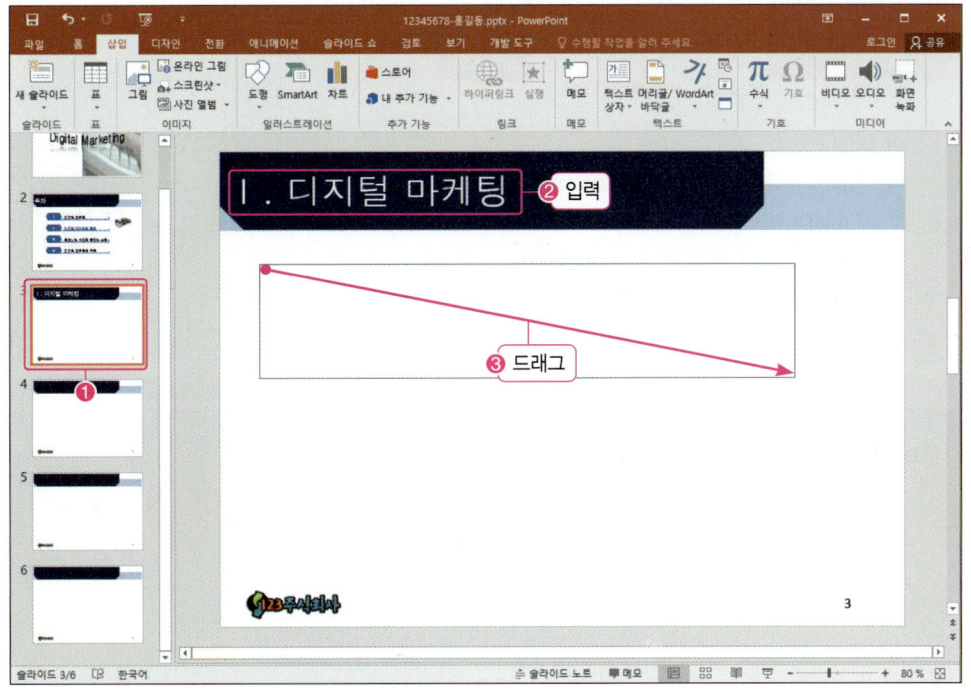

Chapter 03 텍스트/동영상 슬라이드 만들기 | 51

02 그림과 같이 텍스트를 입력한 후 Ctrl+A 키를 눌러 텍스트를 블록 설정합니다. [홈] 탭-[글꼴] 그룹에서 글꼴(굴림, 24pt, 굵게)을 지정한 후 [단락] 그룹에서 [줄 간격]-[1.5]를 선택합니다.

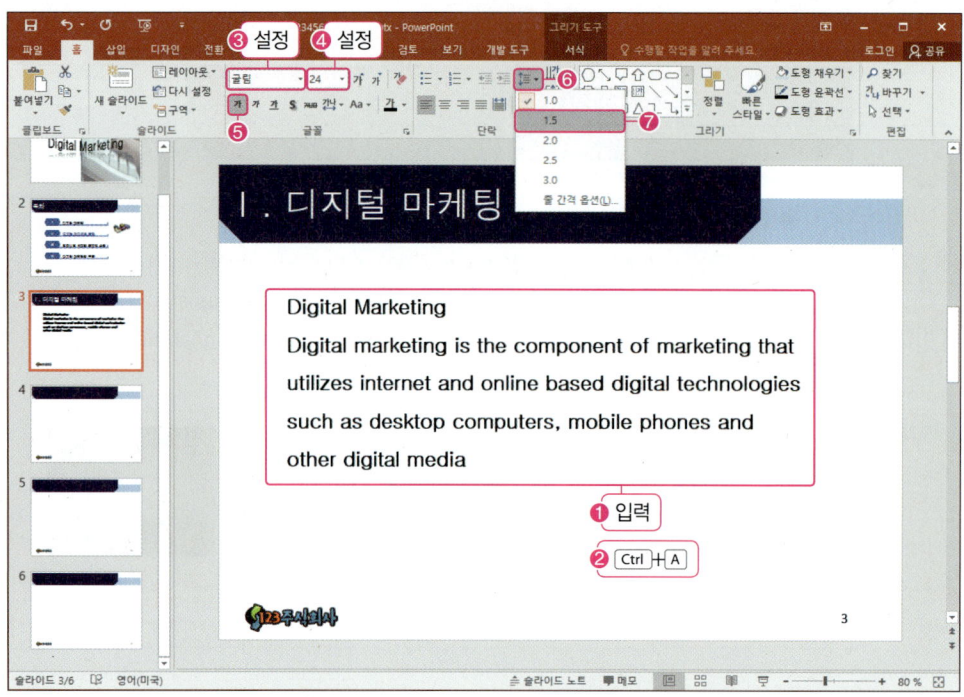

글머리 기호 적용 및 하위 목록 지정하기

01 [홈] 탭-[단락] 그룹에서 [글머리 기호]의 ▼를 클릭하여 ◆(속이 찬 다이아몬드형 글머리 기호)를 선택합니다.

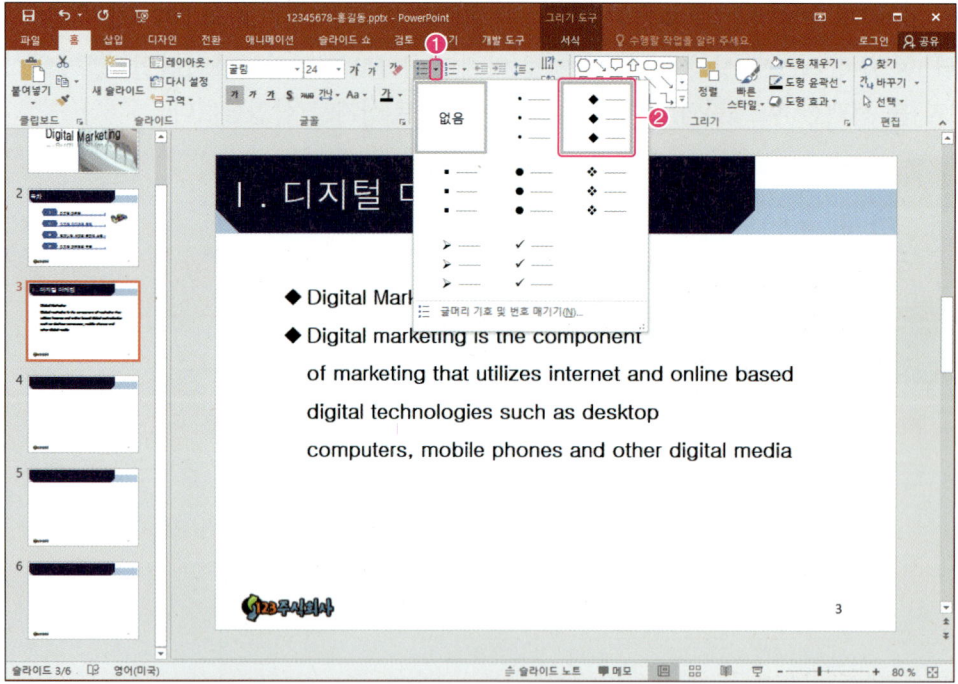

02 두 번째 문단의 문장을 블록으로 설정한 후 Tab 키를 눌러 목록 수준을 조정합니다.

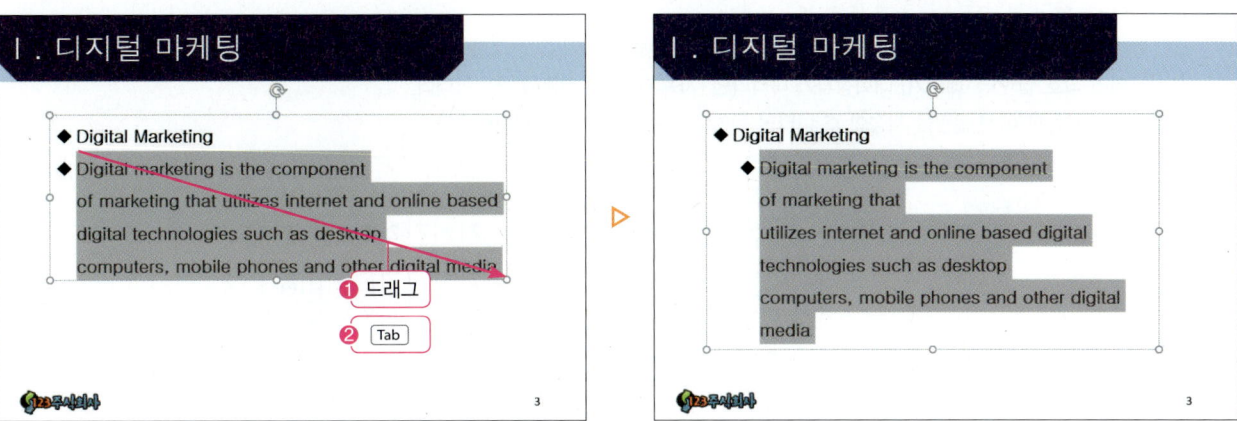

 TIP **문단 블록 설정하기**

드래그하여 선택하거나 선택할 문단의 임의의 위치에서 빠르게 3번 클릭합니다.

 TIP **목록 수준 줄임/늘림**

- 상위 목록 수준 : Shift + Tab 키 또는 [홈] 탭-[단락]-[목록 수준 줄임]
- 하위 목록 수준 : Tab 키 또는 [홈] 탭-[단락]-[목록 수준 늘림]

03 [홈] 탭-[글꼴] 그룹에서 글꼴(굴림, 20pt)을 지정하고 [굵게]를 클릭해 설정을 해제합니다. [단락] 그룹에서 [글머리 기호]의 ▼를 클릭하여 ✓ (대조표 글머리 기호)를 선택합니다.

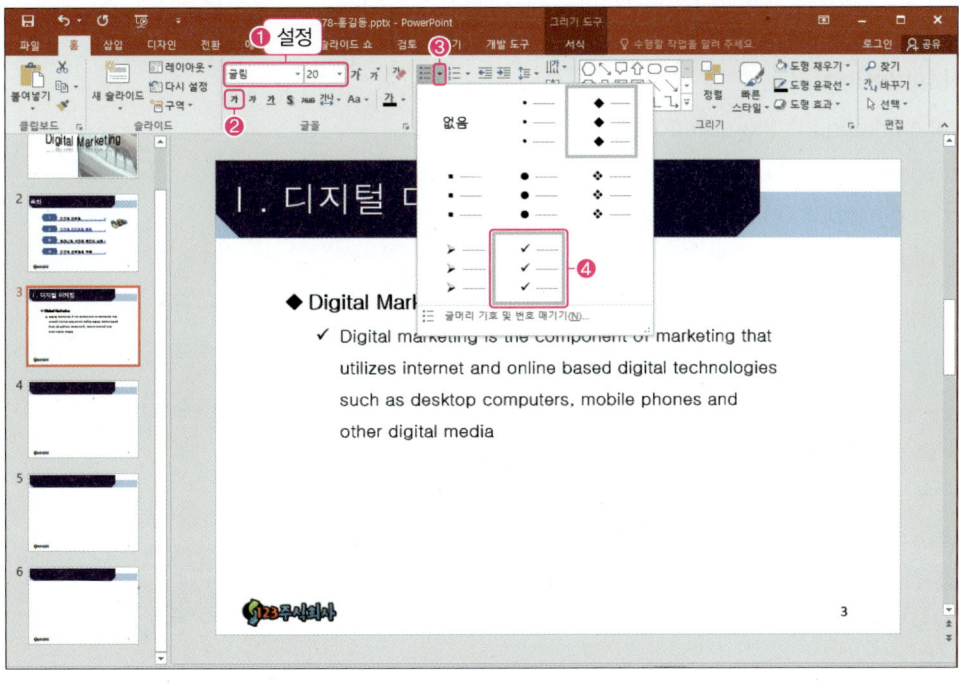

Chapter 03 텍스트/동영상 슬라이드 만들기 | 53

TIP 글머리 기호가 목록에 없는 경우

01 [홈] 탭–[단락] 그룹에서 [글머리 기호]–[글머리 기호 및 번호 매기기]를 선택합니다.
02 [글머리 기호 및 번호 매기기] 대화상자가 나타나면 [사용자 지정] 버튼을 클릭합니다.
03 [기호] 대화상자에서 글꼴을 지정한 후 나타난 목록에서 글머리 기호를 선택합니다.

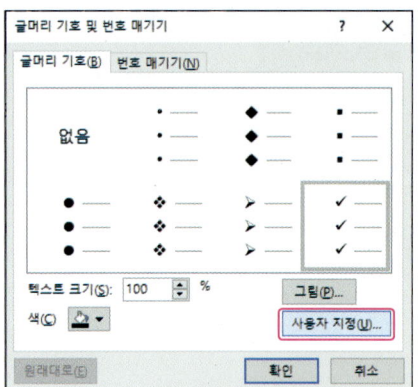

텍스트 상자 복사 및 크기 조정하기

01 텍스트 상자를 클릭한 후 Ctrl + Shift 키를 누른 채 아래로 드래그하여 텍스트 상자를 복사합니다.

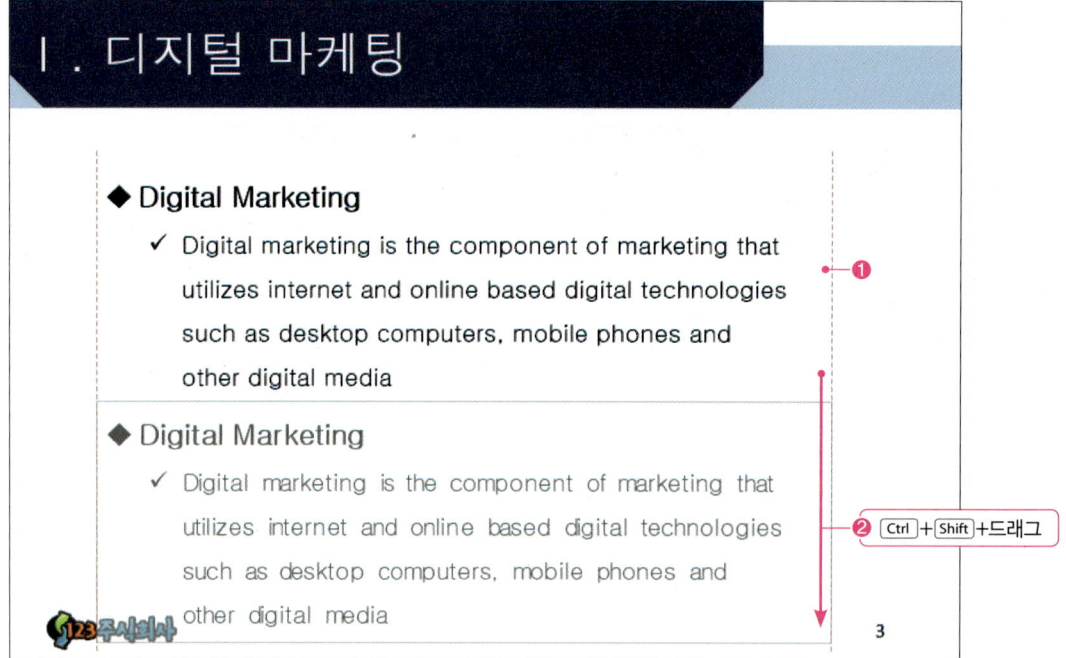

02 복사된 텍스트 상자에 그림과 같이 데이터를 입력합니다.

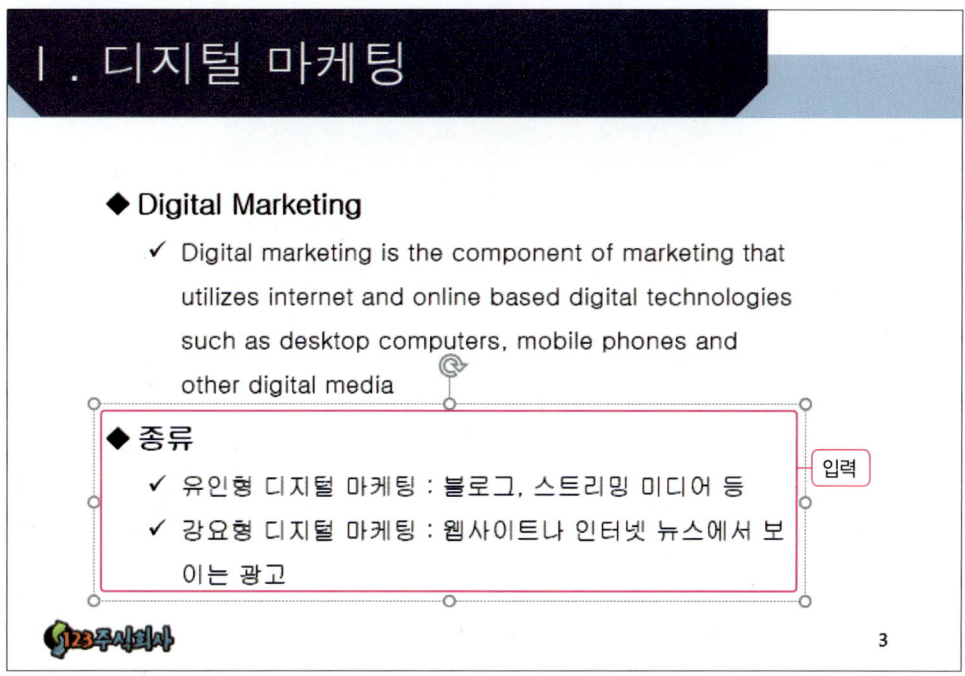

03 ≪출력형태≫처럼 만들기 위하여 텍스트 상자의 크기를 각각 조절합니다.

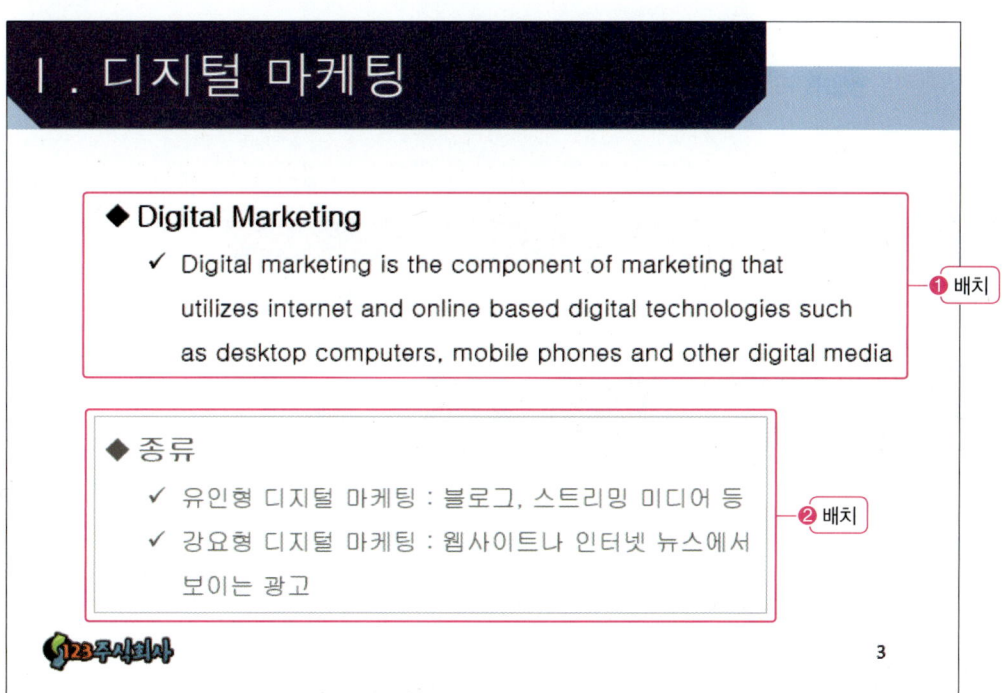

 **TIP**

텍스트 상자의 크기에 따라 텍스트의 배치가 변경됩니다. 글머리가 지정된 상태에서 Enter 키를 누르면 새로운 글머리가 생성되고, Shift 키를 누른 채 Enter 키를 누르면 문단이 유지된 상태에서 다음 줄로 이동합니다(글머리가 삽입되지 않으며 글머리 간격이 유지됩니다).

동영상 삽입하기

01 [삽입] 탭-[미디어] 그룹-[비디오]-[내 PC의 비디오]를 선택합니다.

02 [비디오 삽입] 대화상자가 나타나면 문제에서 지정한 위치('내 PC₩문서₩ITQ₩Picture' 폴더)에서 '동영상.wmv' 파일을 선택한 후 [삽입] 버튼을 클릭합니다.

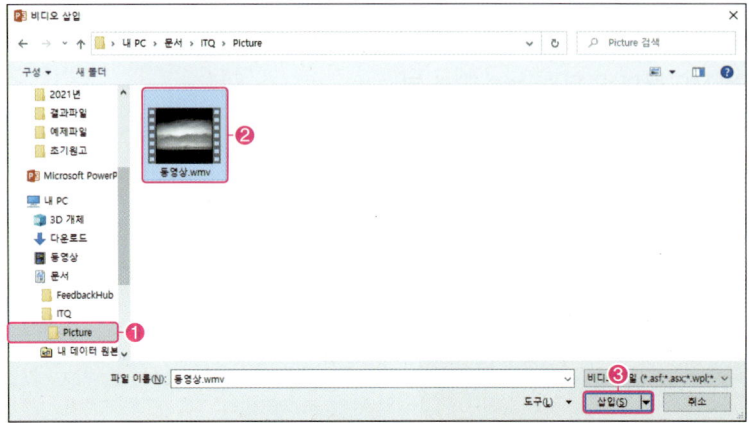

03 동영상의 크기 조절점을 드래그하여 크기를 조절한 후 동영상의 위치를 그림과 같이 배치합니다.

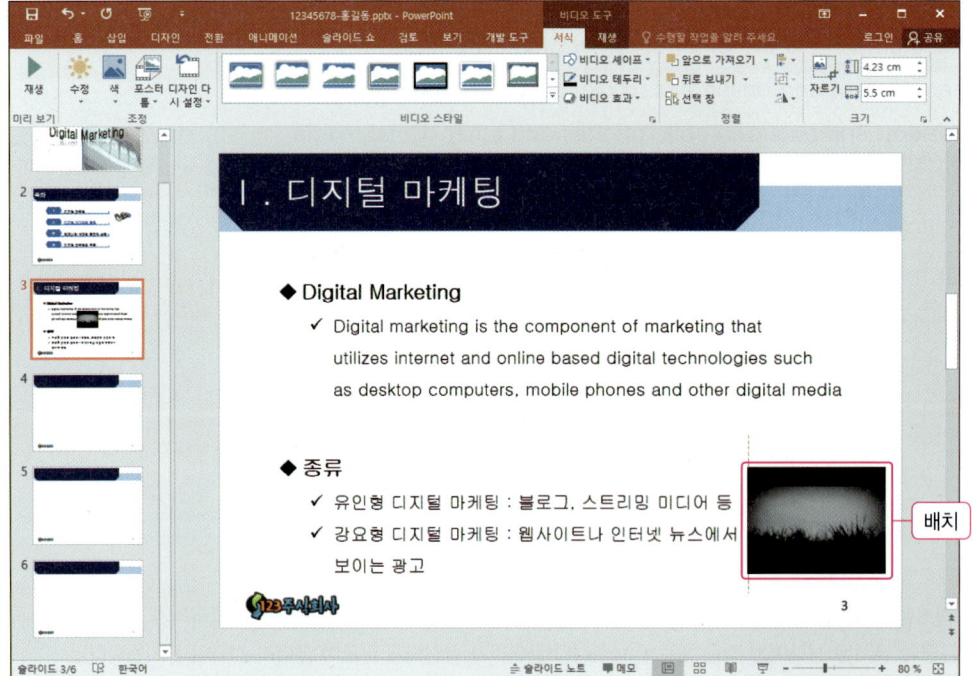

04 [비디오 도구]-[재생] 탭-[비디오 옵션] 그룹에서 [시작]은 [자동 실행]으로 설정하고 [반복 재생]에 체크 표시합니다.

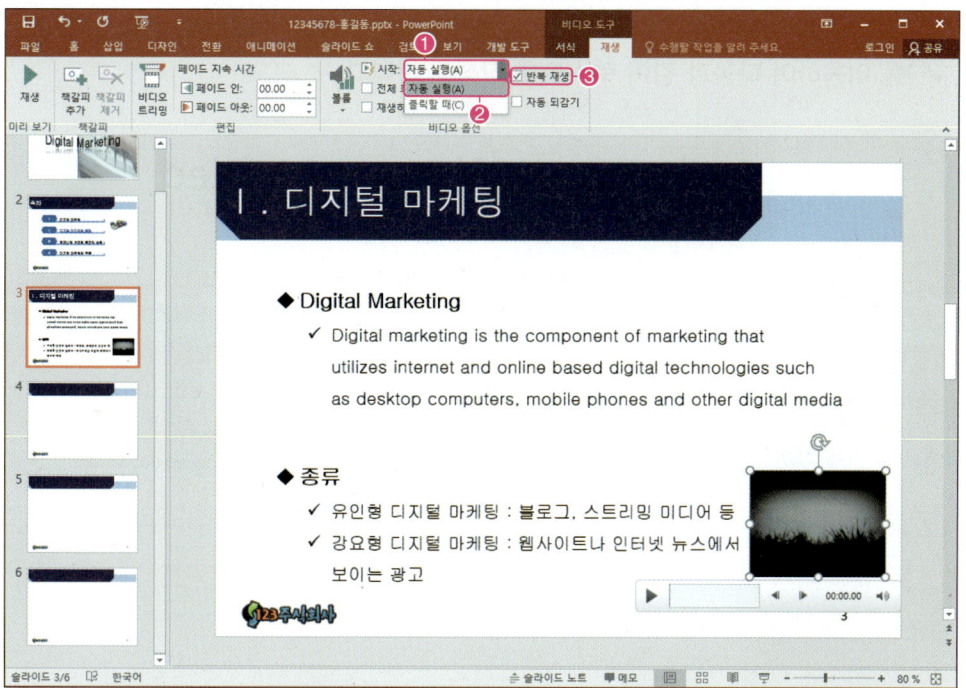

배치 확인 및 저장하기

슬라이드의 전체적인 배치를 확인하고 수정한 후 Ctrl + S 키를 눌러 저장합니다.

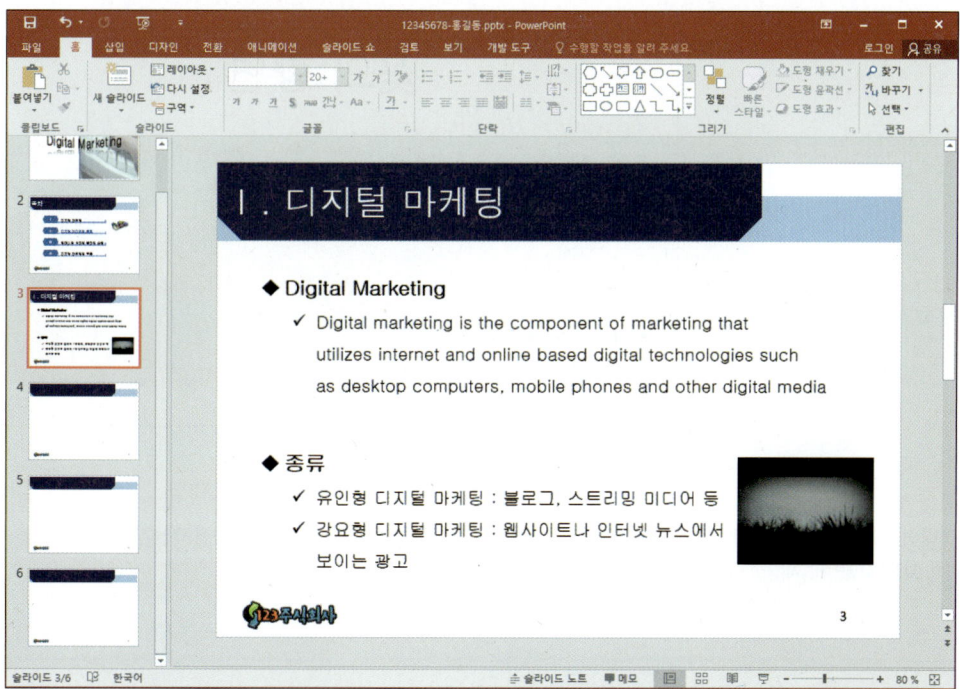

기본 예제

1 글머리 기호(➢, ✓)를 이용하여 다음과 같이 텍스트를 작성해 봅니다.

> ➢ 문단 : 글꼴(굴림, 24pt), 줄 간격(1.5줄)
>
> ✓ 문단 : 글꼴(굴림, 20pt), 줄 간격(1.5줄)

We got Married

Mr. and Mrs. Chealse and Lim
Request the honour of your presence
At the marriage of their son
Brown Chealse To ChaeHyun Lim

➢ Reservation
  ✓ Time : Friday, the eighth of June , 2022 At six o'clock in the evening
  ✓ Address : Washington Hall, Hamilton Hotel - Washington DC , America

길잡이

- 글머리 기호 : [홈] 탭-[글머리 기호]에서 선택
- 목록 수준 늘림 : Tab 키
- 줄 간격 지정 : [홈] 탭-[줄 간격]에서 선택

---

2 글머리 기호(■)를 이용하여 다음과 같이 텍스트를 작성한 후 동영상을 삽입해 봅니다.

📁 예제파일 | 예제 03_02.avi

꽃의 향연

> 글꼴(바탕, 22pt)

꽃들의 축제에 여러분을 초대합니다.
향기롭고 다채로운 꽃들을 만나보세요.
국내, 해외의 신품종도 소개됩니다.

- 예제 03_02.avi
- 옵션 : 자동 실행, 반복 재생

● 일시 : 9월 1일부터 9월 25일까지
● 장소 : 서울 세계 꽃 박람회에서

길잡이

동영상 삽입 : [삽입] 탭-[미디어] 그룹-[비디오]-[내 PC의 비디오] → 동영상 파일 선택 → 크기 및 위치 조정 → [재생] 탭-[비디오 옵션] 그룹에서 [시작]-[자동 실행] 설정 및 [반복 재생] 체크

기출 유형 문제

3 슬라이드 3에 텍스트 상자와 동영상을 이용하여 다음과 같이 작성해 봅니다.

예제파일 | 예제 03_03.pptx

(1) 텍스트 작성 : 글머리 기호 사용(◆, ➢)
◆문단(굴림, 24pt, 굵게, 줄간격 : 1.5줄), ➢문단(굴림, 20pt, 줄간격 : 1.5줄)

세부조건

① 동영상 삽입 :
- 「내 PC₩문서₩ITQ₩Picture₩동영상.wmv」
- 자동실행, 반복재생 설정

1. 영양과 건강

◆ Nutrition for Health and Development
  ➢ Nutrition is an input to and foundation for health and development
  ➢ Healthy people are stronger, more productive and more able to create opportunities
◆ 영양의 불균형
  ➢ 우리 몸이 움직이고 성장하기 위해서는 당질, 단백질, 지방, 비타민 및 무기질 등의 영양소를 골고루 섭취해야 하며 한두 가지 영양소만 많이 먹으면 영양의 불균형을 초래함

길잡이 《출력형태》과 동일하게 보이도록 텍스트 상자의 너비를 조정합니다.

---

4 슬라이드 3에 텍스트 상자와 동영상을 이용하여 다음과 같이 작성해 봅니다.

예제파일 | 예제 03_04.pptx

(1) 텍스트 작성 : 글머리 기호 사용(❖, ■)
❖문단(굴림, 24pt, 굵게, 줄간격 : 1.5줄), ■문단(굴림, 20pt, 줄간격 : 1.5줄)

세부조건

① 동영상 삽입 :
- 「내 PC₩문서₩ITQ₩Picture₩동영상.wmv」
- 자동실행, 반복재생 설정

1. 직업과 진로교육

❖ Occupation
  ■ Employment, a person's job or work in service of an employer
  ■ Profession, an occupation requiring specialized knowledge
  ■ Career, a person's occupational history
❖ 진로교육
  ■ 개인이 일생 동안 자신의 진로를 계획하고 준비해 나가는 것을 지원하기 위한 교육활동으로 교육의 본원적 기능을 회복한다는 차원에서 혁신이 요구됨

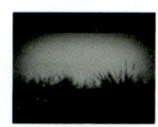

CHAPTER 04

표 슬라이드 만들기

예제파일 | 제4작업.pptx

문제 유형

◉ **슬라이드 4 : 표 슬라이드** [80점]

(1) 도형과 표 작성 기능을 이용하여 슬라이드를 작성한다(글꼴 : 돋움, 18pt).

세부조건

① **상단 도형 :**
 2개 도형의 조합으로 작성

② **좌측 도형 :**
 그라데이션 효과(선형 아래쪽)

③ **표 스타일 :**
 테마 스타일 1 – 강조 5

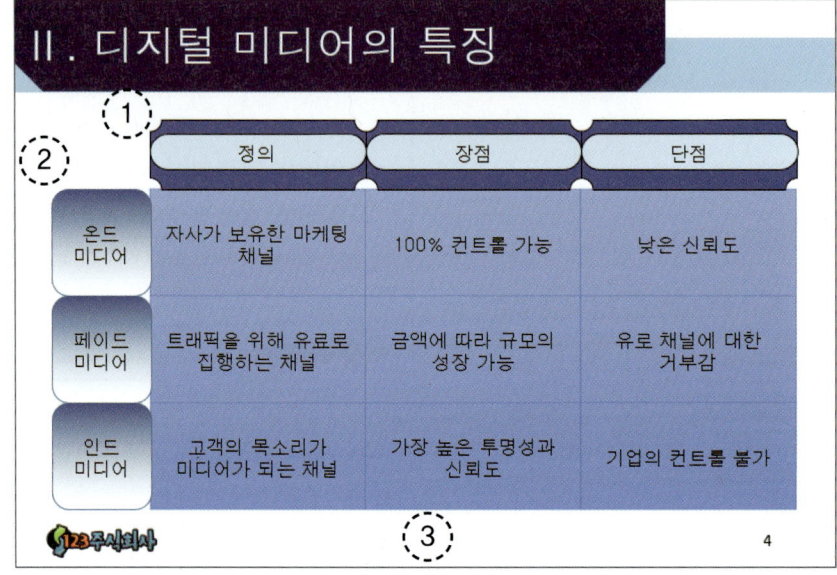

작업 과정

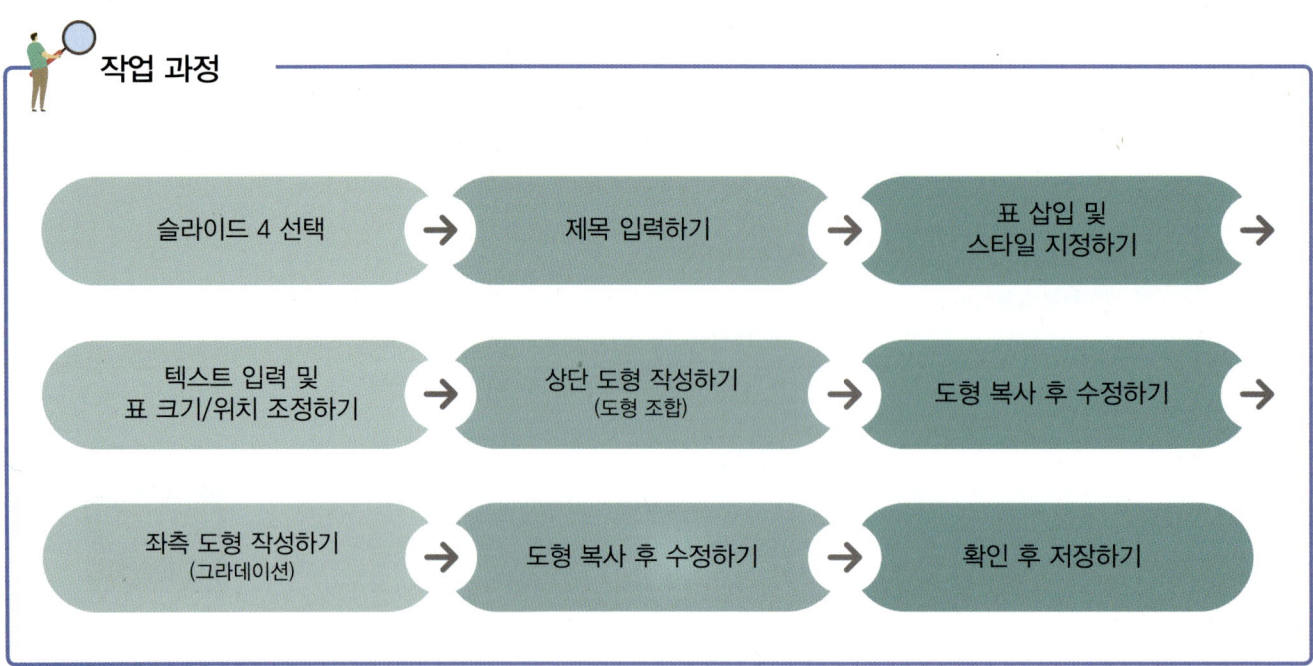

사용 기능 및 모범 답안 미리보기

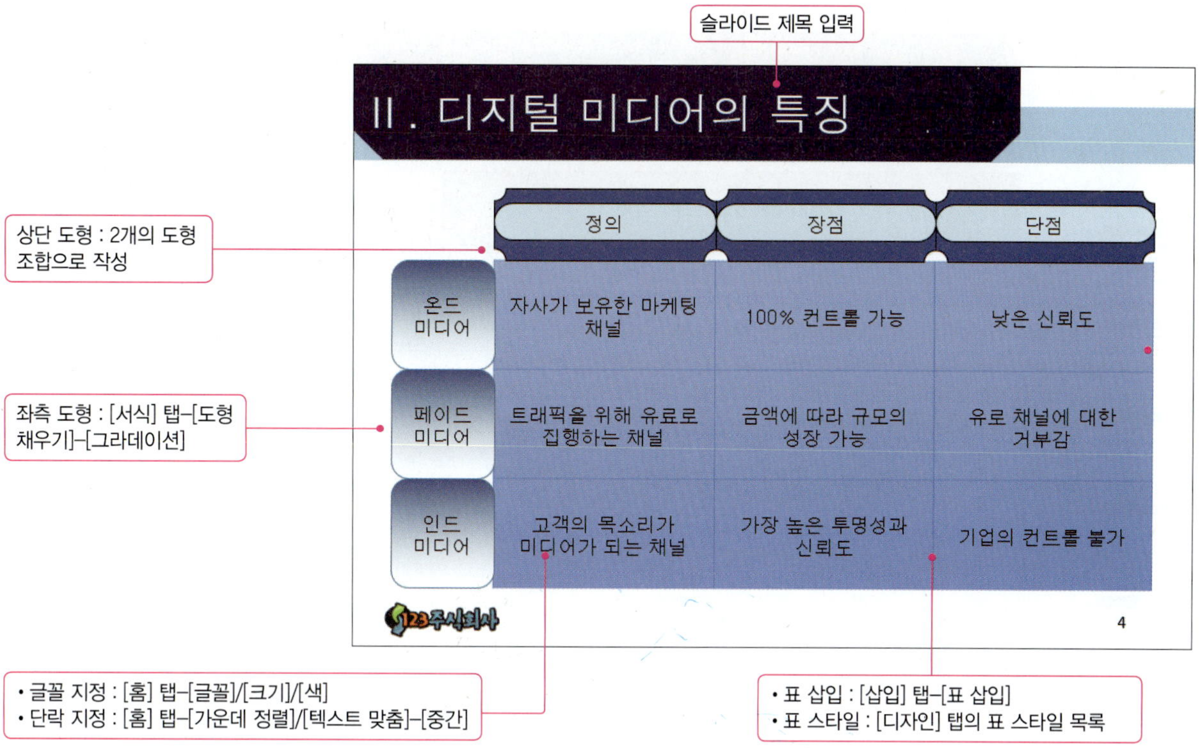

- 슬라이드 제목 입력
- 상단 도형 : 2개의 도형 조합으로 작성
- 좌측 도형 : [서식] 탭-[도형 채우기]-[그라데이션]
- 글꼴 지정 : [홈] 탭-[글꼴]/[크기]/[색]
- 단락 지정 : [홈] 탭-[가운데 정렬]/[텍스트 맞춤]-[중간]
- 표 삽입 : [삽입] 탭-[표 삽입]
- 표 스타일 : [디자인] 탭의 표 스타일 목록

표 작성하기

01 슬라이드 4를 선택한 후 제목 텍스트 상자에 'Ⅱ. 디지털 미디어의 특징'이라고 입력합니다. [삽입] 탭-[표] 그룹-[표 삽입]을 선택한 후 그림과 같이 3×3 표를 삽입합니다.

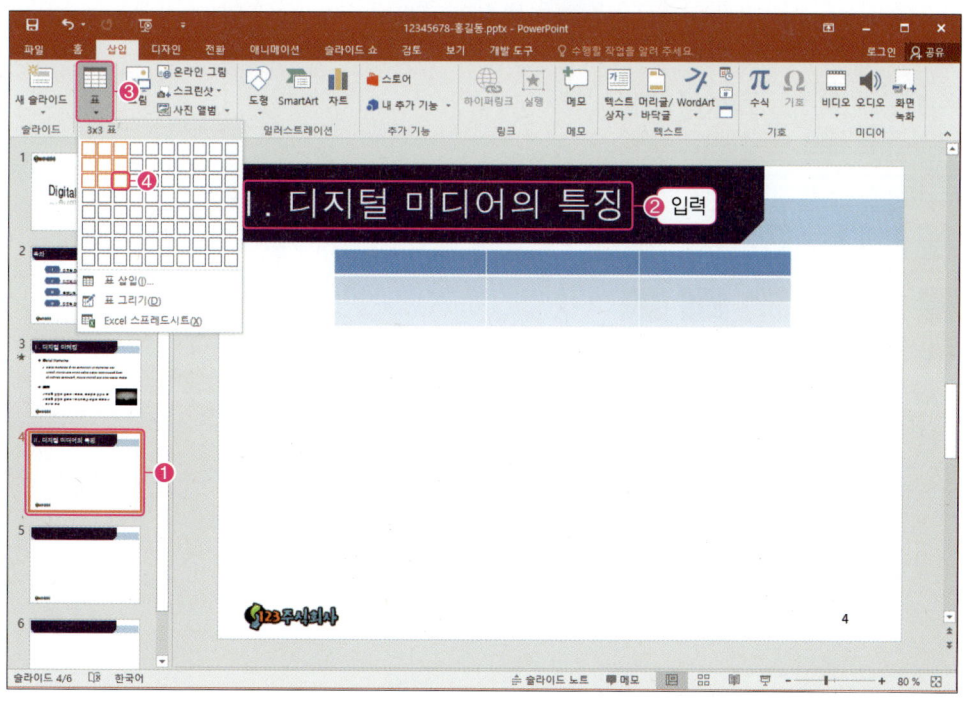

Chapter 04 표 슬라이드 만들기 | 61

02 표가 삽입되면 [표 도구]-[디자인] 탭-[표 스타일 옵션] 그룹의 [머리글 행]과 [줄무늬 행]의 체크 표시를 해제합니다. [표 도구]-[디자인] 탭-[표 스타일] 그룹의 [자세히(▼)]를 클릭합니다.

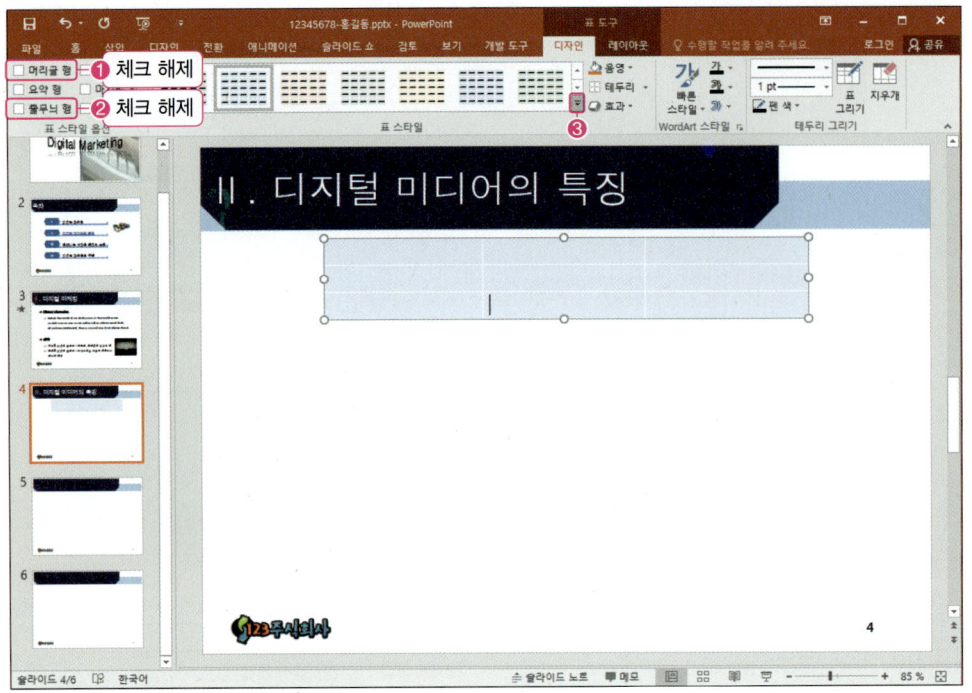

03 표 스타일 목록이 표시되면 [테마 스타일 1 - 강조 5]를 선택합니다.

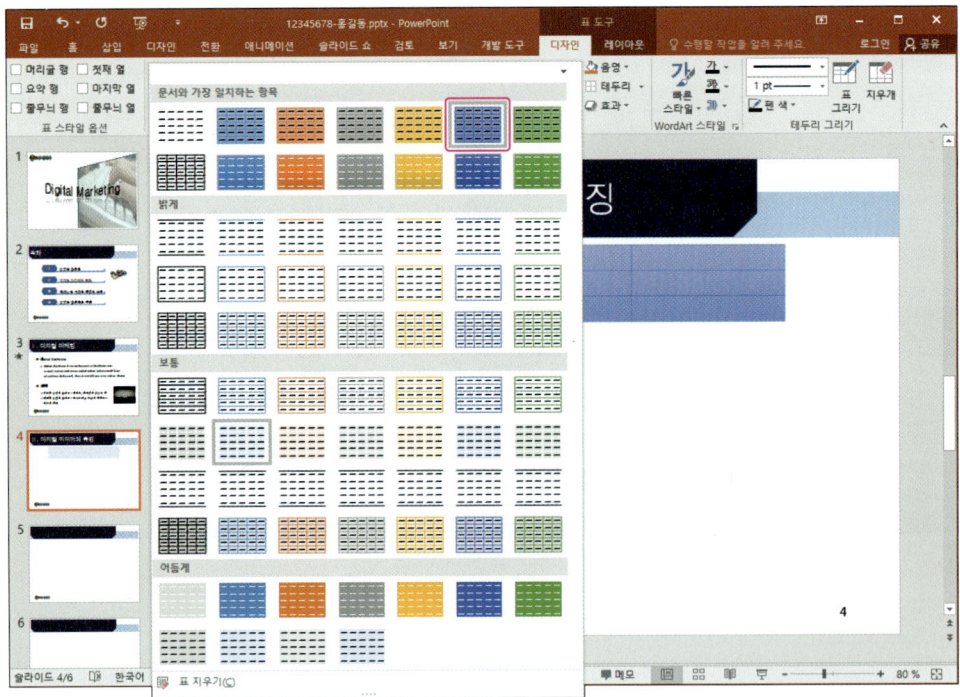

하이퍼링크 지정하기

01 각 셀에 텍스트를 입력합니다.

자사가 보유한 마케팅 채널	100% 컨트롤 가능	낮은 신뢰도
트래픽을 위해 유료로 집행하는 채널	금액에 따라 규모의 성장 가능	유로 채널에 대한 거부감
고객의 목소리가 미디어가 되는 채널	가장 높은 투명성과 신뢰도	기업의 컨트롤 불가

02 표의 가장자리를 클릭한 후 [홈] 탭-[단락] 그룹에서 [가운데 맞춤(≡)]을 클릭하고 [텍스트 맞춤]-[중간]을 선택합니다.

> **TIP**
> [표 도구]-[레이아웃] 탭-[맞춤] 그룹에서 [세로 가운데 맞춤]을 클릭해도 됩니다.
>
>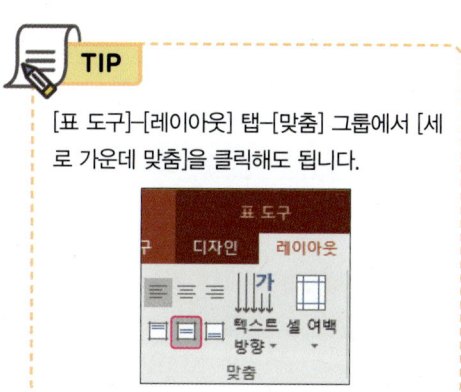

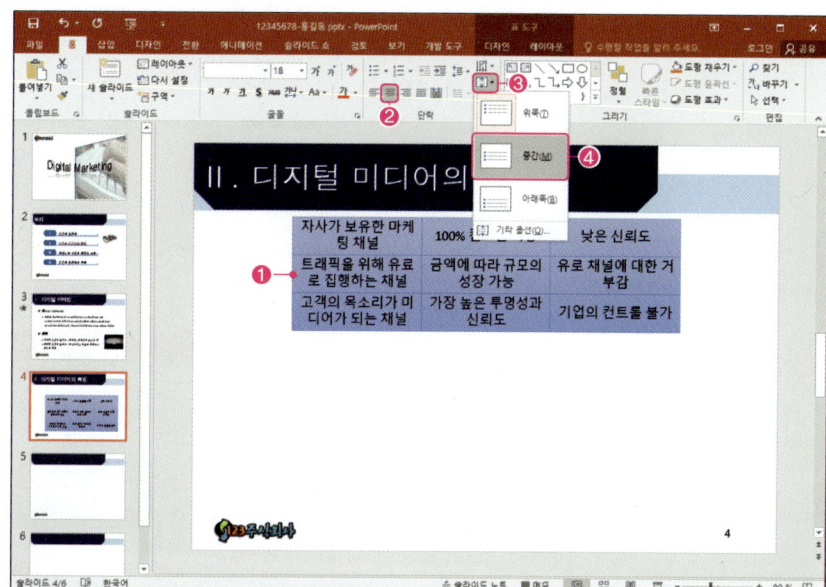

03 [홈] 탭-[글꼴] 그룹에서 글꼴(돋움, 18pt)을 지정한 후 표의 크기와 위치를 《출력형태》처럼 수정합니다.

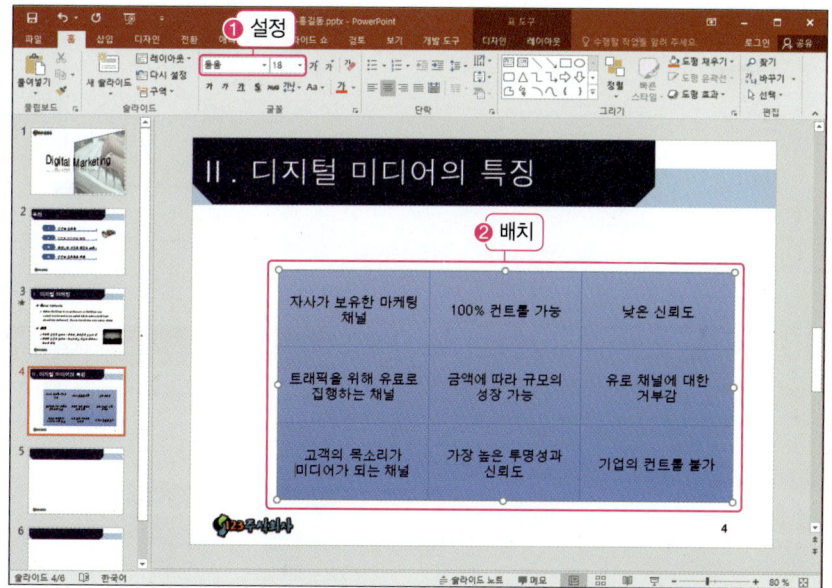

상단 도형 작성하기

01 [삽입] 탭-[일러스트레이션] 그룹에서 [도형]-[배지]를 선택합니다.

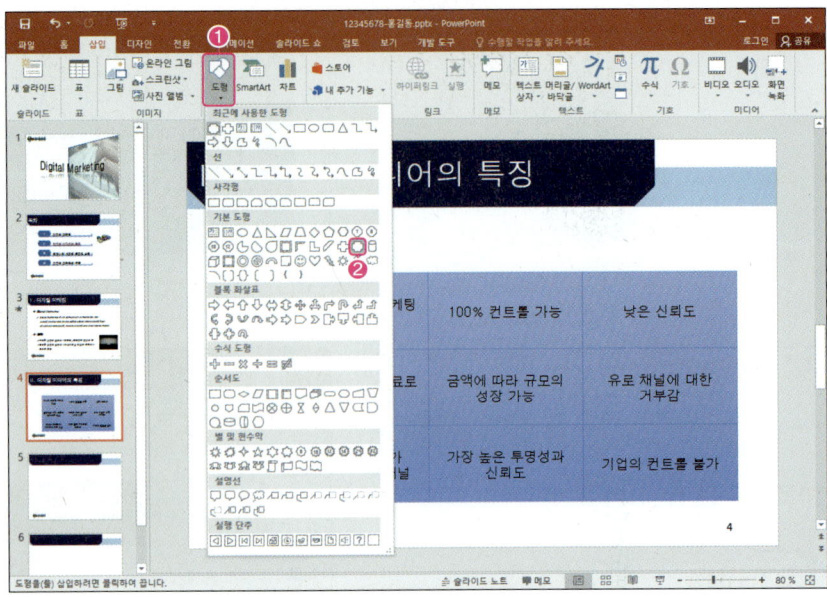

02 그림과 같이 드래그하여 도형을 삽입한 후 ≪출력형태≫와 유사하게 도형 채우기와 윤곽선을 지정합니다.

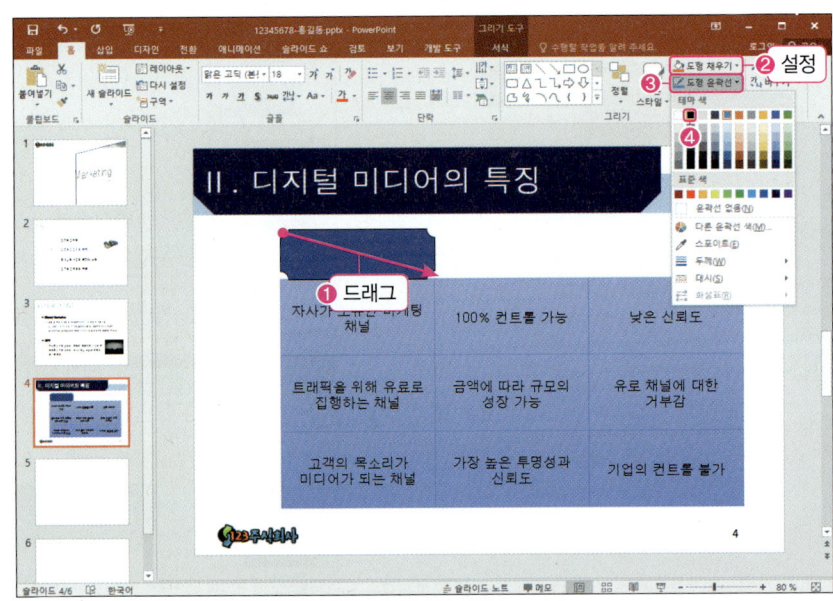

03 [삽입] 탭-[일러스트레이션] 그룹에서 [도형]-[모서리가 둥근 직사각형]을 선택합니다.

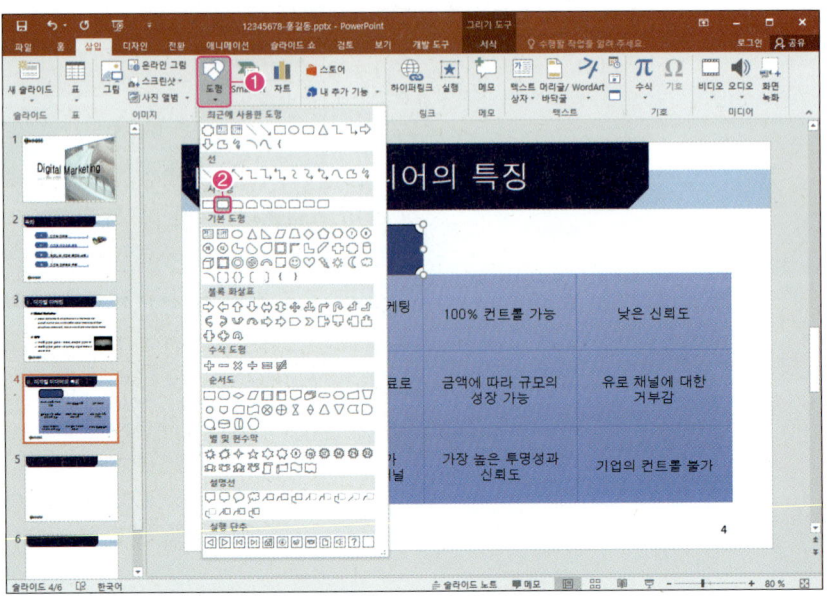

04 그림과 같이 드래그하여 도형을 삽입합니다.

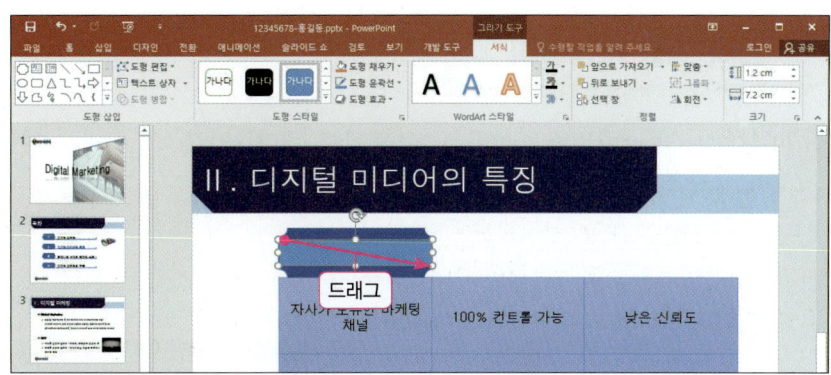

05 도형의 ◉(모양 조절점)을 클릭한 후 오른쪽으로 드래그하여 그림과 같이 변경합니다.

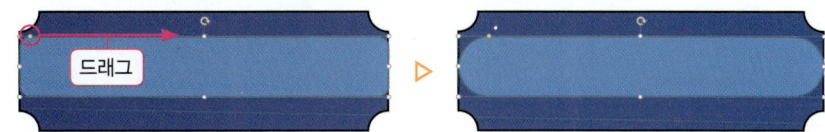

06 도형의 채우기 색과 윤곽선을 ≪출력형태≫처럼 수정합니다.

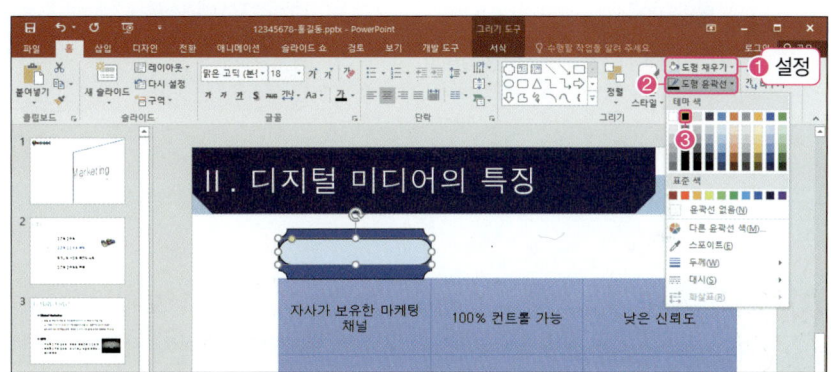

07 [홈] 탭-[글꼴] 그룹에서 [글꼴]과 [글꼴 크기]를 설정한 후 [글꼴 색]을 변경합니다.

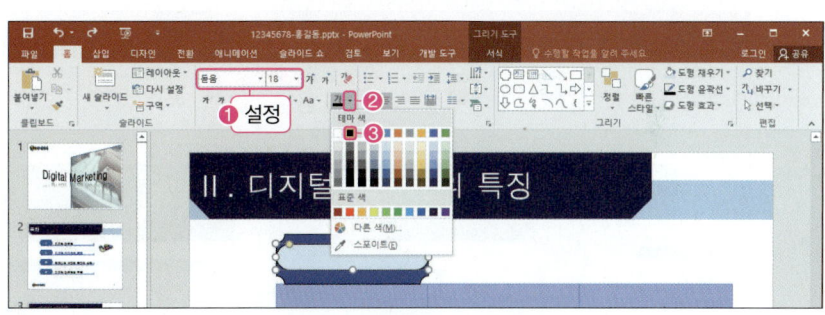

08 텍스트를 입력한 후 Ctrl 키를 누른 채 배지 도형을 클릭합니다. Ctrl + Shift 키를 누른 채 오른쪽으로 드래그하여 복사합니다.

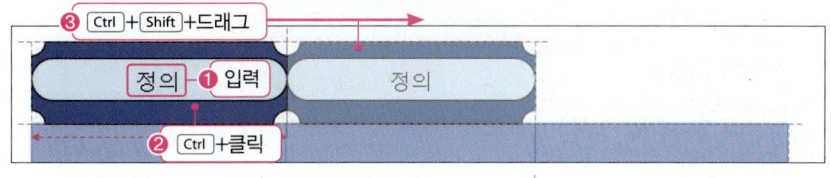

09 같은 방법으로 도형을 복사한 후 그림과 같이 텍스트를 수정합니다.

좌측 도형 작성하기

01 [삽입] 탭-[일러스트레이션] 그룹에서 [도형]-[순서도: 대체 처리]를 선택합니다.

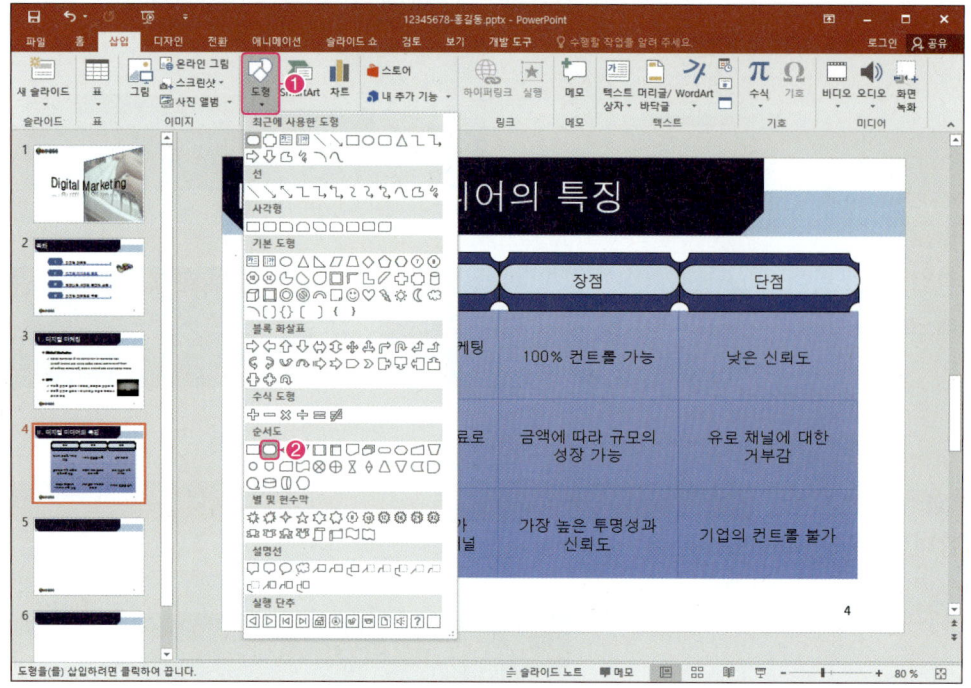

02 표 왼쪽에 드래그하여 도형을 삽입한 후 [그리기 도구]-[서식] 탭-[도형 스타일] 그룹에서 임의로 도형 채우기와 윤곽선을 지정합니다. [그리기 도구]-[서식] 탭-[도형 스타일] 그룹에서 [도형 채우기]-[그라데이션]-[기타 그라데이션]을 선택합니다.

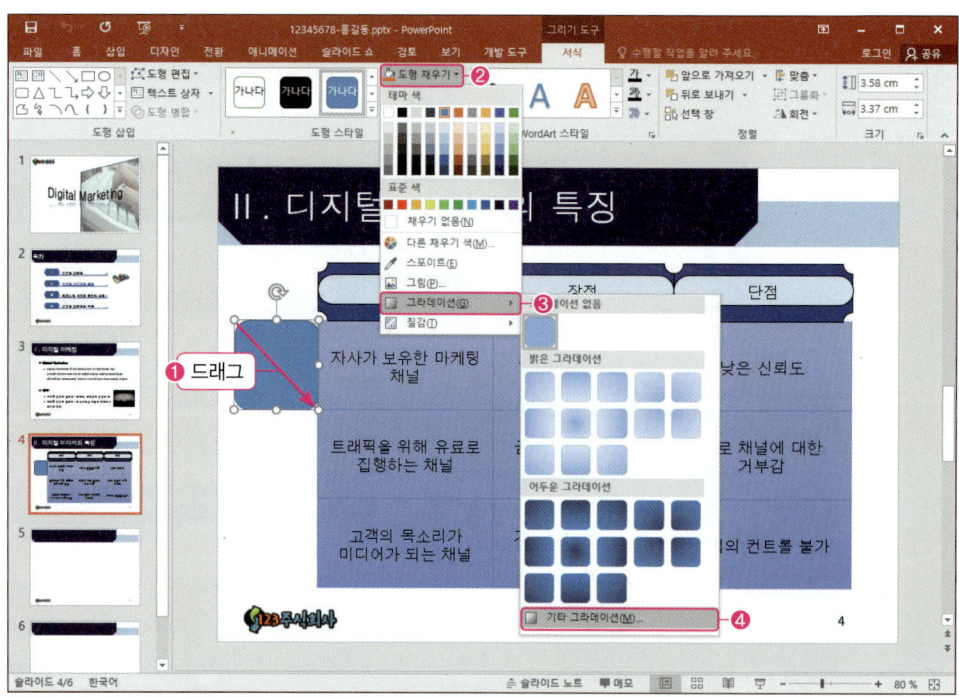

03 [도형 서식] 대화상자가 나타나면 '그라데이션 채우기'를 클릭한 후 [방향]에서 '선형 아래쪽'을 선택합니다. [그라데이션 중지점]의 가장 왼쪽의 중지점을 선택한 후 색을 ≪출력형태≫와 유사한 색으로 변경합니다.

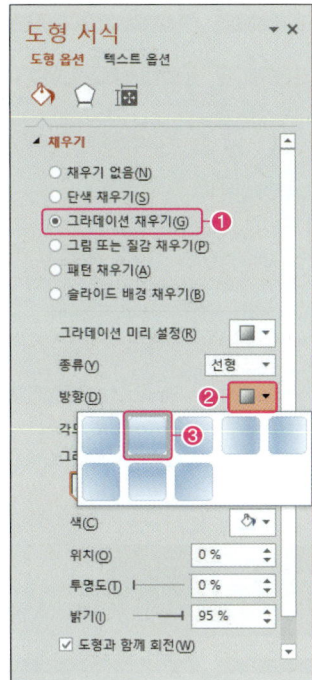 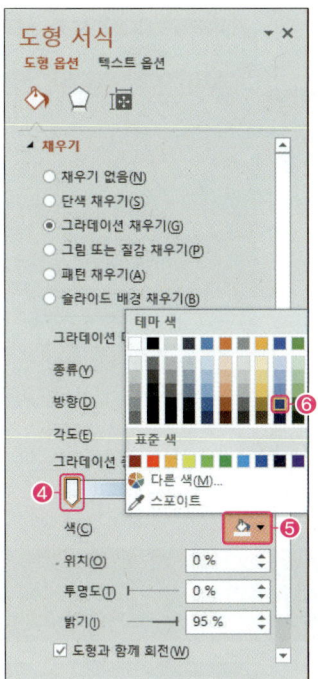

04 [그라데이션 중지점]의 가운데 중지점을 클릭한 후 Delete 키를 눌러 삭제합니다. 가장 오른쪽 그라데이션 중지점의 색상을 ≪출력형태≫와 유사한 색으로 변경합니다. [닫기] 버튼을 클릭합니다.

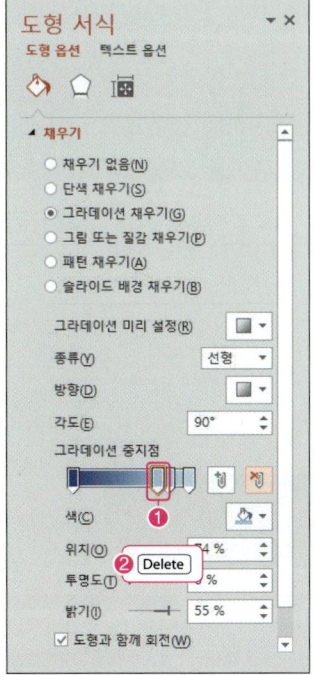 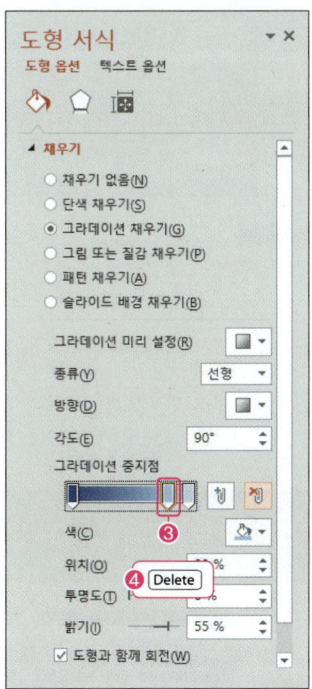 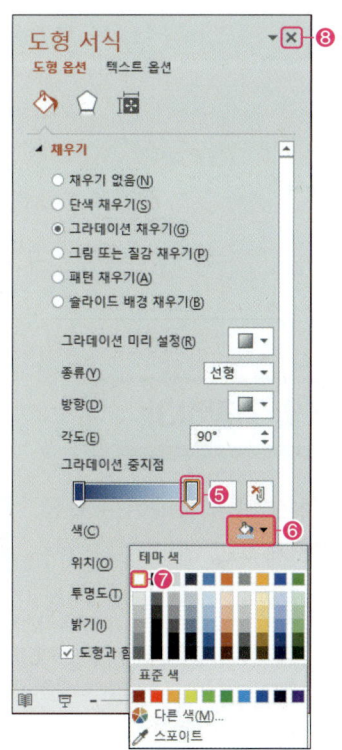

05 글꼴(글꼴 색, 글꼴, 글꼴 크기)을 변경한 후 '온드 미디어'라 입력합니다.

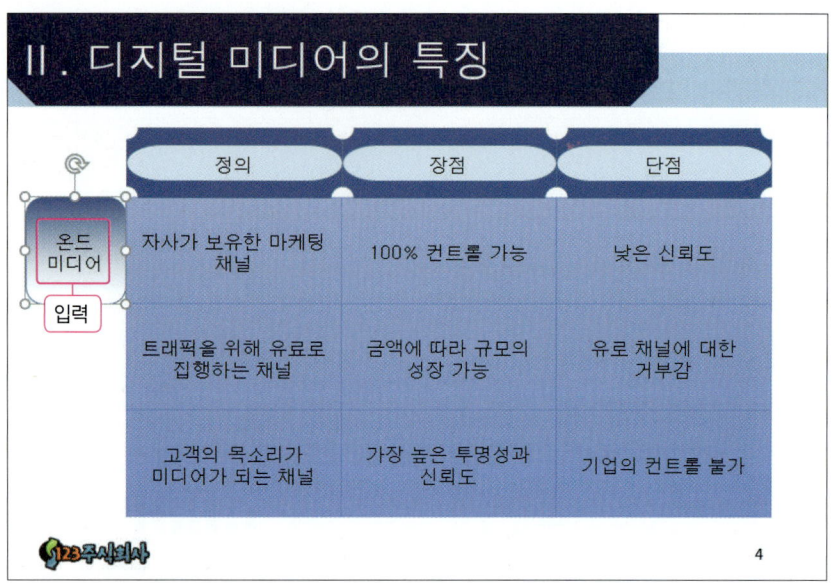

06 좌측 도형을 Ctrl + Shift 키를 누른 채 아래로 드래그하여 복사합니다. 텍스트를 그림과 같이 수정합니다.

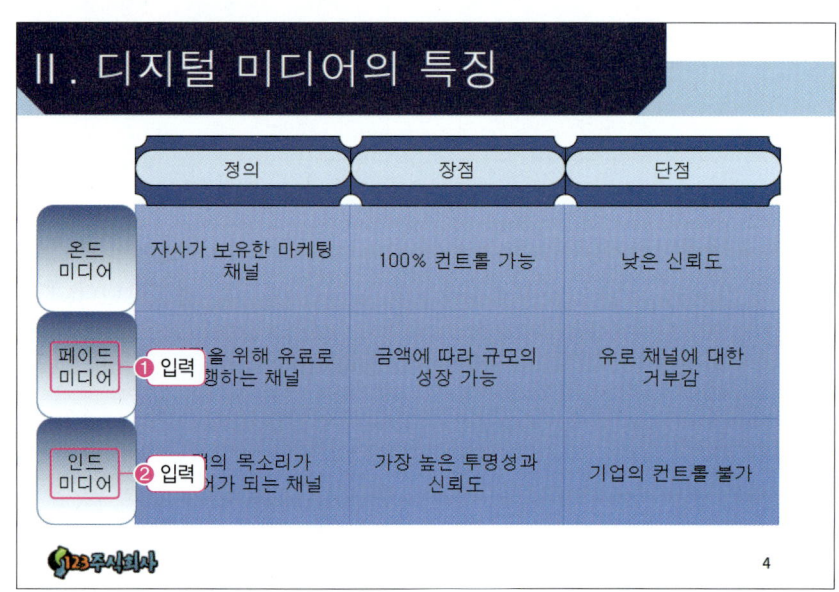

배치 확인 및 저장하기

《출력형태》를 참고하여 슬라이드에 삽입된 각 요소의 전체적인 배치를 확인하고 수정한 후 Ctrl + S 키를 눌러 저장합니다.

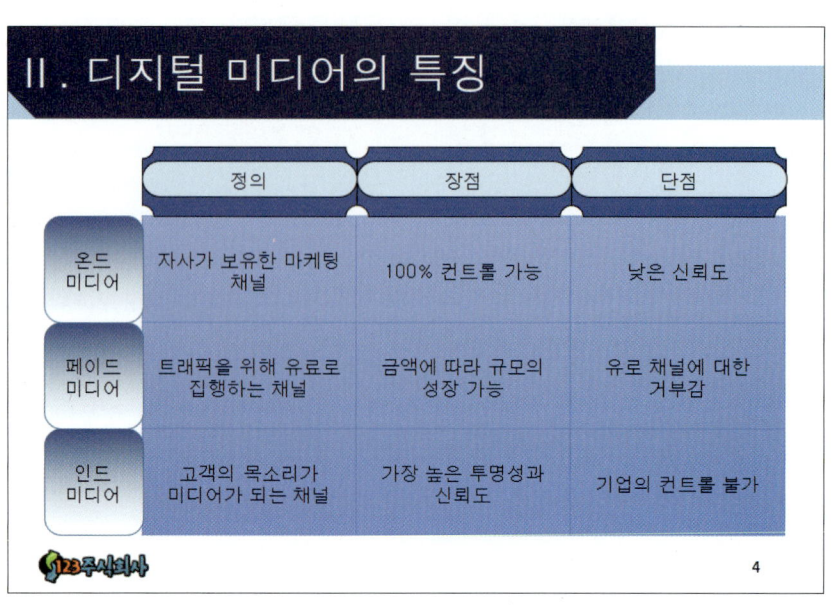

기본 예제

① 다음과 같이 표를 작성해 봅니다.

1과목	2과목	3과목	4과목	5과목
한글	엑셀	파워포인트	엑세스	인터넷

표 스타일 : 보통 스타일 2 – 강조 6

길잡이
표 삽입 : 2행 5열

② 6행 6열의 표를 작성하여 다음과 같이 만들어 봅니다.

12.21	12.22	12.23	12.24	12.25
쌀밥	쌀밥	흑미밥	허니브래드	
미역국	부대찌개	연포탕	칠면조 구이	크리스마스 휴일
불고기	잡채	보쌈	샐러드	
총각김치	배추김치	배추김치	피클	
가오리 식혜	단호박	무말랭이		

- 글꼴 : 바탕, 18pt
- 표 스타일 : 밝은 스타일 2

길잡이
- 표 스타일 옵션 : '줄무늬 행' 체크 취소
- 셀 합치기 : 셀 블록 선택 → [표 도구]-[레이아웃] 탭-[병합] 그룹-[셀 병합] 클릭

③ 다음과 같이 도형을 작성해 봅니다(글꼴 : 돋움, 18pt).

그라데이션 효과 : 선형 오른쪽   그라데이션 효과 : 가운데에서   그라데이션 효과 : 선형 오른쪽

길잡이
- 도형 삽입 : 왼쪽/오른쪽 화살표 설명선, 갈매기형 수장
- 도형 복사 : Ctrl + Shift + 드래그

기출 유형 문제

④ 슬라이드 4에 도형과 표 작성 기능을 이용하여 다음과 같이 작성해 봅니다(글꼴 : 굴림, 18pt).

예제파일 | 예제 04_04.pptx

세부조건

① 상단 도형 :
2개 도형의 조합으로 작성

② 좌측 도형 :
그라데이션 효과(선형 아래쪽)

③ 표 스타일 :
테마 스타일 1 – 강조 5

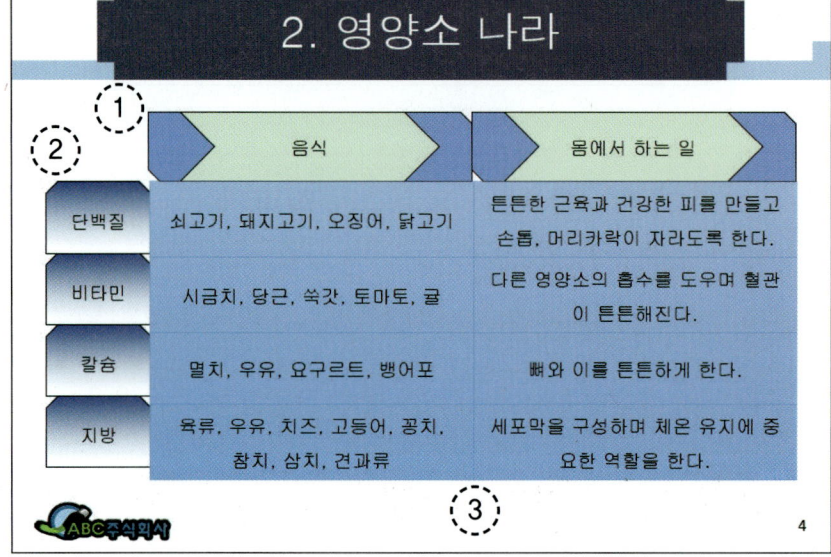

길잡이

- 표 삽입 : 4행 2열(표 스타일 옵션 : '머리글 행'과 '줄무늬 행' 체크 취소)
- 도형 삽입 : 대각선 방향의 모서리가 잘린 사각형, 갈매기형 수장, 양쪽 모서리가 잘린 사각형

---

⑤ 슬라이드 4에 도형과 표 작성 기능을 이용하여 다음과 같이 작성해 봅니다(글꼴 : 굴림, 18pt).

예제파일 | 예제 04_05.pptx

세부조건

① 상단 도형 :
2개 도형의 조합으로 작성

② 좌측 도형 :
그라데이션 효과(선형 아래쪽)

③ 표 스타일 :
테마 스타일 1 – 강조 4

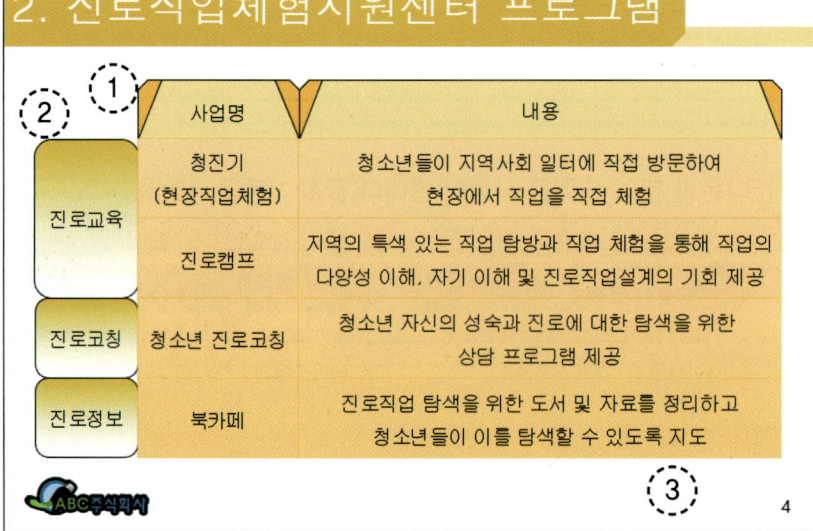

길잡이

- 표 삽입 : 4행 2열(표 스타일 옵션 : '머리글 행'과 '줄무늬 행' 체크 취소)
- 도형 삽입 : 양쪽 모서리가 잘린 사각형, 사다리꼴, 순서도: 대체 처리

CHAPTER 05 차트 슬라이드 만들기

예제파일 | 제5작업.pptx

문제 유형

슬라이드 5 : 차트 슬라이드   100점

(1) 차트 작성 기능을 이용하여 슬라이드를 작성한다.
(2) 차트 : 종류(묶은 세로 막대형), 글꼴(돋움, 16pt), 외곽선

세부조건

※ 차트 설명
- 차트 제목 : 궁서, 24pt, 굵게, 채우기(흰색), 테두리, 그림자(오프셋 오른쪽)
- 차트 영역 : 채우기(노랑) 그림 영역 : 채우기(흰색)
- 데이터 서식 : 21세 이상(%) 계열을 표식이 있는 꺾은선형으로 변경 후 보조 축으로 지정
- 값 표시 : 이미지 검색의 21세 미만(%) 계열만

① 도형 삽입
- 스타일 : 미세 효과 – 파랑, 강조1
- 글꼴 : 굴림, 18pt

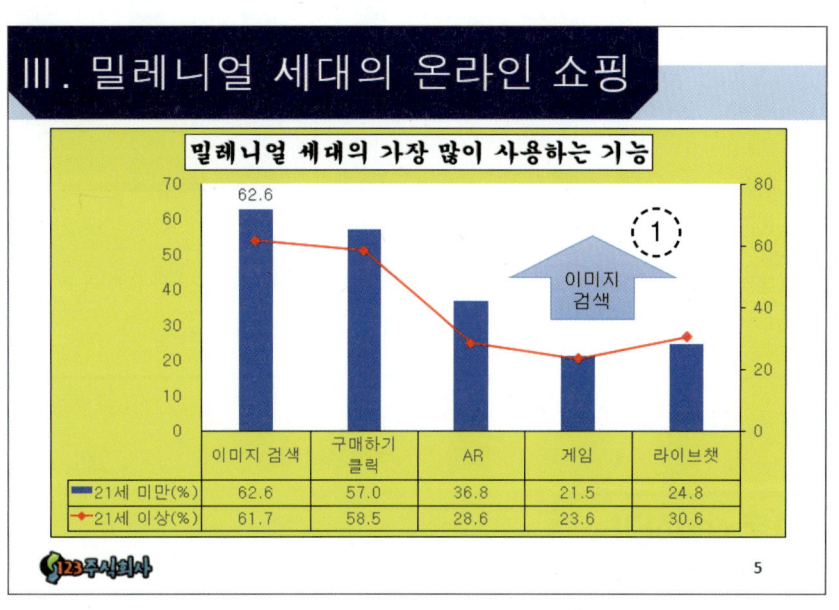

작업 과정

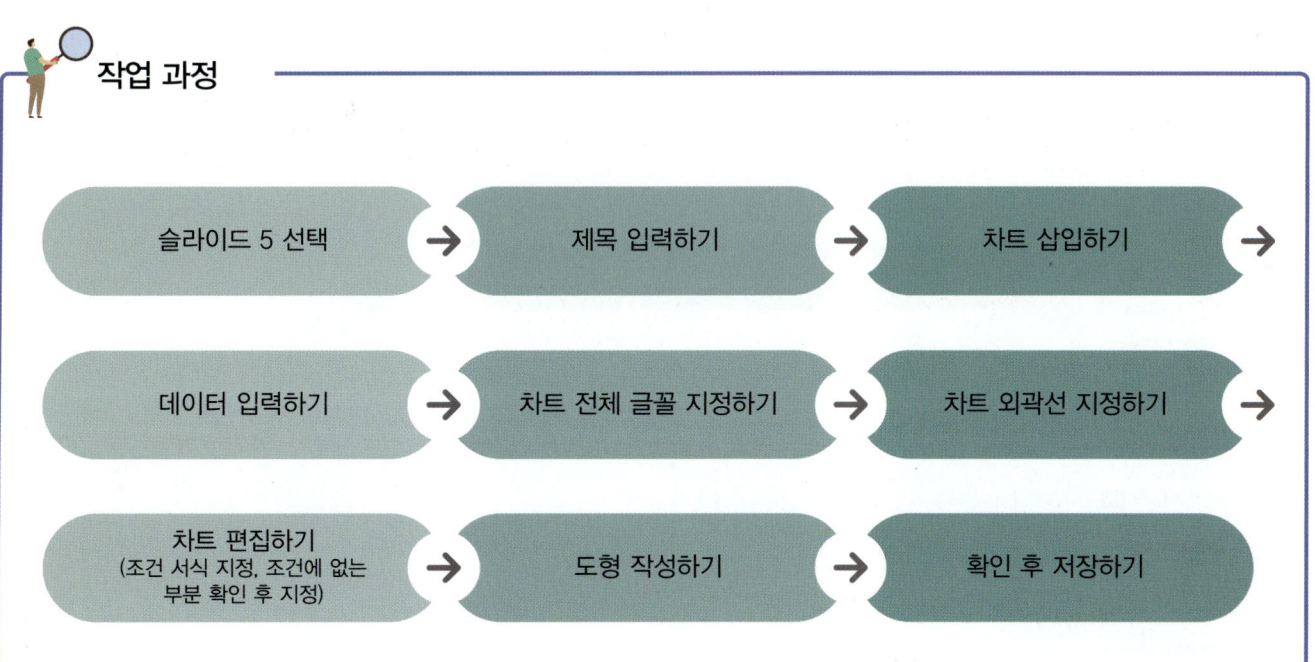

슬라이드 5 선택 → 제목 입력하기 → 차트 삽입하기 →

데이터 입력하기 → 차트 전체 글꼴 지정하기 → 차트 외곽선 지정하기 →

차트 편집하기 (조건 서식 지정, 조건에 없는 부분 확인 후 지정) → 도형 작성하기 → 확인 후 저장하기

사용 기능 및 모범 답안 미리보기

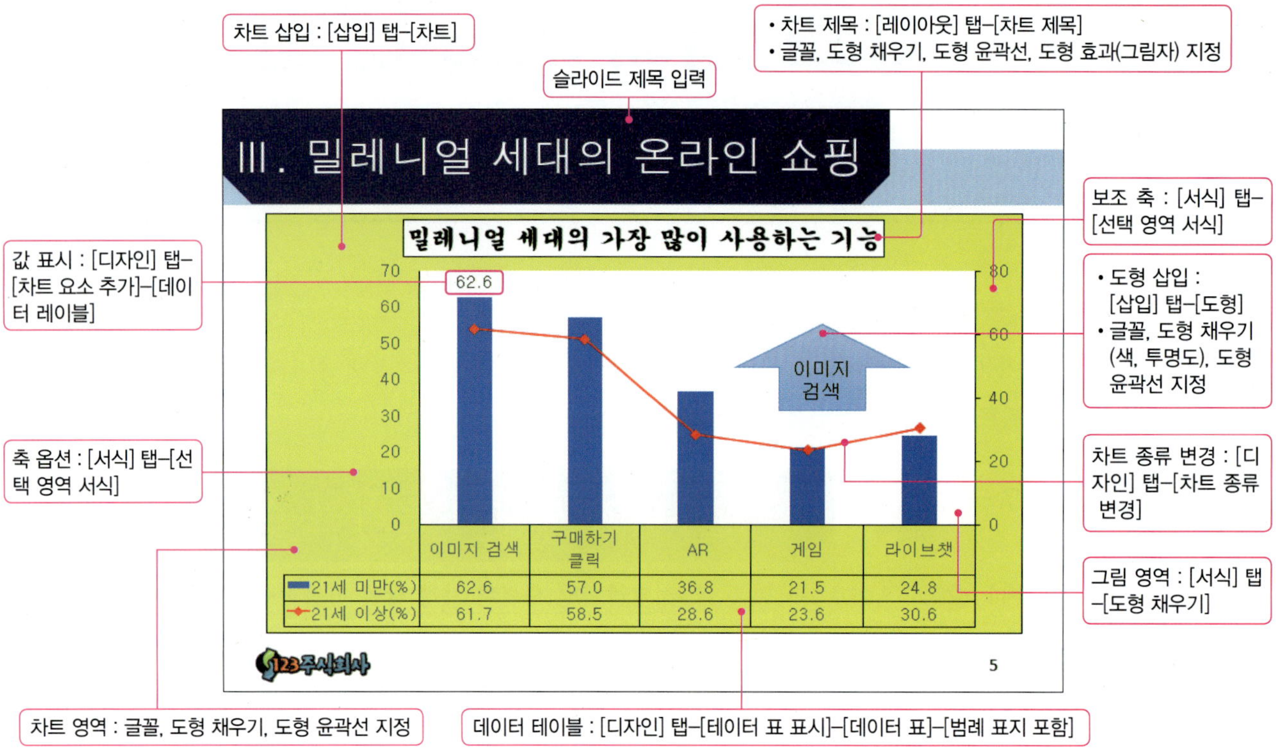

- 차트 삽입 : [삽입] 탭-[차트]
- 슬라이드 제목 입력
- 차트 제목 : [레이아웃] 탭-[차트 제목]
- 글꼴, 도형 채우기, 도형 윤곽선, 도형 효과(그림자) 지정
- 값 표시 : [디자인] 탭-[차트 요소 추가]-[데이터 레이블]
- 보조 축 : [서식] 탭-[선택 영역 서식]
- 도형 삽입 : [삽입] 탭-[도형]
- 글꼴, 도형 채우기(색, 투명도), 도형 윤곽선 지정
- 축 옵션 : [서식] 탭-[선택 영역 서식]
- 차트 종류 변경 : [디자인] 탭-[차트 종류 변경]
- 그림 영역 : [서식] 탭-[도형 채우기]
- 차트 영역 : 글꼴, 도형 채우기, 도형 윤곽선 지정
- 데이터 테이블 : [디자인] 탭-[데이터 표 표시]-[데이터 표]-[범례 표지 포함]

차트 삽입하기

01 슬라이드 5를 선택한 후 제목 텍스트 상자에 'Ⅲ. 밀레니얼 세대의 온라인 쇼핑'이라고 입력합니다. [삽입] 탭-[일러스트레이션] 그룹-[차트]를 클릭한 후, [차트 삽입] 대화상자가 나타나면 [세로 막대형]-[묶은 세로 막대형]을 선택하고 [확인] 버튼을 클릭합니다.

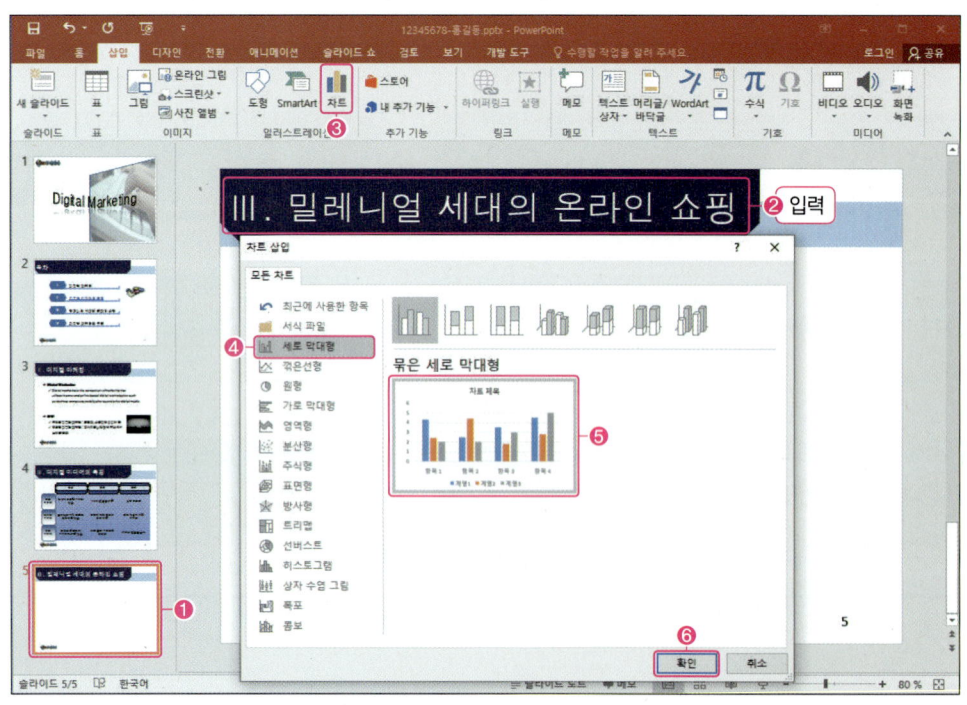

02 엑셀 창이 나타나면 ≪출력형태≫를 참고하여 데이터를 입력합니다. [Excel에서 데이터 편집(📊)]을 클릭합니다.

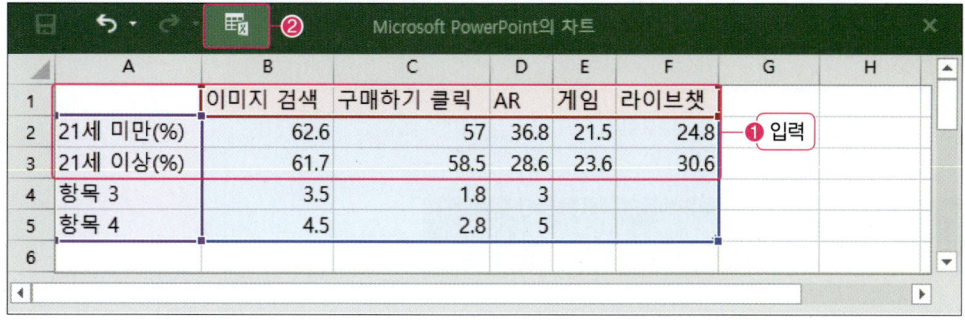

03 엑셀이 실행되면 파란색 테두리의 가장자리에서 드래그하여 차트 데이터의 범위를 설정합니다.

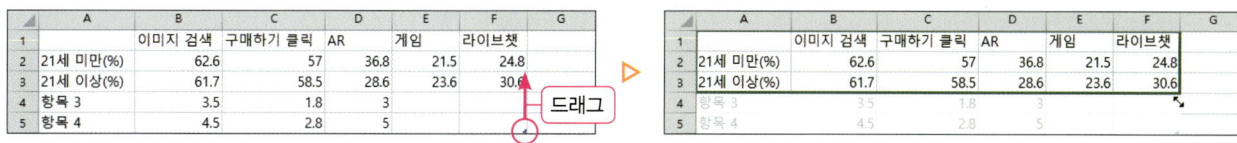

04 [A4:D5] 영역을 드래그하여 선택한 후 Delete 키를 눌러 불필요한 값을 삭제합니다.

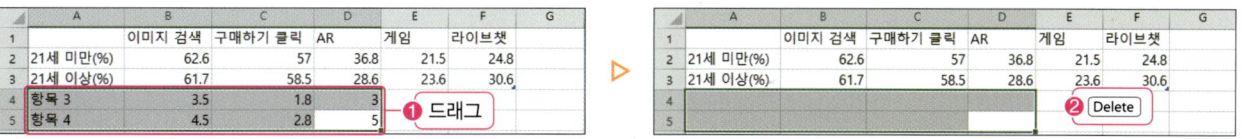

05 표시 형식을 지정할 셀들을 선택한 후 [홈] 탭-[표시 형식] 그룹에서 [자릿수 늘림]과 [자릿수 줄임]을 각각 한 번씩 클릭합니다.

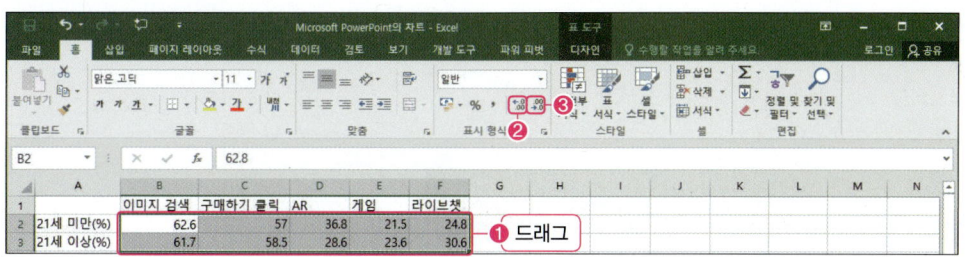

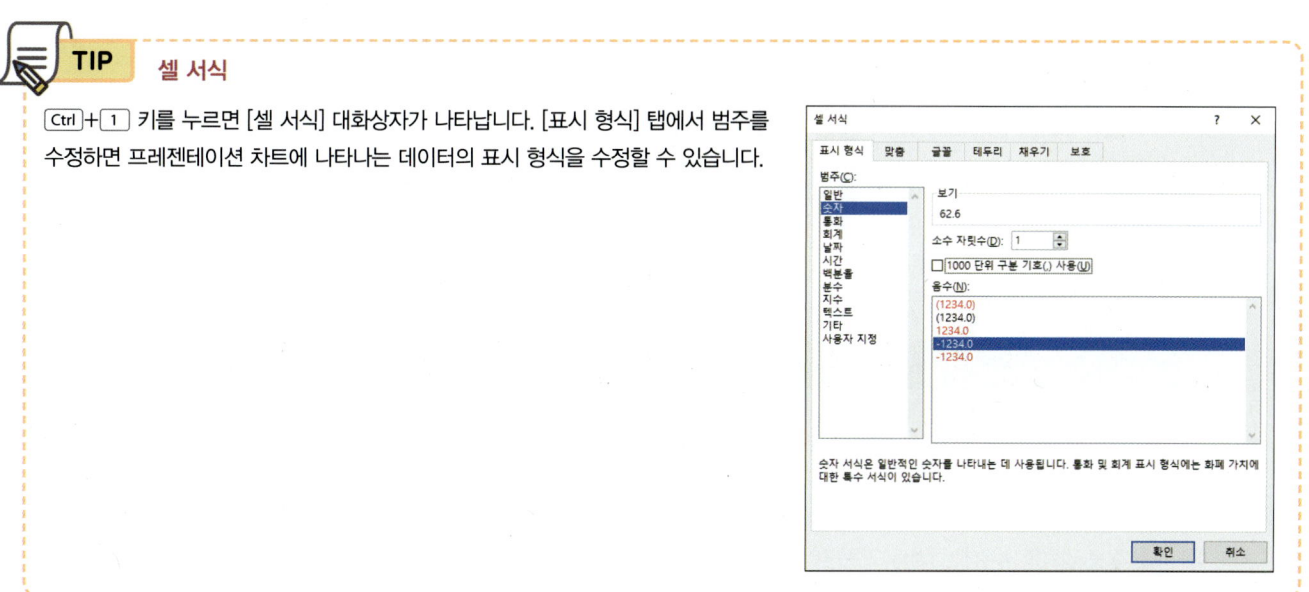

TIP 셀 서식

Ctrl + 1 키를 누르면 [셀 서식] 대화상자가 나타납니다. [표시 형식] 탭에서 범주를 수정하면 프레젠테이션 차트에 나타나는 데이터의 표시 형식을 수정할 수 있습니다.

Chapter 05 차트 슬라이드 만들기 | **73**

06 파워포인트 창을 클릭하여 활성화한 후 차트를 확인합니다. 여기서는 ≪출력형태≫와 다르게 행열이 반대로 되어 있으므로 [차트 도구]-[디자인] 탭-[데이터] 그룹-[행/열 전환]을 클릭합니다.

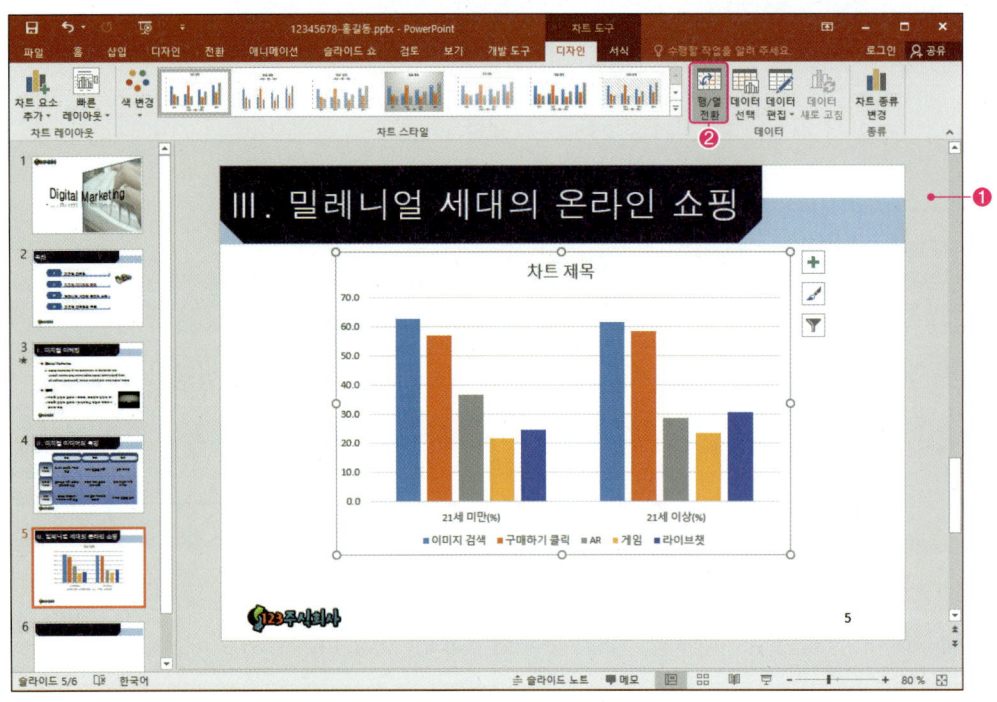

> **TIP 행/열 전환**
> 엑셀 창(데이터 편집 창)이 열려 있을 때만 선택이 가능합니다.

07 차트의 가로 축과 범례의 항목이 바뀐 것을 확인할 수 있습니다. 엑셀 창의 [닫기] 버튼을 클릭합니다.

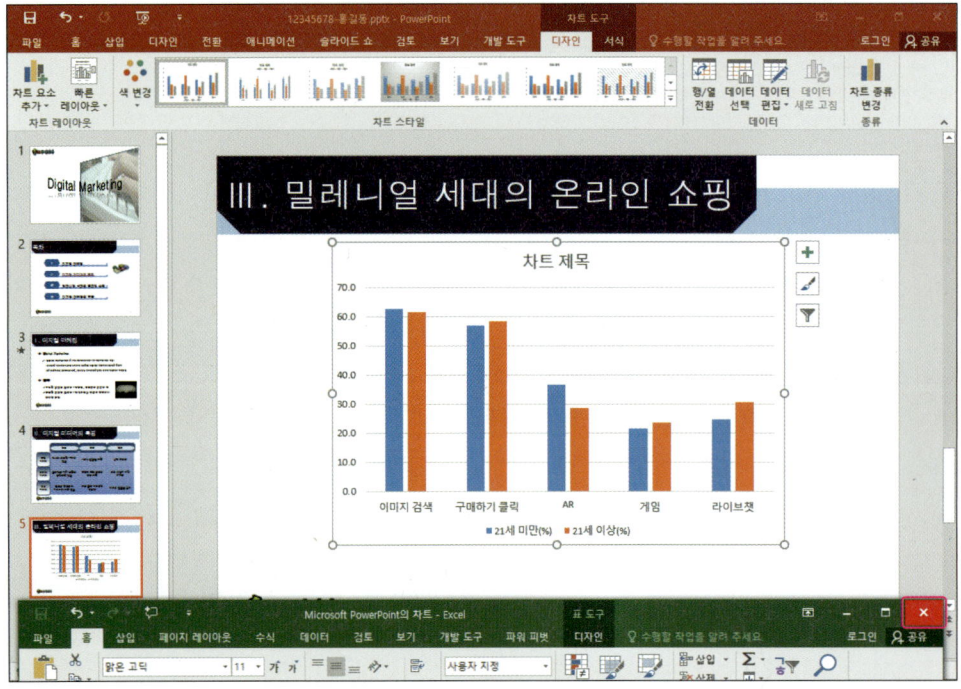

> **TIP 데이터 편집**
> 차트 데이터를 잘못 입력한 경우에는 [차트 도구]-[디자인] 탭-[데이터] 그룹-[데이터 편집]을 클릭하면 종료되었던 엑셀 창이 다시 표시됩니다.

차트 전체 글꼴 및 외곽선 지정하기

01 차트 외곽선을 클릭한 후 [홈] 탭-[글꼴] 그룹에서 글꼴(돋움, 16pt)을 설정합니다.

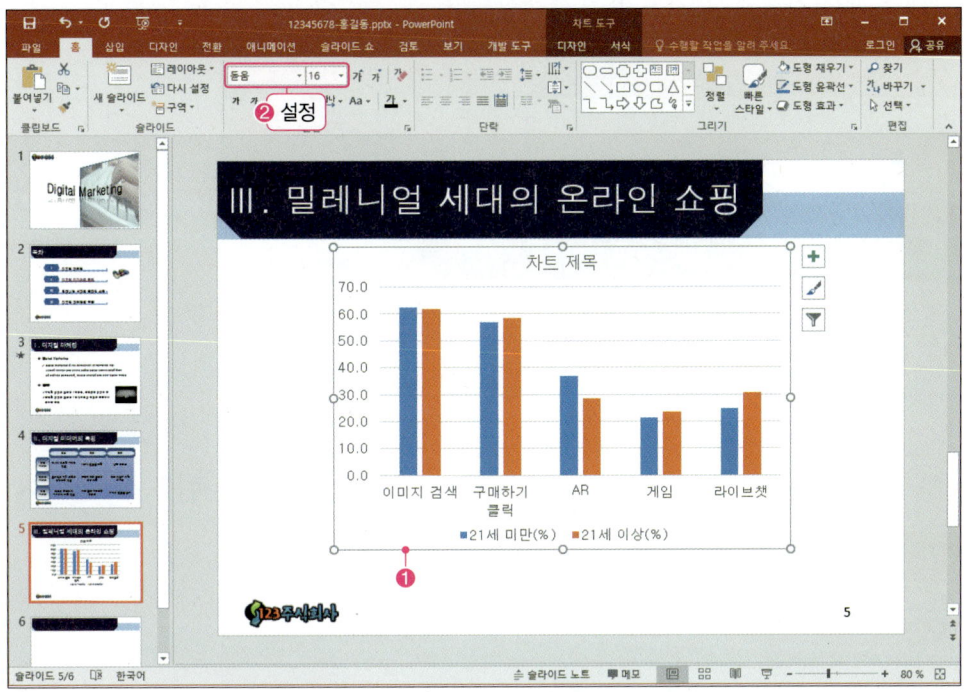

02 [차트 도구]-[서식] 탭-[도형 스타일] 그룹에서 [도형 윤곽선]-[검정, 텍스트 1]을 선택합니다.

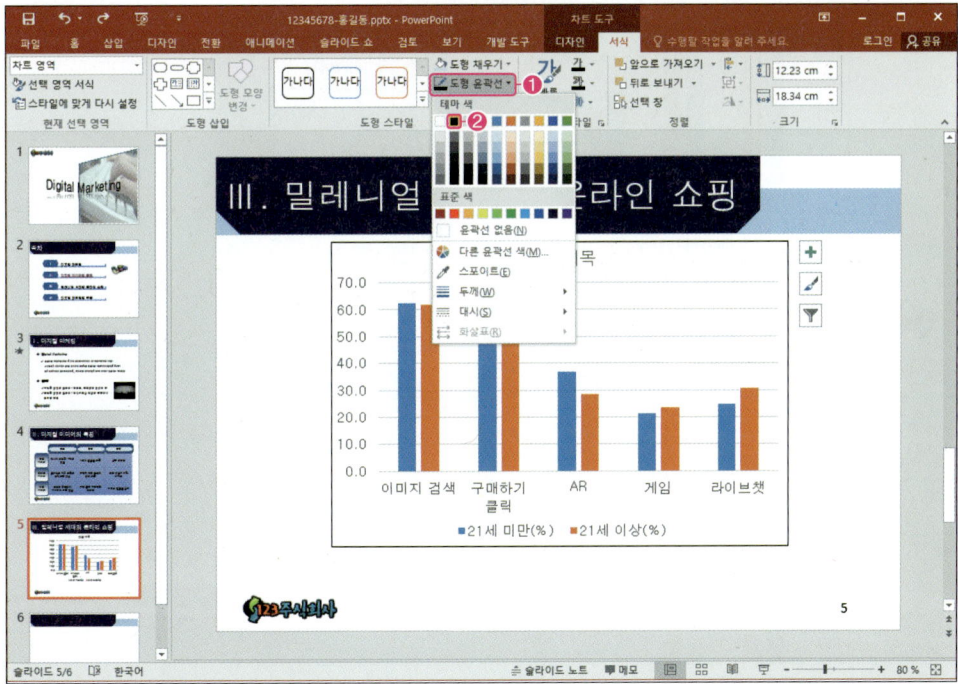

차트 제목 작성하기

01 차트 제목을 클릭한 후 [홈] 탭-[글꼴] 그룹에서 글꼴(궁서, 24pt, 굵게)을 설정합니다. [그리기] 그룹에서 채우기 색(흰색, 배경 1)과 윤곽선(검정색, 텍스트 1)을 설정합니다.

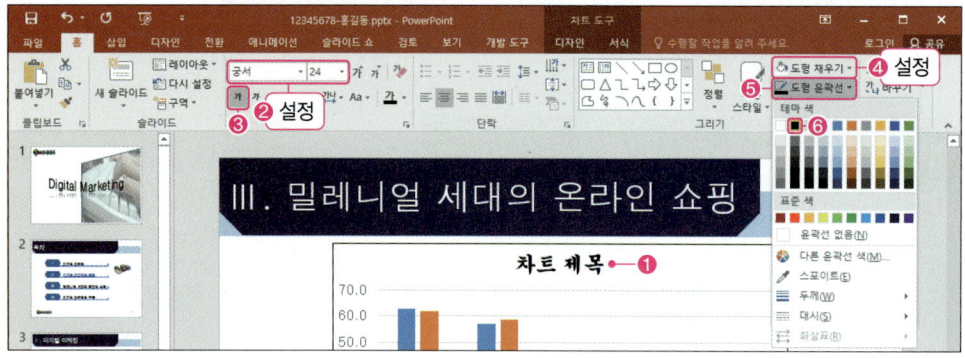

02 [차트 도구]-[서식] 탭-[도형 스타일] 그룹에서 [도형 효과]-[그림자]-[오프셋 오른쪽]을 선택합니다.

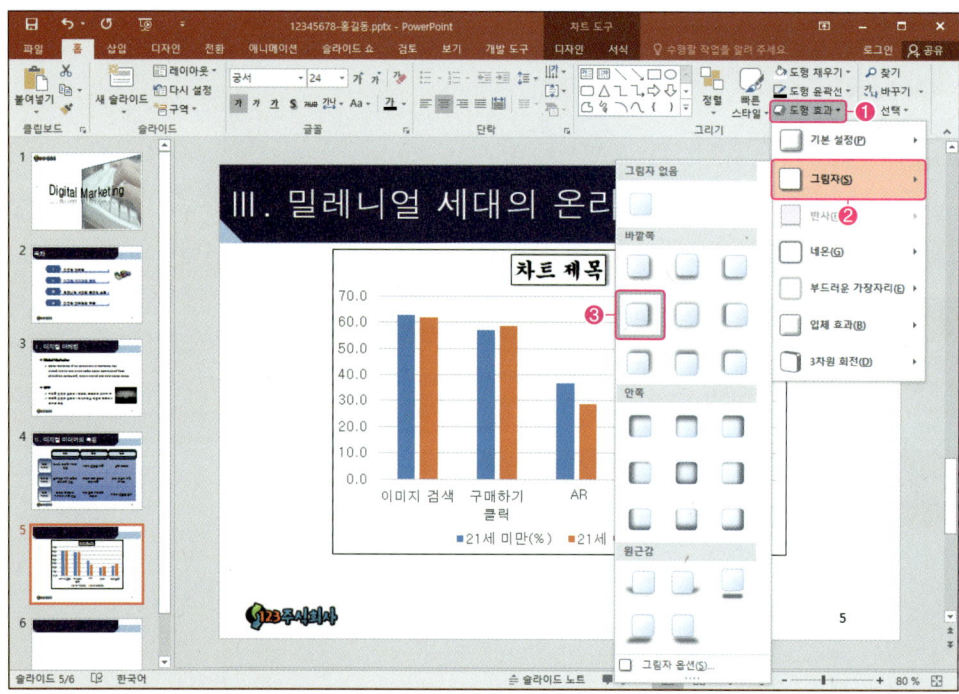

03 차트 제목에 '밀레니얼 세대의 가장 많이 사용하는 기능'이라 입력합니다.

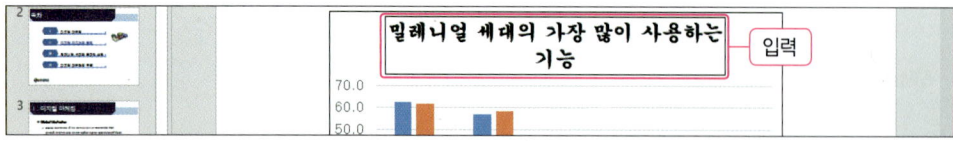

차트 영역 및 그림 영역 채우기

01 차트 영역을 클릭한 후 [차트 도구]-[서식] 탭-[도형 스타일] 그룹에서 [도형 채우기]-[노랑]을 선택합니다.

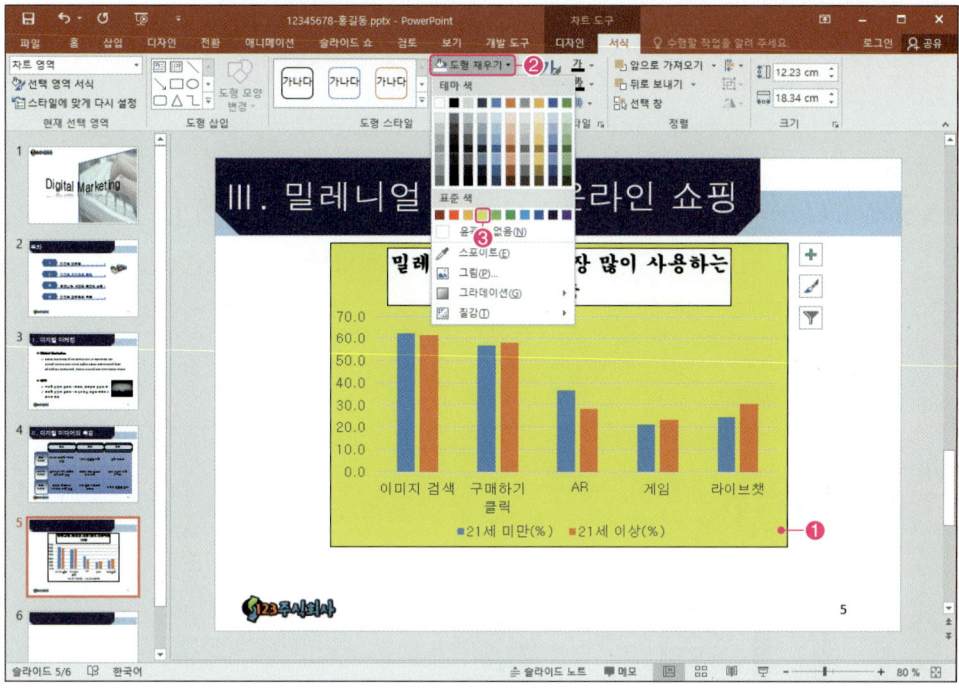

02 그림 영역을 클릭한 후 [차트 도구]-[서식] 탭-[도형 스타일] 그룹에서 [도형 채우기]-[흰색, 배경 1]을 선택합니다.

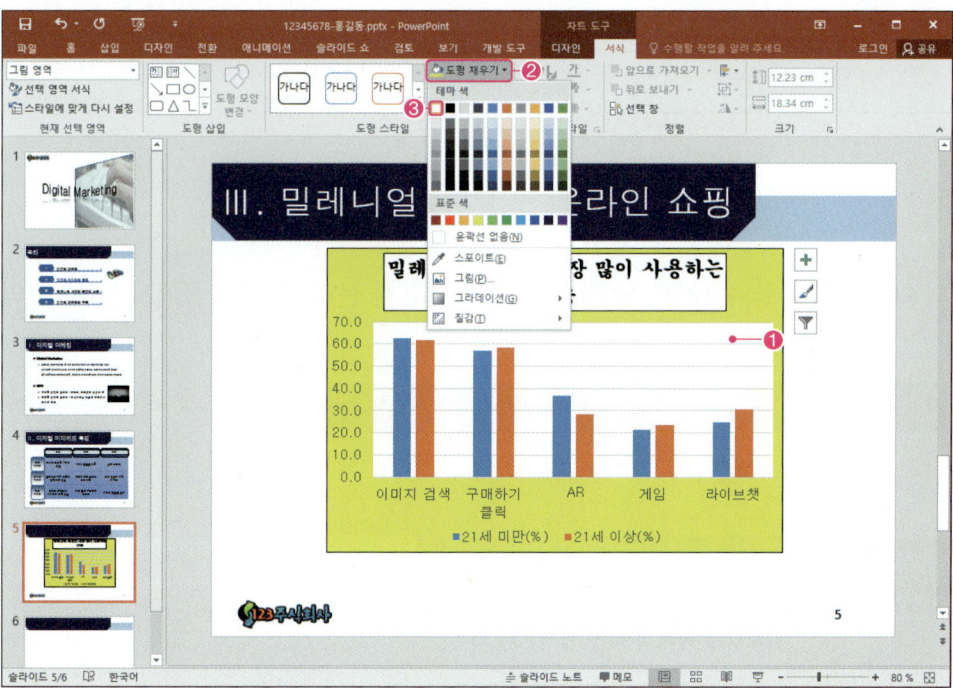

차트 종류 변경 및 보조 축 작성하기

01 [차트 도구]-[디자인] 탭-[종류] 그룹-[차트 종류 변경]을 클릭합니다.

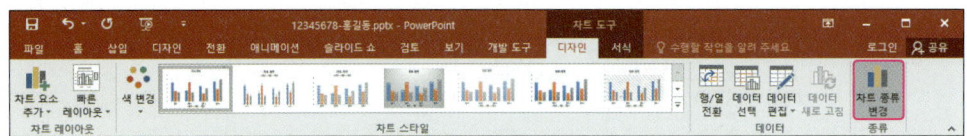

02 [차트 종류 변경] 대화상자가 나타나면 [콤보]를 선택합니다. '21세 이상(%)' 계열의 [보조 축]을 체크하고 [차트 종류]는 [표식이 있는 꺾은선형]을 선택한 후 [확인] 버튼을 클릭합니다.

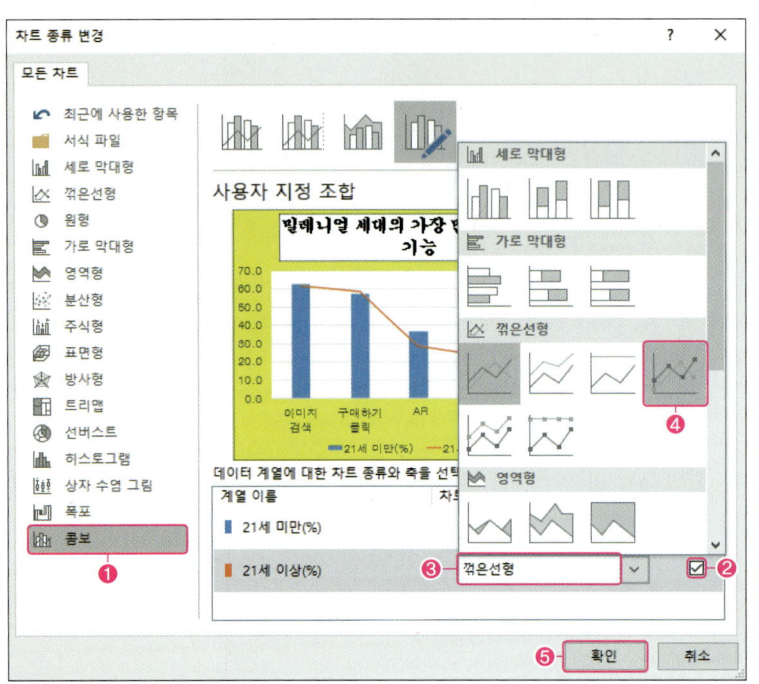

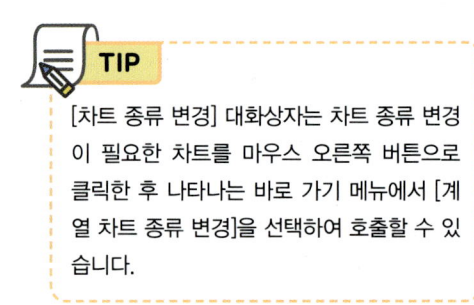

TIP

[차트 종류 변경] 대화상자는 차트 종류 변경이 필요한 차트를 마우스 오른쪽 버튼으로 클릭한 후 나타나는 바로 가기 메뉴에서 [계열 차트 종류 변경]을 선택하여 호출할 수 있습니다.

계열 서식 설정하기

01 '21세 이상(%)' 계열의 차트를 클릭한 후 [차트 도구]-[서식] 탭-[현재 선택 영역] 그룹에서 [선택 영역 서식]을 클릭합니다.

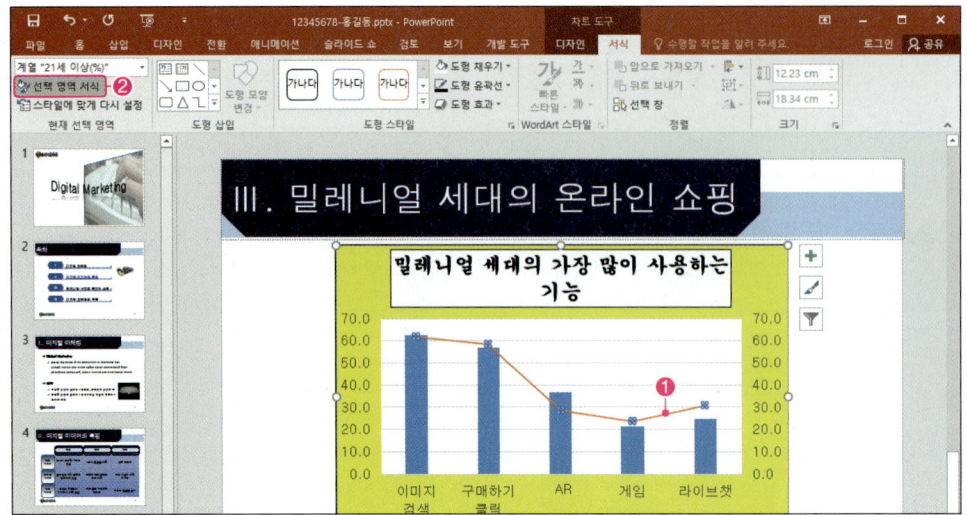

02 [데이터 계열 서식] 대화상자가 나타나면 [채우기 및 선]을 클릭한 후 [색]을 ≪출력형태≫와 유사한 색으로 선택합니다. [표식]-[표식 옵션]을 선택한 후 [기본 제공]을 선택하고 표식 모양을 ≪출력형태≫와 같은 모양으로 [형식]을 수정합니다.

 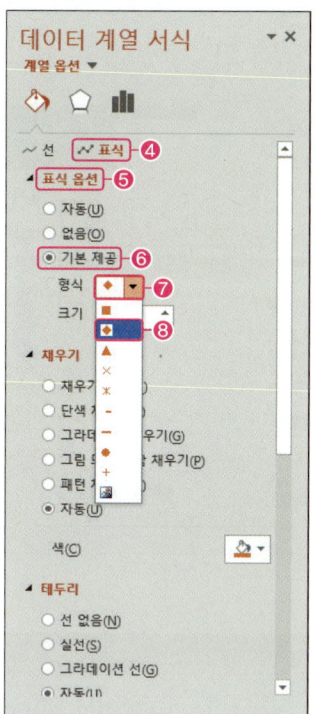

03 ≪출력형태≫와 유사하게 표식의 크기를 조절하고 표식의 [채우기 색]과 [테두리]의 [색]을 수정합니다. [닫기] 버튼을 클릭합니다.

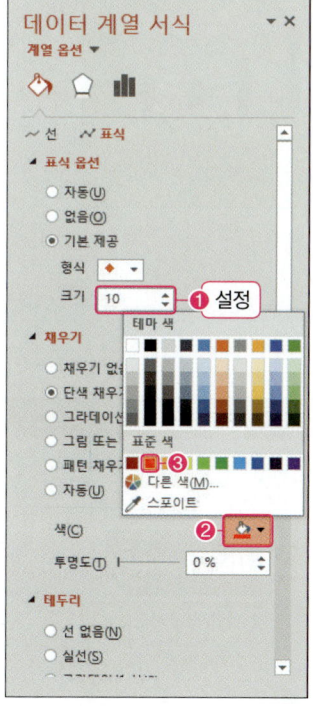 

값 표시 및 데이터 테이블 표시하기

01 '21세 미만(%)' 계열의 '이미지 검색'을 클릭한 후, [차트 도구]-[디자인] 탭-[차트 레이아웃] 그룹에서 [차트 요소 추가]를 선택하고 [데이터 레이블]-[바깥쪽 끝에]를 선택합니다.

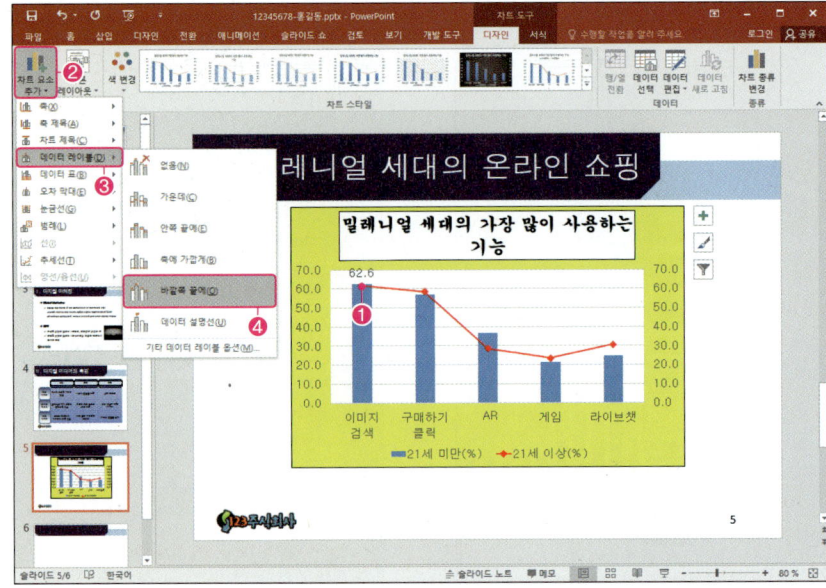

> **TIP** 데이터 계열 요소 선택
> 데이터 계열의 요소를 두 번 클릭하면 클릭한 부분의 계열 요소(하나)만 선택됩니다.

02 [차트 도구]-[디자인] 탭-[차트 레이아웃] 그룹에서 [차트 요소 추가]를 선택하고 [데이터 표]-[범례 표지 포함]을 선택합니다.

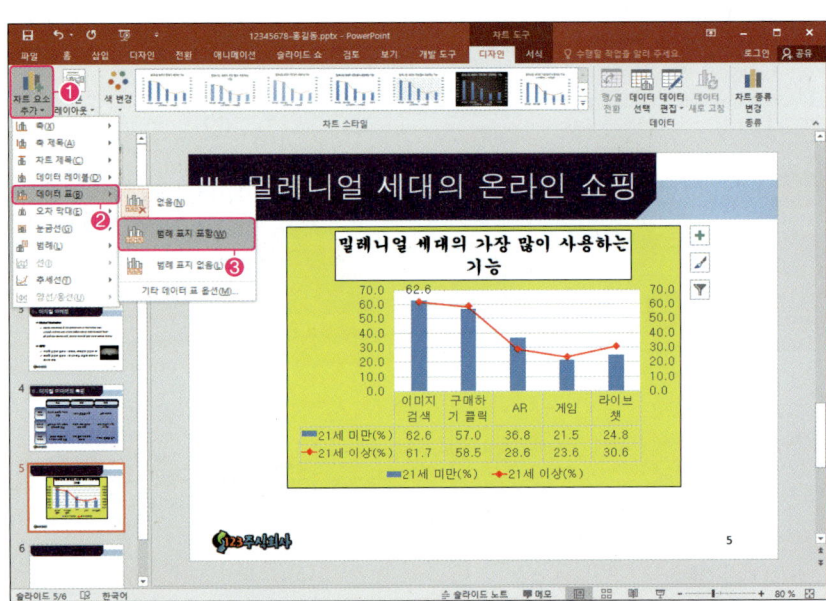

03 ≪출력형태≫의 데이터 표는 윤곽선이 검정색으로 표시되어 있으므로 데이터 표를 클릭한 후 [차트 도구]-[서식] 탭-[도형 스타일] 그룹에서 [도형 윤곽선]-[검정, 텍스트 1]을 선택합니다.

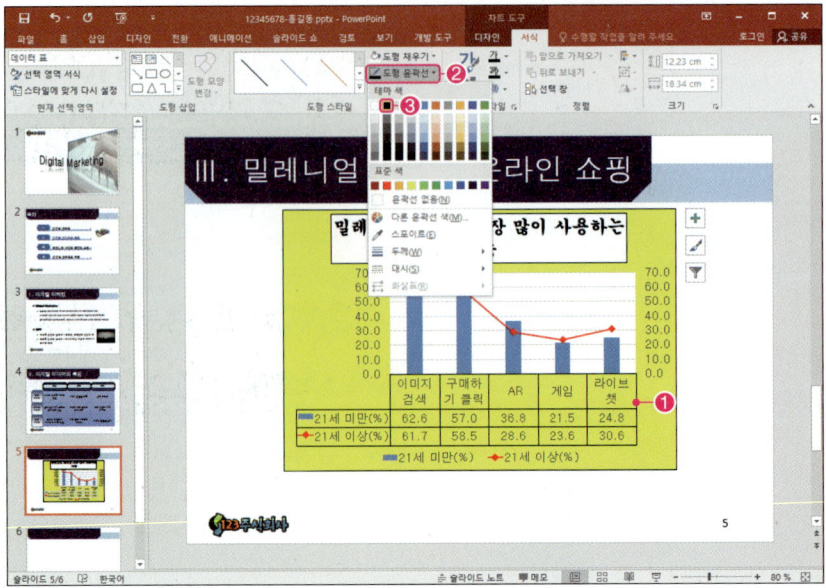

범례 및 눈금선 숨기기

01 [차트 도구]-[디자인] 탭-[차트 레이아웃] 그룹에서 [차트 요소 추가]를 선택하고 [범례]-[없음]을 선택합니다.

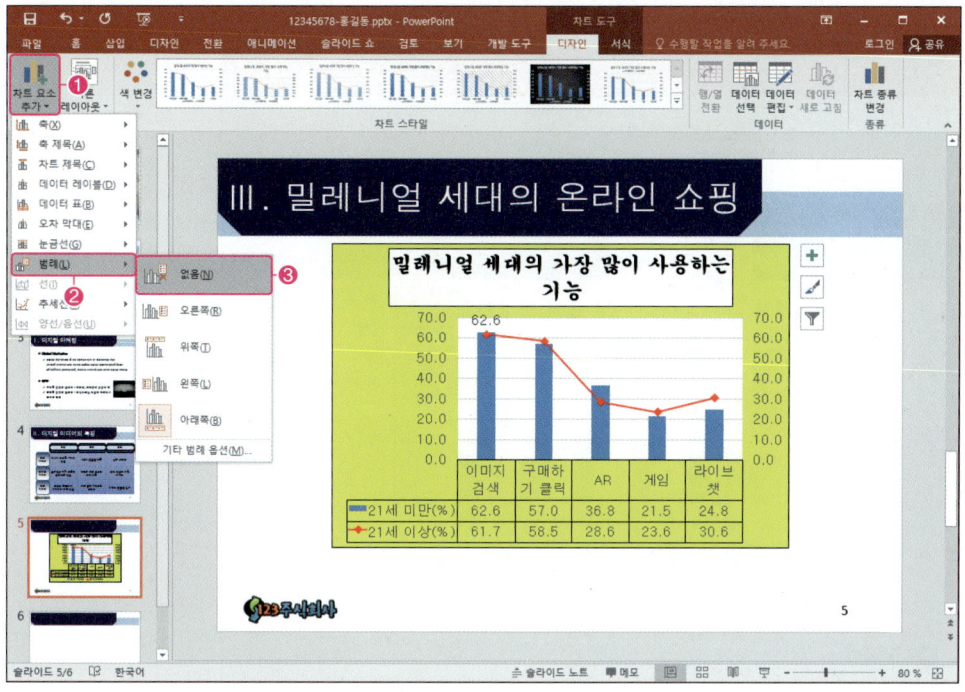

02 [차트 도구]-[디자인] 탭-[차트 레이아웃] 그룹에서 [차트 요소 추가]를 선택하고 [눈금선]-[기본 주 가로]를 선택합니다.

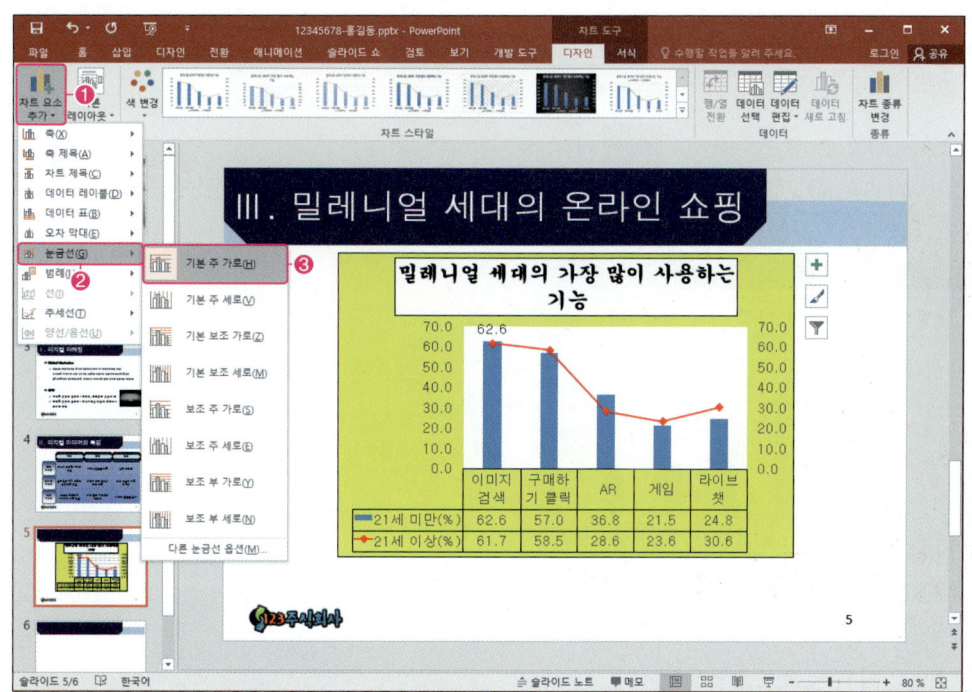

> **TIP**
> [차트 요소 추가] 중 [없음] 항목이 없는 요소(축, 축 제목, 눈금선)는 추가되어 있는 같은 항목을 선택하면 요소가 삭제됩니다.

축 서식 설정하기

01 세로 축을 선택한 후 [차트 도구]-[서식] 탭-[도형 스타일] 그룹에서 [도형 윤곽선]-[검정, 텍스트 1]로 설정합니다. [현재 선택 영역] 그룹에서 [선택 영역 서식]을 클릭합니다.

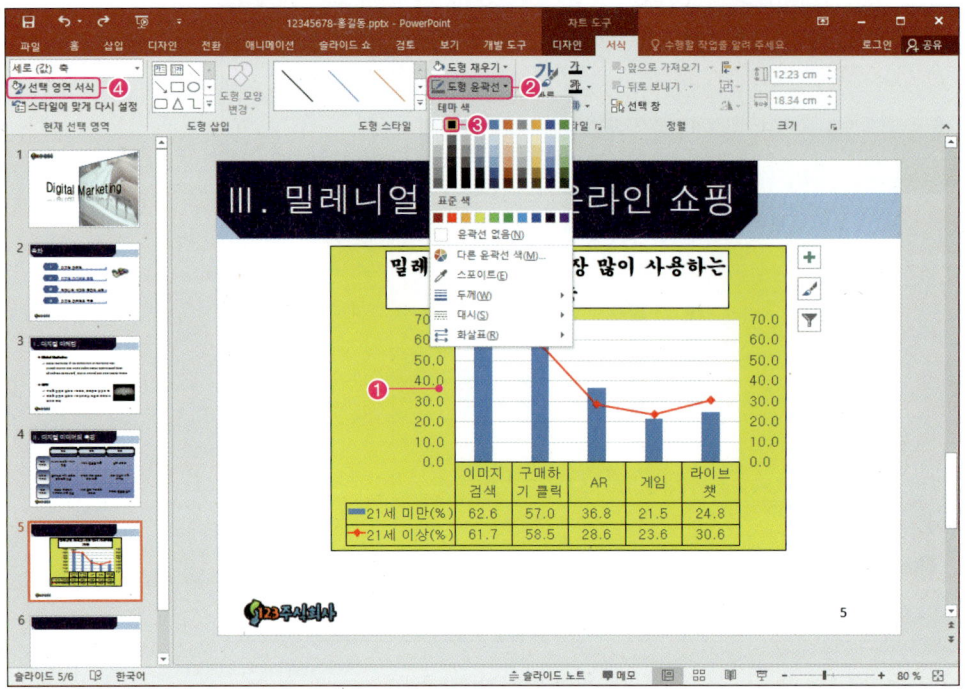

02 [축 서식] 대화상자가 나타나면 [표시 형식]을 클릭하고 [범주]는 [숫자]로 설정한 후 [소수 자릿수]에는 '0'을 입력합니다. 보조 세로 축을 선택합니다.

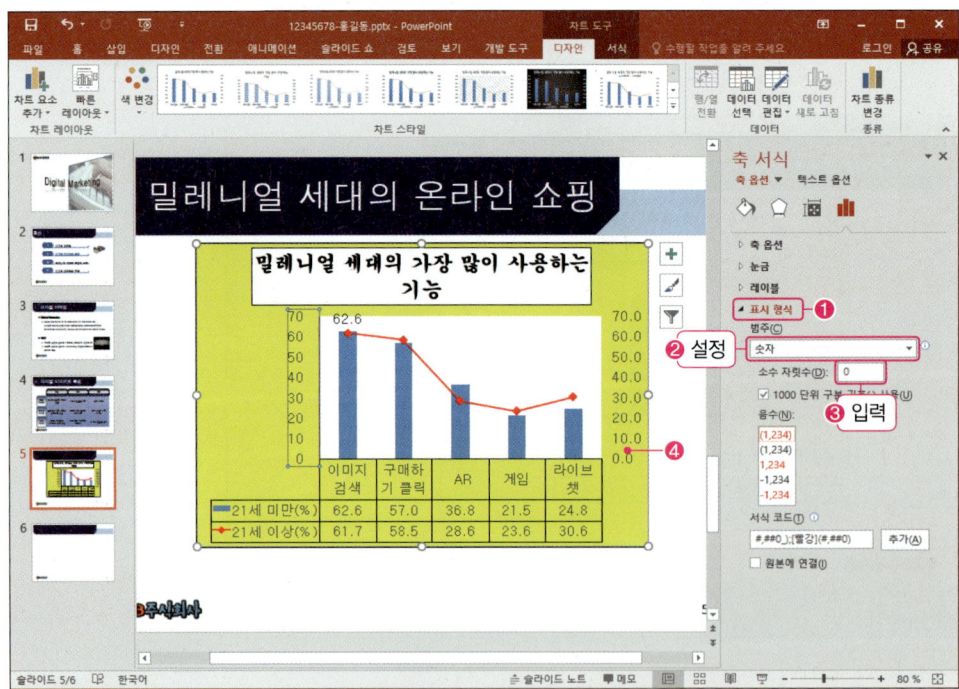

03 [표시 형식]을 클릭하고 [범주]는 [숫자]로 설정한 후 [소수 자릿수]에는 '0'을 입력합니다. [축 옵션]을 클릭한 후 [경계]의 [최대]에 '80'을 입력하고 [눈금]을 클릭하여 [주 눈금]을 [바깥쪽]으로 설정합니다. [닫기]버튼을 클릭합니다.

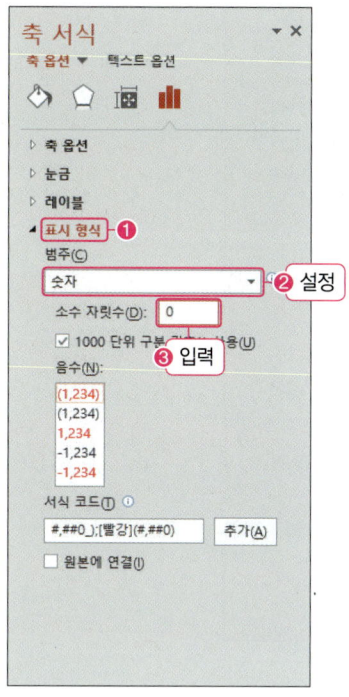
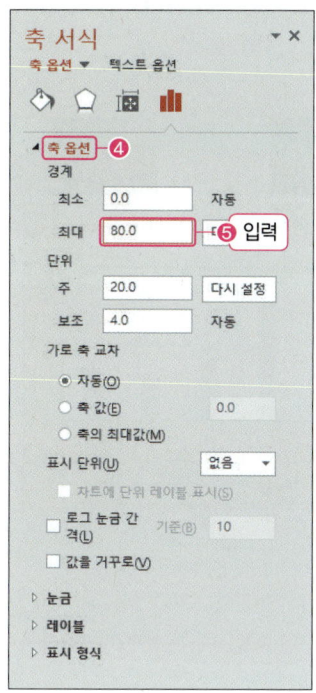
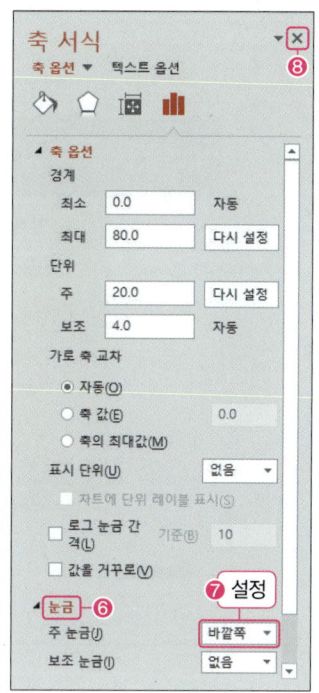

도형 작성하기

01 [삽입] 탭-[일러스트레이션] 그룹에서 [도형]-[위쪽 화살표]를 선택합니다.

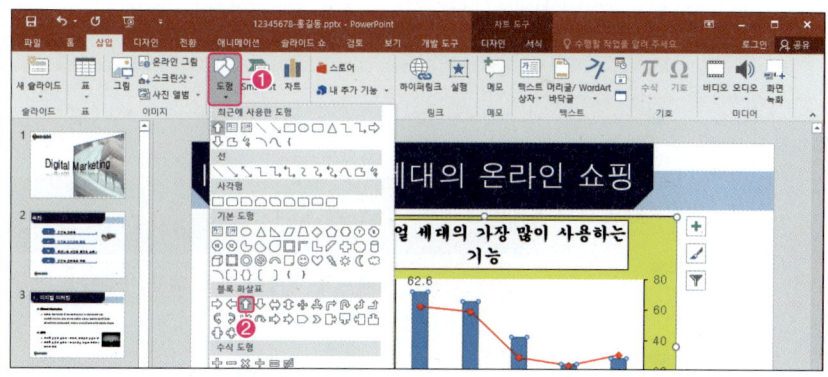

02 차트 위에 드래그하여 도형을 삽입한 후 [그리기 도구]-[서식] 탭-[도형 스타일] 그룹에서 [미세 효과 – 파랑, 강조 1]을 선택합니다.

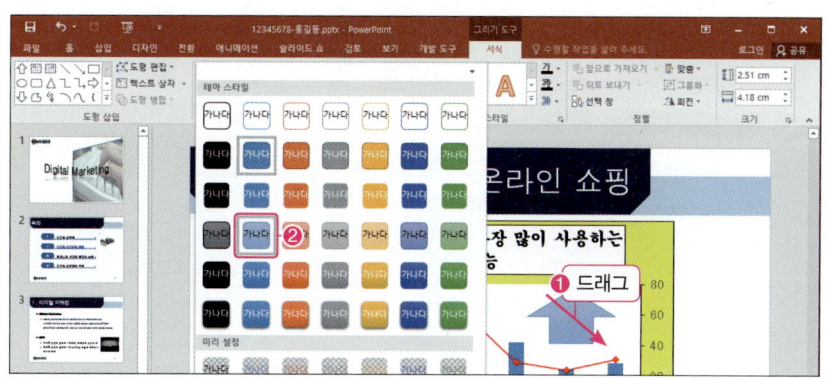

03 [홈] 탭-[글꼴] 그룹에서 글꼴(굴림, 18pt)을 설정한 후 [단락] 그룹에서 [가운데 맞춤]을 선택하고 [텍스트 맞춤]-[중간]을 선택합니다. '이미지 검색'이라 입력합니다.

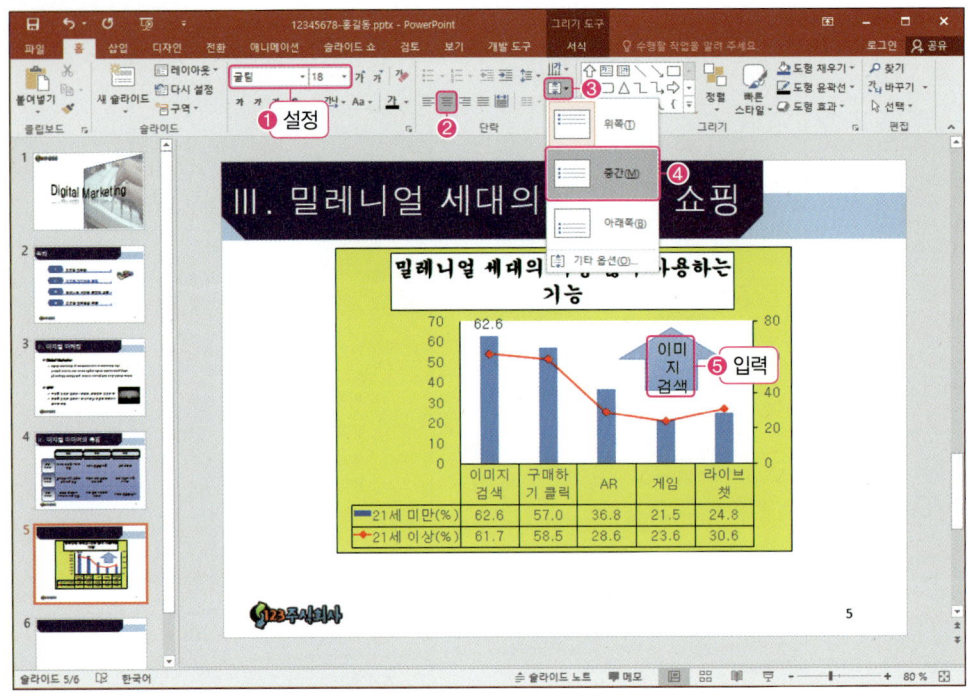

배치 확인 및 저장하기

슬라이드에 삽입된 각 요소의 전체적인 배치를 확인하고 수정한 후 Ctrl+S 키를 눌러 저장합니다.

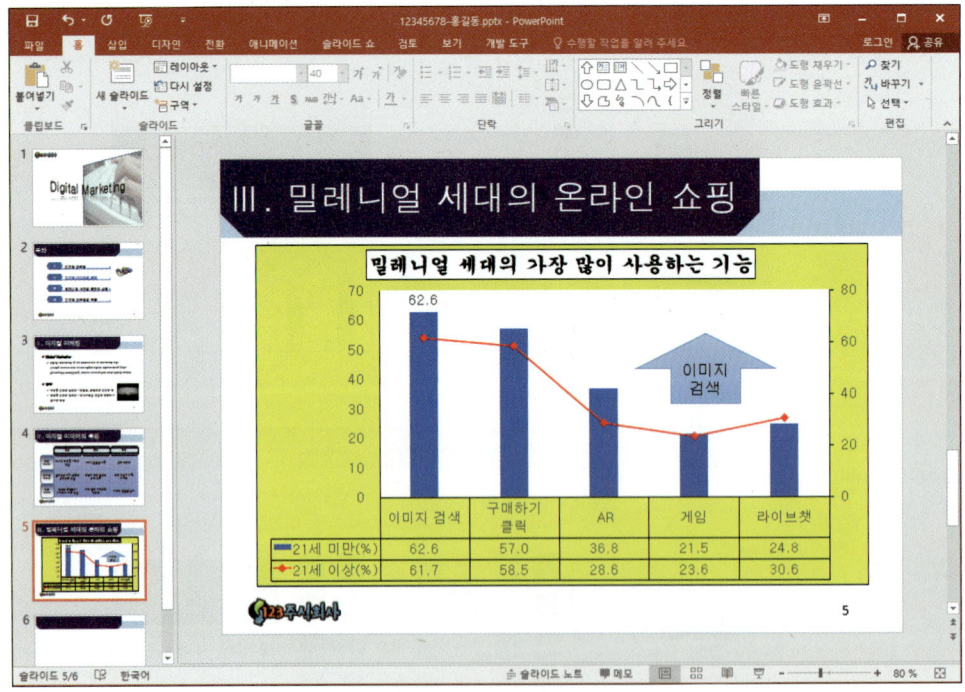

기본 예제

① 다음과 같은 차트를 만들어 봅니다.

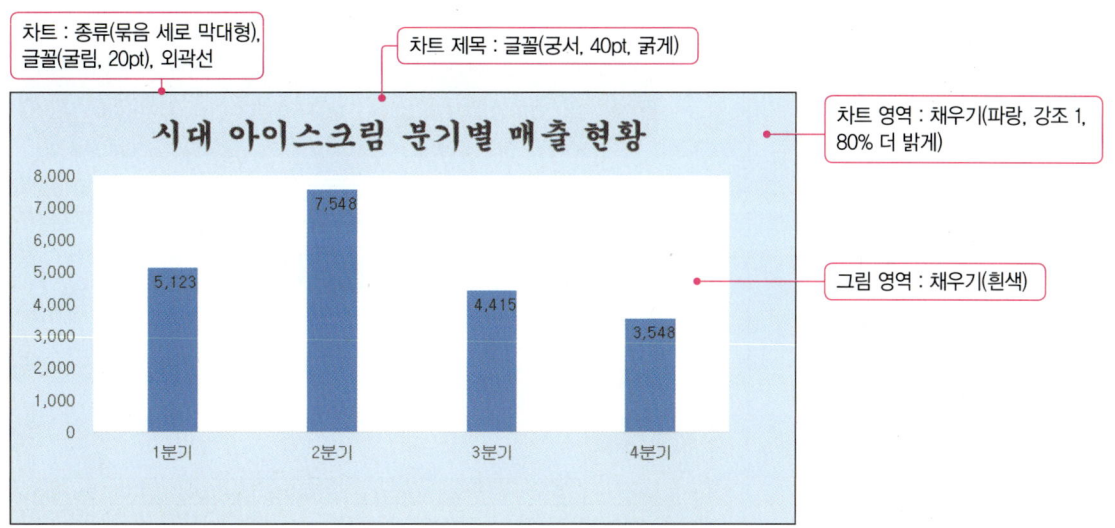

길잡이

- **기본 가로 축 삭제** : [차트 도구]–[디자인] 탭–[차트 레이아웃] 그룹–[차트 요소 추가]에서 [눈금선]–[기본 주 가로] 선택
- **레이블 표시** : [차트 도구]–[디자인] 탭–[차트 레이아웃] 그룹–[차트 요소 추가]에서 [데이터 레이블]–[안쪽 끝에] 선택
- **축 서식** : 세로 축 선택 → [차트 도구]–[서식] 탭–[현재 선택 영역] 그룹–[선택 영역 서식]을 선택 → [표시 형식]의 [범주]를 숫자로 설정 → [1000 단위 구분 기호(,) 사용]에 체크

② 다음과 같은 차트를 만들어 봅니다.

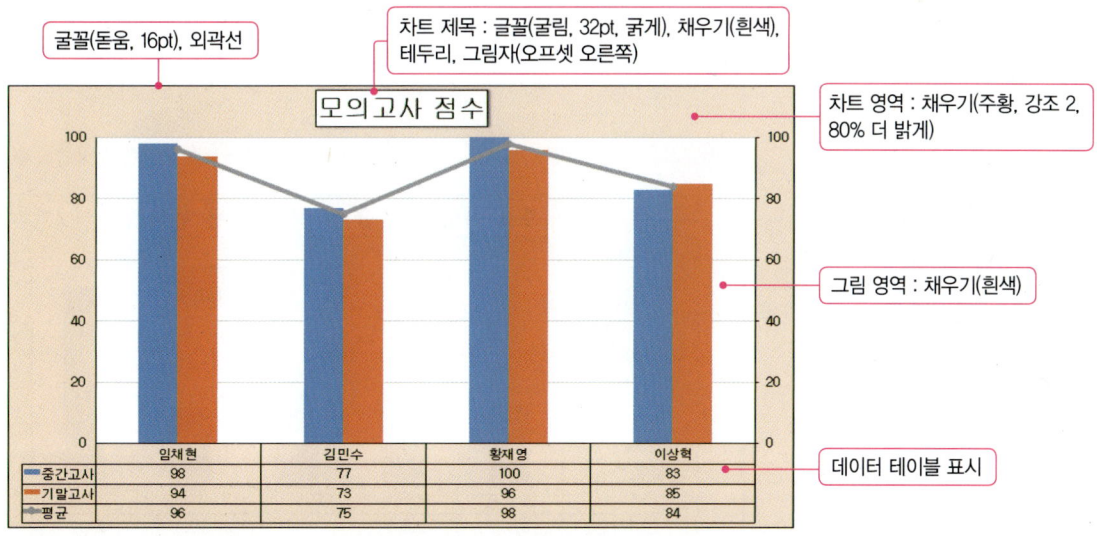

길잡이

- **차트 종류** : [차트 도구]–[디자인] 탭–[종류] 그룹–[차트 종류 변경] 선택 → '평균'의 [보조 축] 체크 → [차트 종류]를 [표식이 있는 꺾은선형] 설정 → [확인] 버튼 클릭
- **축 서식** : 우측 세로 축 선택 → [차트 도구]–[서식] 탭–[현재 선택 영역] 그룹–[선택 영역 서식] 클릭 → [축 서식] 대화상자에서 [축 옵션] 선택 → 최소(0), 최대(100), 주(20) 설정 → [눈금] 선택 → [주 눈금]을 [바깥쪽]으로 설정

기출 유형 문제

③ 슬라이드 5에 차트 작성 기능을 이용하여 다음과 같이 작성해 봅니다.

차트 : 종류(묶은 세로 막대형), 글꼴(돋움, 16pt), 외곽선

📁 예제파일 | 예제 05_03.pptx

세부조건

※ 차트 설명
- 차트 제목 : 궁서, 24pt, 굵게, 채우기(흰색), 테두리, 그림자(오프셋 아래쪽)
- 차트 영역 : 채우기(노랑) 그림 영역 : 채우기(흰색)
- 데이터 서식 : 도시락업체 계열을 표식이 있는 꺾은선형으로 변경 후 보조 축으로 지정
- 값 표시 : 나트륨(mg)의 편의점 계열만

① 도형 편집
- 스타일 : 미세효과 – 검정, 어둡게 1
- 글꼴 : 굴림, 18pt

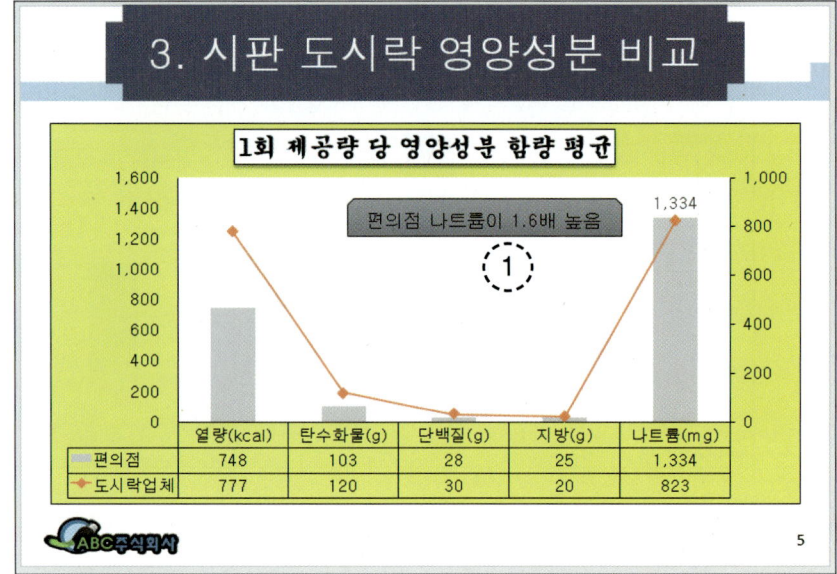

길잡이

- 데이터 입력 : 엑셀 실행 → 데이터 입력 후 [A1:F3] 영역 드래그 → [홈] 탭–[표시 형식] 그룹–[쉼표 스타일] 선택
- 값 표시 : '편의점' 계열 차트 선택 → '나트륨(mg)' 막대 선택 → [차트 도구]–[디자인] 탭–[차트 레이아웃] 그룹–[차트 요소 추가]–[데이터 레이블]–[바깥쪽 끝에] 선택

④ 슬라이드 5에 차트 작성 기능을 이용하여 다음과 같이 작성해 봅니다.

차트 : 종류(묶은 세로 막대형), 글꼴(돋움, 16pt), 외곽선

📁 예제파일 | 예제 05_04.pptx

세부조건

※ 차트 설명
- 차트 제목 : 궁서, 24pt, 굵게, 채우기(흰색), 테두리, 그림자(오프셋 오른쪽)
- 차트 영역 : 채우기(노랑) 그림 영역 : 채우기(흰색)
- 데이터 서식 : 경력채용(%) 계열을 표식이 있는 꺾은선형으로 변경 후 보조 축으로 지정
- 값 표시 : 2019년의 신규채용(%) 계열만

① 도형 편집
- 스타일 : 미세효과 – 파랑, 강조 1
- 글꼴 : 굴림, 18pt

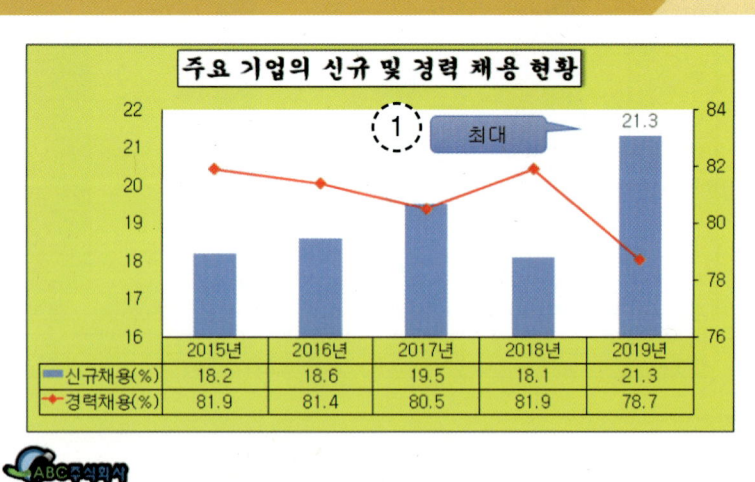

길잡이

- 값 표시 : '신규채용(%)' 계열 차트 선택 → '2019' 막대 선택 → [차트 도구]–[디자인] 탭–[차트 레이아웃] 그룹–[차트 요소 추가]–[데이터 레이블]–[바깥쪽 끝에] 선택

도형 슬라이드 만들기

예제파일 | 제6작업.pptx

문제 유형

◎ 슬라이드 6 : 도형 슬라이드   100점

(1) 슬라이드와 같이 도형 및 스마트아트를 배치한다(글꼴 : 굴림, 18pt).
(2) 애니메이션 순서 : ① ⇒ ②

세부조건

① **도형 편집**
- 스마트아트 디자인 :
  3차원 만화,
  3차원 광택 처리
- 그룹화 후 애니메이션 효과 :
  나타내기

② **도형 및 스마트아트 편집**
- 그룹화 후 애니메이션 효과 :
  닦아내기(오른쪽에서)

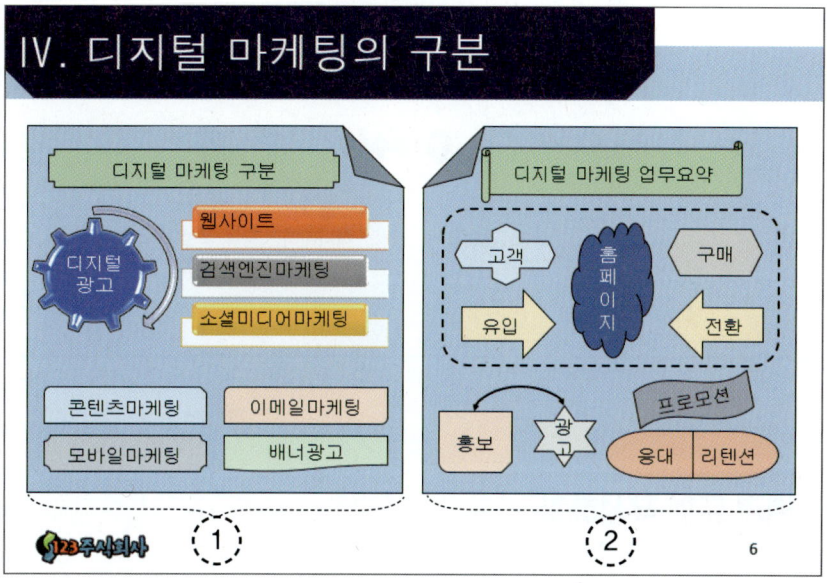

작업 과정

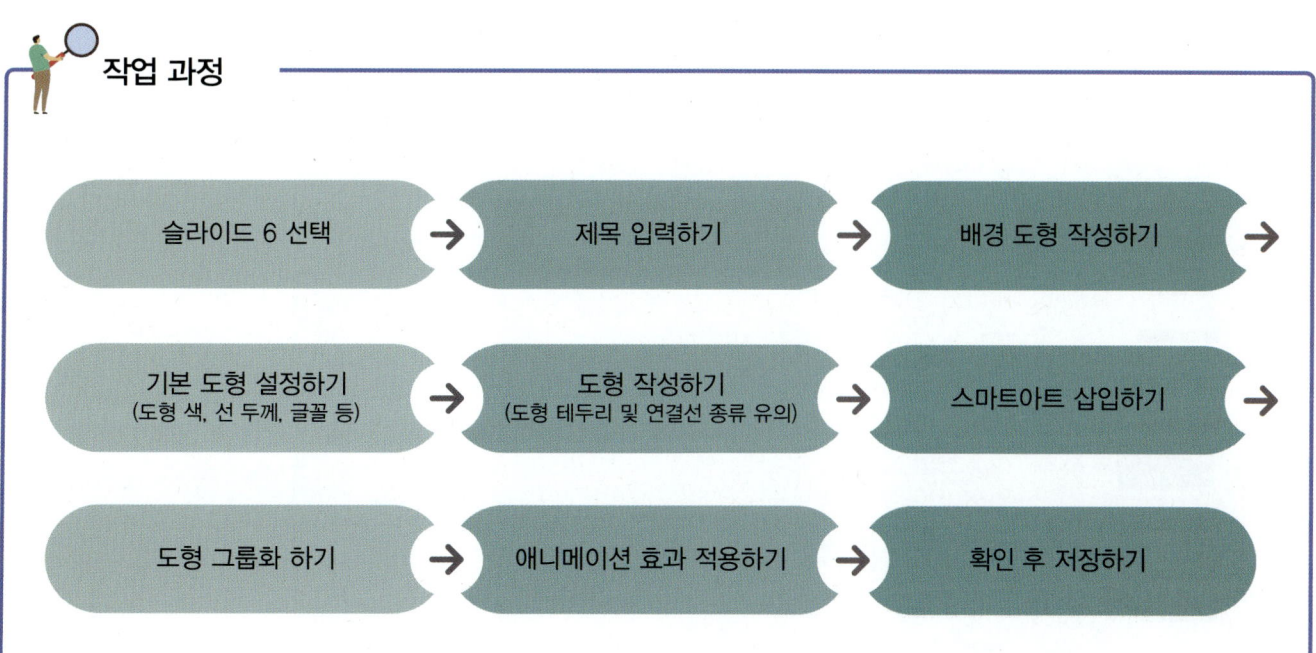

사용 기능 및 모범 답안 미리보기

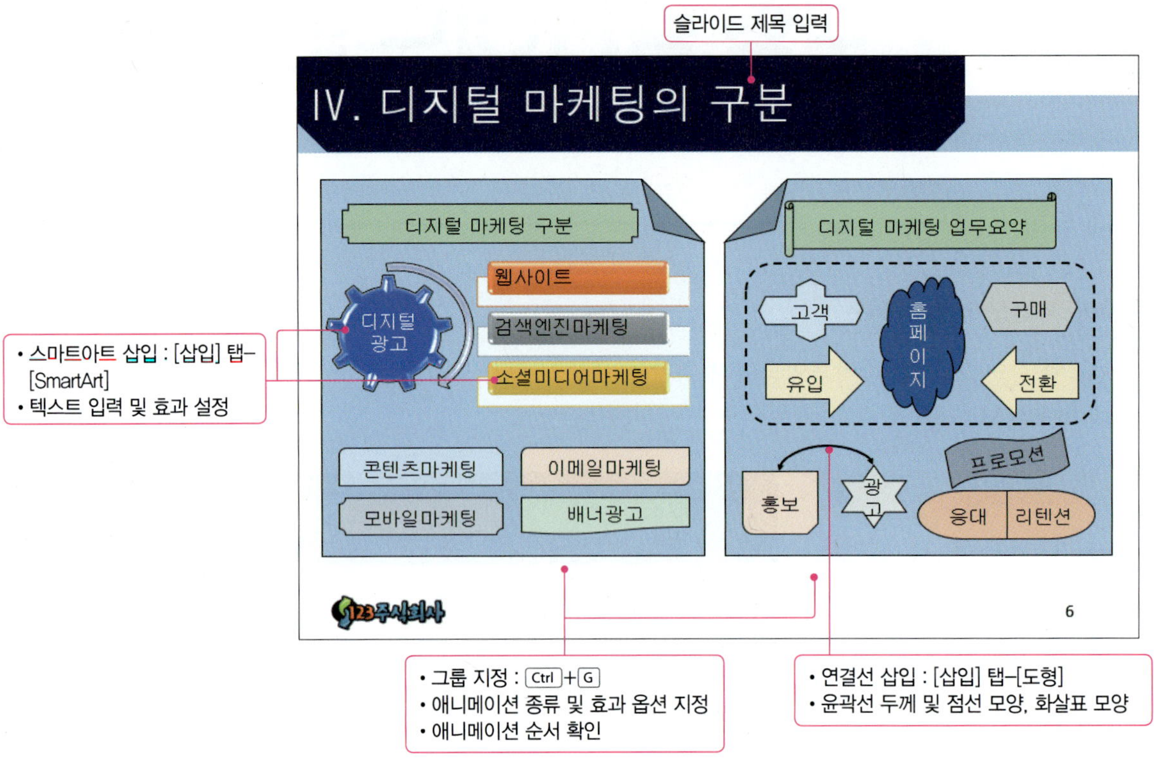

- 슬라이드 제목 입력
- 스마트아트 삽입 : [삽입] 탭-[SmartArt]
- 텍스트 입력 및 효과 설정
- 그룹 지정 : Ctrl + G
- 애니메이션 종류 및 효과 옵션 지정
- 애니메이션 순서 확인
- 연결선 삽입 : [삽입] 탭-[도형]
- 윤곽선 두께 및 점선 모양, 화살표 모양

배경 도형 작성하기

01 슬라이드 6을 선택한 후 제목 텍스트 상자에 'Ⅳ. 디지털 마케팅의 구분'이라 입력합니다. [삽입] 탭-[일러스트레이션] 그룹-[도형]에서 [모서리가 접힌 도형]을 선택합니다.

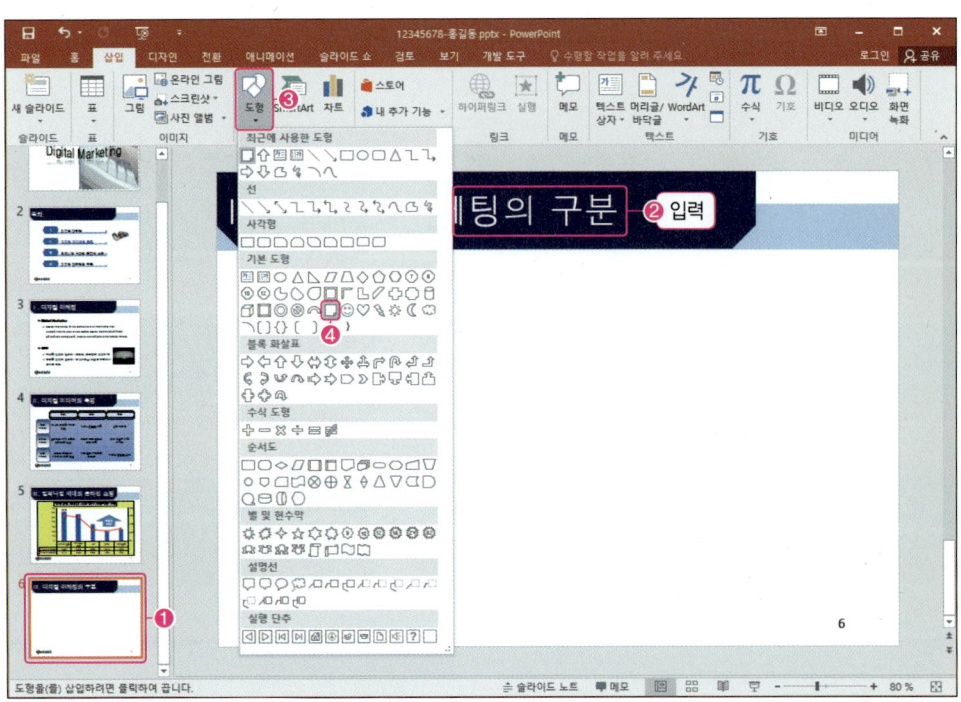

02 그림과 같이 드래그하여 도형을 삽입한 후 [그리기 도구]-[서식] 탭-[도형 스타일] 그룹에서 도형의 색상과 외곽선을 설정하고 [정렬] 그룹-[회전]-[상하 대칭]을 선택합니다.

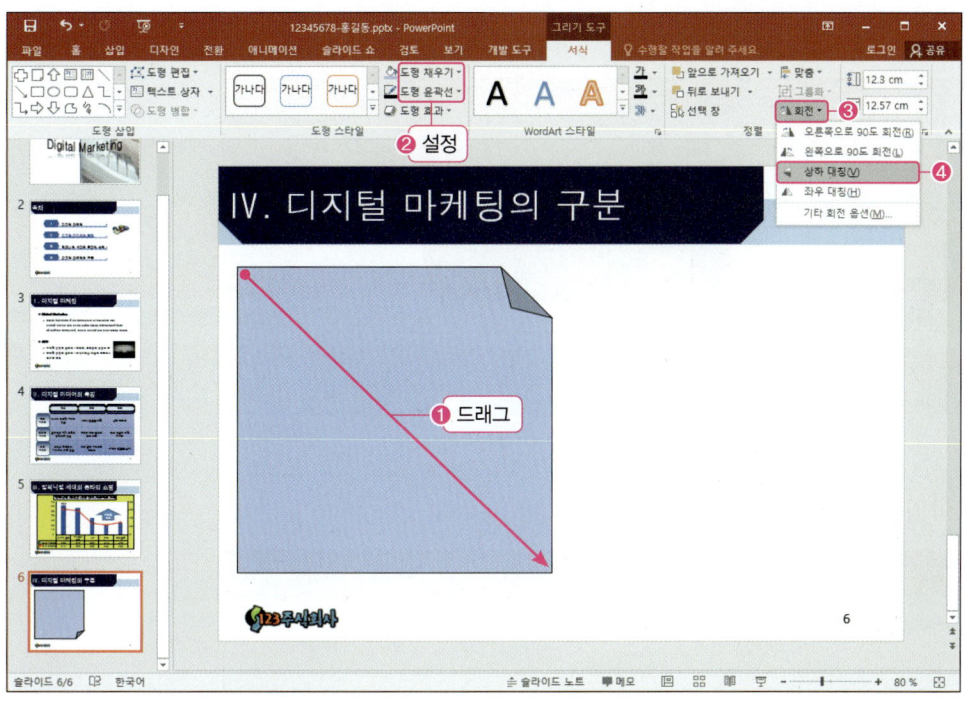

03 Ctrl + Shift 키를 누른 채 오른쪽으로 드래그하여 복사한 후 [그리기 도구]-[서식] 탭-[정렬] 그룹-[회전]-[좌우 대칭]을 선택합니다.

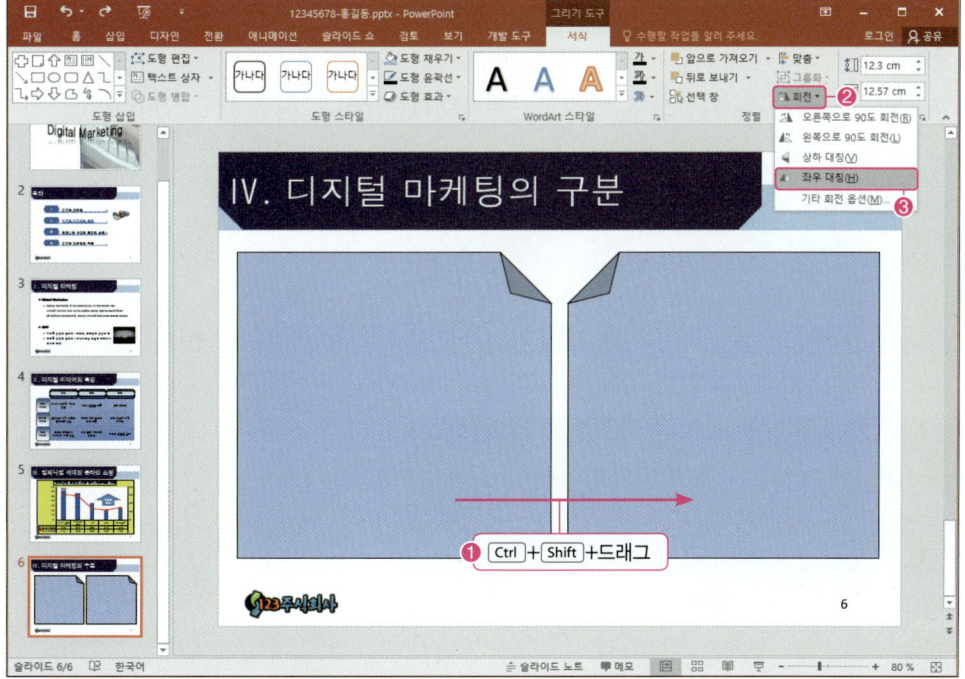

도형 작성하기-1

01 [삽입] 탭-[일러스트레이션] 그룹-[도형]에서 [십자형]을 선택합니다.

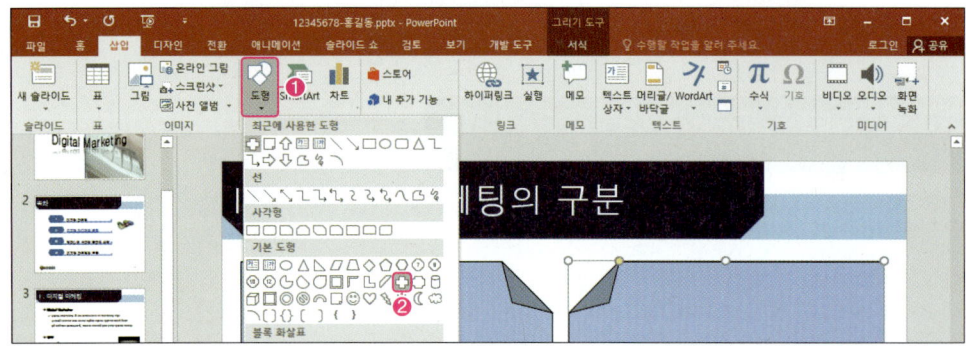

02 그림과 같이 드래그하여 도형을 삽입합니다.

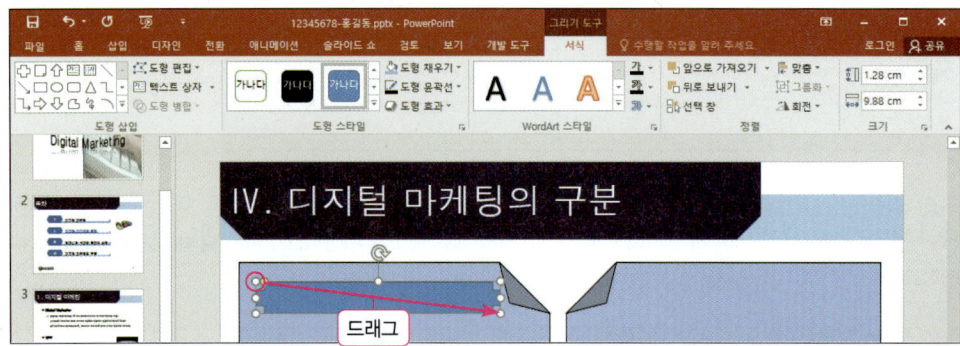

03 도형의 왼쪽 상단의 ◎(모양 조절점)을 왼쪽으로 드래그하여 그림과 같이 도형을 변경합니다.

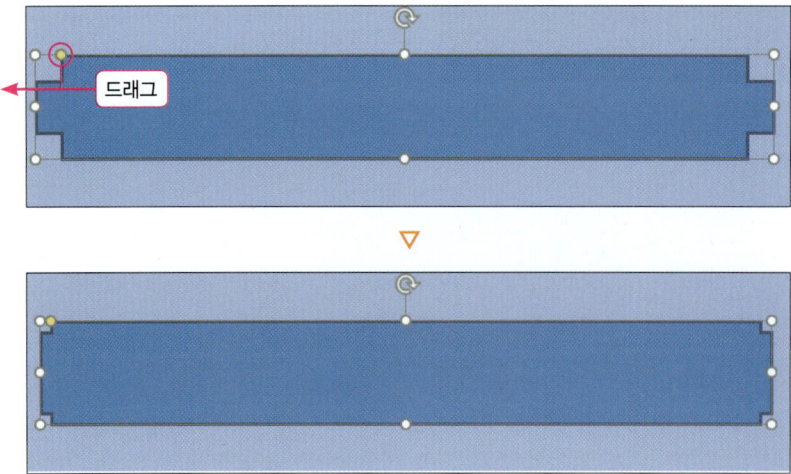

도형 작성하기-2

01 그림과 같이 도형을 삽입합니다.

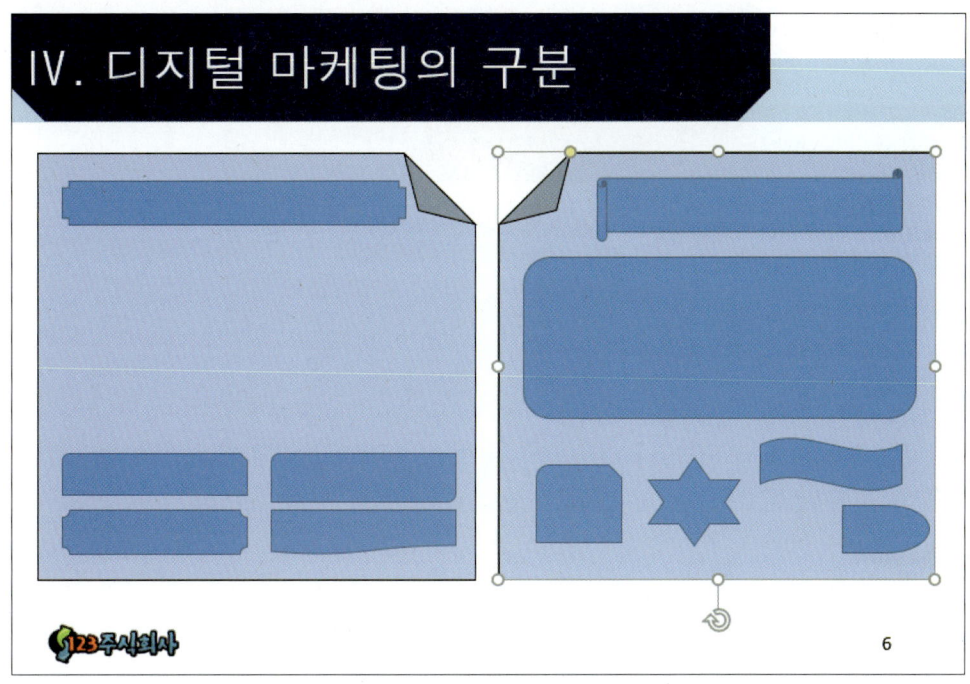

02 [순서도: 지연] 도형을 클릭한 후 Ctrl + Shift 키를 누른 채 왼쪽으로 드래그합니다.

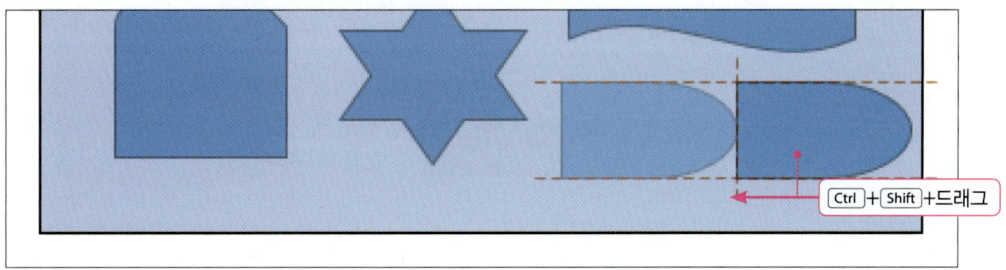

03 [그리기 도구]-[서식] 탭-[정렬] 그룹-[회전]-[좌우 대칭]을 선택합니다.

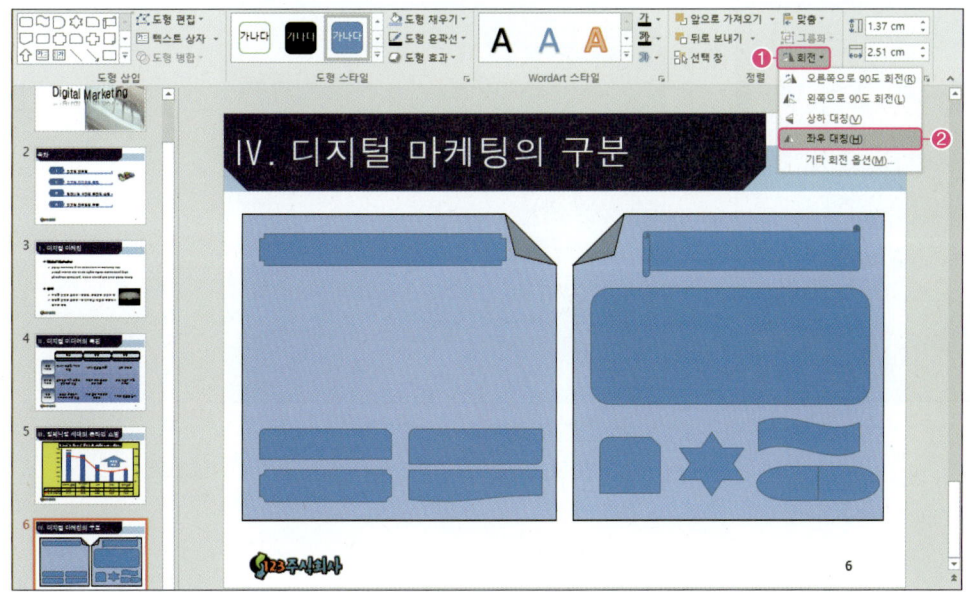

04 [한쪽 모서리는 잘리고 다른 쪽 모서리는 둥근 사각형]을 클릭한 후 [그리기 도구]-[서식] 탭-[정렬] 그룹-[회전]-[상하 대칭]을 선택합니다.

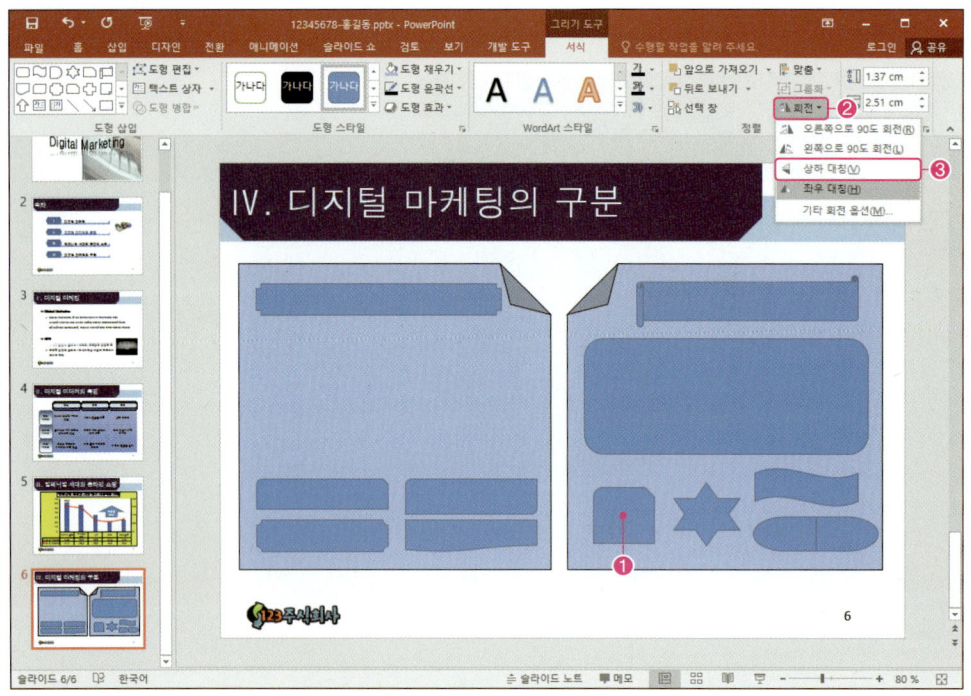

05 [삽입] 탭-[일러스트레이션] 그룹-[도형]에서 [구부러진 양쪽 화살표 연결선]을 선택합니다.

06 [한쪽 모서리는 잘리고 다른 쪽 모서리는 둥근 사각형] 도형의 상단에서 [포인트가 6개인 별] 도형의 상단에 드래그하여 화살표를 삽입합니다.

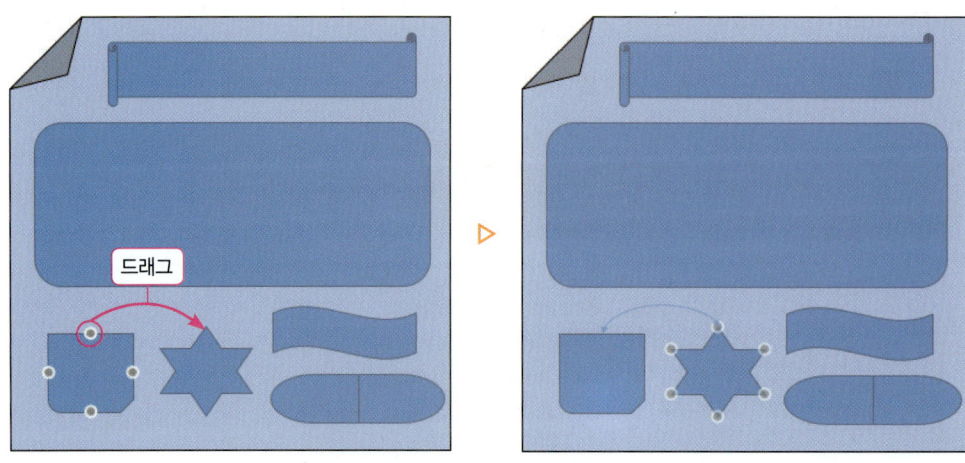

07 [물결] 도형을 클릭한 후 ⟳ (회전 조절점)을 왼쪽으로 드래그하여 그림과 같이 변형합니다.

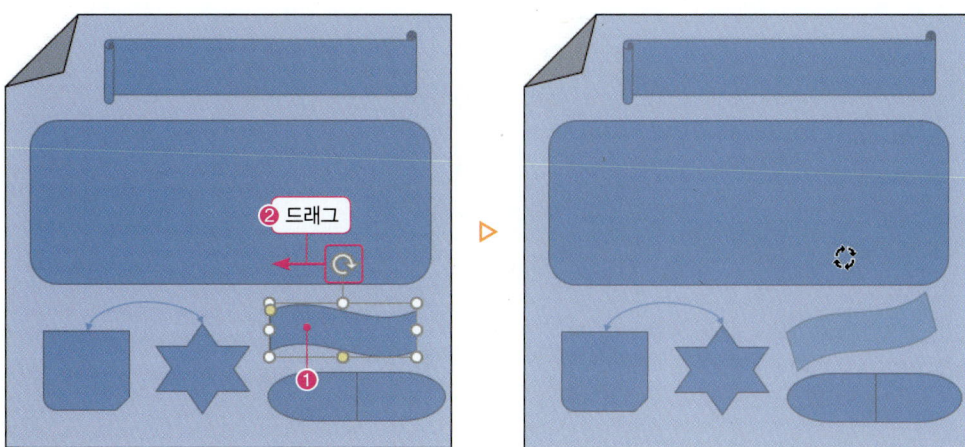

> **TIP** 수치 입력하여 회전각 조정하기
>
> [그리기 도구]-[서식] 탭-[정렬] 그룹-[회전]-[기타 회전 옵션]을 선택한 후 [도형 서식] 창이 나타나면 회전에 직접 값을 입력하여 도형을 회전시킬 수 있습니다. 회전은 0~360°까지 가능하며 각도를 높이면 오른쪽으로 회전합니다.

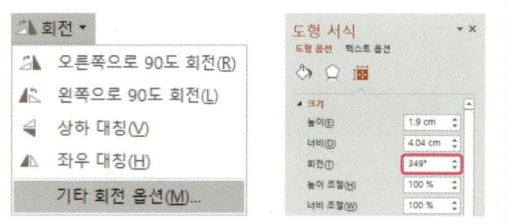

08 [삽입] 탭-[일러스트레이션] 그룹-[도형]에서 [육각형]을 선택합니다.

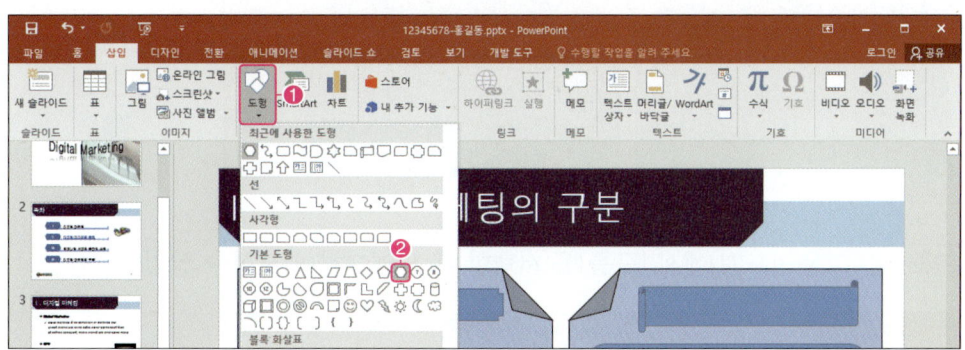

09 그림과 같이 드래그하여 [육각형]을 삽입한 후 [삽입] 탭-[일러스트레이션] 그룹-[도형]에서 [왼쪽 화살표]를 선택합니다.

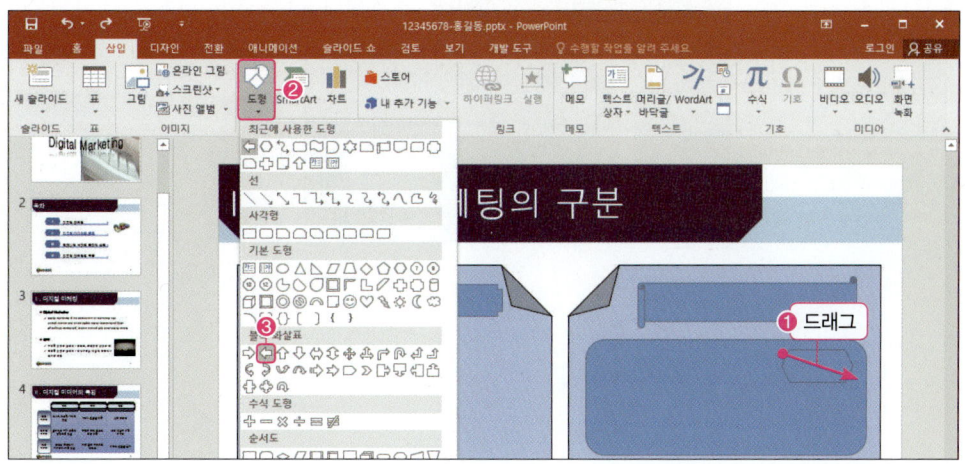

10 [육각형] 도형 아래에 삽입한 후 Ctrl + Shift 키를 누른 채 드래그하여 그림과 같이 복사합니다.

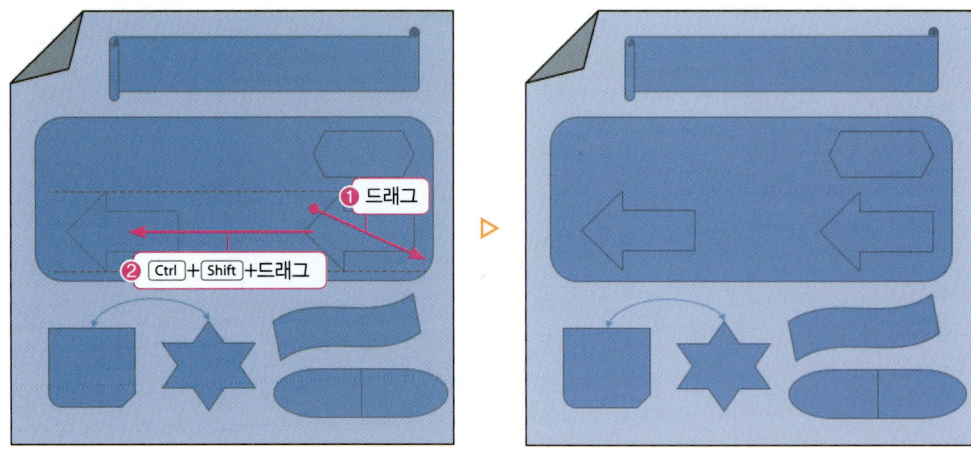

11 복사한 [왼쪽 화살표] 도형을 클릭한 후 [그리기 도구]-[서식] 탭-[정렬] 그룹-[회전]-[좌우 대칭]을 선택합니다.

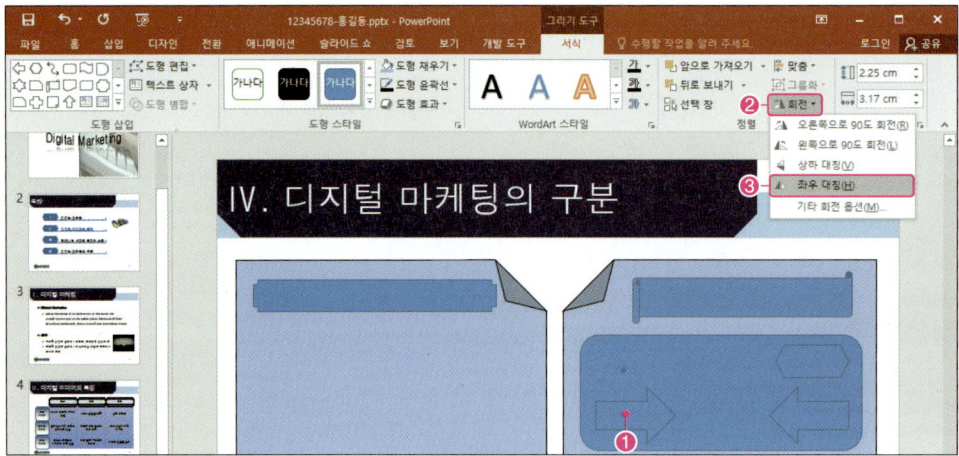

12 [삽입] 탭-[일러스트레이션] 그룹-[도형]에서 [구름]을 선택한 후 드래그하여 도형을 삽입합니다.

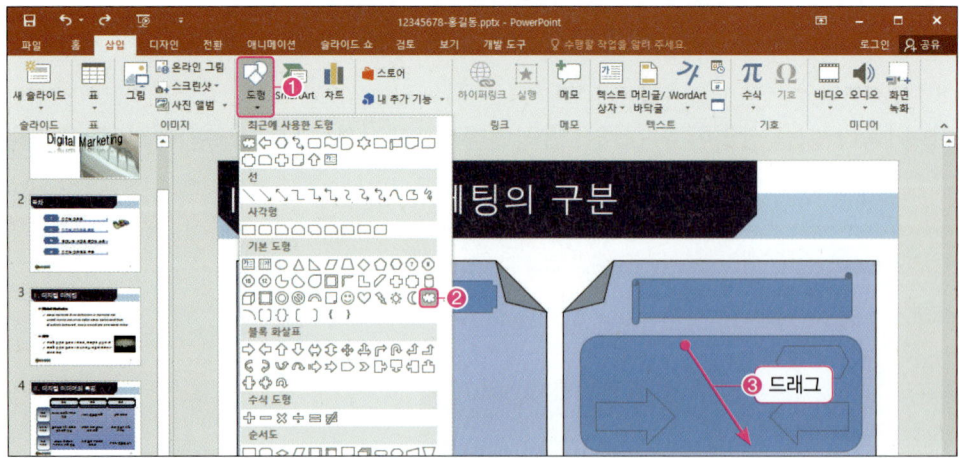

13 [삽입] 탭-[일러스트레이션] 그룹-[도형]에서 [왼쪽/오른쪽/위쪽/아래쪽 화살표]를 선택한 후 드래그하여 도형을 삽입합니다.

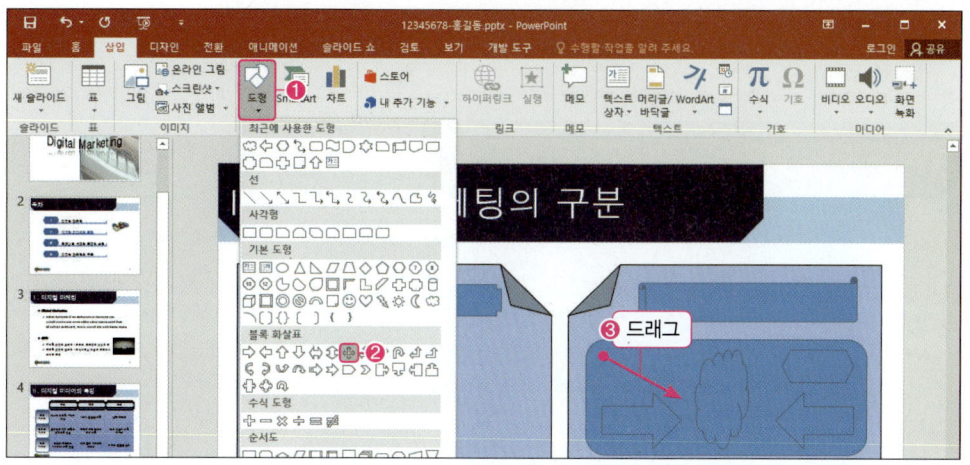

14 도형의 ◎ (모양 조절점)을 왼쪽으로 드래그하여 그림과 같이 도형을 변경합니다.

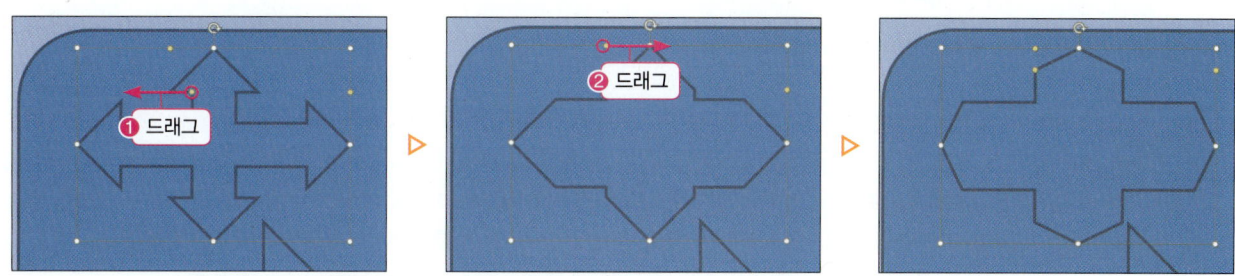

스마트아트 삽입하기

01 [삽입] 탭-[일러스트레이션] 그룹-[SmartArt]를 클릭합니다.

02 [SmartArt 그래픽 선택] 대화상자가 나타나면 [주기형]의 [톱니 바퀴형]을 선택한 후 [확인] 버튼을 클릭합니다. 슬라이드에 선택한 스마트아트가 삽입됩니다.

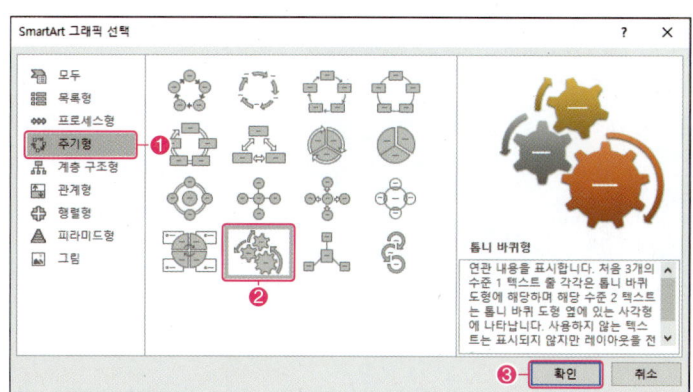

03 텍스트 창의 첫 줄에 '디지털 광고'라 입력한 후 Delete 키를 눌러 나머지 항목을 삭제합니다.

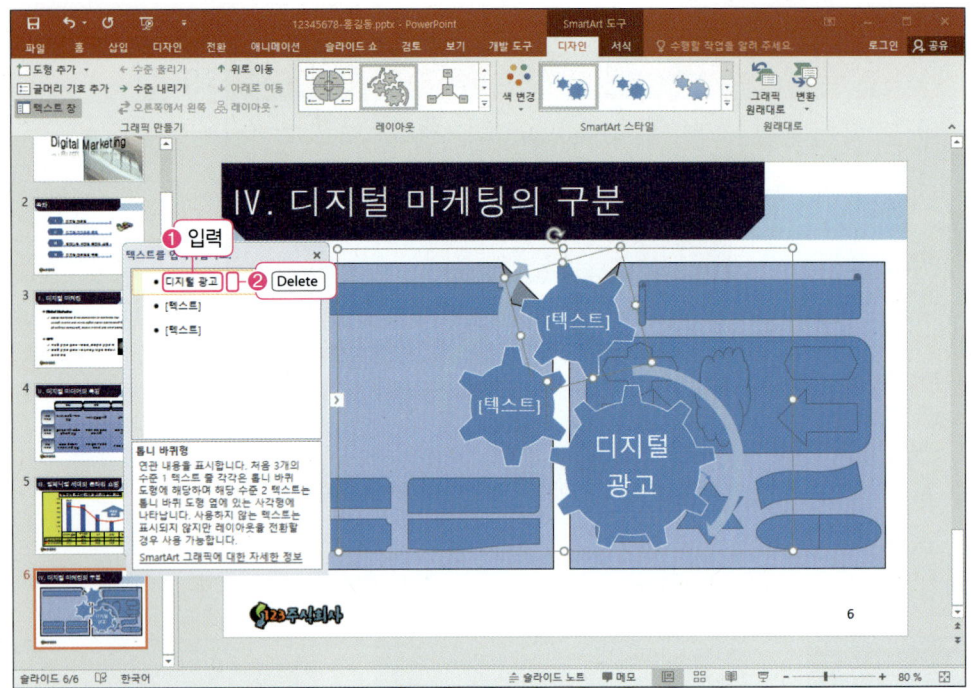

 **TIP**

스마트 아트에 텍스트를 입력하려면 도형을 클릭한 후 입력하거나 텍스트 창에 입력해야 합니다. 텍스트 창은 삽입된 스마트아트의 왼쪽 버튼 (◁)을 클릭하거나 [SmartArt 도구]-[디자인] 탭-[그래픽 만들기] 그룹-[텍스트 창]을 클릭하여 표시하거나 숨길 수 있습니다.

04 스마트아트의 모서리를 드래그하여 크기를 줄인 후 가장자리를 드래그하여 그림과 같이 이동합니다.

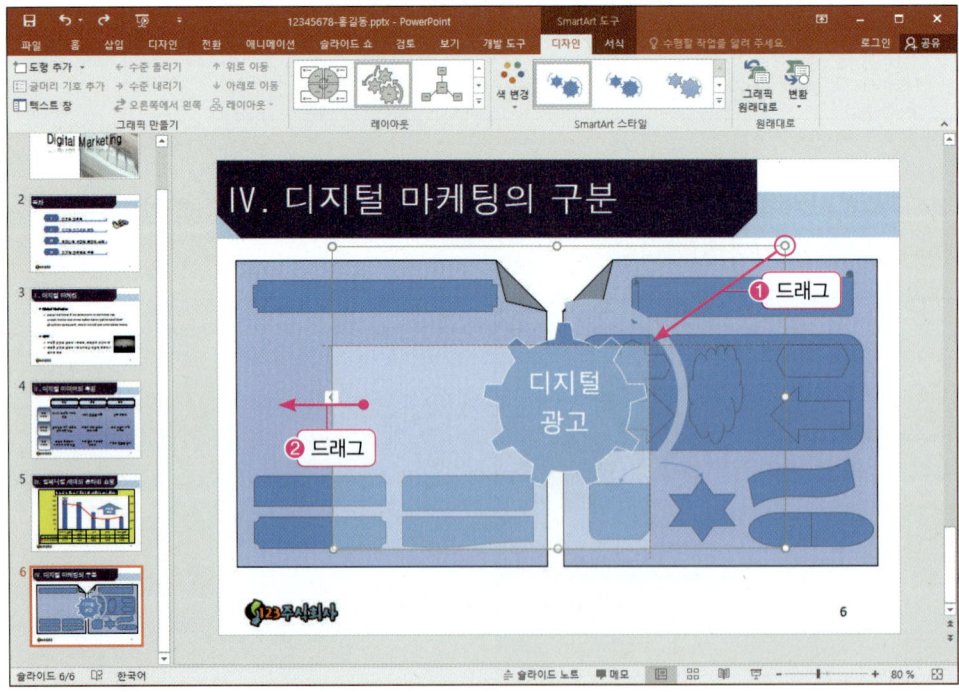

05 [SmartArt 도구]-[디자인] 탭-[SmartArt 스타일] 그룹-[색 변경]에서 임의의 색(색 채우기- 강조 5)을 선택합니다. [SmartArt 도구]-[디자인] 탭-[SmartArt 스타일] 그룹-[자세히(▼)]를 클릭합니다.

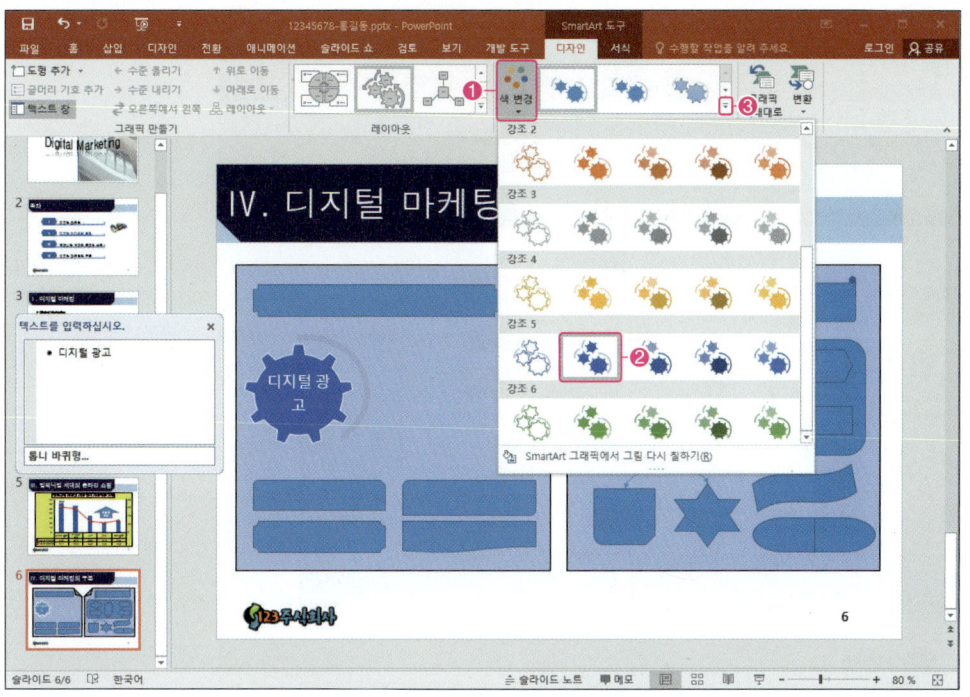

06 스마트아트 디자인 중 [만화]와 [광택 처리]를 비교해 본 후 [만화]를 선택합니다.

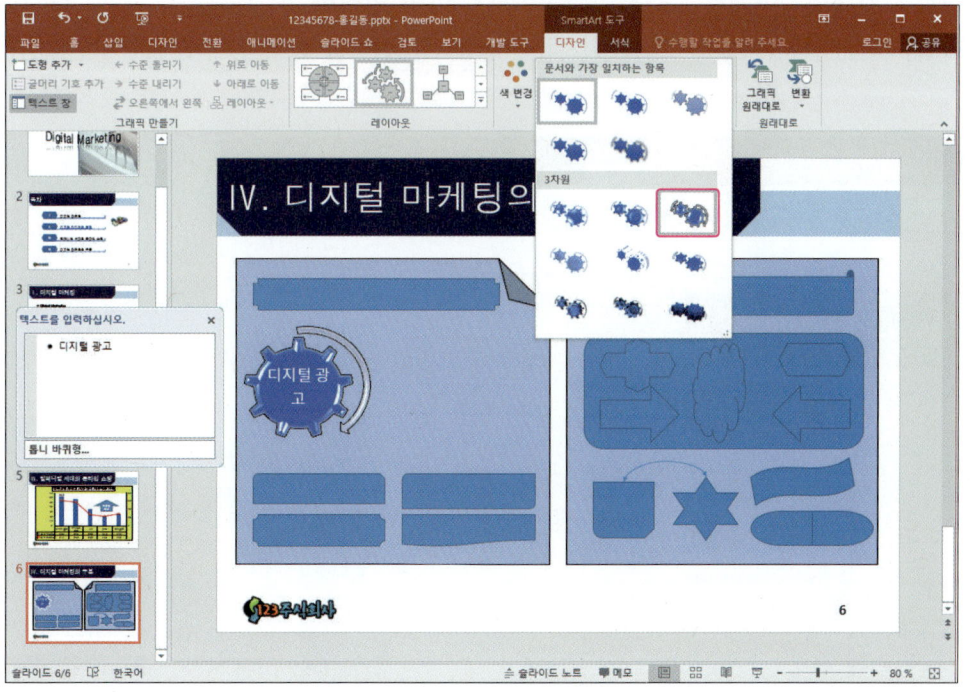

 **TIP**
제시된 [만화]와 [광택 처리] 중에 유사한 디자인으로 선택합니다.

07 [삽입] 탭-[일러스트레이션] 그룹-[SmartArt]를 클릭합니다. [SmartArt 그래픽 선택] 대화상자가 나타나면 [목록형]의 [세로 상자 목록형]을 선택한 후 [확인] 버튼을 클릭합니다. 슬라이드에 선택한 스마트아트가 삽입됩니다.

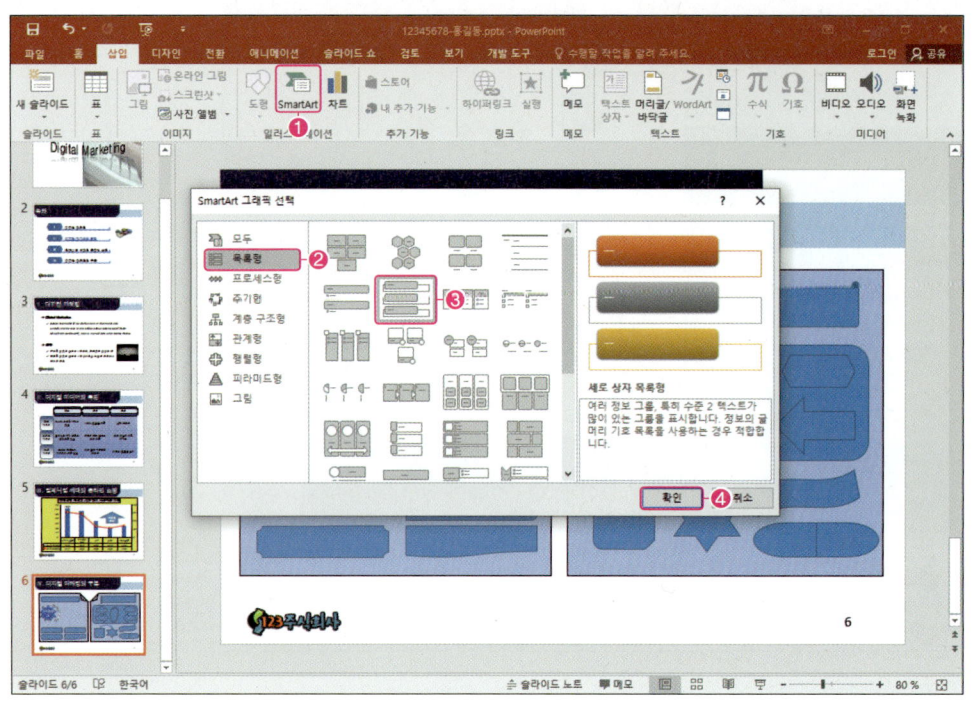

08 텍스트 창에 '웹사이트', '검색엔진마케팅', '소셜미디어마케팅'이라 입력한 후, [SmartArt 도구]-[디자인] 탭-[SmartArt 스타일] 그룹-[색 변경]에서 임의의 색(색상형-강조색)을 선택합니다. [자세히(▽)]를 클릭합니다.

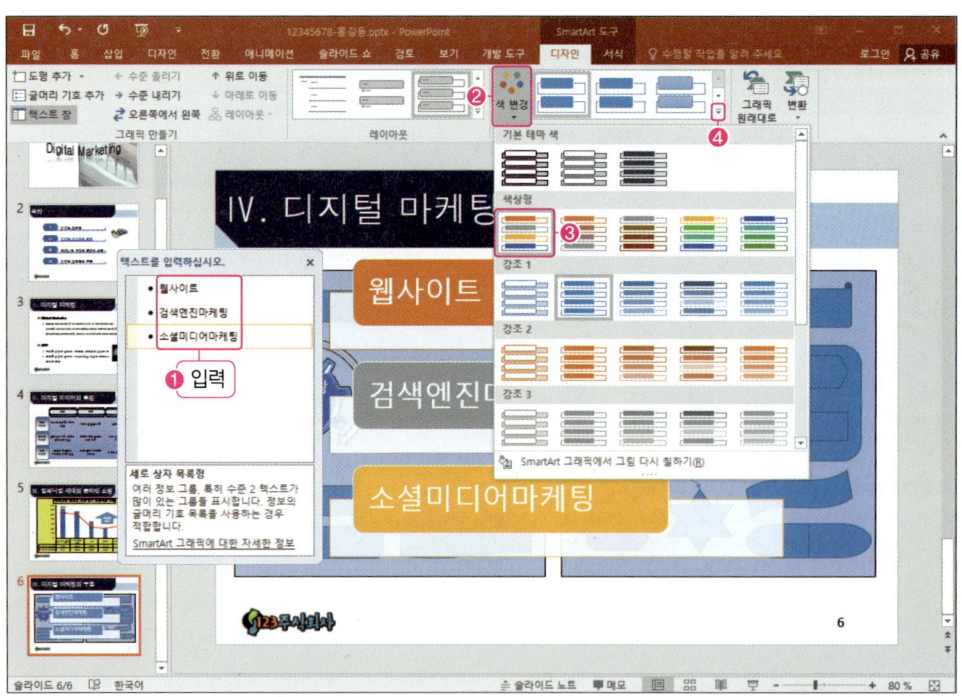

09 스마트아트 디자인 중 [광택 처리]를 선택합니다.

10 스마트아트의 모서리를 드래그하여 크기를 줄인 후 가장자리를 드래그하여 그림과 같이 이동합니다.

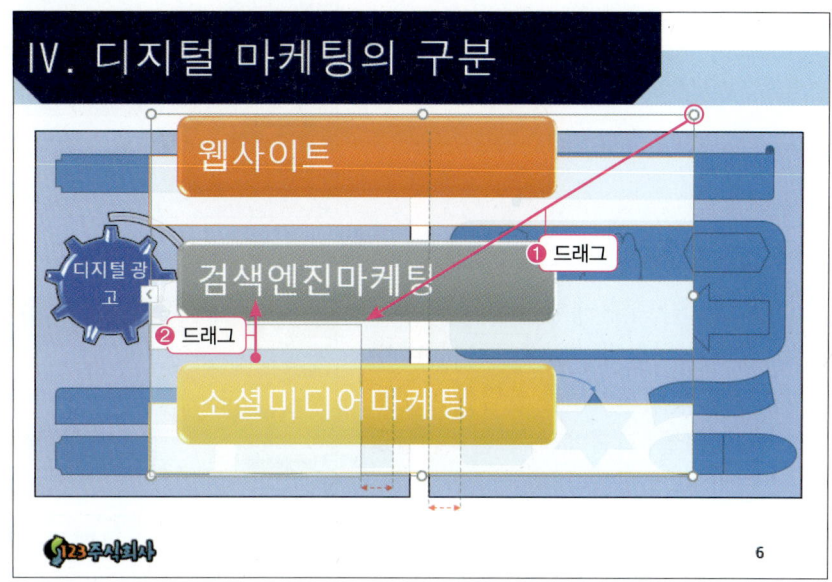

글자 및 도형 서식 지정하기

01 모든 도형을 드래그하여 선택합니다.

02 [홈] 탭-[글꼴] 그룹에서 글꼴(글꼴, 글꼴 크기, 글꼴 색)을 설정한 후 [그리기] 그룹에서 [도형 윤곽선]의 색을 [검정, 텍스트 1]로 설정합니다.

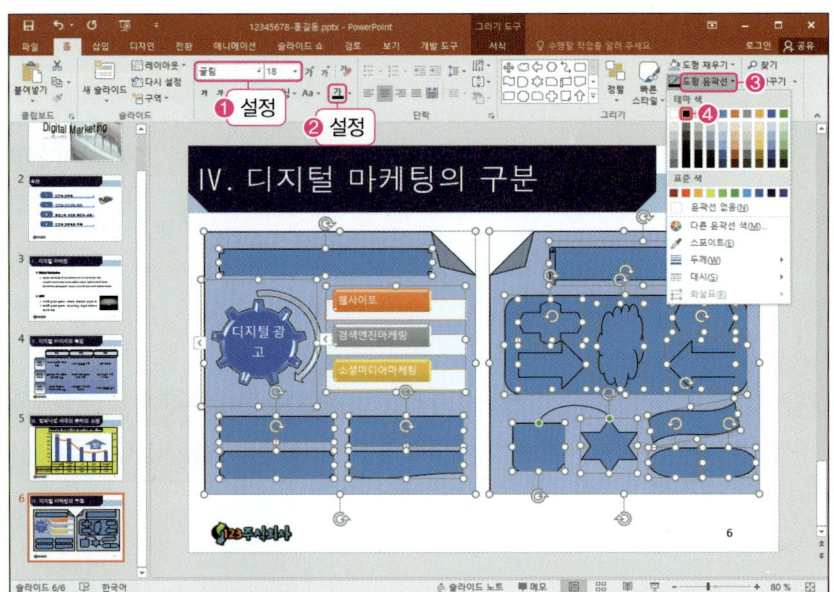

03 스마트아트의 서체는 도형과 함께 서체가 변경되지 않으므로 [톱니 바퀴형] 스마트아트를 클릭한 후 [홈] 탭-[글꼴] 그룹에서 [글꼴]과 [글꼴 크기]를 설정합니다.

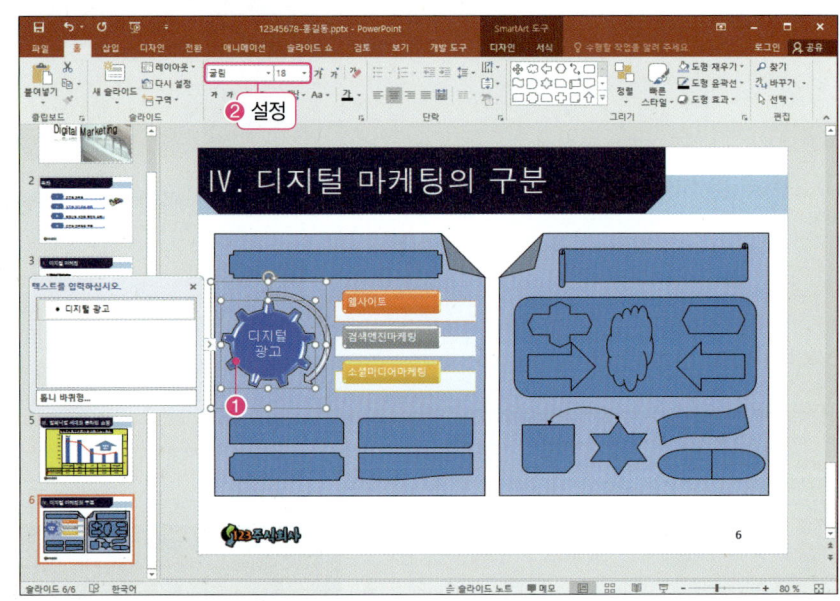

04 같은 방법으로 [세로 상자 목록형] 스마트아트를 클릭한 후 [홈] 탭-[글꼴] 그룹에서 [글꼴], [글꼴 크기], [글꼴 색]을 변경합니다.

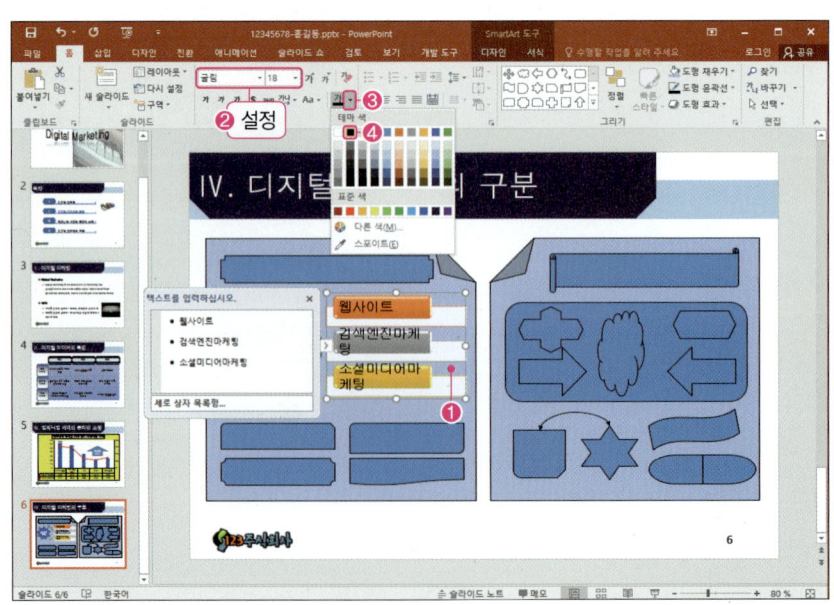

05 [세로 상자 목록형] 스마트아트의 텍스트가 2줄로 보이므로 각 세로 상자를 Shift 키를 누른 채 클릭한 후, ○(크기 조절점)을 오른쪽으로 드래그하여 크기를 늘립니다.

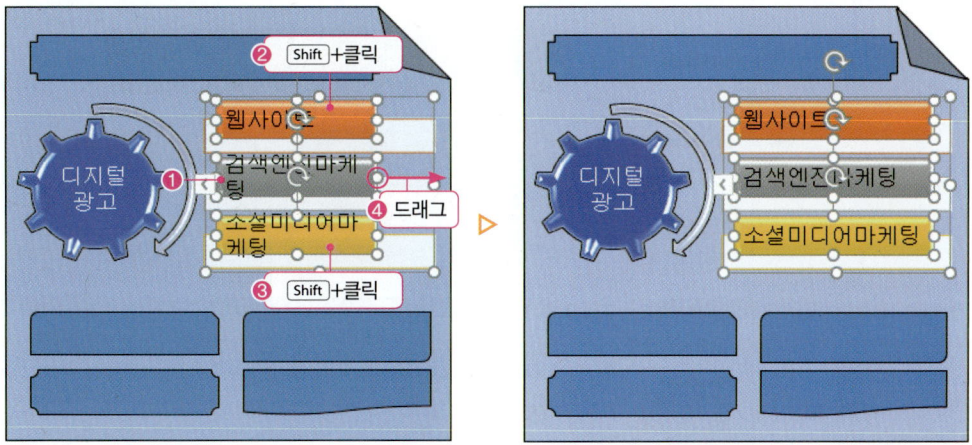

06 각 도형에 그림과 같이 텍스트를 입력한 후 색을 지정합니다.

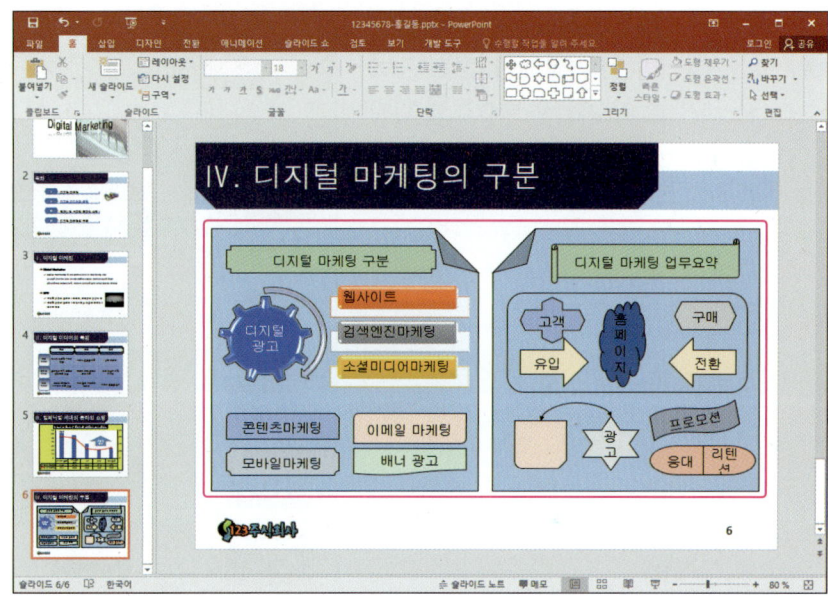

07 [구름] 도형을 클릭한 후 [홈] 탭-[글꼴] 그룹-[글꼴 색]에서 [흰색, 배경 1]을 선택합니다.

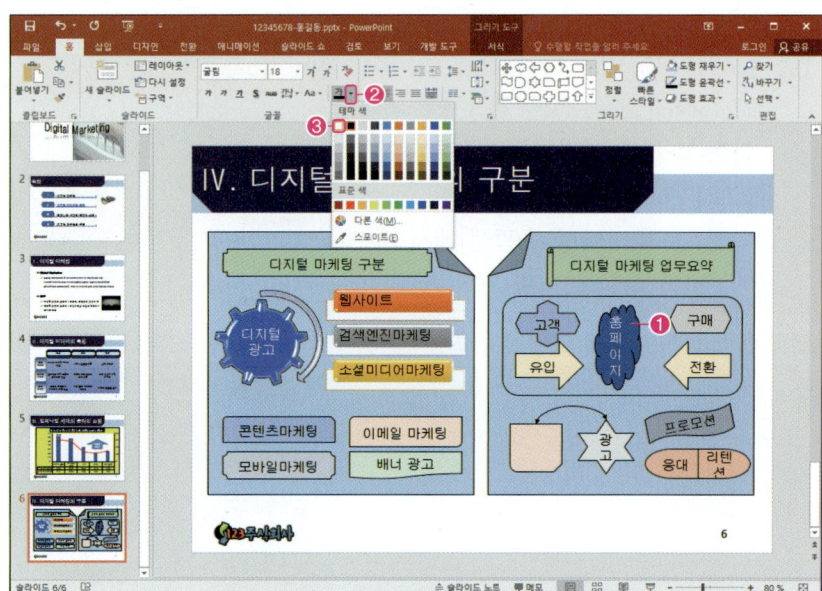

08 [삽입] 탭-[텍스트] 그룹-[텍스트 상자]를 클릭한 후 [한쪽 모서리는 잘리고 다른 쪽 모서리는 둥근 사각형] 위에 드래그하여 삽입합니다.

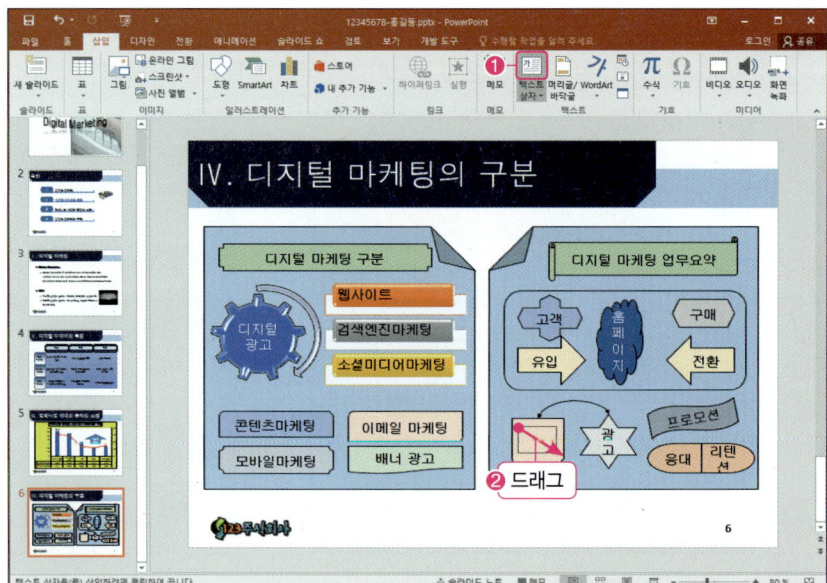

> **TIP**
> [상하 대칭]으로 회전된 도형은 텍스트를 입력하면 텍스트의 방향도 같이 회전합니다.

09 [홈] 탭-[글꼴] 그룹에서 [글꼴], [글꼴 크기]를 설정한 후 텍스트를 입력합니다.

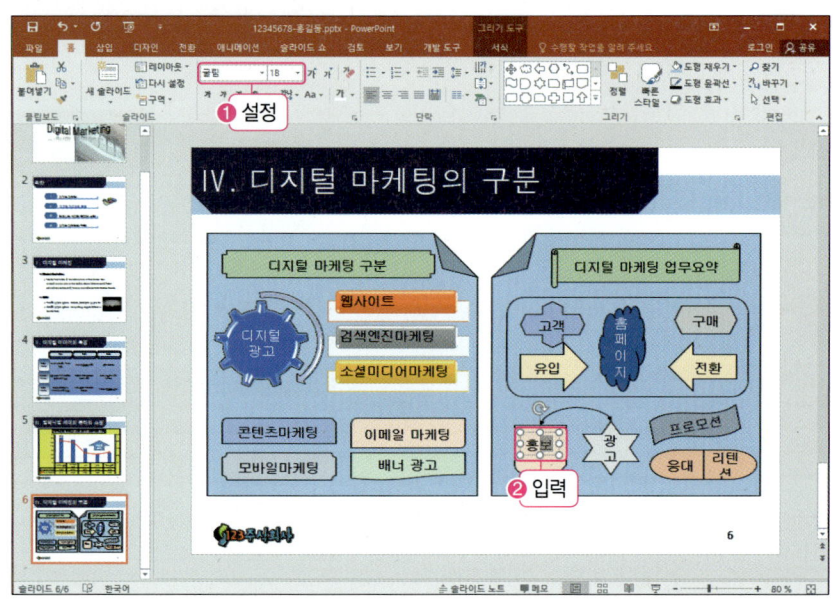

10 [모서리가 둥근 사각형]을 클릭하고 Shift 키를 누른 채 [구부러진 양쪽 화살표 연결선]을 클릭한 후, [그리기 도구]-[서식] 탭-[도형 스타일] 그룹-[도형 윤곽선]에서 [두께]-[1½pt]를 선택합니다.

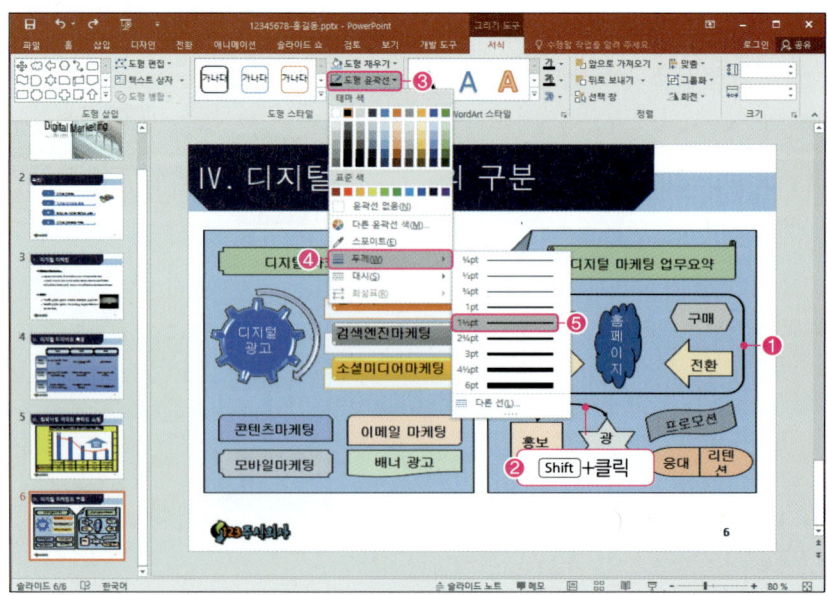

11 [모서리가 둥근 사각형]을 클릭한 후 [그리기 도구]-[서식] 탭-[도형 스타일] 그룹-[도형 윤곽선]에서 [대시]-[파선]을 선택합니다.

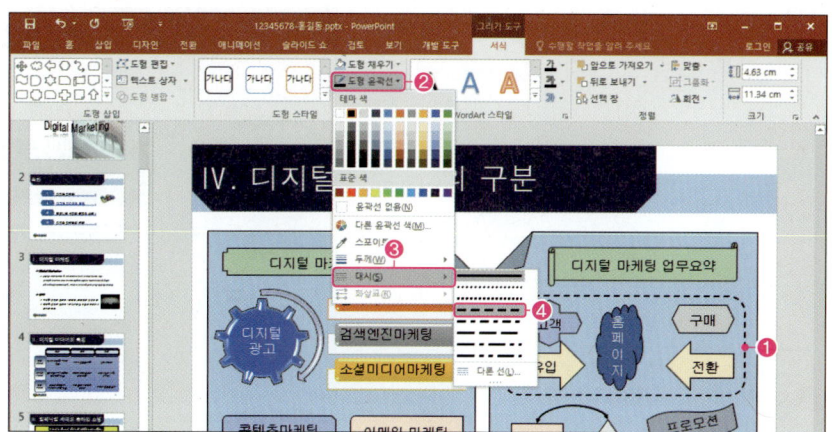

12 전체적인 도형의 크기와 색상을 최종적으로 확인하고 수정합니다.

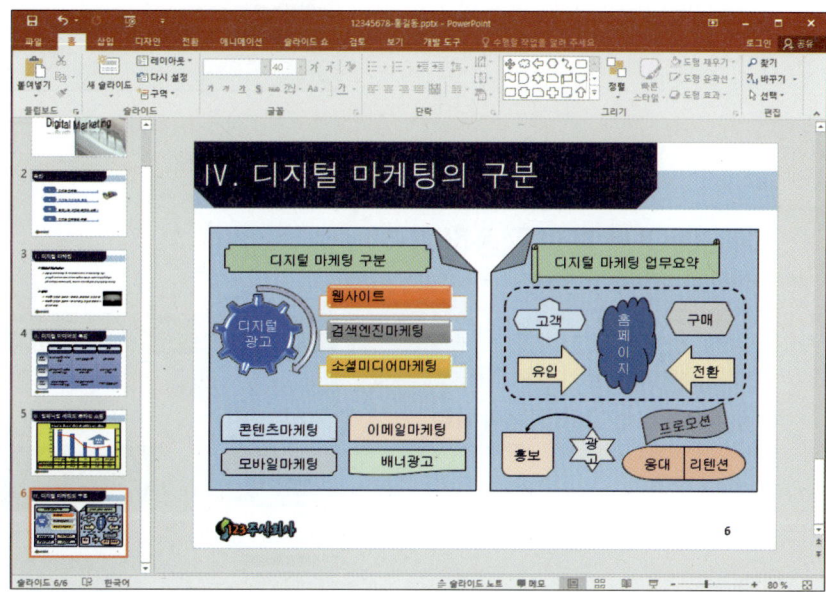

도형 그룹화 하기

01 왼쪽 도형들을 드래그하여 모두 선택합니다. [그리기 도구]-[서식] 탭-[정렬] 그룹에서 [그룹화]-[그룹]을 선택합니다.

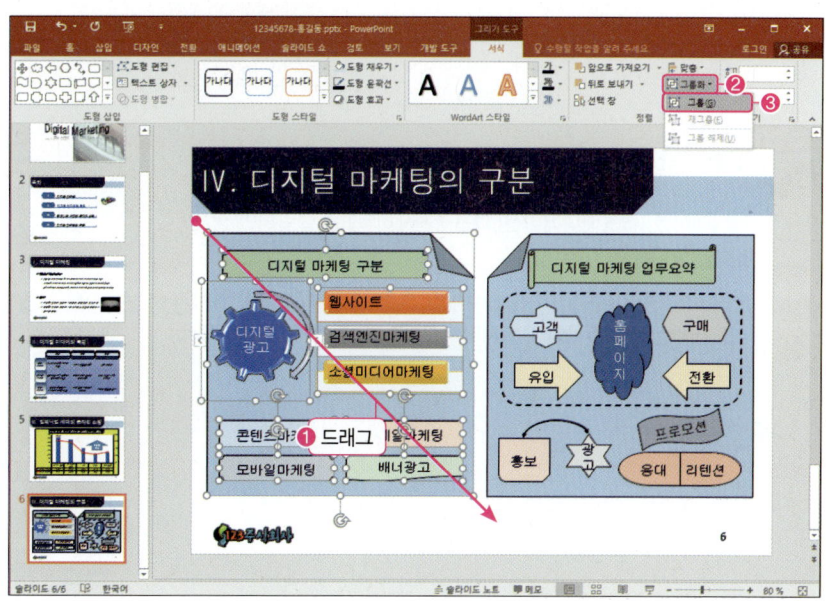

02 같은 방법으로 오른쪽의 도형들도 모두 그룹으로 지정합니다.

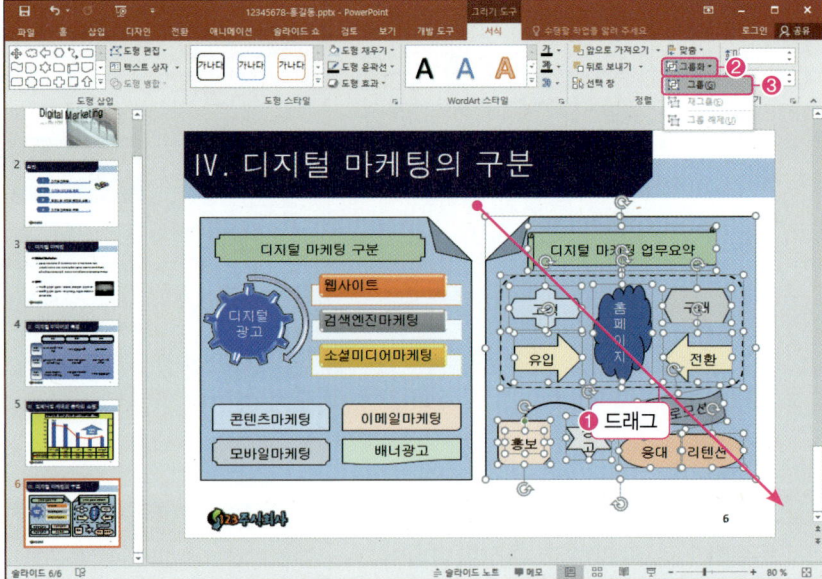

> **TIP** 그룹/그룹 해제
> [그룹으로 지정할 대상을 선택한 후 Ctrl + G 키를 누르면 쉽게 그룹으로 지정할 수 있습니다. Ctrl + Shift + G 키를 누르면 그룹이 해제됩니다.

애니메이션 효과 적용하기

01 ①로 지정된 왼쪽 그룹을 클릭한 후 [애니메이션] 탭-[애니메이션] 그룹에서 [나타내기]를 선택합니다.

> **TIP** 수치 입력하여 회전각 조정하기
> • [애니메이션] 탭-[애니메이션] 그룹-[자세히(▼)]를 클릭하면 상세 목록을 확인할 수 있습니다.
> • [추가 나타내기 효과], [추가 강조하기 효과] 등을 선택하면 나타나는 대화상자에서 목록에 표시되지 않은 효과를 선택할 수도 있습니다.

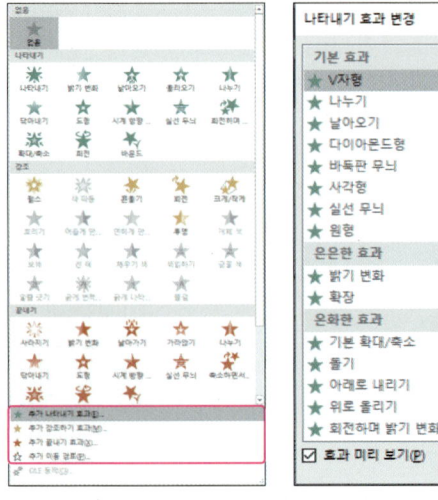

02 ②로 지정된 오른쪽 그룹을 클릭한 후 [애니메이션] 그룹에서 [닦아내기]를 선택하고 [효과 옵션]-[오른쪽에서]를 선택합니다.

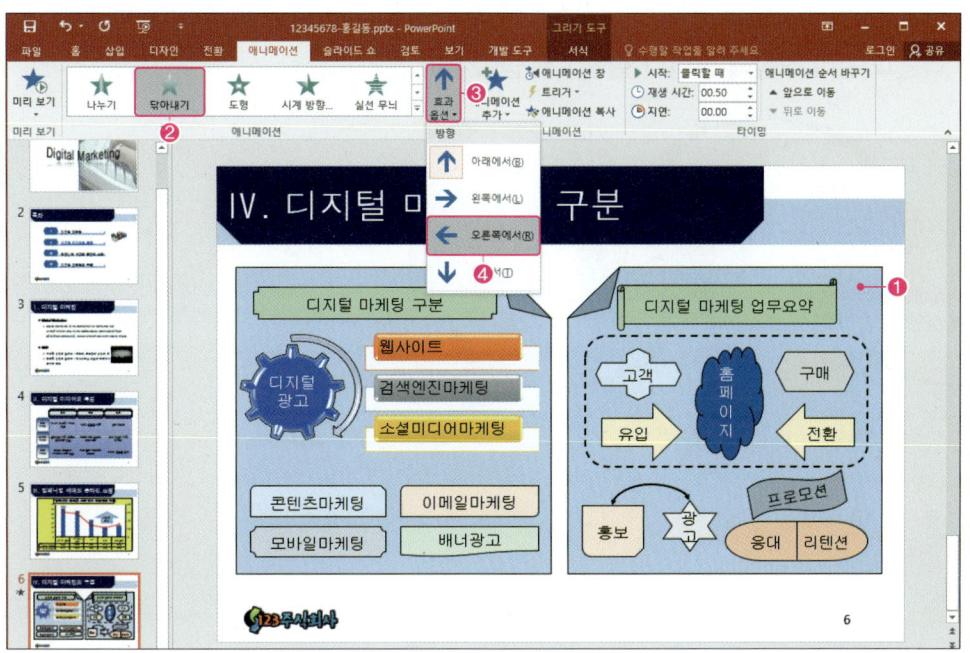

03 [슬라이드 쇼] 탭-[슬라이드 쇼 시작] 그룹에서 [현재 슬라이드부터]를 클릭합니다.

04 마우스를 클릭하면서 애니메이션이 제대로 실행되는지 확인합니다.

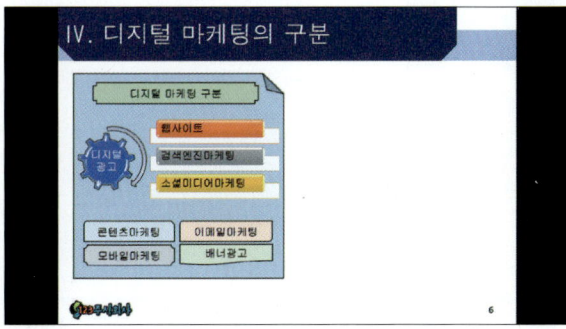 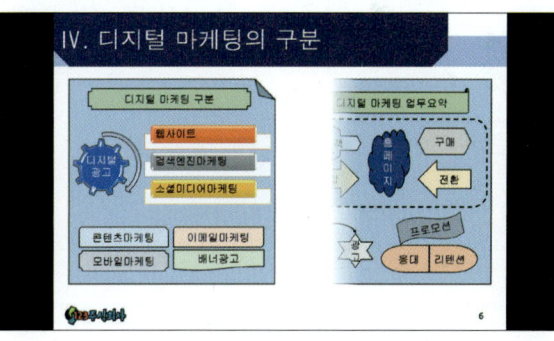

> **TIP**
> 애니메이션 순서는 슬라이드 쇼를 실행하지 않아도 표시된 1, 2로 확인할 수 있습니다. 순서를 바꾸려면 [애니메이션] 탭-[타이밍] 그룹의 [앞으로 이동]/[뒤로 이동]으로 조정합니다.

배치 확인 및 저장하기

슬라이드의 전체적인 배치나 글꼴, 애니메이션 순서 등을 확인합니다. Ctrl+S 키를 눌러 저장합니다.

기본 예제

1 도형을 이용하여 다음과 같이 작성해 봅니다(글꼴 : 굴림, 24pt).

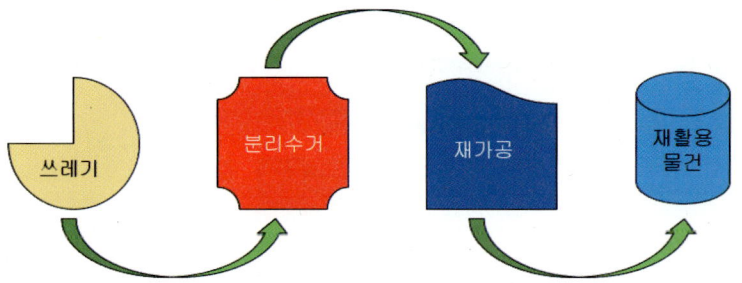

> **길잡이**
> - 원형, 위로 구부러진 화살표 → 좌우 대칭
> - '재가공' 텍스트는 텍스트 상자를 삽입하여 입력
> - 순서도: 문서 → 상하 대칭

2 스마트아트를 이용하여 다음과 같이 작성해 봅니다(글꼴 : 돋움, 44pt).

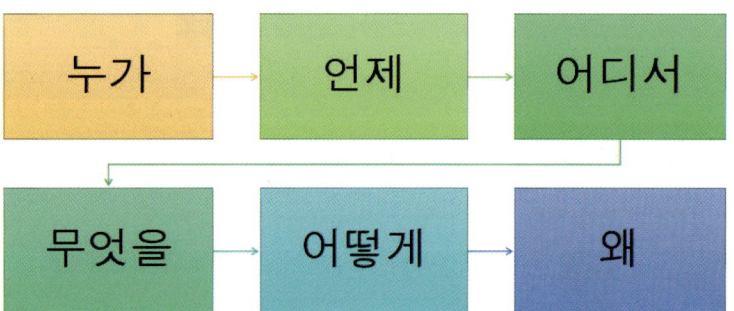

> **길잡이**
> - 스마트아트 : 반복 벤딩 프로세스형
> - SmartArt 스타일 : 색 변경(색상형 범위 – 강조색 4 또는 5), 강한 효과

3 도형과 스마트아트를 이용하여 다음과 같이 작성한 후 애니메이션을 적용해 봅니다.
- 글꼴 : 굴림, 32pt
- 그룹화 후 애니메이션 효과 : 시계 방향 회전

> **길잡이**
> - 스마트아트 : 기본 원형
> - SmartArt 스타일 : 색 변경(색상형 범위 – 강조색), 금속
> - 스마트아트 클릭 → [애니메이션] 탭-[애니메이션] 그룹-[자세히()] 클릭 → [시계 방향 회전] 선택

기출 유형 문제

4 슬라이드 6에 다음과 같이 도형과 스마트아트를 배치한 후, 애니메이션을 적용해 봅니다.

(1) 글꼴 : 돋움, 18pt (2) 애니메이션 순서 : ① ⇒ ②

📁 예제파일 | 예제 06_04.pptx

세부조건

① 도형 및 스마트아트 편집
- 스마트아트 디자인 :
  3차원 만화,
  3차원 경사
- 그룹화 후 애니메이션 효과 :
  나누기(세로 바깥쪽에서)

② 도형 편집
- 그룹화 후 애니메이션 효과 :
  펄스

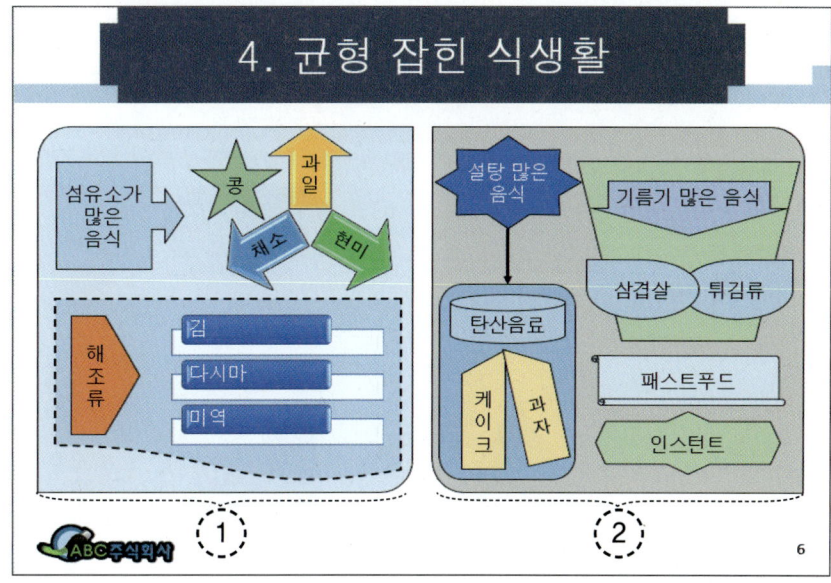

길잡이

- **스마트아트** : 세로 상자 목록형, 분기 화살표형
- **스마트아트 도형 추가** : [SmartArt 도구]-[디자인] 탭-[그래픽 만들기] 그룹-[도형 추가] 선택

---

5 슬라이드 6에 다음과 같이 도형과 스마트아트를 배치한 후, 애니메이션을 적용해 봅니다.

(1) 글꼴 : 굴림, 18pt (2) 애니메이션 순서 : ① ⇒ ②

📁 예제파일 | 예제 06_05.pptx

세부조건

① 도형 및 스마트아트 편집
- 스마트아트 디자인 :
  3차원 만화,
  3차원 경사
- 그룹화 후 애니메이션 효과 :
  닦아내기(위에서)

② 도형 편집
- 그룹화 후 애니메이션 효과 :
  바운드

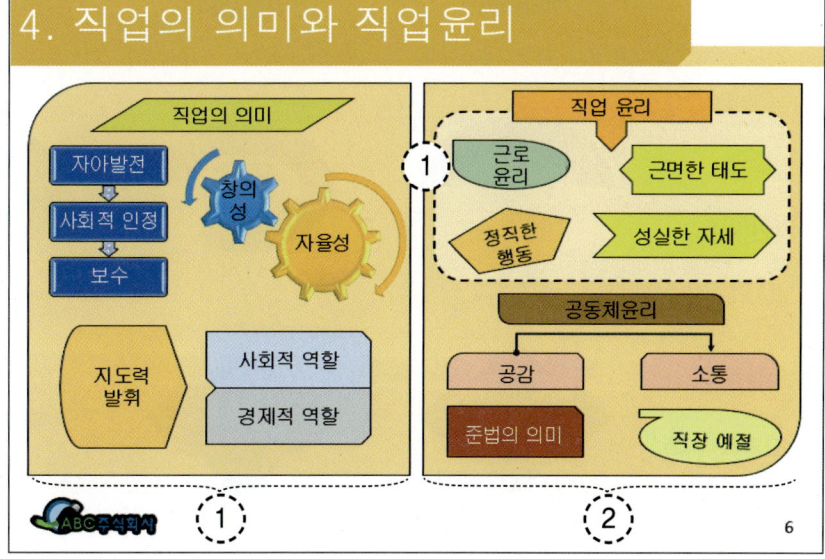

길잡이

- **스마트아트** : 세로 프로세스형, 톱니 바퀴형

알아두면 유용한 도형 만들기

모서리가 둥근 직사각형		
이등변 삼각형		
원형		
현		
막힌 원호		
왼쪽/오른쪽/위쪽/아래쪽 화살표		

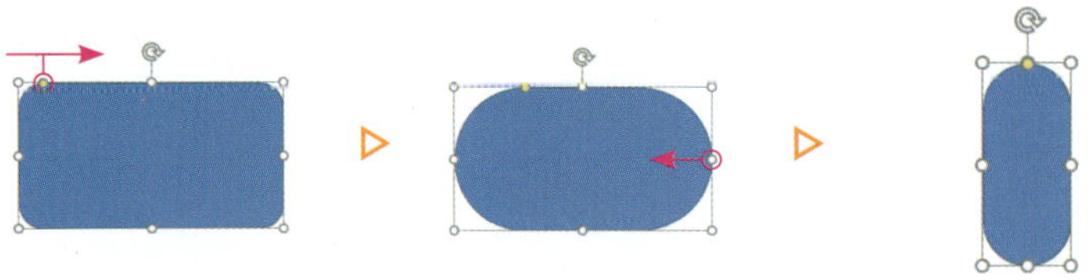

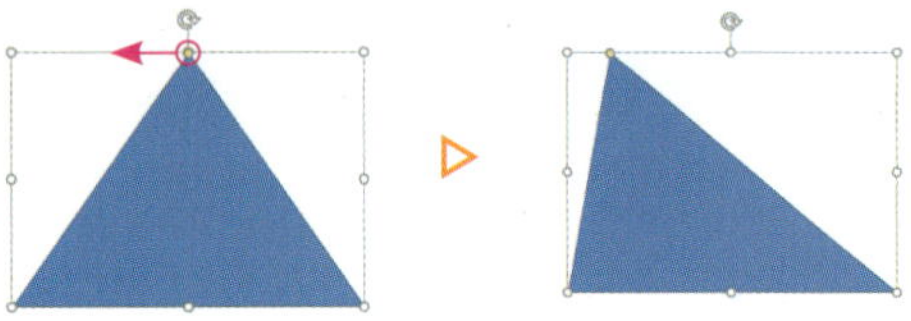

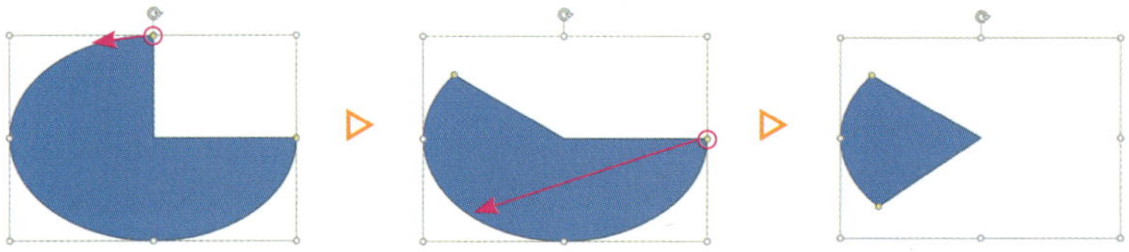

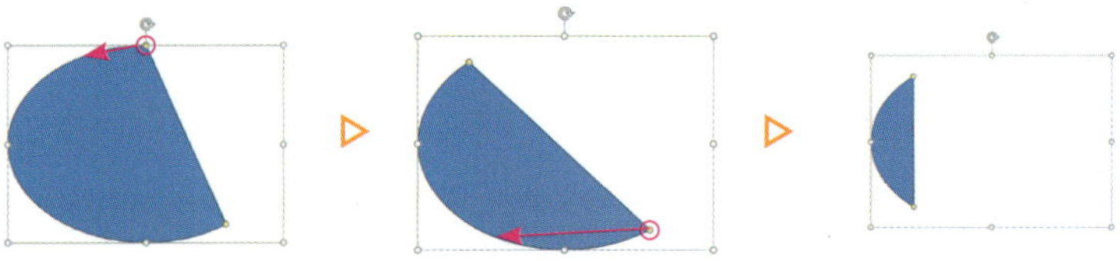

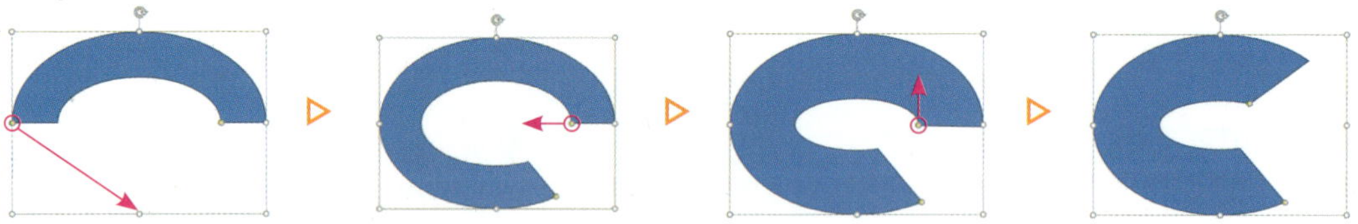

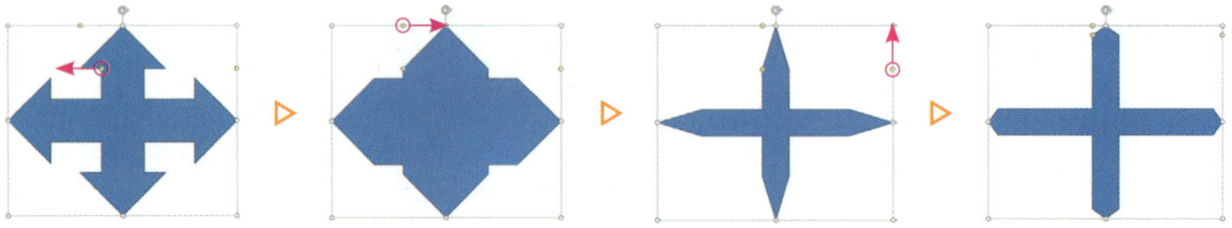

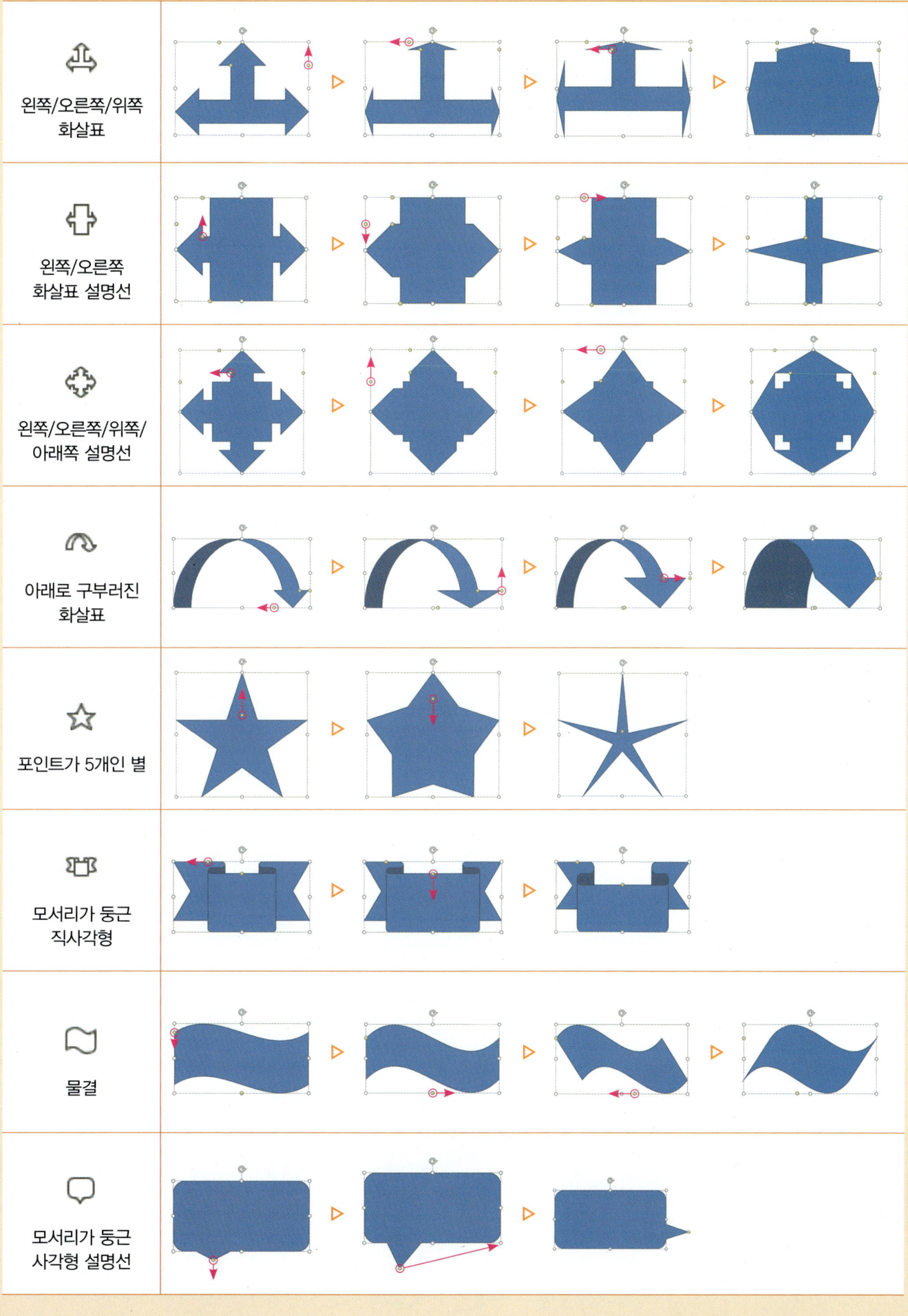

PART 02

실전 모의고사

제 01 회	실전 모의고사	제 08 회	실전 모의고사
제 02 회	실전 모의고사	제 09 회	실전 모의고사
제 03 회	실전 모의고사	제 10 회	실전 모의고사
제 04 회	실전 모의고사	제 11 회	실전 모의고사
제 05 회	실전 모의고사	제 12 회	실전 모의고사
제 06 회	실전 모의고사	제 13 회	실전 모의고사
제 07 회	실전 모의고사	제 14 회	실전 모의고사

실전 모의고사

MS오피스 2016

과목	코드	문제유형	시험시간	수험번호	성 명
한글 파워포인트	1142	A	60분		

수험자 유의사항

- 수험자는 문제지를 받는 즉시 문제지와 **수험표상의 시험과목(프로그램), 버전이 동일한지 반드시 확인**하여야 합니다.
- 파일명은 본인의 "수험번호-성명"으로 입력하여 답안폴더(내 PC₩문서₩ITQ)에 하나의 파일로 저장해야 하며, 답안문서 파일명이 "수험번호-성명"과 일치하지 않거나, 답안파일을 전송하지 않아 미제출로 처리될 경우 실격 처리합니다(예:12345678-홍길동.pptx).
- 답안 작성을 마치면 파일을 저장하고, '답안 전송' 버튼을 선택하여 감독위원 PC로 답안을 전송하십시오. 수험생 정보와 저장한 파일명이 다를 경우 전송되지 않으므로 주의하시기 바랍니다.
- 답안 작성 중에도 **주기적으로 저장하고, '답안 전송'**하여야 문제 발생을 줄일 수 있습니다. 작업한 내용을 저장하지 않고 전송할 경우 이전에 저장된 내용이 전송되오니 이점 유의하시기 바랍니다.
- 답안문서는 지정된 경로 외의 다른 보조기억장치에 저장하는 경우, 지정된 시험 시간 외에 작성된 파일을 활용할 경우, 기타 통신수단(이메일, 메신저, 네트워크 등)을 이용하여 타인에게 전달 또는 외부 반출하는 경우는 부정 처리합니다.
- 시험 중 부주의 또는 고의로 시스템을 파손한 경우는 수험자가 변상해야 하며, 〈수험자 유의사항〉에 기재된 방법대로 이행하지 않아 생기는 불이익은 수험생 당사자의 책임임을 알려 드립니다.
- 문제의 조건은 MS오피스 2016 버전으로 설정되어 있으니 유의하시기 바랍니다.
- 시험을 완료한 수험자는 답안파일이 전송되었는지 확인한 후 감독위원의 지시에 따라 문제지를 제출하고 퇴실합니다.

답안 작성요령

- 온라인 답안 작성 절차
  수험자 등록 ⇒ 시험 시작 ⇒ 답안파일 저장 ⇒ 답안 전송 ⇒ 시험 종료
- 슬라이드의 크기는 A4 Paper로 설정하여 작성합니다.
- 슬라이드의 총 개수는 6개로 구성되어 있으며 슬라이드 1부터 순서대로 작업하고 반드시 문제와 세부조건대로 합니다.
- 별도의 지시사항이 없는 경우 ≪출력형태≫를 참조하여 글꼴색은 검정 또는 흰색으로 작성하고, 기타사항은 전체적인 균형을 고려하여 작성합니다.
- 슬라이드 도형 및 개체에 출력형태와 다른 스타일(그림자, 외곽선 등)을 적용했을 경우 감점처리됩니다.
- 슬라이드 번호를 작성합니다(슬라이드 1에는 생략).
- 2~6번 슬라이드 제목 도형과 하단 로고는 슬라이드 마스터를 이용하여 출력형태와 동일하게 작성합니다(슬라이드 1에는 생략).
- 문제와 세부조건, 세부조건 번호 ◌(점선원)는 입력하지 않습니다.
- 각 개체의 위치는 오른쪽의 슬라이드와 동일하게 구성합니다.
- 그림 삽입 문제의 경우 반드시 「내 PC₩문서₩ITQ₩Picture」 폴더에서 정확한 파일을 선택하여 삽입하십시오.
- 각 슬라이드를 각각의 파일로 작업해서 저장할 경우 실격 처리됩니다.

전체 구성 60점

(1) 슬라이드 크기 및 순서 : 크기를 A4 용지로 설정하고 슬라이드 순서에 맞게 작성한다.
(2) 슬라이드 마스터 : 2~6슬라이드의 제목, 하단 로고, 슬라이드 번호는 슬라이드 마스터를 이용하여 작성한다.
 - 제목 글꼴(굴림, 40pt, 흰색), 가운데 맞춤, 도형(선 없음)
 - 하단 로고(「내 PC₩문서₩ITQ₩Picture₩로고2.jpg」, 배경(회색) 투명색으로 설정)

슬라이드 1 표지 디자인 40점

(1) 표지 디자인 : 도형, 워드아트 및 그림을 이용하여 작성한다.

세부조건

① 도형 편집
 - 도형에 그림 채우기 : 「내 PC₩문서₩ITQ₩Picture₩그림1.jpg」, 투명도 50%
 - 도형 효과 : 부드러운 가장자리 5포인트

② 워드아트 삽입
 - 변환 : 아래쪽 수축
 - 글꼴 : 궁서, 굵게
 - 텍스트 반사 : 전체 반사, 4pt 오프셋

③ 그림 삽입
 - 「내 PC₩문서₩ITQ₩Picture₩로고2.jpg」
 - 배경(회색) 투명색으로 설정

슬라이드 2 목차 슬라이드 60점

(1) 출력형태와 같이 도형을 이용하여 목차를 작성한다(글꼴 : 돋움, 24pt).
(2) 도형 : 선 없음

세부조건

① 텍스트에 하이퍼링크 적용
 ➡ '슬라이드 5'

② 그림 삽입
 - 「내 PC₩문서₩ITQ₩Picture₩그림5.jpg」
 - 자르기 기능 이용

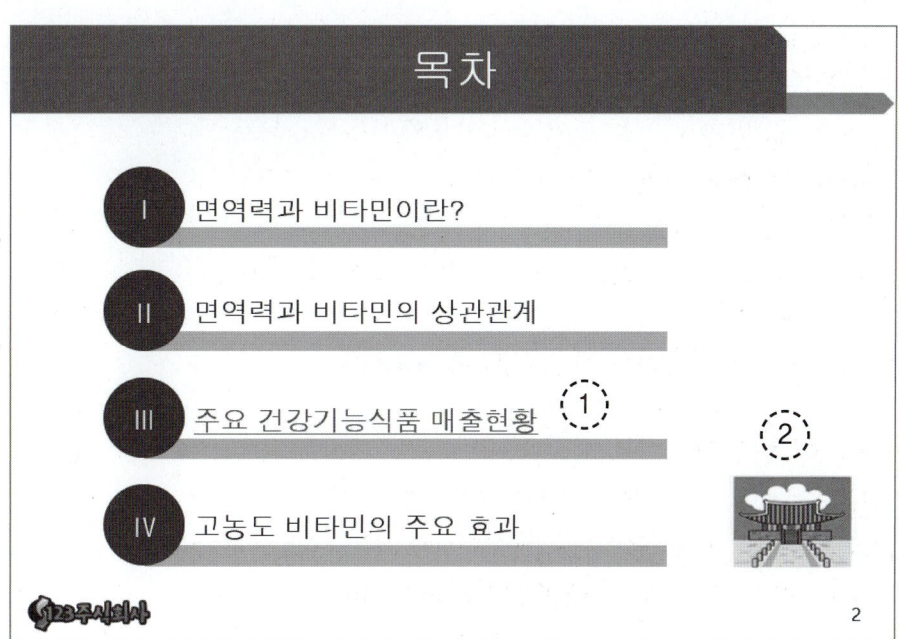

슬라이드 3 — 텍스트/동영상 슬라이드 (60점)

(1) 텍스트 작성 : 글머리 기호 사용(❖, ■)
    ❖문단(굴림, 24pt, 굵게, 줄간격 : 1.5줄), ■문단(굴림, 20pt, 줄간격 : 1.5줄)

세부조건

① 동영상 삽입 :
   - 「내 PC\문서\ITQ\Picture\동영상.wmv」
   - 자동실행, 반복재생 설정

Ⅰ. 면역력과 비타민이란?

❖ Immunity
  ■ Specific defense against certain diseases
  ■ Defensive state against invasion of pathogens, pathogens or poisoning of antigenic substances from outside

❖ 비타민
  ■ 동물체의 주 영양소가 아니면서 동물의 정상적인 발육과 생리 작용을 유지하는 데 없어서는 안 되는 유기 화합물을 통틀어 이르는 말로 비교적 소량이 필요하지만 체내에서 생성되지 않음

슬라이드 4 — 표 슬라이드 (80점)

(1) 도형과 표 작성 기능을 이용하여 슬라이드를 작성한다(글꼴 : 궁서, 18pt).

세부조건

① 상단 도형 : 2개 도형의 조합으로 작성
② 좌측 도형 : 그라데이션 효과(선형 아래쪽)
③ 표 스타일 : 테마 스타일 1 - 강조 5

Ⅱ. 면역력과 비타민의 상관관계

	각 비타민 부족 시	일일 권장량	면역력과 상관관계
비타민 A	야맹증, 안구건조증, 각막연화증, 성장장애	남자: 900mcg 여자: 700mcg	호흡기 점막 면역 과정을 자극, 증진하여 호흡기 바이러스 감염 예방
비타민 C	괴혈병, 뼈 통증, 골절, 설사	평균필요량: 75mg 권장섭취량: 100mg	항산화 효과가 있어 활성산소를 제거하고 면역력을 높이는 효과
비타민 D	구루병, 골연화증	1세~70세: 600IU 70세 초과: 800IU	면역력을 높여 박테리아나 바이러스를 죽이고 암 예방에 관여

슬라이드 5 — 차트 슬라이드 (100점)

(1) 차트 작성 기능을 이용하여 슬라이드를 작성한다.
(2) 차트 : 종류(묶은 세로 막대형), 글꼴(돋움, 16pt), 외곽선

세부조건

※ **차트설명**
- 차트제목 : 돋움, 24pt, 굵게, 채우기(흰색), 테두리, 그림자(오프셋 아래쪽)
- 차트영역 : 채우기(노랑)
  그림영역 : 채우기(흰색)
- 데이터 서식 : 홍삼 계열을 표식이 있는 꺾은선형으로 변경 후 보조축으로 지정
- 값 표시 : 2018년의 비타민 계열만

① 도형 삽입
  - 스타일 : 미세효과 – 파랑, 강조 1
  - 글꼴 : 굴림, 18pt

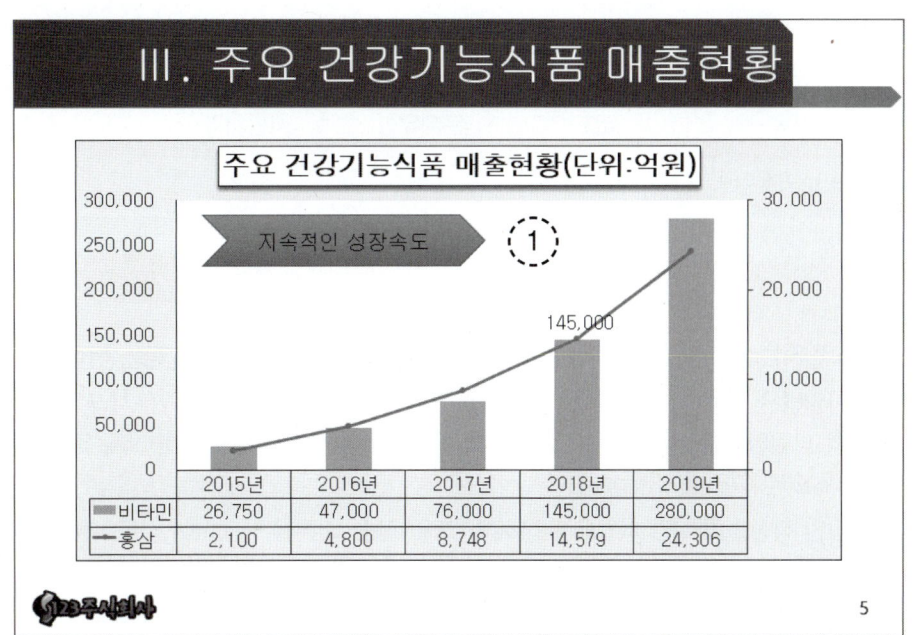

슬라이드 6 — 도형 슬라이드 (100점)

(1) 슬라이드와 같이 도형 및 스마트아트를 배치한다(글꼴 : 돋움, 18pt).
(2) 애니메이션 순서 : ① ⇒ ②

세부조건

① 도형 및 스마트아트 편집
  - 스마트아트 디자인 : 3차원 만화, 3차원 경사
  - 그룹화 후 애니메이션 효과 : 날아오기(왼쪽에서)

② 도형 편집
  - 그룹화 후 애니메이션 효과 : 밝기 변화

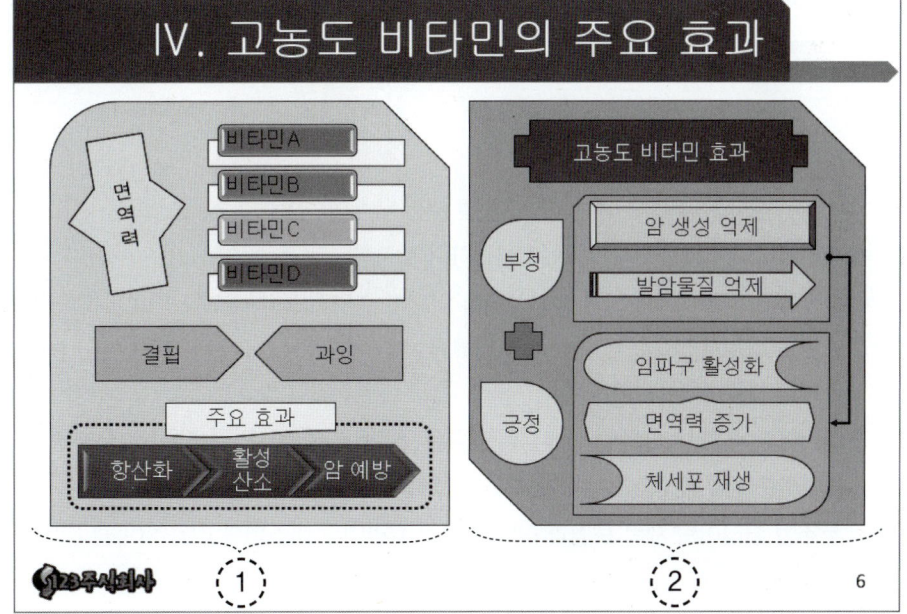

실전 모의고사

MS오피스 2016

과목	코드	문제유형	시험시간	수험번호	성 명
한글 파워포인트	1142	A	60분		

• 수험자 유의사항 •

- 수험자는 문제지를 받는 즉시 문제지와 **수험표상의 시험과목(프로그램), 버전이 동일한지 반드시 확인**하여야 합니다.
- 파일명은 본인의 "수험번호-성명"으로 입력하여 답안폴더(내 PC\문서\ITQ)에 하나의 파일로 저장해야 하며, 답안문서 파일명이 "수험번호-성명"과 일치하지 않거나, 답안파일을 전송하지 않아 미제출로 처리될 경우 실격 처리합니다 (예:12345678-홍길동.pptx).
- 답안 작성을 마치면 파일을 저장하고, '답안 전송' 버튼을 선택하여 감독위원 PC로 답안을 전송하십시오. 수험생 정보와 저장한 파일명이 다를 경우 전송되지 않으므로 주의하시기 바랍니다.
- 답안 작성 중에도 **주기적으로 저장하고, '답안 전송'**하여야 문제 발생을 줄일 수 있습니다. 작업한 내용을 저장하지 않고 전송할 경우 이전에 저장된 내용이 전송되오니 이점 유의하시기 바랍니다.
- 답안문서는 지정된 경로 외의 다른 보조기억장치에 저장하는 경우, 지정된 시험 시간 외에 작성된 파일을 활용할 경우, 기타 통신수단(이메일, 메신저, 네트워크 등)을 이용하여 타인에게 전달 또는 외부 반출하는 경우는 부정 처리합니다.
- 시험 중 부주의 또는 고의로 시스템을 파손한 경우는 수험자가 변상해야 하며, 〈수험자 유의사항〉에 기재된 방법대로 이행하지 않아 생기는 불이익은 수험생 당사자의 책임임을 알려 드립니다.
- 문제의 조건은 MS오피스 2016 버전으로 설정되어 있으니 유의하시기 바랍니다.
- 시험을 완료한 수험자는 답안파일이 전송되었는지 확인한 후 감독위원의 지시에 따라 문제지를 제출하고 퇴실합니다.

• 답안 작성요령 •

- 온라인 답안 작성 절차
  수험자 등록 ⇒ 시험 시작 ⇒ 답안파일 저장 ⇒ 답안 전송 ⇒ 시험 종료
- 슬라이드의 크기는 A4 Paper로 설정하여 작성합니다.
- 슬라이드의 총 개수는 6개로 구성되어 있으며 슬라이드 1부터 순서대로 작업하고 반드시 문제와 세부조건대로 합니다.
- 별도의 지시사항이 없는 경우 《출력형태》를 참조하여 글꼴색은 검정 또는 흰색으로 작성하고, 기타사항은 전체적인 균형을 고려하여 작성합니다.
- 슬라이드 도형 및 개체에 출력형태와 다른 스타일(그림자, 외곽선 등)을 적용했을 경우 감점처리됩니다.
- 슬라이드 번호를 작성합니다(슬라이드 1에는 생략).
- 2~6번 슬라이드 제목 도형과 하단 로고는 슬라이드 마스터를 이용하여 출력형태와 동일하게 작성합니다(슬라이드 1에는 생략).
- 문제와 세부조건, 세부조건 번호 ◌(점선원)는 입력하지 않습니다.
- 각 개체의 위치는 오른쪽의 슬라이드와 동일하게 구성합니다.
- 그림 삽입 문제의 경우 반드시 「내 PC\문서\ITQ\Picture」 폴더에서 정확한 파일을 선택하여 삽입하십시오.
- 각 슬라이드를 각각의 파일로 작업해서 저장할 경우 실격 처리됩니다.

전체 구성 — 60점

(1) 슬라이드 크기 및 순서 : 크기를 A4 용지로 설정하고 슬라이드 순서에 맞게 작성한다.
(2) 슬라이드 마스터 : 2~6슬라이드의 제목, 하단 로고, 슬라이드 번호는 슬라이드 마스터를 이용하여 작성한다.
   - 제목 글꼴(돋움, 40pt, 흰색), 왼쪽 맞춤, 도형(선 없음)
   - 하단 로고(「내 PC\문서\ITQ\Picture\로고1.jpg」, 배경(회색) 투명색으로 설정)

슬라이드 1 표지 디자인 — 40점

(1) 표지 디자인 : 도형, 워드아트 및 그림을 이용하여 작성한다.

세부조건

① 도형 편집
  - 도형에 그림 채우기 :
    「내 PC\문서\ITQ\Picture\그림 2.jpg」, 투명도 50%
  - 도형 효과 :
    부드러운 가장자리 5포인트

② 워드아트 삽입
  - 변환 : 삼각형
  - 글꼴 : 돋움, 굵게
  - 텍스트 반사 : 근접 반사, 8pt 오프셋

③ 그림 삽입
  - 「내 PC\문서\ITQ\Picture\로고1.jpg」
  - 배경(회색) 투명색으로 설정

슬라이드 2 목차 슬라이드 — 60점

(1) 출력형태와 같이 도형을 이용하여 목차를 작성한다(글꼴 : 굴림, 24pt).
(2) 도형 : 선 없음

세부조건

① 텍스트에 하이퍼링크 적용
  ➡ '슬라이드 4'

② 그림 삽입
  - 「내 PC\문서\ITQ\Picture\그림4.jpg」
  - 자르기 기능 이용

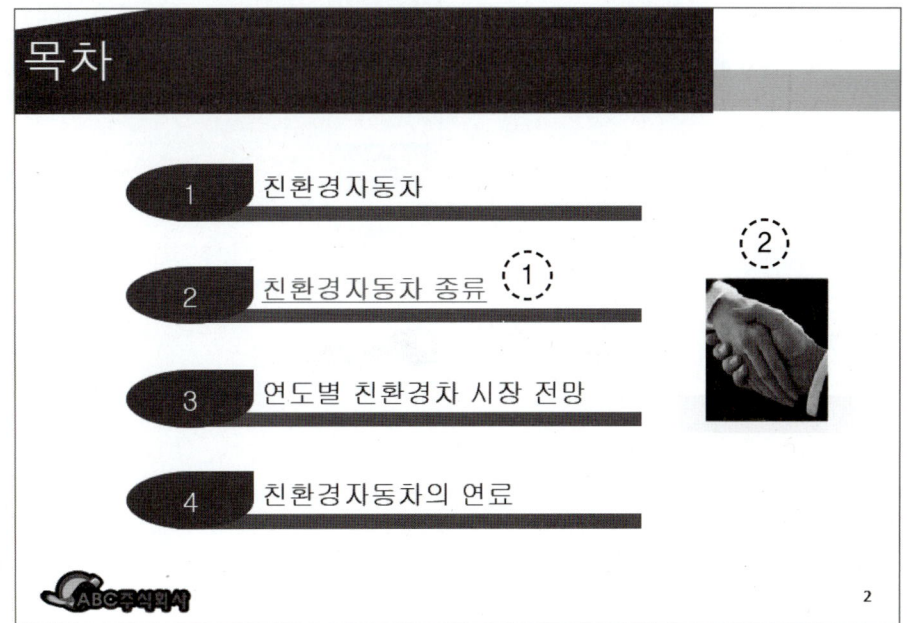

슬라이드 3 텍스트/동영상 슬라이드   60점

(1) 텍스트 작성 : 글머리 기호 사용(◆, ➢)
  ◆문단(돋움, 24pt, 굵게, 줄간격 : 1.5줄), ➢문단(돋움, 20pt, 줄간격 : 1.5줄)

세부조건

① 동영상 삽입 :
  - 「내 PC₩문서₩ITQ₩Picture₩동영상.wmv」
  - 자동실행, 반복재생 설정

1. 친환경자동차

◆ The Environmentally Friendly Car
  ➢ The low emission makes the environment safe because changes in climate and health hazards that result from the inhalation of carbon compounds are greatly reduced

◆ 친환경 자동차
  ➢ 전기자동차 : 전기 공급원으로부터 충전 받은 전기에너지를 동력원으로 사용하는 자동차
  ➢ 태양광자동차 : 태양전지판을 붙여 움직이는 자동차

슬라이드 4 표 슬라이드   80점

(1) 도형과 표 작성 기능을 이용하여 슬라이드를 작성한다(글꼴 : 굴림, 18pt).

세부조건

① 상단 도형 :
  2개 도형의 조합으로 작성

② 좌측 도형 :
  그라데이션 효과(선형 아래쪽)

③ 표 스타일 :
  보통 스타일 4 – 강조 5

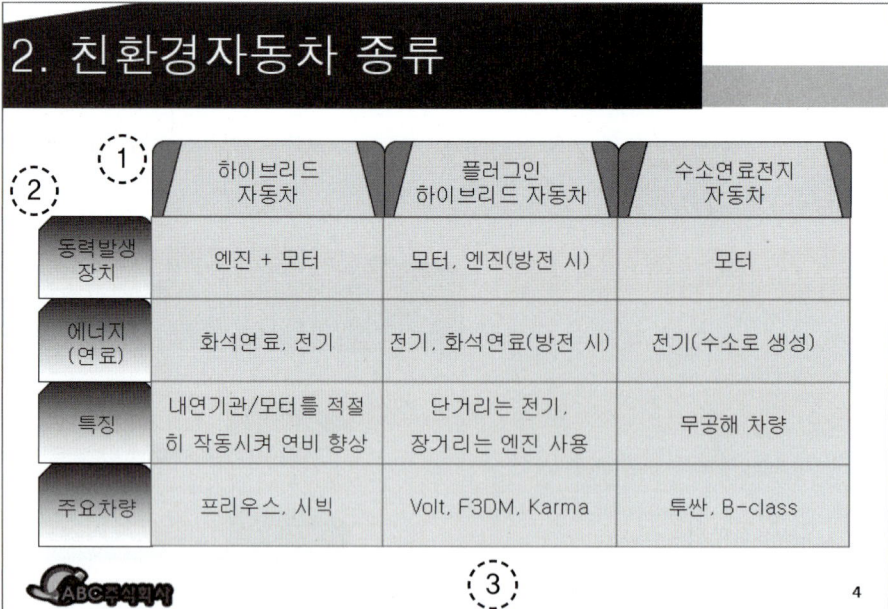

2. 친환경자동차 종류

	하이브리드 자동차	플러그인 하이브리드 자동차	수소연료전지 자동차
동력발생 장치	엔진 + 모터	모터, 엔진(방전 시)	모터
에너지 (연료)	화석연료, 전기	전기, 화석연료(방전 시)	전기(수소로 생성)
특징	내연기관/모터를 적절히 작동시켜 연비 향상	단거리는 전기, 장거리는 엔진 사용	무공해 차량
주요차량	프리우스, 시빅	Volt, F3DM, Karma	투싼, B-class

슬라이드 5 — 차트 슬라이드 (100점)

(1) 차트 작성 기능을 이용하여 슬라이드를 작성한다.
(2) 차트 : 종류(묶은 세로 막대형), 글꼴(돋움, 16pt), 외곽선

세부조건

※ **차트설명**
- 차트제목 : 궁서, 24pt, 굵게, 채우기(흰색), 테두리, 그림자(오프셋 아래쪽)
- 차트영역 : 채우기(노랑) 그림영역 : 채우기(흰색)
- 데이터 서식 : 전기차(천) 계열을 표식이 있는 꺾은선형으로 변경 후 보조축으로 지정
- 값 표시 : 2015년의 전기차(천) 계열만

① **도형 삽입**
- 스타일 : 미세효과 – 검정, 어둡게 1
- 글꼴 : 굴림, 18pt

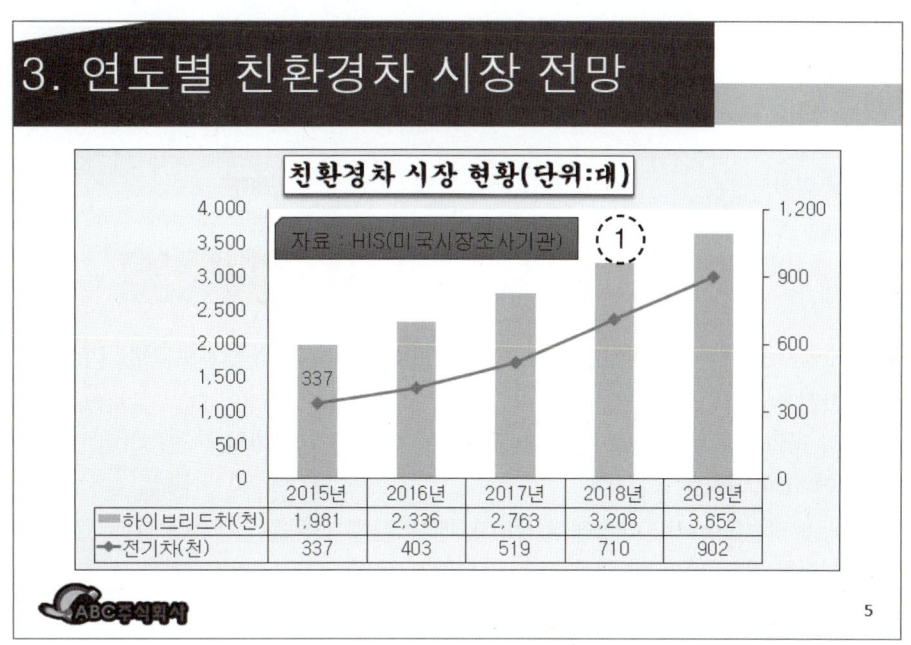

슬라이드 6 — 도형 슬라이드 (100점)

(1) 슬라이드와 같이 도형 및 스마트아트를 배치한다(글꼴 : 돋움, 18pt).
(2) 애니메이션 순서 : ① ⇒ ②

세부조건

① **도형 및 스마트아트 편집**
- 스마트아트 디자인 : 3차원 벽돌, 3차원 경사
- 그룹화 후 애니메이션 효과 : 나누기(세로 바깥쪽으로)

② **도형 편집**
- 그룹화 후 애니메이션 효과 : 펄스

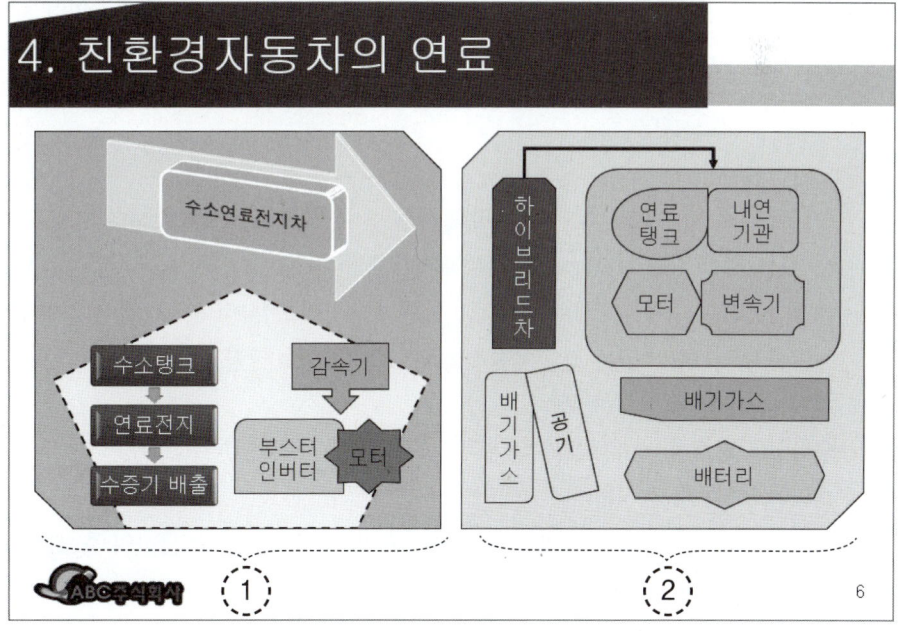

실전 모의고사

MS오피스 2016

과목	코드	문제유형	시험시간	수험번호	성 명
한글 파워포인트	1142	A	60분		

• 수험자 유의사항 •

- 수험자는 문제지를 받는 즉시 문제지와 <u>수험표상의 시험과목(프로그램), 버전이 동일한지 반드시 확인</u>하여야 합니다.
- 파일명은 본인의 "수험번호-성명"으로 입력하여 답안폴더(내 PC\문서\ITQ)에 하나의 파일로 저장해야 하며, 답안문서 파일명이 "수험번호-성명"과 일치하지 않거나, 답안파일을 전송하지 않아 미제출로 처리될 경우 실격 처리합니다 (예:12345678-홍길동.pptx).
- 답안 작성을 마치면 파일을 저장하고, '답안 전송' 버튼을 선택하여 감독위원 PC로 답안을 전송하십시오. 수험생 정보와 저장한 파일명이 다를 경우 전송되지 않으므로 주의하시기 바랍니다.
- 답안 작성 중에도 <u>**주기적으로 저장하고, '답안 전송'**</u>하여야 문제 발생을 줄일 수 있습니다. 작업한 내용을 저장하지 않고 전송할 경우 이전에 저장된 내용이 전송되오니 이점 유의하시기 바랍니다.
- 답안문서는 지정된 경로 외의 다른 보조기억장치에 저장하는 경우, 지정된 시험 시간 외에 작성된 파일을 활용할 경우, 기타 통신수단(이메일, 메신저, 네트워크 등)을 이용하여 타인에게 전달 또는 외부 반출하는 경우는 부정 처리합니다.
- 시험 중 부주의 또는 고의로 시스템을 파손한 경우는 수험자가 변상해야 하며, 〈수험자 유의사항〉에 기재된 방법대로 이행하지 않아 생기는 불이익은 수험생 당사자의 책임임을 알려 드립니다.
- 문제의 조건은 MS오피스 2016 버전으로 설정되어 있으니 유의하시기 바랍니다.
- 시험을 완료한 수험자는 답안파일이 전송되었는지 확인한 후 감독위원의 지시에 따라 문제지를 제출하고 퇴실합니다.

• 답안 작성요령 •

- 온라인 답안 작성 절차
  수험자 등록 ⇒ 시험 시작 ⇒ 답안파일 저장 ⇒ 답안 전송 ⇒ 시험 종료
- 슬라이드의 크기는 A4 Paper로 설정하여 작성합니다.
- 슬라이드의 총 개수는 6개로 구성되어 있으며 슬라이드 1부터 순서대로 작업하고 반드시 문제와 세부조건대로 합니다.
- 별도의 지시사항이 없는 경우 《출력형태》를 참조하여 글꼴색은 검정 또는 흰색으로 작성하고, 기타사항은 전체적인 균형을 고려하여 작성합니다.
- 슬라이드 도형 및 개체에 출력형태와 다른 스타일(그림자, 외곽선 등)을 적용했을 경우 감점처리됩니다.
- 슬라이드 번호를 작성합니다(슬라이드 1에는 생략).
- 2~6번 슬라이드 제목 도형과 하단 로고는 슬라이드 마스터를 이용하여 출력형태와 동일하게 작성합니다(슬라이드 1에는 생략).
- 문제와 세부조건, 세부조건 번호 ○(점선원)는 입력하지 않습니다.
- 각 개체의 위치는 오른쪽의 슬라이드와 동일하게 구성합니다.
- 그림 삽입 문제의 경우 반드시 「내 PC\문서\ITQ\Picture」 폴더에서 정확한 파일을 선택하여 삽입하십시오.
- 각 슬라이드를 각각의 파일로 작업해서 저장할 경우 실격 처리됩니다.

전체 구성 — 60점

(1) 슬라이드 크기 및 순서 : 크기를 A4 용지로 설정하고 슬라이드 순서에 맞게 작성한다.
(2) 슬라이드 마스터 : 2~6슬라이드의 제목, 하단 로고, 슬라이드 번호는 슬라이드 마스터를 이용하여 작성한다.
  - 제목 글꼴(궁서, 40pt, 흰색), 가운데 맞춤, 도형(선 없음)
  - 하단 로고(「내 PC₩문서₩ITQ₩Picture₩로고2.jpg」, 배경(회색) 투명색으로 설정)

슬라이드 1 — 표지 디자인 — 40점

(1) 표지 디자인 : 도형, 워드아트 및 그림을 이용하여 작성한다.

세부조건

① 도형 편집
  - 도형에 그림 채우기 : 「내 PC₩문서₩ITQ₩Picture₩그림1.jpg」, 투명도 50%
  - 도형 효과 : 부드러운 가장자리 5포인트

② 워드아트 삽입
  - 변환 : 위로 기울기
  - 글꼴 : 돋움, 굵게
  - 텍스트 반사 : 전체 반사, 4pt 오프셋

③ 그림 삽입
  - 「내 PC₩문서₩ITQ₩Picture₩로고2.jpg」
  - 배경(회색) 투명색으로 설정

슬라이드 2 — 목차 슬라이드 — 60점

(1) 출력형태와 같이 도형을 이용하여 목차를 작성한다(글꼴 : 돋움, 24pt).
(2) 도형 : 선 없음

세부조건

① 텍스트에 하이퍼링크 적용
  ➡ '슬라이드 4'

② 그림 삽입
  - 「내 PC₩문서₩ITQ₩Picture₩그림4.jpg」
  - 자르기 기능 이용

슬라이드 3 — 텍스트/동영상 슬라이드 (60점)

(1) 텍스트 작성 : 글머리 기호 사용(✓, ❖)
　　✓문단(굴림, 24pt, 굵게, 줄간격 : 1.5줄), ❖문단(굴림, 20pt, 줄간격 : 1.5줄)

세부조건

① 동영상 삽입 :
- 「내 PC₩문서₩ITQ₩Picture₩동영상.wmv」
- 자동실행, 반복재생 설정

1. 반려견의 의미

- ✓ Companion dog
  - ❖ Companion dog usually describes a dog that providing companionship as a pet
  - ❖ Many types are enjoyed primarily for their friendly nature as a family pet
- ✓ 반려견의 의미
  - ❖ 반려견이라는 용어는 짝이 된다는 뜻으로, 좋아하여 가까이서 기른다는 애완견과는 구분하여 사용하며 동물이 인간에게 주는 마음의 안정과 즐거움 등의 역할을 강조하는 의미

슬라이드 4 — 표 슬라이드 (80점)

(1) 도형과 표 작성 기능을 이용하여 슬라이드를 작성한다(글꼴 : 굴림, 18pt).

세부조건

① 상단 도형 :
　2개 도형의 조합으로 작성

② 좌측 도형 :
　그라데이션 효과(선형 아래쪽)

③ 표 스타일 :
　테마 스타일 1 - 강조 4

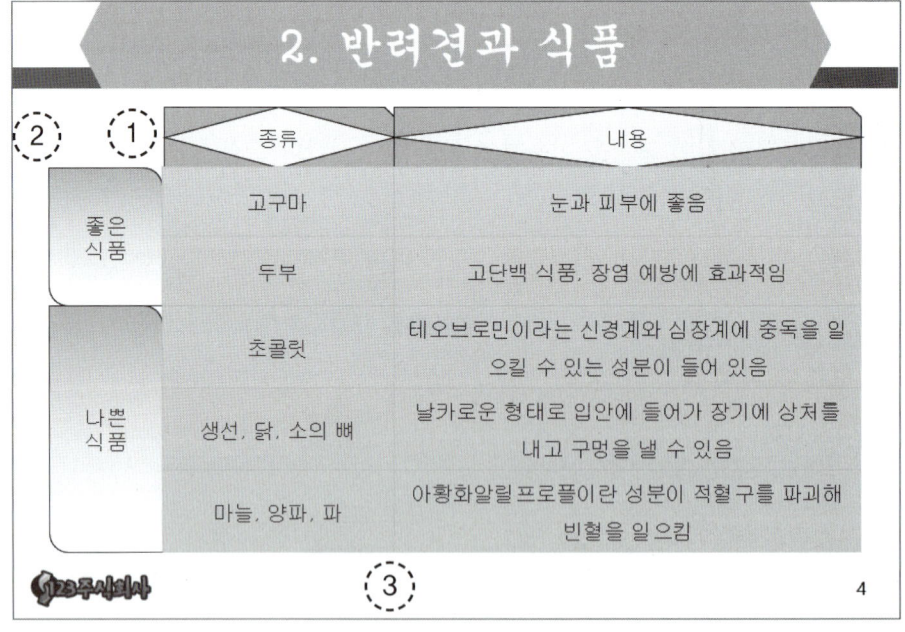

슬라이드 5 — 차트 슬라이드 (100점)

(1) 차트 작성 기능을 이용하여 슬라이드를 작성한다.
(2) 차트 : 종류(묶은 세로 막대형), 글꼴(돋움, 16pt), 외곽선

세부조건

※ 차트설명
- 차트제목 : 돋움, 24pt, 굵게, 채우기(흰색), 테두리, 그림자(오프셋 아래쪽)
- 차트영역 : 채우기(노랑)
  그림영역 : 채우기(흰색)
- 데이터 서식 : 고양이 계열을 표식이 있는 꺾은선형으로 변경 후 보조 축으로 지정
- 값 표시 : 분양의 개 계열만

① 도형 삽입
- 스타일 : 미세효과 – 파랑, 강조 1
- 글꼴 : 굴림, 18pt

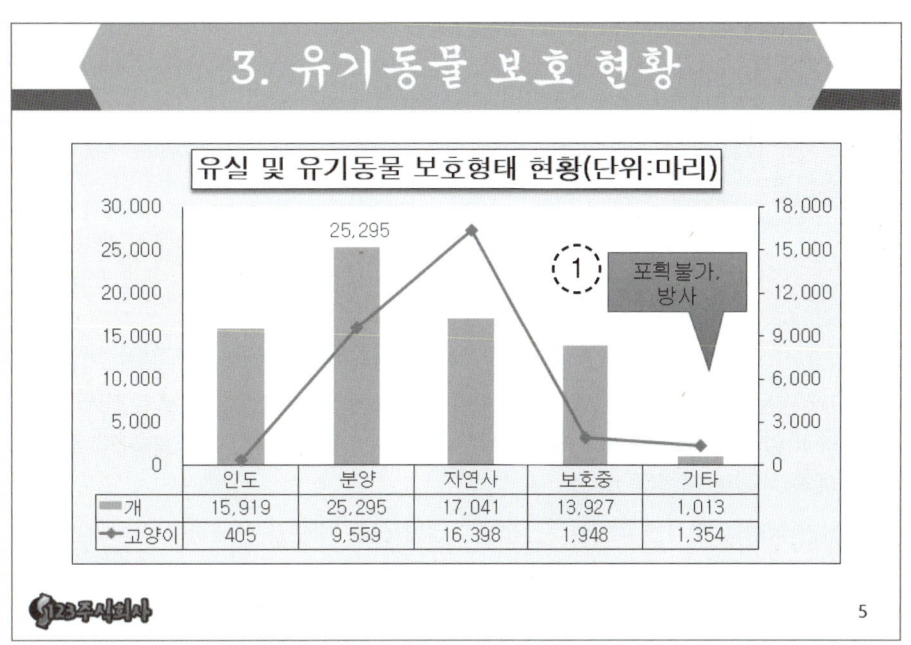

슬라이드 6 — 도형 슬라이드 (100점)

(1) 슬라이드와 같이 도형 및 스마트아트를 배치한다(글꼴 : 돋움, 18pt).
(2) 애니메이션 순서 : ① ⇒ ②

세부조건

① 도형 및 스마트아트 편집
- 스마트아트 디자인 : 3차원 경사, 3차원 만화
- 그룹화 후 애니메이션 효과 : 닦아내기(위에서)

② 도형 편집
- 그룹화 후 애니메이션 효과 : 바운드

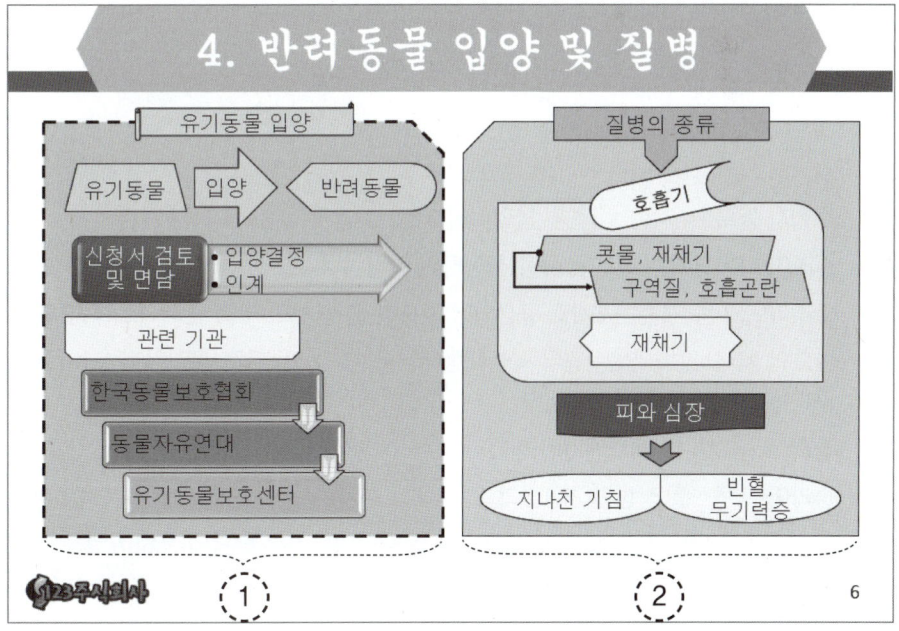

실전 모의고사

MS오피스 2016

과목	코드	문제유형	시험시간	수험번호	성 명
한글 파워포인트	1142	A	60분		

수험자 유의사항

- 수험자는 문제지를 받는 즉시 문제지와 **수험표상의 시험과목(프로그램), 버전이 동일한지 반드시 확인**하여야 합니다.
- 파일명은 본인의 "수험번호-성명"으로 입력하여 답안폴더(내 PC\문서\ITQ)에 하나의 파일로 저장해야 하며, 답안문서 파일명이 "수험번호-성명"과 일치하지 않거나, 답안파일을 전송하지 않아 미제출로 처리될 경우 실격 처리합니다 (예:12345678-홍길동.pptx).
- 답안 작성을 마치면 파일을 저장하고, '답안 전송' 버튼을 선택하여 감독위원 PC로 답안을 전송하십시오. 수험생 정보와 저장한 파일명이 다를 경우 전송되지 않으므로 주의하시기 바랍니다.
- 답안 작성 중에도 **주기적으로 저장하고, '답안 전송'**하여야 문제 발생을 줄일 수 있습니다. 작업한 내용을 저장하지 않고 전송할 경우 이전에 저장된 내용이 전송되오니 이점 유의하시기 바랍니다.
- 답안문서는 지정된 경로 외의 다른 보조기억장치에 저장하는 경우, 지정된 시험 시간 외에 작성된 파일을 활용할 경우, 기타 통신수단(이메일, 메신저, 네트워크 등)을 이용하여 타인에게 전달 또는 외부 반출하는 경우는 부정 처리합니다.
- 시험 중 부주의 또는 고의로 시스템을 파손한 경우는 수험자가 변상해야 하며, 〈수험자 유의사항〉에 기재된 방법대로 이행하지 않아 생기는 불이익은 수험생 당사자의 책임임을 알려 드립니다.
- 문제의 조건은 MS오피스 2016 버전으로 설정되어 있으니 유의하시기 바랍니다.
- 시험을 완료한 수험자는 답안파일이 전송되었는지 확인한 후 감독위원의 지시에 따라 문제지를 제출하고 퇴실합니다.

답안 작성요령

- 온라인 답안 작성 절차
  수험자 등록 ⇒ 시험 시작 ⇒ 답안파일 저장 ⇒ 답안 전송 ⇒ 시험 종료
- 슬라이드의 크기는 A4 Paper로 설정하여 작성합니다.
- 슬라이드의 총 개수는 6개로 구성되어 있으며 슬라이드 1부터 순서대로 작업하고 반드시 문제와 세부조건대로 합니다.
- 별도의 지시사항이 없는 경우 ≪출력형태≫를 참조하여 글꼴색은 검정 또는 흰색으로 작성하고, 기타사항은 전체적인 균형을 고려하여 작성합니다.
- 슬라이드 도형 및 개체에 출력형태와 다른 스타일(그림자, 외곽선 등)을 적용했을 경우 감점처리됩니다.
- 슬라이드 번호를 작성합니다(슬라이드 1에는 생략).
- 2~6번 슬라이드 제목 도형과 하단 로고는 슬라이드 마스터를 이용하여 출력형태와 동일하게 작성합니다(슬라이드 1에는 생략).
- 문제와 세부조건, 세부조건 번호 ◌(점선원)는 입력하지 않습니다.
- 각 개체의 위치는 오른쪽의 슬라이드와 동일하게 구성합니다.
- 그림 삽입 문제의 경우 반드시 「내 PC\문서\ITQ\Picture」 폴더에서 정확한 파일을 선택하여 삽입하십시오.
- 각 슬라이드를 각각의 파일로 작업해서 저장할 경우 실격 처리됩니다.

전체 구성   60점

(1) 슬라이드 크기 및 순서 : 크기를 A4 용지로 설정하고 슬라이드 순서에 맞게 작성한다.
(2) 슬라이드 마스터 : 2~6슬라이드의 제목, 하단 로고, 슬라이드 번호는 슬라이드 마스터를 이용하여 작성한다.
- 제목 글꼴(돋움, 40pt, 흰색), 가운데 맞춤, 도형(선 없음)
- 하단 로고(「내 PC\문서\ITQ\Picture\로고2.jpg」, 배경(회색) 투명색으로 설정)

슬라이드 1   표지 디자인   40점

(1) 표지 디자인 : 도형, 워드아트 및 그림을 이용하여 작성한다.

세부조건

① 도형 편집
- 도형에 그림 채우기 :
  「내 PC\문서\ITQ\Picture\그림3.jpg」, 투명도 50%
- 도형 효과 :
  부드러운 가장자리 5포인트

② 워드아트 삽입
- 변환 : 역갈매기형 수장
- 글꼴 : 돋움, 굵게
- 텍스트 반사 : 근접 반사, 터치

③ 그림 삽입
-「내 PC\문서\ITQ\Picture\로고2.jpg」
- 배경(회색) 투명색으로 설정

슬라이드 2   목차 슬라이드   60점

(1) 출력형태와 같이 도형을 이용하여 목차를 작성한다(글꼴 : 굴림, 24pt).
(2) 도형 : 선 없음

세부조건

① 텍스트에 하이퍼링크 적용
➡ '슬라이드 5'

② 그림 삽입
-「내 PC\문서\ITQ\Picture\그림5.jpg」
- 자르기 기능 이용

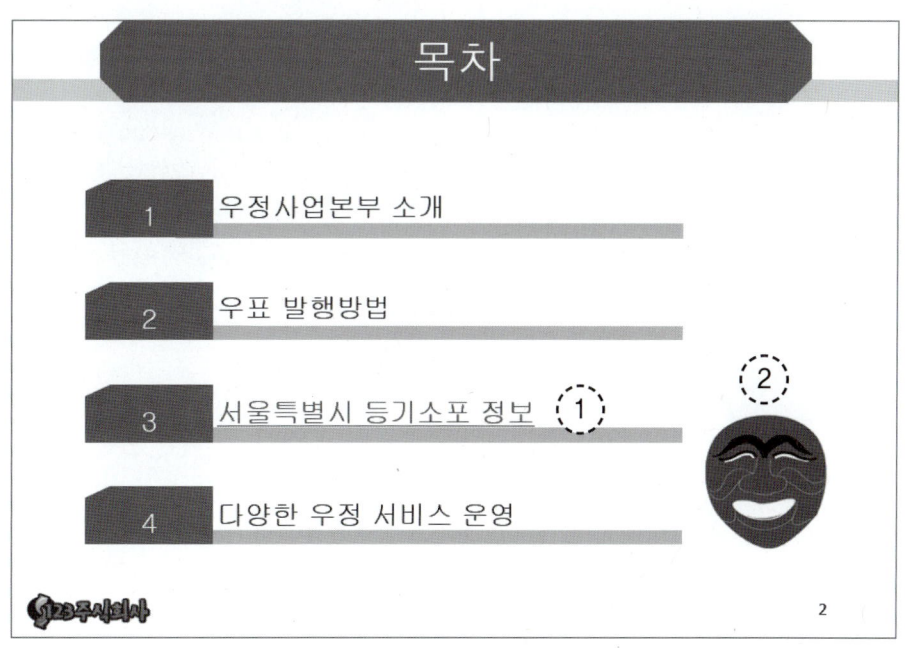

슬라이드 3 — 텍스트/동영상 슬라이드 (60점)

(1) 텍스트 작성 : 글머리 기호 사용(➢, ❖)
   ➢문단(굴림, 24pt, 굵게, 줄간격 : 1.5줄), ❖문단(굴림, 20pt, 줄간격 : 1.5줄)

세부조건

① 동영상 삽입 :
   - 「내 PC₩문서₩ITQ₩Picture₩동영상.wmv」
   - 자동실행, 반복재생 설정

1. 우정사업본부 소개

➢ Korea Post
   ❖ Korea Post is in charge of postal services and financial services by post offices
   ❖ Provide basic postal services of handling and delivering postal matters

➢ 우정사업본부 소개
   ❖ 정부 기업으로 전국 3,500여 개의 우체국 네트워크를 통해 우편 및 금융 서비스를 담당하고 있으며 고객의 위치에서 우편물 접수, 우편 주문에 의한 지역 제품의 판매 및 우편 심부름 서비스 등을 제공

슬라이드 4 — 표 슬라이드 (80점)

(1) 도형과 표 작성 기능을 이용하여 슬라이드를 작성한다(글꼴 : 돋움, 18pt).

세부조건

① 상단 도형 :
   2개 도형의 조합으로 작성
② 좌측 도형 :
   그라데이션 효과(선형 위쪽)
③ 표 스타일 :
   테마 스타일 1 - 강조 2

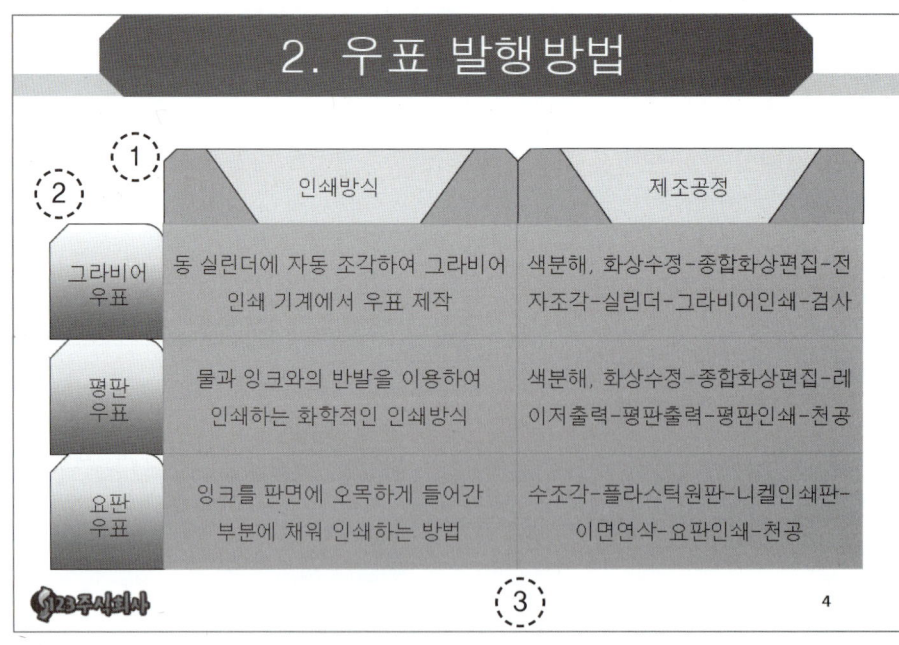

슬라이드 5 — 차트 슬라이드 (100점)

(1) 차트 작성 기능을 이용하여 슬라이드를 작성한다.
(2) 차트 : 종류(묶은 세로 막대형), 글꼴(돋움, 16pt), 외곽선

세부조건

※ **차트설명**
- 차트 제목 : 궁서, 24pt, 굵게, 채우기(흰색), 테두리, 그림자(오프셋 왼쪽)
- 차트 영역 : 채우기(노랑) 그림 영역 : 채우기(흰색)
- 데이터 서식 : 부산광역시 계열을 표식이 있는 꺾은선형으로 변경 후 보조 축으로 지정
- 값 표시 : 생활용품의 부산광역시 계열만

① **도형 삽입**
- 스타일 : 미세효과 – 파랑, 강조 1
- 글꼴 : 굴림, 18pt

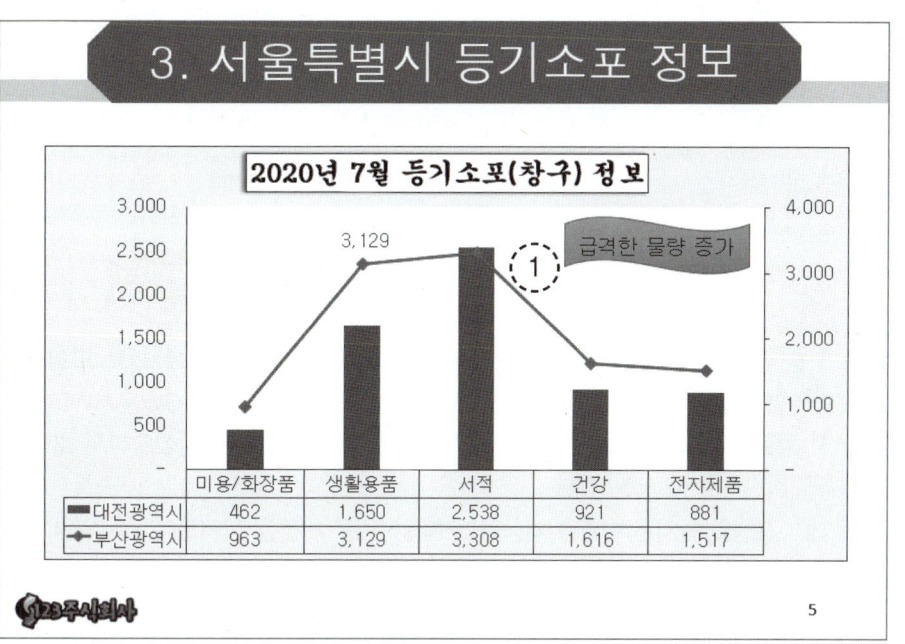

슬라이드 6 — 도형 슬라이드 (100점)

(1) 슬라이드와 같이 도형 및 스마트아트를 배치한다(글꼴 : 굴림, 18pt).
(2) 애니메이션 순서 : ① ⇒ ②

세부조건

① **도형 및 스마트아트 편집**
- 스마트아트 디자인 : 3차원 광택 처리, 3차원 벽돌
- 그룹화 후 애니메이션 효과 : 날아오기(왼쪽에서)

② **도형 편집**
- 그룹화 후 애니메이션 효과 : 나타내기

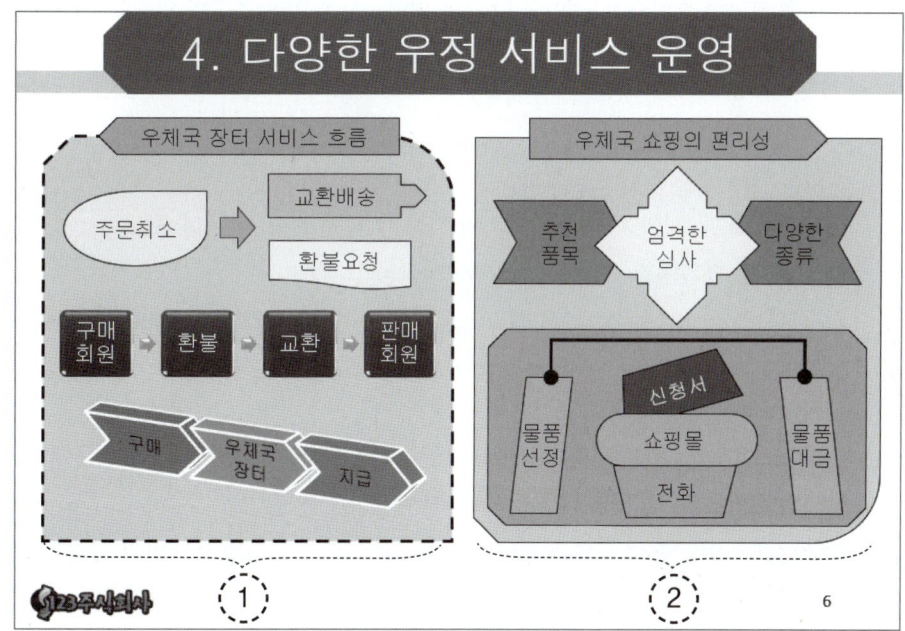

실전 모의고사

과목	코드	문제유형	시험시간	수험번호	성 명
한글 파워포인트	1142	A	60분		

수험자 유의사항

- 수험자는 문제지를 받는 즉시 문제지와 **수험표상의 시험과목(프로그램), 버전이 동일한지 반드시 확인**하여야 합니다.
- 파일명은 본인의 "수험번호-성명"으로 입력하여 답안폴더(내 PC₩문서₩ITQ)에 하나의 파일로 저장해야 하며, 답안문서 파일명이 "수험번호-성명"과 일치하지 않거나, 답안파일을 전송하지 않아 미제출로 처리될 경우 실격 처리합니다 (예:12345678-홍길동.pptx).
- 답안 작성을 마치면 파일을 저장하고, '답안 전송' 버튼을 선택하여 감독위원 PC로 답안을 전송하십시오. 수험생 정보와 저장한 파일명이 다를 경우 전송되지 않으므로 주의하시기 바랍니다.
- 답안 작성 중에도 **주기적으로 저장하고, '답안 전송'**하여야 문제 발생을 줄일 수 있습니다. 작업한 내용을 저장하지 않고 전송할 경우 이전에 저장된 내용이 전송되오니 이점 유의하시기 바랍니다.
- 답안문서는 지정된 경로 외의 다른 보조기억장치에 저장하는 경우, 지정된 시험 시간 외에 작성된 파일을 활용할 경우, 기타 통신수단(이메일, 메신저, 네트워크 등)을 이용하여 타인에게 전달 또는 외부 반출하는 경우는 부정 처리합니다.
- 시험 중 부주의 또는 고의로 시스템을 파손한 경우는 수험자가 변상해야 하며, 〈수험자 유의사항〉에 기재된 방법대로 이행하지 않아 생기는 불이익은 수험생 당사자의 책임임을 알려 드립니다.
- 문제의 조건은 MS오피스 2016 버전으로 설정되어 있으니 유의하시기 바랍니다.
- 시험을 완료한 수험자는 답안파일이 전송되었는지 확인한 후 감독위원의 지시에 따라 문제지를 제출하고 퇴실합니다.

답안 작성요령

- 온라인 답안 작성 절차
  수험자 등록 ⇒ 시험 시작 ⇒ 답안파일 저장 ⇒ 답안 전송 ⇒ 시험 종료
- 슬라이드의 크기는 A4 Paper로 설정하여 작성합니다.
- 슬라이드의 총 개수는 6개로 구성되어 있으며 슬라이드 1부터 순서대로 작업하고 반드시 문제와 세부조건대로 합니다.
- 별도의 지시사항이 없는 경우 《출력형태》를 참조하여 글꼴색은 검정 또는 흰색으로 작성하고, 기타사항은 전체적인 균형을 고려하여 작성합니다.
- 슬라이드 도형 및 개체에 출력형태와 다른 스타일(그림자, 외곽선 등)을 적용했을 경우 감점처리됩니다.
- 슬라이드 번호를 작성합니다(슬라이드 1에는 생략).
- 2~6번 슬라이드 제목 도형과 하단 로고는 슬라이드 마스터를 이용하여 출력형태와 동일하게 작성합니다(슬라이드 1에는 생략).
- 문제와 세부조건, 세부조건 번호 ◌(점선원)는 입력하지 않습니다.
- 각 개체의 위치는 오른쪽의 슬라이드와 동일하게 구성합니다.
- 그림 삽입 문제의 경우 반드시 「내 PC₩문서₩ITQ₩Picture」 폴더에서 정확한 파일을 선택하여 삽입하십시오.
- 각 슬라이드를 각각의 파일로 작업해서 저장할 경우 실격 처리됩니다.

전체 구성 — 60점

(1) 슬라이드 크기 및 순서 : 크기를 A4 용지로 설정하고 슬라이드 순서에 맞게 작성한다.
(2) 슬라이드 마스터 : 2~6슬라이드의 제목, 하단 로고, 슬라이드 번호는 슬라이드 마스터를 이용하여 작성한다.
 - 제목 글꼴(돋움, 40pt, 흰색), 가운데 맞춤, 도형(선 없음)
 - 하단 로고(「내 PC\문서\ITQ\Picture\로고2.jpg」, 배경(회색) 투명색으로 설정)

슬라이드 1 — 표지 디자인 — 40점

(1) 표지 디자인 : 도형, 워드아트 및 그림을 이용하여 작성한다.

세부조건

① 도형 편집
 - 도형에 그림 채우기 :
  「내 PC\문서\ITQ\Picture\그림3.jpg」, 투명도 50%
 - 도형 효과 :
  부드러운 가장자리 5포인트
② 워드아트 삽입
 - 변환 : 갈매기형 수장
 - 글꼴 : 돋움, 굵게
 - 텍스트 반사 : 근접 반사, 터치
③ 그림 삽입
 - 「내 PC\문서\ITQ\Picture\로고2.jpg」
 - 배경(회색) 투명색으로 설정

슬라이드 2 — 목차 슬라이드 — 60점

(1) 출력형태와 같이 도형을 이용하여 목차를 작성한다(글꼴 : 굴림, 24pt).
(2) 도형 : 선 없음

세부조건

① 텍스트에 하이퍼링크 적용
 ➡ '슬라이드 5'
② 그림 삽입
 - 「내 PC\문서\ITQ\Picture\그림5.jpg」
 - 자르기 기능 이용

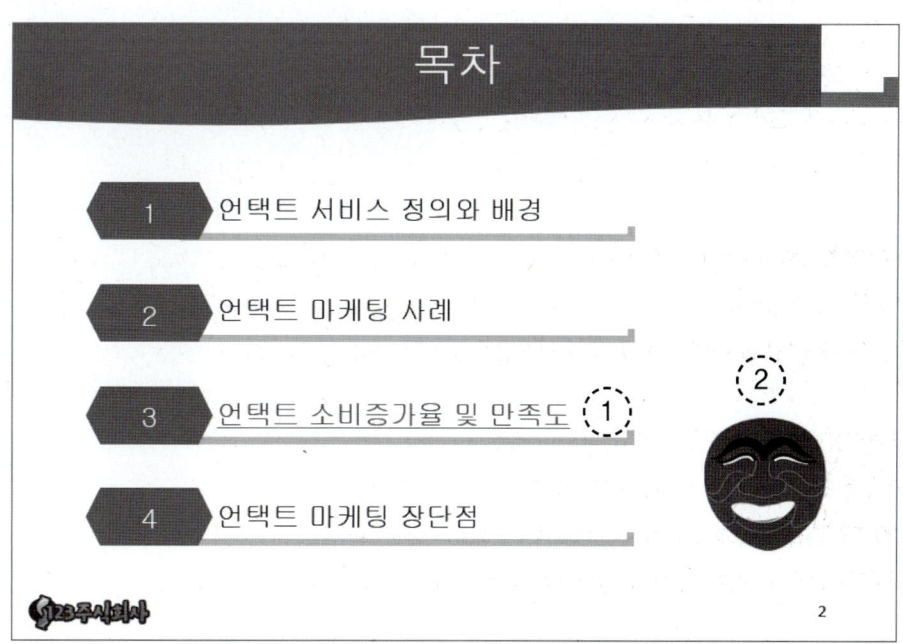

슬라이드 3 — 텍스트/동영상 슬라이드 (60점)

(1) 텍스트 작성 : 글머리 기호 사용(➢, ❖)
  ➢문단(굴림, 24pt, 굵게, 줄간격 : 1.5줄), ❖문단(굴림, 20pt, 줄간격 : 1.5줄)

세부조건

① 동영상 삽입 :
  - 「내 PC₩문서₩ITQ₩Picture₩동영상.wmv」
  - 자동실행, 반복재생 설정

1. 언택트 서비스 정의와 배경

➢ Untact Service
  ❖ Untact is a coined term that combines the prefix UN meaning no with the word contact. It means providing information in a non-face to face fashion and minimize the contact with people

➢ 언택트 서비스
  ❖ '콘택트'에 '언'을 결합하여 사람과 비대면으로 상품이나 서비스를 거래하는 것
  ❖ 대화보다는 클릭이 편한 세대의 출현이 확산 배경

슬라이드 4 — 표 슬라이드 (80점)

(1) 도형과 표 작성 기능을 이용하여 슬라이드를 작성한다(글꼴 : 돋움, 18pt).

세부조건

① 상단 도형 :
  2개 도형의 조합으로 작성
② 좌측 도형 :
  그라데이션 효과(선형 위쪽)
③ 표 스타일 :
  테마 스타일 1 – 강조 2

2. 언택트 마케팅 사례

	업체서비스	주요 내용
유통	GS25 스마트편의점	사전에 고객 이름, 안면인식 정보 등록하면 비대면 쇼핑
숙박	대명리조트	무인 입실 시스템 스마트체크인
패션	한섬 앳홈	구매 전 옷을 미리 입어볼 수 있는 홈피팅 서비스
카페	터치카페	영상 촬영을 통해 360도 피팅이 가능한 스마트 미러, 가상으로 피팅 체험 가능한 AR피팅존

슬라이드 5 — 차트 슬라이드 (100점)

(1) 차트 작성 기능을 이용하여 슬라이드를 작성한다.
(2) 차트 : 종류(묶은 세로 막대형), 글꼴(돋움, 16pt), 외곽선

세부조건

※ **차트설명**
- 차트제목 : 궁서, 24pt, 굵게, 채우기(흰색), 테두리, 그림자(오프셋 왼쪽)
- 차트영역 : 채우기(노랑) 그림영역 : 채우기(흰색)
- 데이터 서식 : 만족도(%) 계열을 표식이 있는 꺾은선형으로 변경 후 보조축으로 지정
- 값 표시 : 40대의 소비(2019년) 계열만

① **도형 삽입**
- 스타일 : 미세효과 – 파랑, 강조 1
- 글꼴 : 굴림, 18pt

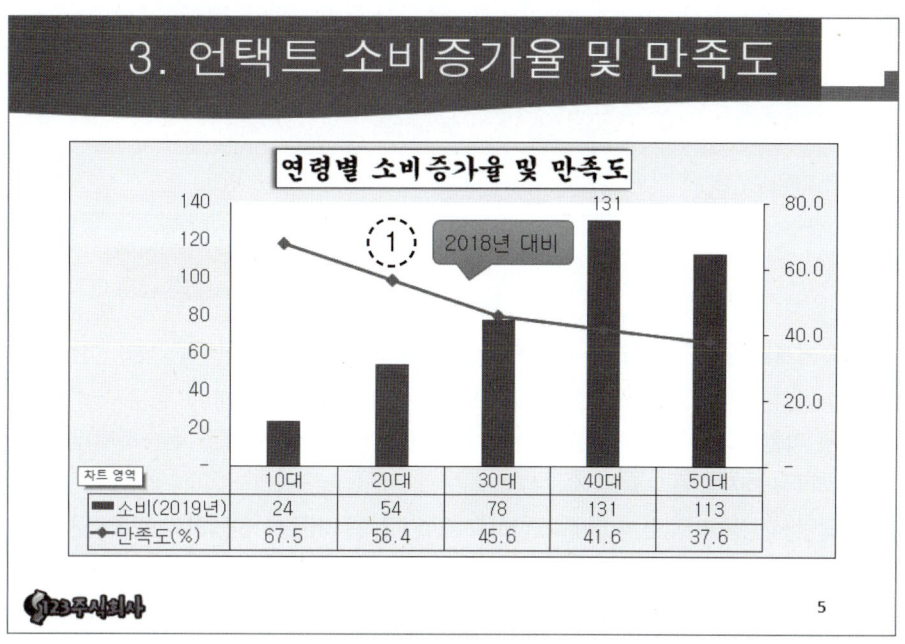

슬라이드 6 — 도형 슬라이드 (100점)

(1) 슬라이드와 같이 도형 및 스마트아트를 배치한다(글꼴 : 굴림, 18pt).
(2) 애니메이션 순서 : ① ⇒ ②

세부조건

① **도형 및 스마트아트 편집**
- 스마트아트 디자인 : 3차원 광택 처리, 3차원 벽돌
- 그룹화 후 애니메이션 효과 : 날아오기(왼쪽에서)

② **도형 편집**
- 그룹화 후 애니메이션 효과 : 나타내기

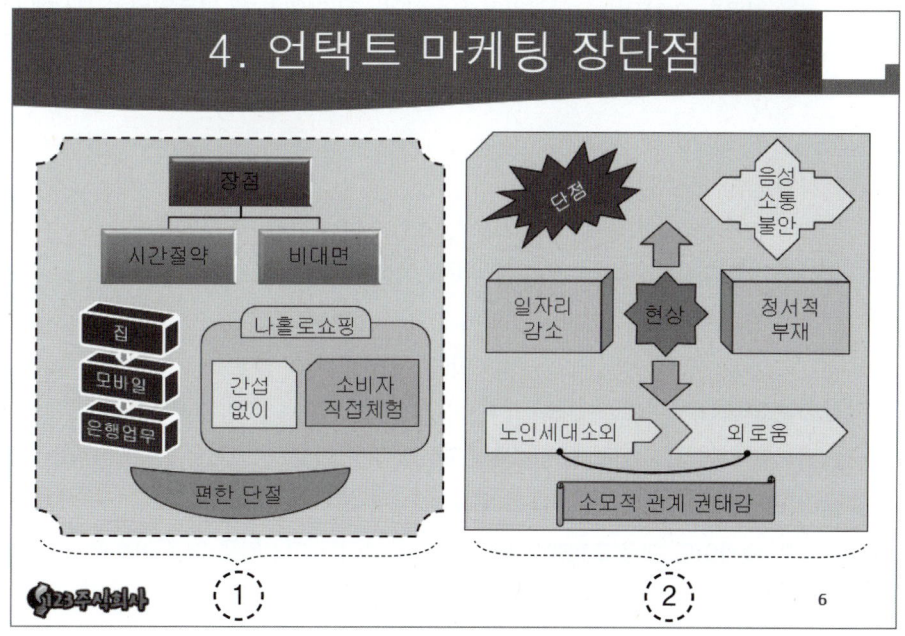

실전 모의고사

MS오피스 2016

과목	코드	문제유형	시험시간	수험번호	성 명
한글 파워포인트	1142	A	60분		

• 수험자 유의사항 •

- 수험자는 문제지를 받는 즉시 문제지와 **수험표상의 시험과목(프로그램), 버전이 동일한지 반드시 확인**하여야 합니다.
- 파일명은 본인의 "수험번호-성명"으로 입력하여 답안폴더(내 PC\문서\ITQ)에 하나의 파일로 저장해야 하며, 답안문서 파일명이 "수험번호-성명"과 일치하지 않거나, 답안파일을 전송하지 않아 미제출로 처리될 경우 실격 처리합니다(예:12345678-홍길동.pptx).
- 답안 작성을 마치면 파일을 저장하고, '답안 전송' 버튼을 선택하여 감독위원 PC로 답안을 전송하십시오. 수험생 정보와 저장한 파일명이 다를 경우 전송되지 않으므로 주의하시기 바랍니다.
- 답안 작성 중에도 **주기적으로 저장하고, '답안 전송'**하여야 문제 발생을 줄일 수 있습니다. 작업한 내용을 저장하지 않고 전송할 경우 이전에 저장된 내용이 전송되오니 이점 유의하시기 바랍니다.
- 답안문서는 지정된 경로 외의 다른 보조기억장치에 저장하는 경우, 지정된 시험 시간 외에 작성된 파일을 활용할 경우, 기타 통신수단(이메일, 메신저, 네트워크 등)을 이용하여 타인에게 전달 또는 외부 반출하는 경우는 부정 처리합니다.
- 시험 중 부주의 또는 고의로 시스템을 파손한 경우는 수험자가 변상해야 하며, 〈수험자 유의사항〉에 기재된 방법대로 이행하지 않아 생기는 불이익은 수험생 당사자의 책임임을 알려 드립니다.
- 문제의 조건은 MS오피스 2016 버전으로 설정되어 있으니 유의하시기 바랍니다.
- 시험을 완료한 수험자는 답안파일이 전송되었는지 확인한 후 감독위원의 지시에 따라 문제지를 제출하고 퇴실합니다.

• 답안 작성요령 •

- 온라인 답안 작성 절차
  수험자 등록 ⇒ 시험 시작 ⇒ 답안파일 저장 ⇒ 답안 전송 ⇒ 시험 종료
- 슬라이드의 크기는 A4 Paper로 설정하여 작성합니다.
- 슬라이드의 총 개수는 6개로 구성되어 있으며 슬라이드 1부터 순서대로 작업하고 반드시 문제와 세부조건대로 합니다.
- 별도의 지시사항이 없는 경우 《출력형태》를 참조하여 글꼴색은 검정 또는 흰색으로 작성하고, 기타사항은 전체적인 균형을 고려하여 작성합니다.
- 슬라이드 도형 및 개체에 출력형태와 다른 스타일(그림자, 외곽선 등)을 적용했을 경우 감점처리됩니다.
- 슬라이드 번호를 작성합니다(슬라이드 1에는 생략).
- 2~6번 슬라이드 제목 도형과 하단 로고는 슬라이드 마스터를 이용하여 출력형태와 동일하게 작성합니다(슬라이드 1에는 생략).
- 문제와 세부조건, 세부조건 번호 ⓘ(점선원)는 입력하지 않습니다.
- 각 개체의 위치는 오른쪽의 슬라이드와 동일하게 구성합니다.
- 그림 삽입 문제의 경우 반드시 「내 PC\문서\ITQ\Picture」 폴더에서 정확한 파일을 선택하여 삽입하십시오.
- 각 슬라이드를 각각의 파일로 작업해서 저장할 경우 실격 처리됩니다.

전체 구성　　　　　　　　　　　　　　　　　　　　　　　　　　　　60점

(1) 슬라이드 크기 및 순서 : 크기를 A4 용지로 설정하고 슬라이드 순서에 맞게 작성한다.
(2) 슬라이드 마스터 : 2~6슬라이드의 제목, 하단 로고, 슬라이드 번호는 슬라이드 마스터를 이용하여 작성한다.
　　- 제목 글꼴(궁서, 40pt, 흰색), 왼쪽 맞춤, 도형(선 없음)
　　- 하단 로고(「내 PC\문서\ITQ\Picture\로고2.jpg」, 배경(회색) 투명색으로 설정)

슬라이드 1　　표지 디자인　　　　　　　　　　　　　　　　　　40점

(1) 표지 디자인 : 도형, 워드아트 및 그림을 이용하여 작성한다.

세부조건

① 도형 편집
　- 도형에 그림 채우기 :
　　「내 PC\문서\ITQ\Picture\그림1.jpg」, 투명도 50%
　- 도형 효과 :
　　부드러운 가장자리 5포인트

② 워드아트 삽입
　- 변환 : 위로 기울기
　- 글꼴 : 궁서, 굵게
　- 텍스트 반사 : 근접 반사, 터치

③ 그림 삽입
　- 「내 PC\문서\ITQ\Picture\로고2.jpg」
　- 배경(회색) 투명색으로 설정

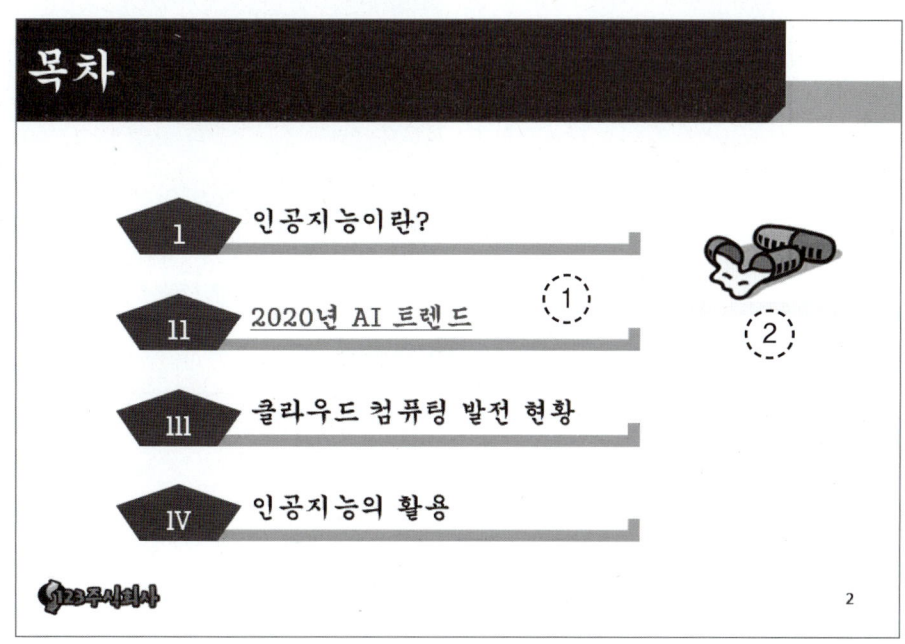

슬라이드 2　　목차 슬라이드　　　　　　　　　　　　　　　　　60점

(1) 출력형태와 같이 도형을 이용하여 목차를 작성한다(글꼴 : 궁서, 24pt).
(2) 도형 : 선 없음

세부조건

① 텍스트에 하이퍼링크 적용
　➡ '슬라이드 4'

② 그림 삽입
　- 「내 PC\문서\ITQ\Picture\그림5.jpg」
　- 자르기 기능 이용

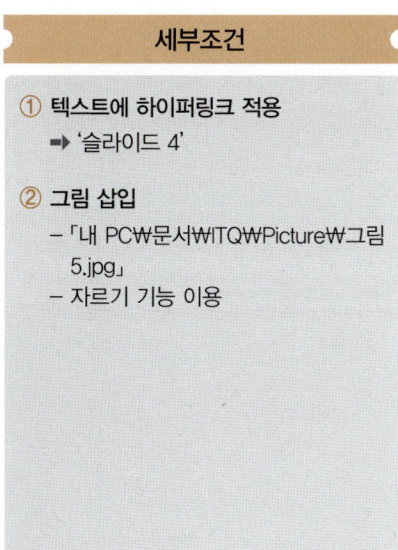

슬라이드 3 텍스트/동영상 슬라이드 60점

(1) 텍스트 작성 : 글머리 기호 사용(◆, ✓)
 ◆문단(굴림, 24pt, 굵게, 줄간격 : 1.5줄), ✓문단(굴림, 20pt, 줄간격 : 1.5줄)

세부조건

① 동영상 삽입 :
 - 「내 PC₩문서₩ITQ₩Picture₩동영상.wmv」
 - 자동실행, 반복재생 설정

1. 인공지능이란?

◆ Artificial Intelligence
  ✓ AI is the intelligence exhibited by machines or software just like human being
  ✓ AI research include reasoning, knowledge, planning, learning, natural language and perception

◆ 인공지능이란
  ✓ 인간의 학습능력과 추론 및 지각능력의 이해능력을 갖춘 컴퓨터 시스템으로 자율주행차, 외국어 자동번역 시스템 및 전문가 시스템 등이 그 활용 분야

슬라이드 4 표 슬라이드 80점

(1) 도형과 표 작성 기능을 이용하여 슬라이드를 작성한다(글꼴 : 돋움, 18pt).

세부조건

① 상단 도형 :
 2개 도형의 조합으로 작성

② 좌측 도형 :
 그라데이션 효과(선형 아래쪽)

③ 표 스타일 :
 테마 스타일 1 – 강조 5

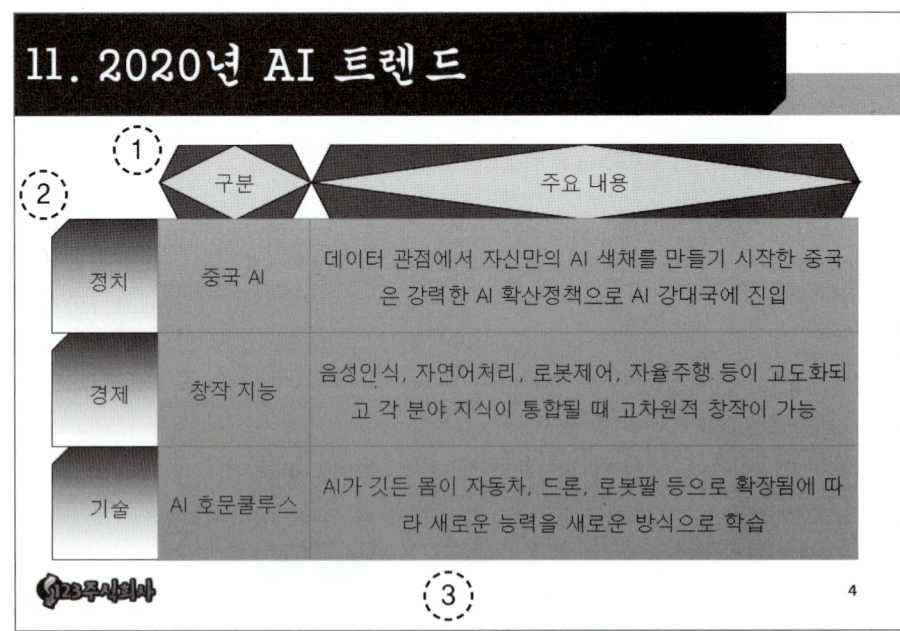

슬라이드 5   차트 슬라이드   100점

(1) 차트 작성 기능을 이용하여 슬라이드를 작성한다.
(2) 차트 : 종류(묶은 세로 막대형), 글꼴(돋움, 16pt), 외곽선

세부조건

※ **차트설명**
- 차트제목 : 궁서, 24pt, 굵게, 채우기(흰색), 테두리, 그림자(오프셋 오른쪽)
- 차트영역 : 채우기(노랑) 그림영역 : 채우기(흰색)
- 데이터 서식 : 시장규모 계열을 표식이 있는 꺾은선형으로 변경 후 보조축으로 지정
- 값 표시 : 2019년의 업체수 계열만

① **도형 삽입**
- 스타일 : 미세효과 – 파랑, 강조 1
- 글꼴 : 굴림, 18pt

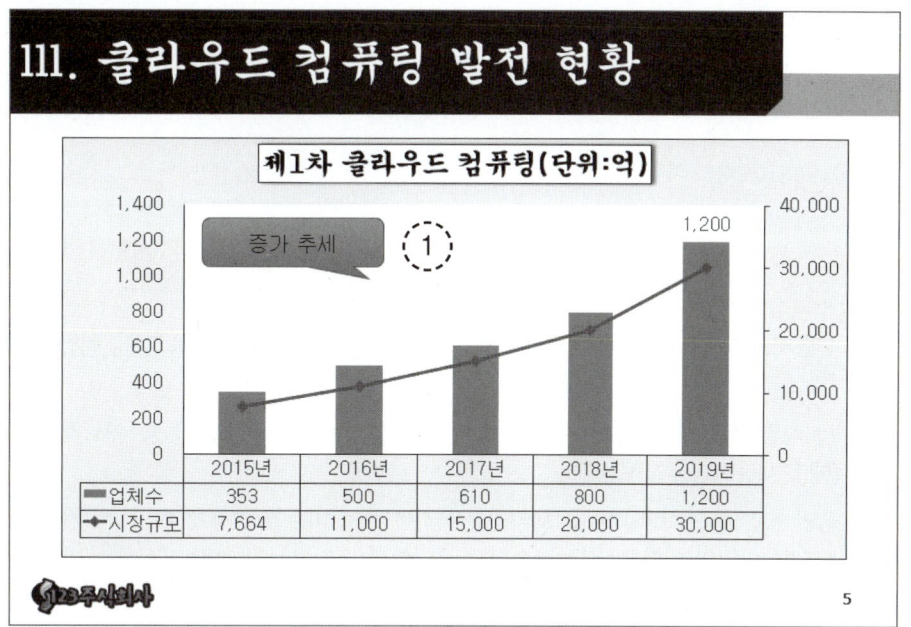

슬라이드 6   도형 슬라이드   100점

(1) 슬라이드와 같이 도형 및 스마트아트를 배치한다(글꼴 : 굴림, 18pt).
(2) 애니메이션 순서 : ① ⇒ ②

세부조건

① **도형 및 스마트아트 편집**
- 스마트아트 디자인 : 3차원 만화, 3차원 광택 처리
- 그룹화 후 애니메이션 효과 : 나타내기

② **도형 편집**
- 그룹화 후 애니메이션 효과 : 닦아내기(오른쪽에서)

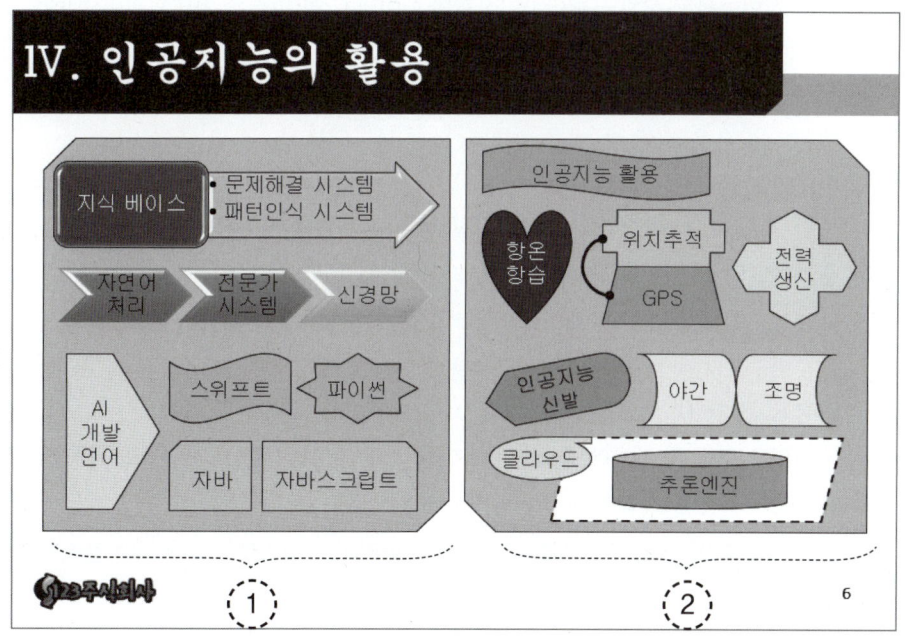

실전 모의고사

MS오피스 2016

과목	코드	문제유형	시험시간	수험번호	성 명
한글 파워포인트	1142	A	60분		

수험자 유의사항

- 수험자는 문제지를 받는 즉시 문제지와 <u>수험표상의 시험과목(프로그램), 버전이 동일한지 반드시 확인</u>하여야 합니다.
- 파일명은 본인의 "수험번호-성명"으로 입력하여 답안폴더(내 PC₩문서₩ITQ)에 하나의 파일로 저장해야 하며, 답안문서 파일명이 "수험번호-성명"과 일치하지 않거나, 답안파일을 전송하지 않아 미제출로 처리될 경우 실격 처리합니다(예:12345678-홍길동.pptx).
- 답안 작성을 마치면 파일을 저장하고, '답안 전송' 버튼을 선택하여 감독위원 PC로 답안을 전송하십시오. 수험생 정보와 저장한 파일명이 다를 경우 전송되지 않으므로 주의하시기 바랍니다.
- 답안 작성 중에도 <u>주기적으로 저장하고, '답안 전송'</u>하여야 문제 발생을 줄일 수 있습니다. 작업한 내용을 저장하지 않고 전송할 경우 이전에 저장된 내용이 전송되오니 이점 유의하시기 바랍니다.
- 답안문서는 지정된 경로 외의 다른 보조기억장치에 저장하는 경우, 지정된 시험 시간 외에 작성된 파일을 활용할 경우, 기타 통신수단(이메일, 메신저, 네트워크 등)을 이용하여 타인에게 전달 또는 외부 반출하는 경우는 부정 처리합니다.
- 시험 중 부주의 또는 고의로 시스템을 파손한 경우는 수험자가 변상해야 하며, 〈수험자 유의사항〉에 기재된 방법대로 이행하지 않아 생기는 불이익은 수험생 당사자의 책임임을 알려 드립니다.
- 문제의 조건은 MS오피스 2016 버전으로 설정되어 있으니 유의하시기 바랍니다.
- 시험을 완료한 수험자는 답안파일이 전송되었는지 확인한 후 감독위원의 지시에 따라 문제지를 제출하고 퇴실합니다.

답안 작성요령

- 온라인 답안 작성 절차
  수험자 등록 ⇒ 시험 시작 ⇒ 답안파일 저장 ⇒ 답안 전송 ⇒ 시험 종료
- 슬라이드의 크기는 A4 Paper로 설정하여 작성합니다.
- 슬라이드의 총 개수는 6개로 구성되어 있으며 슬라이드 1부터 순서대로 작업하고 반드시 문제와 세부조건대로 합니다.
- 별도의 지시사항이 없는 경우 《출력형태》를 참조하여 글꼴색은 검정 또는 흰색으로 작성하고, 기타사항은 전체적인 균형을 고려하여 작성합니다.
- 슬라이드 도형 및 개체에 출력형태와 다른 스타일(그림자, 외곽선 등)을 적용했을 경우 감점처리됩니다.
- 슬라이드 번호를 작성합니다(슬라이드 1에는 생략).
- 2~6번 슬라이드 제목 도형과 하단 로고는 슬라이드 마스터를 이용하여 출력형태와 동일하게 작성합니다(슬라이드 1에는 생략).
- 문제와 세부조건, 세부조건 번호 ◌(점선원)는 입력하지 않습니다.
- 각 개체의 위치는 오른쪽의 슬라이드와 동일하게 구성합니다.
- 그림 삽입 문제의 경우 반드시 「내 PC₩문서₩ITQ₩Picture」 폴더에서 정확한 파일을 선택하여 삽입하십시오.
- 각 슬라이드를 각각의 파일로 작업해서 저장할 경우 실격 처리됩니다.

전체 구성   60점

(1) 슬라이드 크기 및 순서 : 크기를 A4 용지로 설정하고 슬라이드 순서에 맞게 작성한다.
(2) 슬라이드 마스터 : 2~6슬라이드의 제목, 하단 로고, 슬라이드 번호는 슬라이드 마스터를 이용하여 작성한다.
 - 제목 글꼴(굴림, 40pt, 흰색), 가운데 맞춤, 도형(선 없음)
 - 하단 로고(「내 PC₩문서₩ITQ₩Picture₩로고2.jpg」, 배경(회색) 투명색으로 설정)

슬라이드 1   표지 디자인   40점

(1) 표지 디자인 : 도형, 워드아트 및 그림을 이용하여 작성한다.

세부조건

① 도형 편집
 - 도형에 그림 채우기 :
   「내 PC₩문서₩ITQ₩Picture₩그림1.jpg」, 투명도 50%
 - 도형 효과 :
   부드러운 가장자리 5포인트

② 워드아트 삽입
 - 변환 : 위로 기울기
 - 글꼴 : 굴림, 굵게
 - 텍스트 반사 : 1/2 반사, 4pt 오프셋

③ 그림 삽입
 - 「내 PC₩문서₩ITQ₩Picture₩로고2.jpg」
 - 배경(회색) 투명색으로 설정

슬라이드 2   목차 슬라이드   60점

(1) 출력형태와 같이 도형을 이용하여 목차를 작성한다(글꼴 : 굴림, 24pt).
(2) 도형 : 선 없음

세부조건

① 텍스트에 하이퍼링크 적용
 ➡ '슬라이드 6'

② 그림 삽입
 - 「내 PC₩문서₩ITQ₩Picture₩그림5.jpg」
 - 자르기 기능 이용

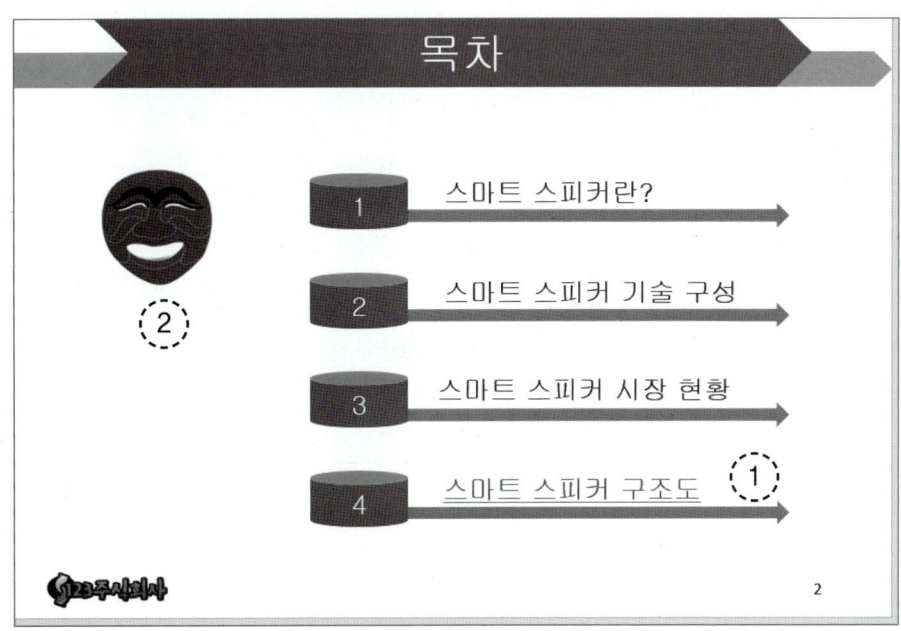

슬라이드 3   텍스트/동영상 슬라이드   60점

(1) 텍스트 작성 : 글머리 기호 사용(❖, ■)
    ❖문단(굴림, 24pt, 굵게, 줄간격 : 1.5줄), ■문단(굴림, 20pt, 줄간격 : 1.5줄)

세부조건
① 동영상 삽입 : – 「내 PC₩문서₩ITQ₩Picture₩동영상.wmv」 – 자동실행, 반복재생 설정

1. 스마트 스피커란?

❖ Smart Speaker
- Next-generation user interface for issuing commands and using various functions as if talking to a computer

❖ 스마트 스피커
- 컴퓨터와 대화하듯이 명령을 내리고 다양한 기능을 활용하기 위한 차세대 사용자 인터페이스
- 음성인식 인터페이스를 활용하기 위한 최적의 플랫폼

슬라이드 4   표 슬라이드   80점

(1) 도형과 표 작성 기능을 이용하여 슬라이드를 작성한다(글꼴 : 돋움, 18pt).

세부조건
① 상단 도형 : 2개 도형의 조합으로 작성 ② 좌측 도형 : 그라데이션 효과(선형 오른쪽) ③ 표 스타일 : 테마 스타일 1 - 강조 5

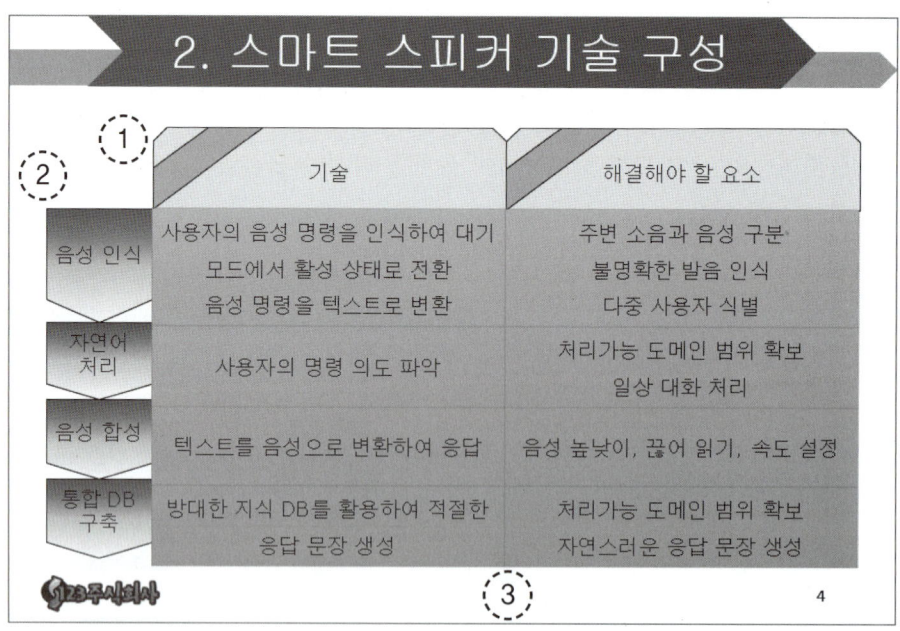

슬라이드 5   차트 슬라이드   100점

(1) 차트 작성 기능을 이용하여 슬라이드를 작성한다.
(2) 차트 : 종류(묶은 세로 막대형), 글꼴(돋움, 16pt), 외곽선

세부조건

※ **차트설명**
- 차트제목 : 궁서, 24pt, 굵게, 채우기(흰색), 테두리, 그림자(오프셋 오른쪽)
- 차트영역 : 채우기(노랑) 그림영역 : 채우기(흰색)
- 데이터 서식 : 판매가격($) 계열을 표식이 있는 꺾은선형으로 변경 후 보조축으로 지정
- 값 표시 : 구글의 2019년(천개) 계열만

① **도형 삽입**
- 스타일 : 미세효과 - 파랑, 강조 1
- 글꼴 : 굴림, 18pt

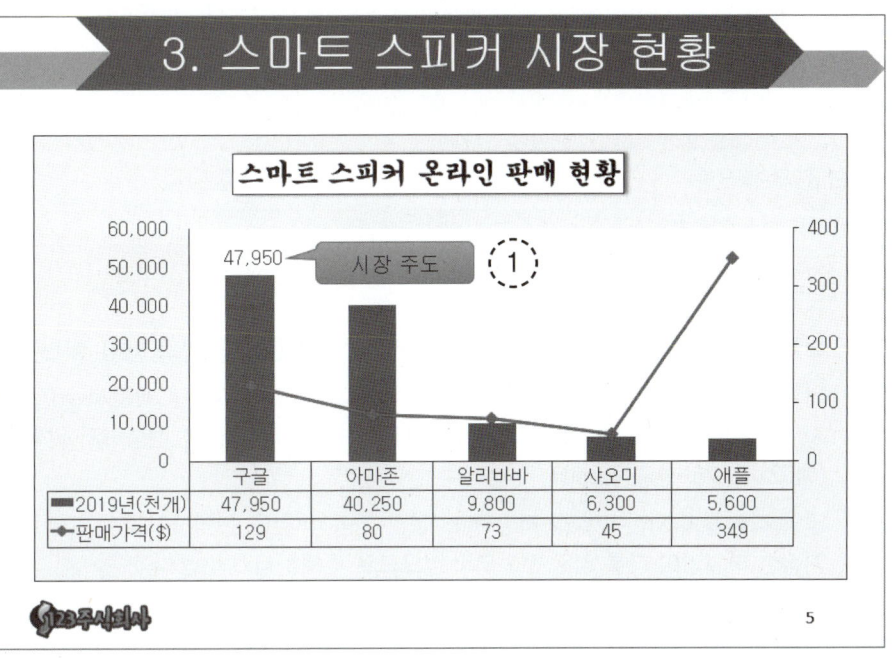

슬라이드 6   도형 슬라이드   100점

(1) 슬라이드와 같이 도형 및 스마트아트를 배치한다(글꼴 : 굴림, 18pt).
(2) 애니메이션 순서 : ① ⇒ ②

세부조건

① **도형 및 스마트아트 편집**
- 스마트아트 디자인 : 3차원 광택 처리, 3차원 경사
- 그룹화 후 애니메이션 효과 : 나누기(가로 안쪽으로)

② **도형 편집**
- 그룹화 후 애니메이션 효과 : 바운드

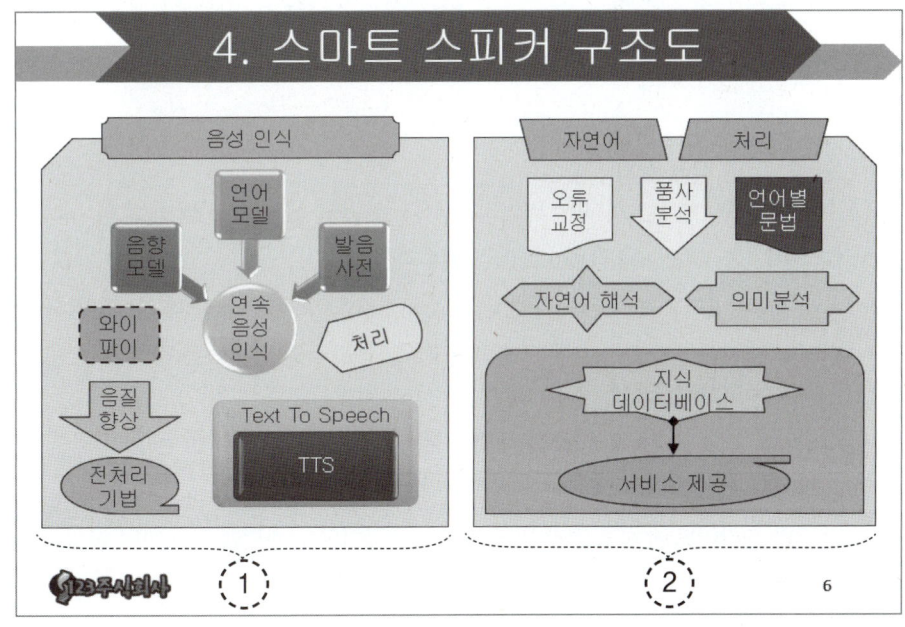

실전 모의고사

MS오피스 2016

과목	코드	문제유형	시험시간	수험번호	성 명
한글 파워포인트	1142	A	60분		

• 수험자 유의사항 •

- 수험자는 문제지를 받는 즉시 문제지와 **수험표상의 시험과목(프로그램), 버전이 동일한지 반드시 확인**하여야 합니다.
- 파일명은 본인의 "수험번호-성명"으로 입력하여 답안폴더(내 PC\문서\ITQ)에 하나의 파일로 저장해야 하며, 답안문서 파일명이 "수험번호-성명"과 일치하지 않거나, 답안파일을 전송하지 않아 미제출로 처리될 경우 실격 처리합니다(예:12345678-홍길동.pptx).
- 답안 작성을 마치면 파일을 저장하고, '답안 전송' 버튼을 선택하여 감독위원 PC로 답안을 전송하십시오. 수험생 정보와 저장한 파일명이 다를 경우 전송되지 않으므로 주의하시기 바랍니다.
- 답안 작성 중에도 **주기적으로 저장하고, '답안 전송'**하여야 문제 발생을 줄일 수 있습니다. 작업한 내용을 저장하지 않고 전송할 경우 이전에 저장된 내용이 전송되오니 이점 유의하시기 바랍니다.
- 답안문서는 지정된 경로 외의 다른 보조기억장치에 저장하는 경우, 지정된 시험 시간 외에 작성된 파일을 활용할 경우, 기타 통신수단(이메일, 메신저, 네트워크 등)을 이용하여 타인에게 전달 또는 외부 반출하는 경우는 부정 처리합니다.
- 시험 중 부주의 또는 고의로 시스템을 파손한 경우는 수험자가 변상해야 하며, 〈수험자 유의사항〉에 기재된 방법대로 이행하지 않아 생기는 불이익은 수험생 당사자의 책임임을 알려 드립니다.
- 문제의 조건은 MS오피스 2016 버전으로 설정되어 있으니 유의하시기 바랍니다.
- 시험을 완료한 수험자는 답안파일이 전송되었는지 확인한 후 감독위원의 지시에 따라 문제지를 제출하고 퇴실합니다.

• 답안 작성요령 •

- 온라인 답안 작성 절차
  수험자 등록 ⇒ 시험 시작 ⇒ 답안파일 저장 ⇒ 답안 전송 ⇒ 시험 종료
- 슬라이드의 크기는 A4 Paper로 설정하여 작성합니다.
- 슬라이드의 총 개수는 6개로 구성되어 있으며 슬라이드 1부터 순서대로 작업하고 반드시 문제와 세부조건대로 합니다.
- 별도의 지시사항이 없는 경우 ≪출력형태≫를 참조하여 글꼴색은 검정 또는 흰색으로 작성하고, 기타사항은 전체적인 균형을 고려하여 작성합니다.
- 슬라이드 도형 및 개체에 출력형태와 다른 스타일(그림자, 외곽선 등)을 적용했을 경우 감점처리됩니다.
- 슬라이드 번호를 작성합니다(슬라이드 1에는 생략).
- 2~6번 슬라이드 제목 도형과 하단 로고는 슬라이드 마스터를 이용하여 출력형태와 동일하게 작성합니다(슬라이드 1에는 생략).
- 문제와 세부조건, 세부조건 번호 ◌(점선원)는 입력하지 않습니다.
- 각 개체의 위치는 오른쪽의 슬라이드와 동일하게 구성합니다.
- 그림 삽입 문제의 경우 반드시 「내 PC\문서\ITQ\Picture」 폴더에서 정확한 파일을 선택하여 삽입하십시오.
- 각 슬라이드를 각각의 파일로 작업해서 저장할 경우 실격 처리됩니다.

전체 구성 — 60점

(1) 슬라이드 크기 및 순서 : 크기를 A4 용지로 설정하고 슬라이드 순서에 맞게 작성한다.
(2) 슬라이드 마스터 : 2~6슬라이드의 제목, 하단 로고, 슬라이드 번호는 슬라이드 마스터를 이용하여 작성한다.
 - 제목 글꼴(굴림, 40pt, 흰색), 가운데 맞춤, 도형(선 없음)
 - 하단 로고(「내 PC₩문서₩ITQ₩Picture₩로고1.jpg」, 배경(회색) 투명색으로 설정)

슬라이드 1 — 표지 디자인 — 40점

(1) 표지 디자인 : 도형, 워드아트 및 그림을 이용하여 작성한다.

세부조건

① 도형 편집
 - 도형에 그림 채우기 :
  「내 PC₩문서₩ITQ₩Picture₩그림1.jpg」, 투명도 50%
 - 도형 효과 :
  부드러운 가장자리 5포인트

② 워드아트 삽입
 - 변환 : 휘어 내려가기
 - 글꼴 : 궁서, 굵게
 - 텍스트 반사 : 1/2 반사, 4pt 오프셋

③ 그림 삽입
 - 「내 PC₩문서₩ITQ₩Picture₩로고1.jpg」
 - 배경(회색) 투명색으로 설정

슬라이드 2 — 목차 슬라이드 — 60점

(1) 출력형태와 같이 도형을 이용하여 목차를 작성한다(글꼴 : 궁서, 24pt).
(2) 도형 : 선 없음

세부조건

① 텍스트에 하이퍼링크 적용
 ➡ '슬라이드 4'

② 그림 삽입
 - 「내 PC₩문서₩ITQ₩Picture₩그림5.jpg」
 - 자르기 기능 이용

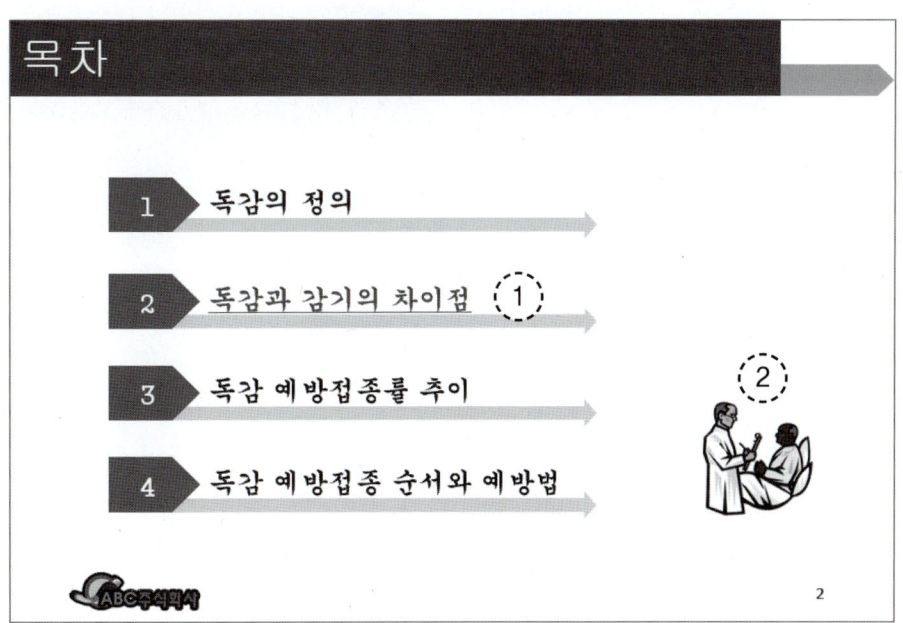

슬라이드 3 — 텍스트/동영상 슬라이드 (60점)

(1) 텍스트 작성 : 글머리 기호 사용(◆, ■)
　◆문단(돋움, 24pt, 굵게, 줄간격 : 1.5줄), ■문단(돋움, 20pt, 줄간격 : 1.5줄)

세부조건

① 동영상 삽입 :
－「내 PC₩문서₩ITQ₩Picture₩동영상.wmv」
－자동실행, 반복재생 설정

1. 독감의 정의

◆ Influenza
- Commonly known as "the flu", is an infectious disease caused by an influenza virus
- The most common symptoms include: high fever, runny nose, sore throat, and headache

◆ 독감
- '독감'으로 알려졌으며, 인플루엔자 바이러스가 유발하는 감염성 질환으로 일반적인 증상은 고열, 콧물, 인후통, 근육통, 두통, 피로감

슬라이드 4 — 표 슬라이드 (80점)

(1) 도형과 표 작성 기능을 이용하여 슬라이드를 작성한다(글꼴 : 돋움, 18pt).

세부조건

① 상단 도형 :
2개 도형의 조합으로 작성

② 좌측 도형 :
그라데이션 효과(선형 아래쪽)

③ 표 스타일 :
테마 스타일 1 – 강조 5

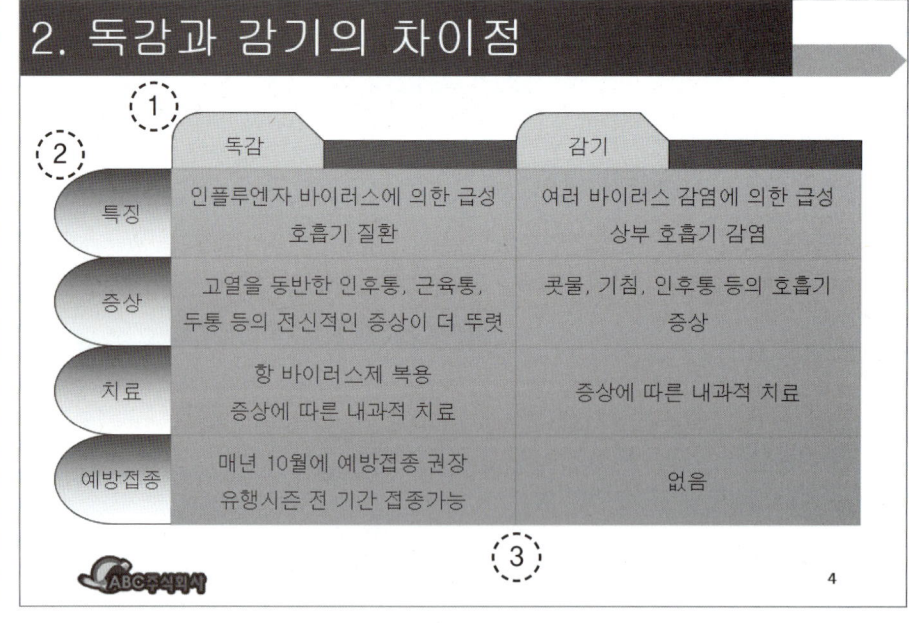

슬라이드 5 — 차트 슬라이드 (100점)

(1) 차트 작성 기능을 이용하여 슬라이드를 작성한다.
(2) 차트 : 종류(묶은 세로 막대형), 글꼴(굴림, 16pt), 외곽선

세부조건

※ **차트설명**
- 차트제목 : 궁서, 24pt, 굵게, 채우기(흰색), 테두리, 그림자(오프셋 위쪽)
- 차트영역 : 채우기(노랑) 그림영역 : 채우기(흰색)
- 데이터 서식 : 백분율(%) 계열을 표식이 있는 꺾은선형으로 변경 후 보조축으로 지정
- 값 표시 : 2016년의 백분율(%) 계열만

① **도형 삽입**
- 스타일 : 미세효과 – 파랑, 강조 1
- 글꼴 : 돋움, 18pt

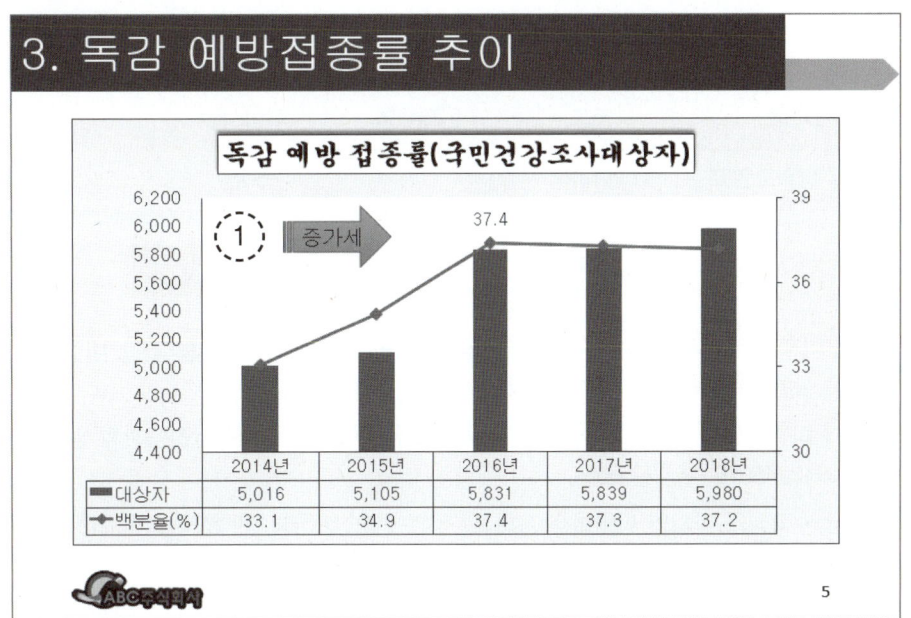

슬라이드 6 — 도형 슬라이드 (100점)

(1) 슬라이드와 같이 도형 및 스마트아트를 배치한다(글꼴 : 굴림, 18pt).
(2) 애니메이션 순서 : ① ⇒ ②

세부조건

① **도형 및 스마트아트 편집**
- 그룹화 후 애니메이션 효과 : 나누기(가로 안쪽으로)

② **도형 편집**
- 스마트아트 디자인 : 3차원 경사, 3차원 벽돌
- 그룹화 후 애니메이션 효과 : 바운드

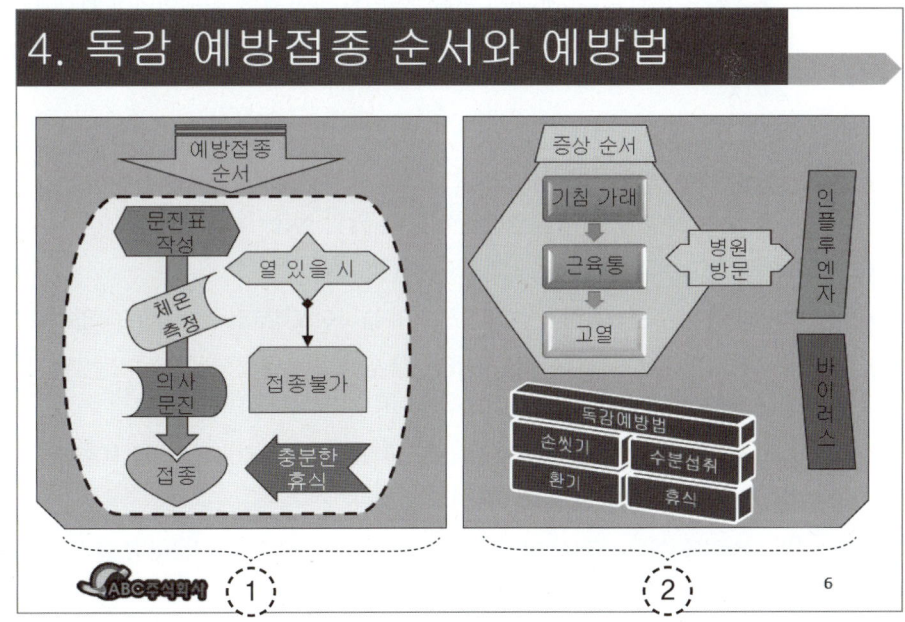

실전 모의고사

MS오피스 2016

과목	코드	문제유형	시험시간	수험번호	성 명
한글 파워포인트	1142	A	60분		

수험자 유의사항

- 수험자는 문제지를 받는 즉시 문제지와 **수험표상의 시험과목(프로그램), 버전이 동일한지 반드시 확인**하여야 합니다.
- 파일명은 본인의 "수험번호-성명"으로 입력하여 답안폴더(내 PC₩문서₩ITQ)에 하나의 파일로 저장해야 하며, 답안문서 파일명이 "수험번호-성명"과 일치하지 않거나, 답안파일을 전송하지 않아 미제출로 처리될 경우 실격 처리합니다(예:12345678-홍길동.pptx).
- 답안 작성을 마치면 파일을 저장하고, '답안 전송' 버튼을 선택하여 감독위원 PC로 답안을 전송하십시오. 수험생 정보와 저장한 파일명이 다를 경우 전송되지 않으므로 주의하시기 바랍니다.
- 답안 작성 중에도 **주기적으로 저장하고, '답안 전송'**하여야 문제 발생을 줄일 수 있습니다. 작업한 내용을 저장하지 않고 전송할 경우 이전에 저장된 내용이 전송되오니 이점 유의하시기 바랍니다.
- 답안문서는 지정된 경로 외의 다른 보조기억장치에 저장하는 경우, 지정된 시험 시간 외에 작성된 파일을 활용할 경우, 기타 통신수단(이메일, 메신저, 네트워크 등)을 이용하여 타인에게 전달 또는 외부 반출하는 경우는 부정 처리합니다.
- 시험 중 부주의 또는 고의로 시스템을 파손한 경우는 수험자가 변상해야 하며, 〈수험자 유의사항〉에 기재된 방법대로 이행하지 않아 생기는 불이익은 수험생 당사자의 책임임을 알려 드립니다.
- 문제의 조건은 MS오피스 2016 버전으로 설정되어 있으니 유의하시기 바랍니다.
- 시험을 완료한 수험자는 답안파일이 전송되었는지 확인한 후 감독위원의 지시에 따라 문제지를 제출하고 퇴실합니다.

답안 작성요령

- 온라인 답안 작성 절차
  수험자 등록 ⇒ 시험 시작 ⇒ 답안파일 저장 ⇒ 답안 전송 ⇒ 시험 종료
- 슬라이드의 크기는 A4 Paper로 설정하여 작성합니다.
- 슬라이드의 총 개수는 6개로 구성되어 있으며 슬라이드 1부터 순서대로 작업하고 반드시 문제와 세부조건대로 합니다.
- 별도의 지시사항이 없는 경우 ≪출력형태≫를 참조하여 글꼴색은 검정 또는 흰색으로 작성하고, 기타사항은 전체적인 균형을 고려하여 작성합니다.
- 슬라이드 도형 및 개체에 출력형태와 다른 스타일(그림자, 외곽선 등)을 적용했을 경우 감점처리됩니다.
- 슬라이드 번호를 작성합니다(슬라이드 1에는 생략).
- 2~6번 슬라이드 제목 도형과 하단 로고는 슬라이드 마스터를 이용하여 출력형태와 동일하게 작성합니다(슬라이드 1에는 생략).
- 문제와 세부조건, 세부조건 번호 ◌(점선원)는 입력하지 않습니다.
- 각 개체의 위치는 오른쪽의 슬라이드와 동일하게 구성합니다.
- 그림 삽입 문제의 경우 반드시 「내 PC₩문서₩ITQ₩Picture」 폴더에서 정확한 파일을 선택하여 삽입하십시오.
- 각 슬라이드를 각각의 파일로 작업해서 저장할 경우 실격 처리됩니다.

전체 구성   60점

(1) 슬라이드 크기 및 순서 : 크기를 A4 용지로 설정하고 슬라이드 순서에 맞게 작성한다.
(2) 슬라이드 마스터 : 2~6슬라이드의 제목, 하단 로고, 슬라이드 번호는 슬라이드 마스터를 이용하여 작성한다.
 - 제목 글꼴(돋움, 40pt, 흰색), 가운데 맞춤, 도형(선 없음)
 - 하단 로고(「내 PC\문서\ITQ\Picture\로고2.jpg」, 배경(회색) 투명색으로 설정)

슬라이드 1   표지 디자인   40점

(1) 표지 디자인 : 도형, 워드아트 및 그림을 이용하여 작성한다.

세부조건

① 도형 편집
 - 도형에 그림 채우기 :
  「내 PC\문서\ITQ\Picture\그림1.jpg」, 투명도 50%
 - 도형 효과 :
  부드러운 가장자리 5포인트
② 워드아트 삽입
 - 변환 : 위로 기울기
 - 글꼴 : 돋움, 굵게
 - 텍스트 반사 : 전체 반사, 터치
③ 그림 삽입
 - 「내 PC\문서\ITQ\Picture\로고2.jpg」
 - 배경(회색) 투명색으로 설정

슬라이드 2   목차 슬라이드   60점

(1) 출력형태와 같이 도형을 이용하여 목차를 작성한다(글꼴 : 돋움, 24pt).
(2) 도형 : 선 없음

세부조건

① 텍스트에 하이퍼링크 적용
 ➡ '슬라이드 6'
② 그림 삽입
 - 「내 PC\문서\ITQ\Picture\그림5.jpg」
 - 자르기 기능 이용

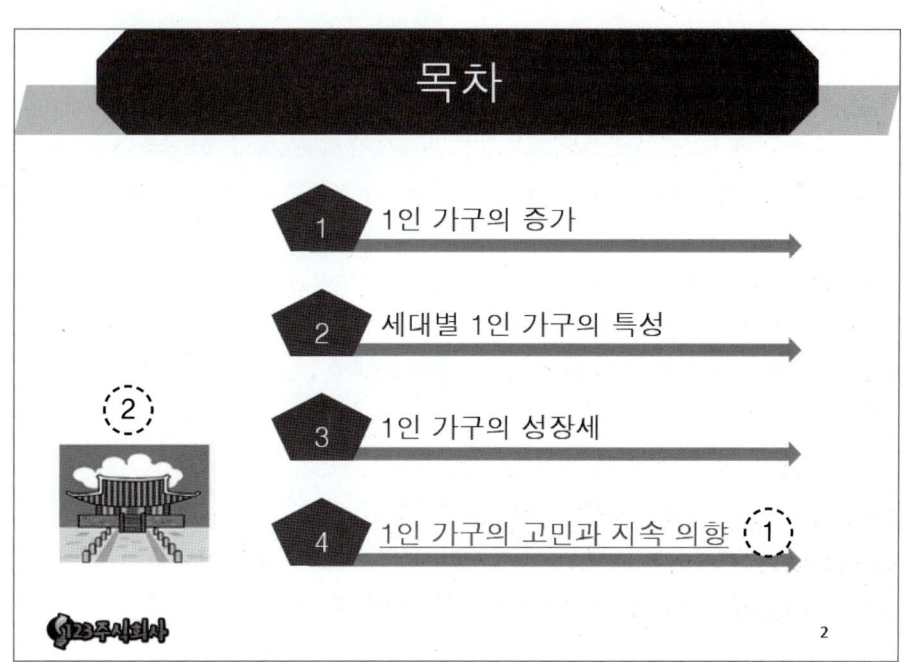

슬라이드 3 — 텍스트/동영상 슬라이드 (60점)

(1) 텍스트 작성 : 글머리 기호 사용(❖, ■)
  ❖문단(굴림, 24pt, 굵게, 줄간격 : 1.5줄), ■문단(굴림, 20pt, 줄간격 : 1.5줄)

세부조건

① 동영상 삽입 :
 - 「내 PC₩문서₩ITQ₩Picture₩동영상.wmv」
 - 자동실행, 반복재생 설정

1. 1인 가구의 증가

❖ Single-person households
 ■ Korea's single-person households are expected to grow faster than previously expected and continue to grow even when the population growth rate becomes negative

❖ 1인 가구의 증가
 ■ 한국의 1인 가구는 기존 예상보다 더 빠르게 증가하여 인구성장률이 마이너스가 되는 시점에도 지속 성장할 전망
 ■ 1인 가구 비중의 증가는 전국적인 현상

슬라이드 4 — 표 슬라이드 (80점)

(1) 도형과 표 작성 기능을 이용하여 슬라이드를 작성한다(글꼴 : 굴림, 18pt).

세부조건

① 상단 도형 :
  2개 도형의 조합으로 작성
② 좌측 도형 :
  그라데이션 효과(선형,아래쪽)
③ 표 스타일 :
  테마 스타일 1 - 강조 6

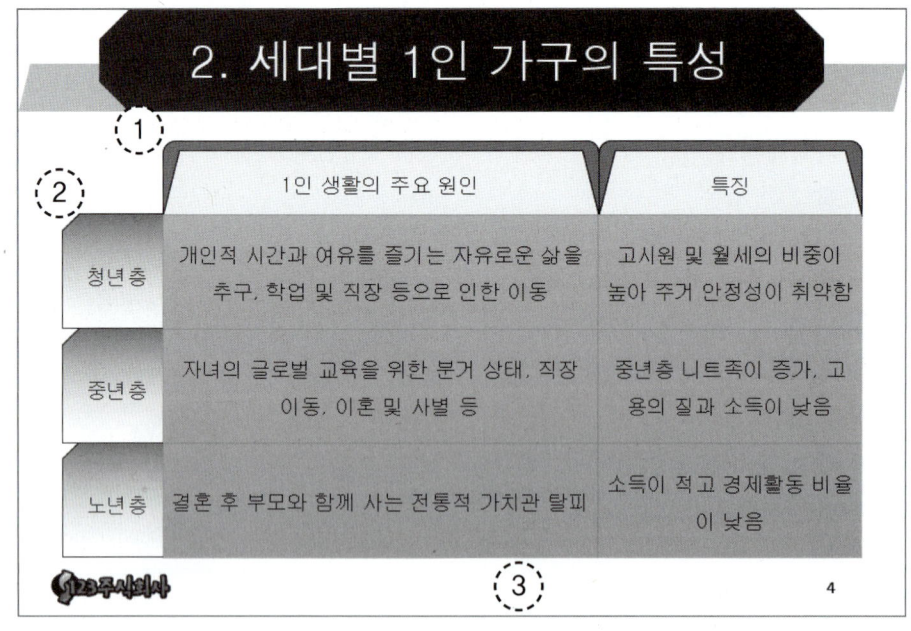

2. 세대별 1인 가구의 특성

	1인 생활의 주요 원인	특징
청년층	개인적 시간과 여유를 즐기는 자유로운 삶을 추구, 학업 및 직장 등으로 인한 이동	고시원 및 월세의 비중이 높아 주거 안정성이 취약함
중년층	자녀의 글로벌 교육을 위한 분거 상태, 직장 이동, 이혼 및 사별 등	중년층 니트족이 증가, 고용의 질과 소득이 낮음
노년층	결혼 후 부모와 함께 사는 전통적 가치관 탈피	소득이 적고 경제활동 비율이 낮음

슬라이드 5   차트 슬라이드   100점

(1) 차트 작성 기능을 이용하여 슬라이드를 작성한다.
(2) 차트 : 종류(묶은 세로 막대형), 글꼴(돋움, 16pt), 외곽선

세부조건

※ **차트설명**
- 차트제목 : 굴림, 24pt, 굵게, 채우기(흰색), 테두리, 그림자(오프셋 오른쪽)
- 차트영역 : 채우기(노랑)
  그림영역 : 채우기(흰색)
- 데이터 서식 : 1인 가구 비중(%) 계열을 표식이 있는 꺾은선형으로 변경 후 보조축으로 지정
- 값 표시 : 2017년의 1인 가구(만 가구) 계열만

① **도형 삽입**
- 스타일 : 미세효과 – 파랑, 강조 1
- 글꼴 : 굴림, 18pt

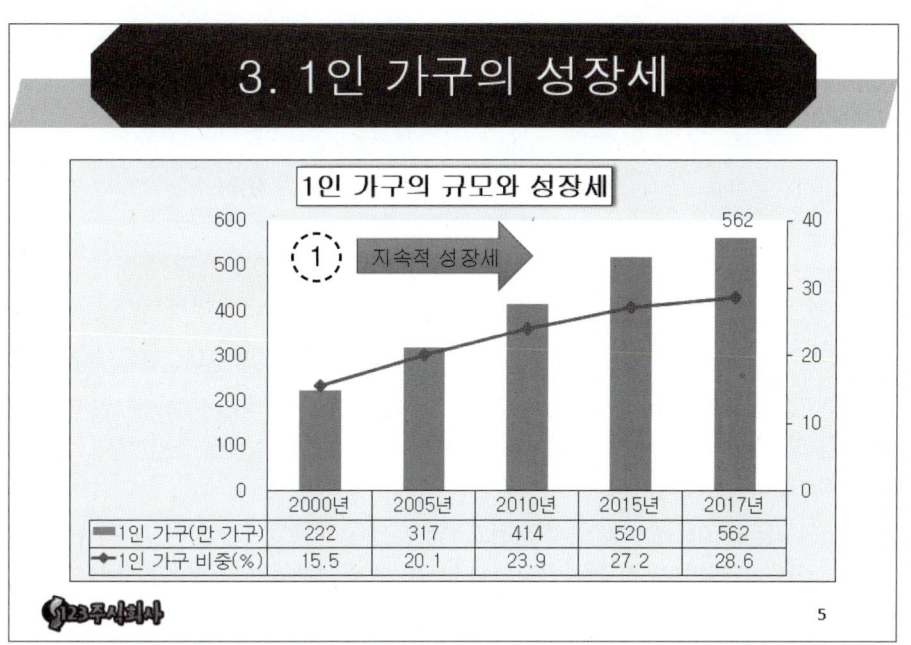

슬라이드 6   도형 슬라이드   100점

(1) 슬라이드와 같이 도형 및 스마트아트를 배치한다(글꼴 : 돋움, 18pt).
(2) 애니메이션 순서 : ① ⇒ ②

세부조건

① **도형 및 스마트아트 편집**
- 스마트아트 디자인 : 3차원 경사, 3차원 만화
- 그룹화 후 애니메이션 효과 : 날아오기(왼쪽에서)

② **도형 편집**
- 그룹화 후 애니메이션 효과 : 회전

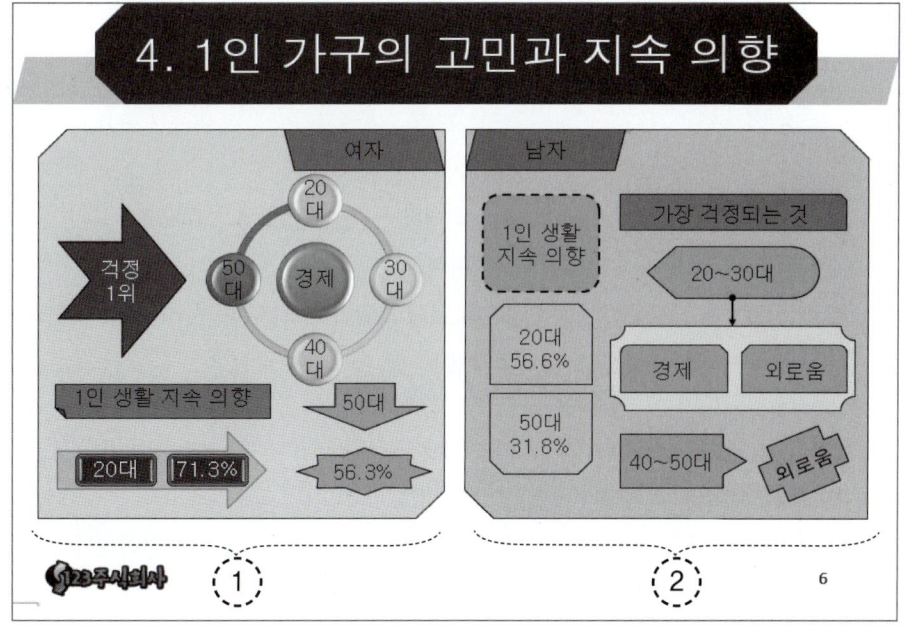

실전 모의고사

제 10 회

MS오피스 2016

과목	코드	문제유형	시험시간	수험번호	성 명
한글 파워포인트	1142	A	60분		

수험자 유의사항

- 수험자는 문제지를 받는 즉시 문제지와 **수험표상의 시험과목(프로그램), 버전이 동일한지 반드시 확인**하여야 합니다.
- 파일명은 본인의 "수험번호-성명"으로 입력하여 답안폴더(내 PC₩문서₩ITQ)에 하나의 파일로 저장해야 하며, 답안문서 파일명이 "수험번호-성명"과 일치하지 않거나, 답안파일을 전송하지 않아 미제출로 처리될 경우 실격 처리합니다(예:12345678-홍길동.pptx).
- 답안 작성을 마치면 파일을 저장하고, '답안 전송' 버튼을 선택하여 감독위원 PC로 답안을 전송하십시오. 수험생 정보와 저장한 파일명이 다를 경우 전송되지 않으므로 주의하시기 바랍니다.
- 답안 작성 중에도 **주기적으로 저장하고, '답안 전송'**하여야 문제 발생을 줄일 수 있습니다. 작업한 내용을 저장하지 않고 전송할 경우 이전에 저장된 내용이 전송되오니 이점 유의하시기 바랍니다.
- 답안문서는 지정된 경로 외의 다른 보조기억장치에 저장하는 경우, 지정된 시험 시간 외에 작성된 파일을 활용할 경우, 기타 통신수단(이메일, 메신저, 네트워크 등)을 이용하여 타인에게 전달 또는 외부 반출하는 경우는 부정 처리합니다.
- 시험 중 부주의 또는 고의로 시스템을 파손한 경우는 수험자가 변상해야 하며, 〈수험자 유의사항〉에 기재된 방법대로 이행하지 않아 생기는 불이익은 수험생 당사자의 책임임을 알려 드립니다.
- 문제의 조건은 MS오피스 2016 버전으로 설정되어 있으니 유의하시기 바랍니다.
- 시험을 완료한 수험자는 답안파일이 전송되었는지 확인한 후 감독위원의 지시에 따라 문제지를 제출하고 퇴실합니다.

답안 작성요령

- 온라인 답안 작성 절차
  수험자 등록 ⇒ 시험 시작 ⇒ 답안파일 저장 ⇒ 답안 전송 ⇒ 시험 종료
- 슬라이드의 크기는 A4 Paper로 설정하여 작성합니다.
- 슬라이드의 총 개수는 6개로 구성되어 있으며 슬라이드 1부터 순서대로 작업하고 반드시 문제와 세부조건대로 합니다.
- 별도의 지시사항이 없는 경우 《출력형태》를 참조하여 글꼴색은 검정 또는 흰색으로 작성하고, 기타사항은 전체적인 균형을 고려하여 작성합니다.
- 슬라이드 도형 및 개체에 출력형태와 다른 스타일(그림자, 외곽선 등)을 적용했을 경우 감점처리됩니다.
- 슬라이드 번호를 작성합니다(슬라이드 1에는 생략).
- 2~6번 슬라이드 제목 도형과 하단 로고는 슬라이드 마스터를 이용하여 출력형태와 동일하게 작성합니다(슬라이드 1에는 생략).
- 문제와 세부조건, 세부조건 번호 ◌(점선원)는 입력하지 않습니다.
- 각 개체의 위치는 오른쪽의 슬라이드와 동일하게 구성합니다.
- 그림 삽입 문제의 경우 반드시 「내 PC₩문서₩ITQ₩Picture」 폴더에서 정확한 파일을 선택하여 삽입하십시오.
- 각 슬라이드를 각각의 파일로 작업해서 저장할 경우 실격 처리됩니다.

전체 구성 — 60점

(1) 슬라이드 크기 및 순서 : 크기를 A4 용지로 설정하고 슬라이드 순서에 맞게 작성한다.
(2) 슬라이드 마스터 : 2~6슬라이드의 제목, 하단 로고, 슬라이드 번호는 슬라이드 마스터를 이용하여 작성한다.
  - 제목 글꼴(돋움, 40pt, 흰색), 가운데 맞춤, 도형(선 없음)
  - 하단 로고(「내 PC\문서\ITQ\Picture\로고2.jpg」, 배경(회색) 투명색으로 설정)

슬라이드 1 — 표지 디자인 — 40점

(1) 표지 디자인 : 도형, 워드아트 및 그림을 이용하여 작성한다.

세부조건

① 도형 편집
  - 도형에 그림 채우기 :
    「내 PC\문서\ITQ\Picture\그림1.jpg」, 투명도 50%
  - 도형 효과 :
    부드러운 가장자리 5포인트

② 워드아트 삽입
  - 변환 : 역갈매기형 수장
  - 글꼴 : 돋움, 굵게
  - 텍스트 반사 : 전체 반사, 터치

③ 그림 삽입
  - 「내 PC\문서\ITQ\Picture\로고2.jpg」
  - 배경(회색) 투명색으로 설정

슬라이드 2 — 목차 슬라이드 — 60점

(1) 출력형태와 같이 도형을 이용하여 목차를 작성한다(글꼴 : 돋움, 24pt).
(2) 도형 : 선 없음

세부조건

① 텍스트에 하이퍼링크 적용
  ➡ '슬라이드 6'

② 그림 삽입
  - 「내 PC\문서\ITQ\Picture\그림4.jpg」
  - 자르기 기능 이용

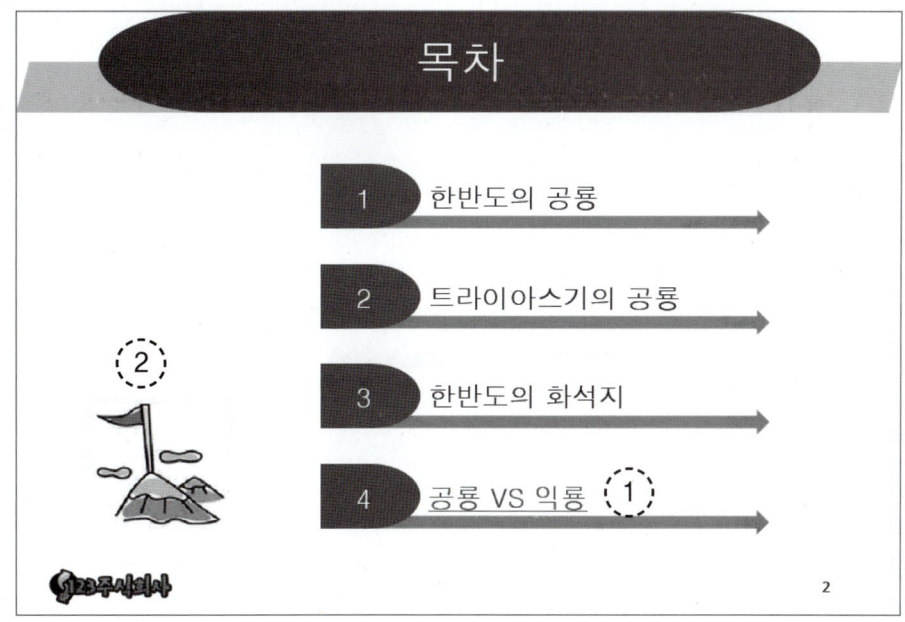

슬라이드 3 — 텍스트/동영상 슬라이드 (60점)

(1) 텍스트 작성 : 글머리 기호 사용(❖, ■)
  ❖문단(굴림, 24pt, 굵게, 줄간격 : 1.5줄), ■문단(굴림, 20pt, 줄간격 : 1.5줄)

세부조건

① 동영상 삽입 :
  - 「내 PC₩문서₩ITQ₩Picture₩동영상.wmv」
  - 자동실행, 반복재생 설정

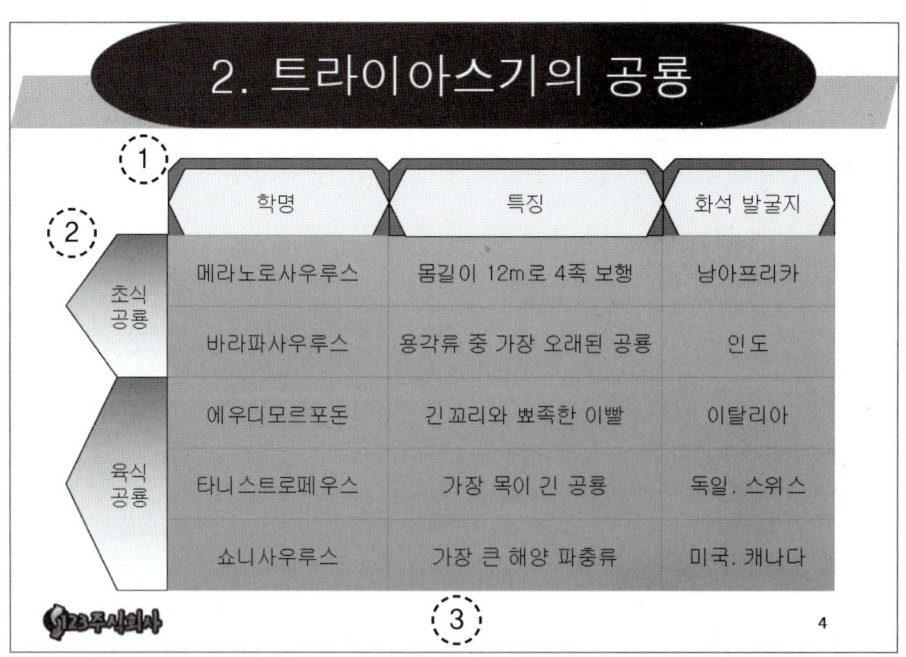

슬라이드 4 — 표 슬라이드 (80점)

(1) 도형과 표 작성 기능을 이용하여 슬라이드를 작성한다(글꼴 : 굴림, 18pt).

세부조건

① 상단 도형 :
  2개 도형의 조합으로 작성

② 좌측 도형 :
  그라데이션 효과(선형 아래쪽)

③ 표 스타일 :
  테마 스타일 1 - 강조 6

슬라이드 5 차트 슬라이드 100점

(1) 차트 작성 기능을 이용하여 슬라이드를 작성한다.
(2) 차트 : 종류(묶은 세로 막대형), 글꼴(돋움, 16pt), 외곽선

세부조건

※ 차트설명
- 차트제목 : 굴림, 24pt, 굵게, 채우기(흰색), 테두리, 그림자(오프셋 오른쪽)
- 차트영역 : 채우기(노랑) 그림영역 : 채우기(흰색)
- 데이터 서식 : 용각류 계열을 표식이 있는 꺾은선형으로 변경 후 보조 축으로 지정
- 값 표시 : 보성의 조각류 계열만

① 도형 삽입
- 스타일 : 미세효과 – 파랑, 강조 1
- 글꼴 : 굴림, 18pt

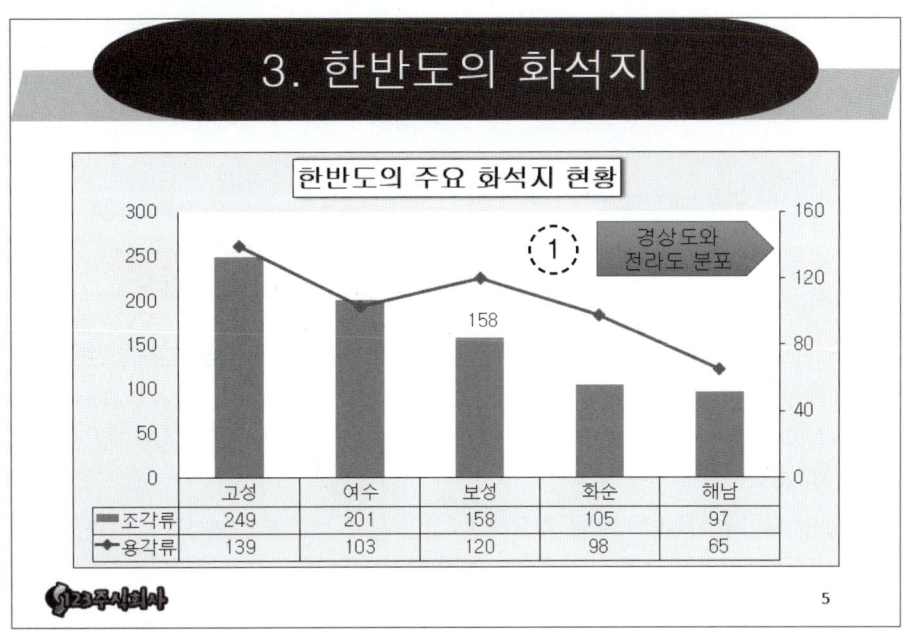

슬라이드 6 도형 슬라이드 100점

(1) 슬라이드와 같이 도형 및 스마트아트를 배치한다(글꼴 : 돋움, 18pt).
(2) 애니메이션 순서 : ① ⇒ ②

세부조건

① 도형 및 스마트아트 편집
- 스마트아트 디자인 : 3차원 만화, 3차원 애니메이션 효과
- 그룹화 후 애니메이션 효과 : 날아오기(왼쪽에서)

② 도형 편집
- 그룹화 후 애니메이션 효과 : 회전

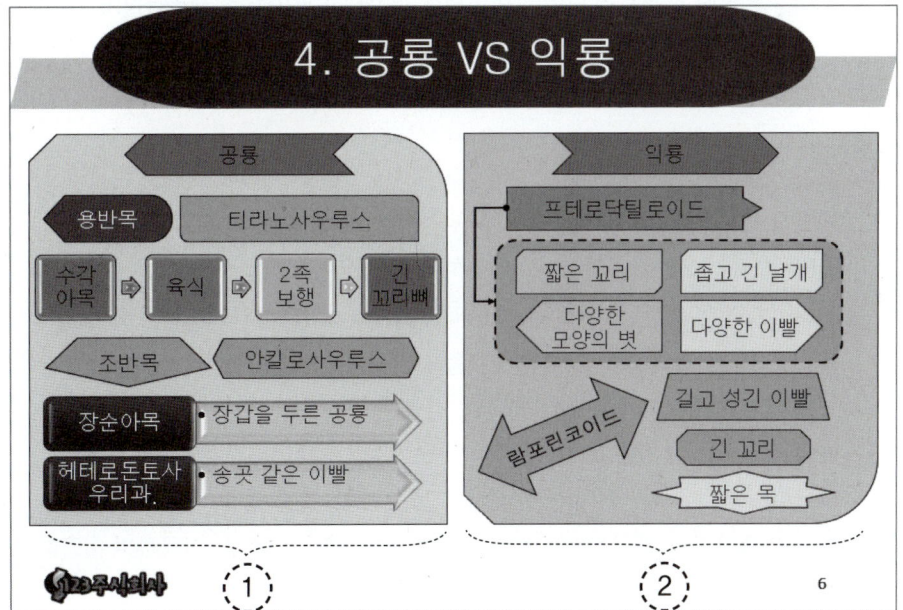

실전 모의고사

MS오피스 2016

과목	코드	문제유형	시험시간	수험번호	성 명
한글 파워포인트	1142	A	60분		

• 수험자 유의사항 •

- 수험자는 문제지를 받는 즉시 문제지와 <u>수험표상의 시험과목(프로그램), 버전이 동일한지 반드시 확인</u>하여야 합니다.
- 파일명은 본인의 "수험번호-성명"으로 입력하여 답안폴더(내 PC\문서\ITQ)에 하나의 파일로 저장해야 하며, 답안문서 파일명이 "수험번호-성명"과 일치하지 않거나, 답안파일을 전송하지 않아 미제출로 처리될 경우 실격 처리합니다 (예:12345678-홍길동.pptx).
- 답안 작성을 마치면 파일을 저장하고, '답안 전송' 버튼을 선택하여 감독위원 PC로 답안을 전송하십시오. 수험생 정보와 저장한 파일명이 다를 경우 전송되지 않으므로 주의하시기 바랍니다.
- 답안 작성 중에도 <u>주기적으로 저장하고, '답안 전송'</u>하여야 문제 발생을 줄일 수 있습니다. 작업한 내용을 저장하지 않고 전송할 경우 이전에 저장된 내용이 전송되오니 이점 유의하시기 바랍니다.
- 답안문서는 지정된 경로 외의 다른 보조기억장치에 저장하는 경우, 지정된 시험 시간 외에 작성된 파일을 활용할 경우, 기타 통신수단(이메일, 메신저, 네트워크 등)을 이용하여 타인에게 전달 또는 외부 반출하는 경우는 부정 처리합니다.
- 시험 중 부주의 또는 고의로 시스템을 파손한 경우는 수험자가 변상해야 하며, 〈수험자 유의사항〉에 기재된 방법대로 이행하지 않아 생기는 불이익은 수험생 당사자의 책임임을 알려 드립니다.
- 문제의 조건은 MS오피스 2016 버전으로 설정되어 있으니 유의하시기 바랍니다.
- 시험을 완료한 수험자는 답안파일이 전송되었는지 확인한 후 감독위원의 지시에 따라 문제지를 제출하고 퇴실합니다.

• 답안 작성요령 •

- 온라인 답안 작성 절차
  수험자 등록 ⇒ 시험 시작 ⇒ 답안파일 저장 ⇒ 답안 전송 ⇒ 시험 종료
- 슬라이드의 크기는 A4 Paper로 설정하여 작성합니다.
- 슬라이드의 총 개수는 6개로 구성되어 있으며 슬라이드 1부터 순서대로 작업하고 반드시 문제와 세부조건대로 합니다.
- 별도의 지시사항이 없는 경우 ≪출력형태≫를 참조하여 글꼴색은 검정 또는 흰색으로 작성하고, 기타사항은 전체적인 균형을 고려하여 작성합니다.
- 슬라이드 도형 및 개체에 출력형태와 다른 스타일(그림자, 외곽선 등)을 적용했을 경우 감점처리됩니다.
- 슬라이드 번호를 작성합니다(슬라이드 1에는 생략).
- 2~6번 슬라이드 제목 도형과 하단 로고는 슬라이드 마스터를 이용하여 출력형태와 동일하게 작성합니다(슬라이드 1에는 생략).
- 문제와 세부조건, 세부조건 번호 ◌(점선원)는 입력하지 않습니다.
- 각 개체의 위치는 오른쪽의 슬라이드와 동일하게 구성합니다.
- 그림 삽입 문제의 경우 반드시 「내 PC\문서\ITQ\Picture」 폴더에서 정확한 파일을 선택하여 삽입하십시오.
- 각 슬라이드를 각각의 파일로 작업해서 저장할 경우 실격 처리됩니다.

전체 구성 — 60점

(1) 슬라이드 크기 및 순서 : 크기를 A4 용지로 설정하고 슬라이드 순서에 맞게 작성한다.
(2) 슬라이드 마스터 : 2~6슬라이드의 제목, 하단 로고, 슬라이드 번호는 슬라이드 마스터를 이용하여 작성한다.
   - 제목 글꼴(굴림, 40pt, 흰색), 가운데 맞춤, 도형(선 없음)
   - 하단 로고(「내 PC\문서\ITQ\Picture\로고1.jpg」, 배경(회색) 투명색으로 설정)

슬라이드 1   표지 디자인 — 40점

(1) 표지 디자인 : 도형, 워드아트 및 그림을 이용하여 작성한다.

세부조건

① 도형 편집
 - 도형에 그림 채우기 :
   「내 PC\문서\ITQ\Picture\그림2.jpg」, 투명도 50%
 - 도형 효과 :
   부드러운 가장자리 5포인트

② 워드아트 삽입
 - 변환 : 휘어 내려가기
 - 글꼴 : 돋움, 굵게
 - 텍스트 반사 : 근접 반사, 터치

③ 그림 삽입
 - 「내 PC\문서\ITQ\Picture\로고1.jpg」
 - 배경(회색) 투명색으로 설정

슬라이드 2   목차 슬라이드 — 60점

(1) 출력형태와 같이 도형을 이용하여 목차를 작성한다(글꼴 : 굴림, 24pt).
(2) 도형 : 선 없음

세부조건

① 텍스트에 하이퍼링크 적용
  ➡ '슬라이드 5'

② 그림 삽입
 - 「내 PC\문서\ITQ\Picture\그림4.jpg」
 - 자르기 기능 이용

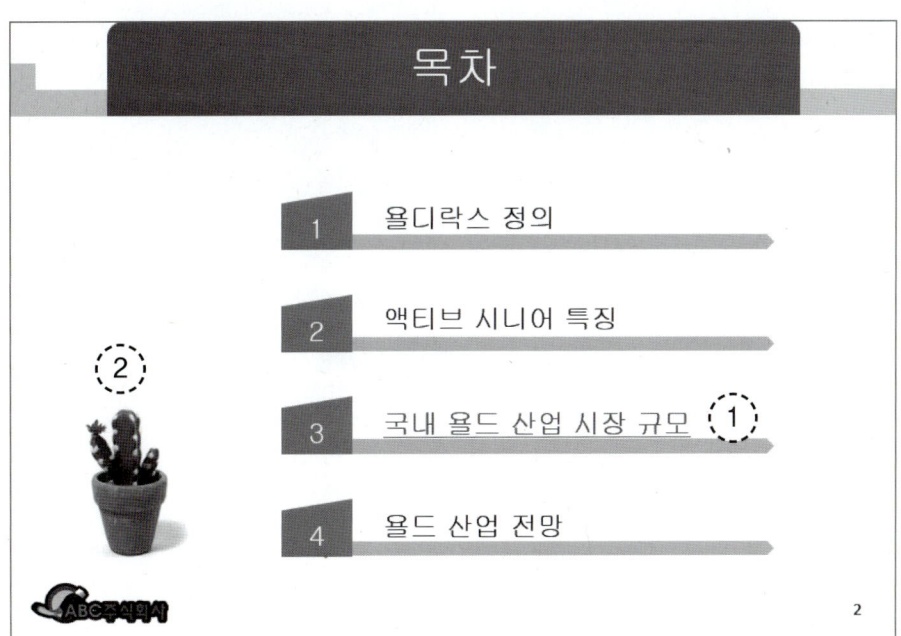

슬라이드 3 — 텍스트/동영상 슬라이드 (60점)

(1) 텍스트 작성 : 글머리 기호 사용(❖, ➢)
  ❖문단(굴림, 24pt, 굵게, 줄간격 : 1.5줄), ➢문단(굴림, 20pt, 줄간격 : 1.5줄)

세부조건

① 동영상 삽입 :
  - 「내 PC₩문서₩ITQ₩Picture₩동영상.wmv」
  - 자동실행, 반복재생 설정

1. 욜디락스 정의

❖ Yoldilocks
  ➢ YOLD is a young adult population between 65 and 79
  ➢ Yoldilocks means the ideal economic revival led by the YOLD generation, who are neither young nor old

❖ 욜디락스
  ➢ 욜드는 65세에서 79세 사이의 젊은 노인 인구를 말하며 욜디락스는 젊지도 늙지도 않은 욜드세대가 주도하는 이상적인 경제 부활을 의미

슬라이드 4 — 표 슬라이드 (80점)

(1) 도형과 표 작성 기능을 이용하여 슬라이드를 작성한다(글꼴 : 돋움, 18pt).

세부조건

① 상단 도형 :
  2개 도형의 조합으로 작성
② 좌측 도형 :
  그라데이션 효과(선형 위쪽)
③ 표 스타일 :
  테마 스타일 1 – 강조 6

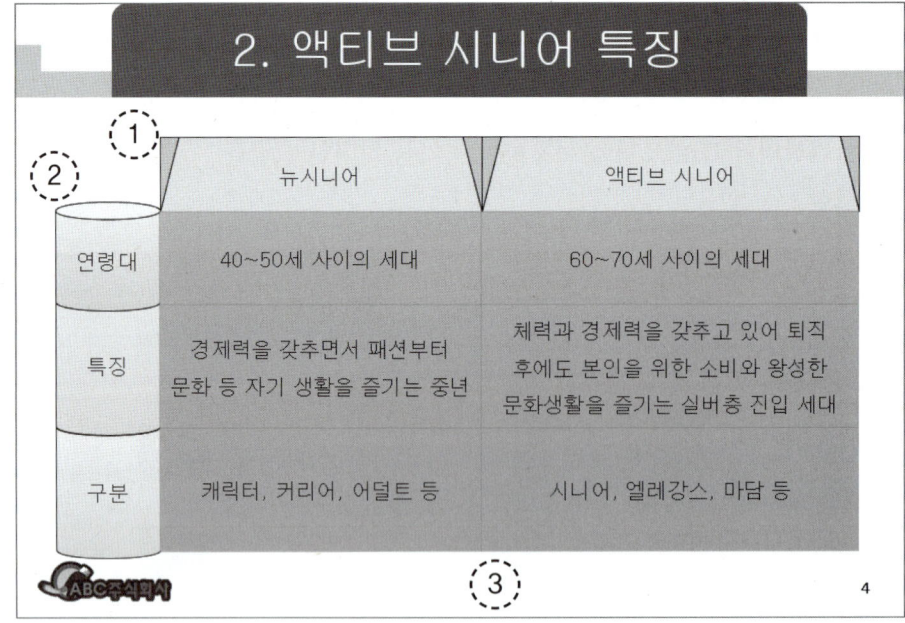

| 슬라이드 5 | 차트 슬라이드 | 100점 |

(1) 차트 작성 기능을 이용하여 슬라이드를 작성한다.
(2) 차트 : 종류(묶은 세로 막대형), 글꼴(돋움, 16pt), 외곽선

세부조건

※ **차트설명**
- 차트제목 : 궁서, 24pt, 굵게, 채우기(흰색), 테두리, 그림자(오프셋 왼쪽)
- 차트영역 : 채우기(노랑) 그림영역 : 채우기(흰색)
- 데이터 서식 : 2020년 계열을 표식이 있는 꺾은선형으로 변경 후 보조축으로 지정
- 값 표시 : 화장품의 2015년 계열만

① **도형 삽입**
- 스타일 : 미세효과 – 파랑, 강조 1
- 글꼴 : 굴림, 18pt

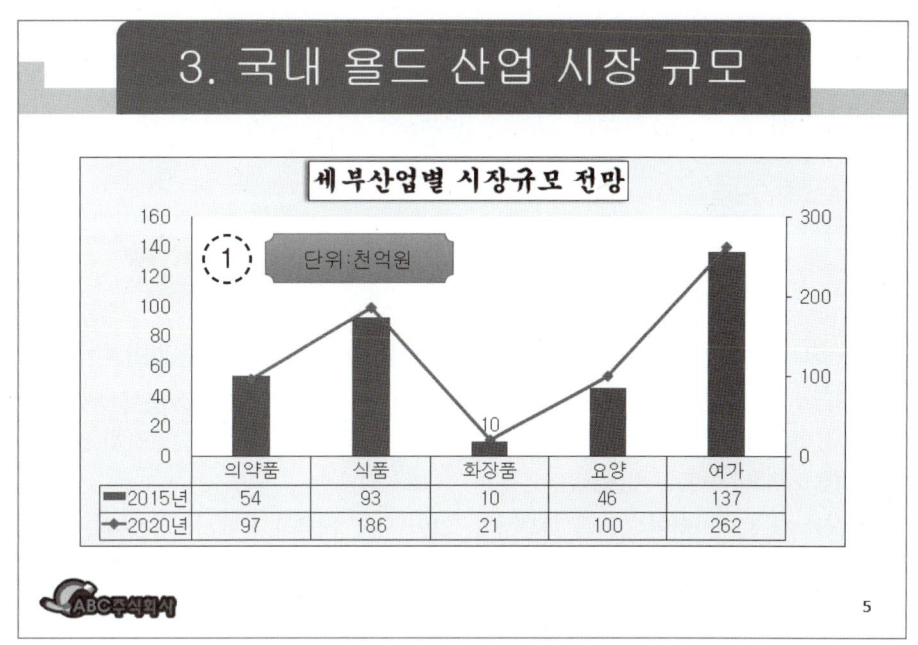

| 슬라이드 6 | 도형 슬라이드 | 100점 |

(1) 슬라이드와 같이 도형 및 스마트아트를 배치한다(글꼴 : 굴림, 18pt).
(2) 애니메이션 순서 : ① ⇒ ②

세부조건

① **도형 및 스마트아트 편집**
- 스마트아트 디자인 : 3차원 만화, 3차원 경사
- 그룹화 후 애니메이션 효과 : 나누기(세로 바깥쪽으로)

② **도형 편집**
- 그룹화 후 애니메이션 효과: 나타내기

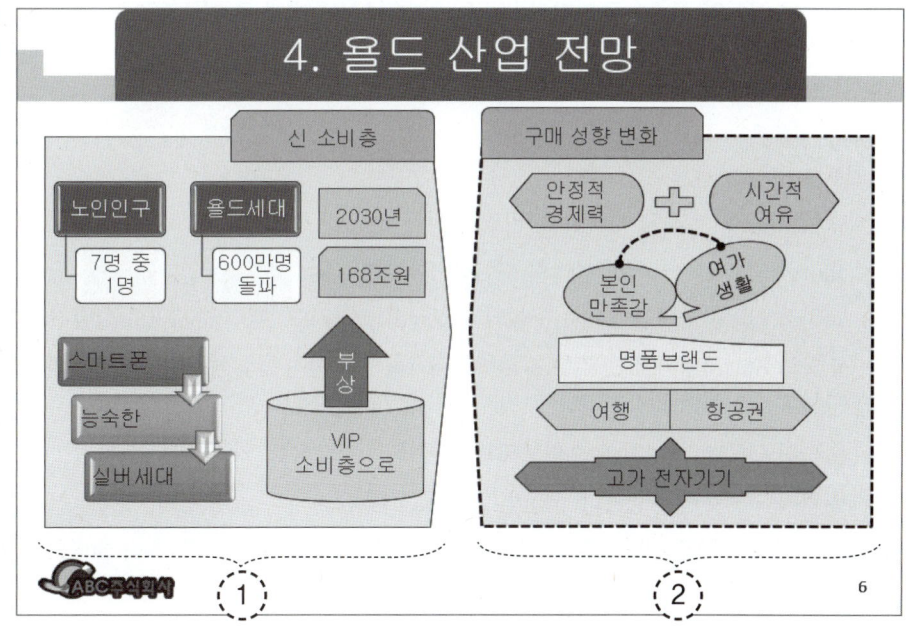

실전 모의고사

MS오피스 2016

과목	코드	문제유형	시험시간	수험번호	성 명
한글 파워포인트	1142	A	60분		

수험자 유의사항

- 수험자는 문제지를 받는 즉시 문제지와 **수험표상의 시험과목(프로그램), 버전이 동일한지 반드시 확인**하여야 합니다.
- 파일명은 본인의 "수험번호-성명"으로 입력하여 답안폴더(내 PC₩문서₩ITQ)에 하나의 파일로 저장해야 하며, 답안문서 파일명이 "수험번호-성명"과 일치하지 않거나, 답안파일을 전송하지 않아 미제출로 처리될 경우 실격 처리합니다 (예:12345678-홍길동.pptx).
- 답안 작성을 마치면 파일을 저장하고, '답안 전송' 버튼을 선택하여 감독위원 PC로 답안을 전송하십시오. 수험생 정보와 저장한 파일명이 다를 경우 전송되지 않으므로 주의하시기 바랍니다.
- 답안 작성 중에도 **주기적으로 저장하고, '답안 전송'**하여야 문제 발생을 줄일 수 있습니다. 작업한 내용을 저장하지 않고 전송할 경우 이전에 저장된 내용이 전송되오니 이점 유의하시기 바랍니다.
- 답안문서는 지정된 경로 외의 다른 보조기억장치에 저장하는 경우, 지정된 시험 시간 외에 작성된 파일을 활용할 경우, 기타 통신수단(이메일, 메신저, 네트워크 등)을 이용하여 타인에게 전달 또는 외부 반출하는 경우는 부정 처리합니다.
- 시험 중 부주의 또는 고의로 시스템을 파손한 경우는 수험자가 변상해야 하며, 〈수험자 유의사항〉에 기재된 방법대로 이행하지 않아 생기는 불이익은 수험생 당사자의 책임임을 알려 드립니다.
- 문제의 조건은 MS오피스 2016 버전으로 설정되어 있으니 유의하시기 바랍니다.
- 시험을 완료한 수험자는 답안파일이 전송되었는지 확인한 후 감독위원의 지시에 따라 문제지를 제출하고 퇴실합니다.

답안 작성요령

- 온라인 답안 작성 절차
  수험자 등록 ⇒ 시험 시작 ⇒ 답안파일 저장 ⇒ 답안 전송 ⇒ 시험 종료
- 슬라이드의 크기는 A4 Paper로 설정하여 작성합니다.
- 슬라이드의 총 개수는 6개로 구성되어 있으며 슬라이드 1부터 순서대로 작업하고 반드시 문제와 세부조건대로 합니다.
- 별도의 지시사항이 없는 경우 ≪출력형태≫를 참조하여 글꼴색은 검정 또는 흰색으로 작성하고, 기타사항은 전체적인 균형을 고려하여 작성합니다.
- 슬라이드 도형 및 개체에 출력형태와 다른 스타일(그림자, 외곽선 등)을 적용했을 경우 감점처리됩니다.
- 슬라이드 번호를 작성합니다(슬라이드 1에는 생략).
- 2~6번 슬라이드 제목 도형과 하단 로고는 슬라이드 마스터를 이용하여 출력형태와 동일하게 작성합니다(슬라이드 1에는 생략).
- 문제와 세부조건, 세부조건 번호 ◌(점선원)는 입력하지 않습니다.
- 각 개체의 위치는 오른쪽의 슬라이드와 동일하게 구성합니다.
- 그림 삽입 문제의 경우 반드시 「내 PC₩문서₩ITQ₩Picture」 폴더에서 정확한 파일을 선택하여 삽입하십시오.
- 각 슬라이드를 각각의 파일로 작업해서 저장할 경우 실격 처리됩니다.

전체 구성 [60점]

(1) 슬라이드 크기 및 순서 : 크기를 A4 용지로 설정하고 슬라이드 순서에 맞게 작성한다.
(2) 슬라이드 마스터 : 2~6슬라이드의 제목, 하단 로고, 슬라이드 번호는 슬라이드 마스터를 이용하여 작성한다.
   - 제목 글꼴(굴림, 40pt, 흰색), 가운데 맞춤, 도형(선 없음)
   - 하단 로고(「내 PC\문서\ITQ\Picture\로고1.jpg」, 배경(회색) 투명색으로 설정)

슬라이드 1 표지 디자인 [40점]

(1) 표지 디자인 : 도형, 워드아트 및 그림을 이용하여 작성한다.

세부조건

① 도형 편집
   - 도형에 그림 채우기 :
     「내 PC\문서\ITQ\Picture\그림2.jpg」, 투명도 50%
   - 도형 효과 :
     부드러운 가장자리 5포인트

② 워드아트 삽입
   - 변환 : 갈매기형 수장
   - 글꼴 : 궁서, 굵게
   - 텍스트 반사 : 근접 반사, 8pt 오프셋

③ 그림 삽입
   - 「내 PC\문서\ITQ\Picture\로고1.jpg」
   - 배경(회색) 투명색으로 설정

슬라이드 2 목차 슬라이드 [60점]

(1) 출력형태와 같이 도형을 이용하여 목차를 작성한다(글꼴 : 굴림, 24pt).
(2) 도형 : 선 없음

세부조건

① 텍스트에 하이퍼링크 적용
   ➡ '슬라이드 3'

② 그림 삽입
   - 「내 PC\문서\ITQ\Picture\그림5.jpg」
   - 자르기 기능 이용

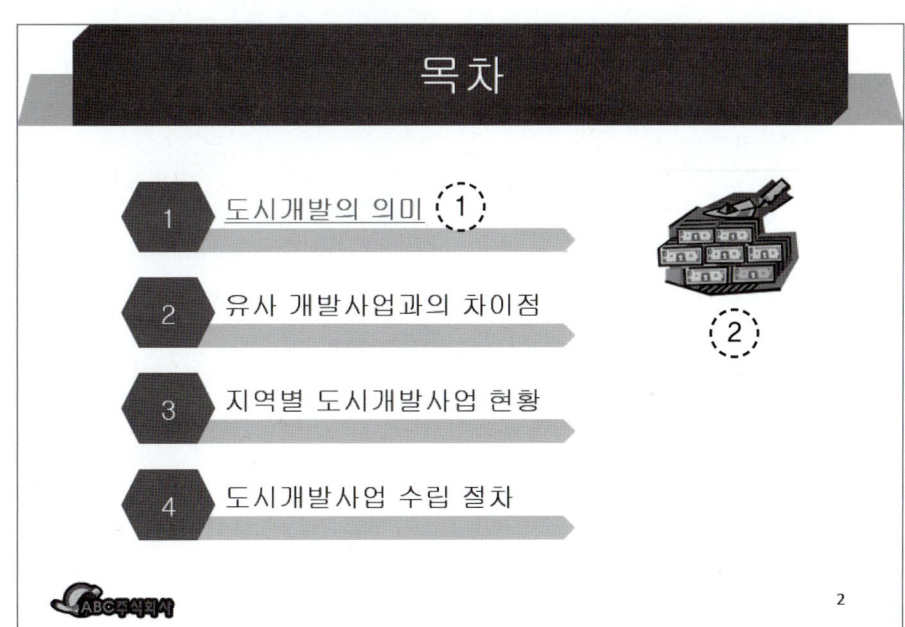

슬라이드 3 — 텍스트/동영상 슬라이드 (60점)

(1) 텍스트 작성 : 글머리 기호 사용(▶, ✓)
   ▶문단(굴림, 24pt, 굵게, 줄간격 : 1.5줄), ✓문단(굴림, 20pt, 줄간격 : 1.5줄)

세부조건

① 동영상 삽입 :
  - 「내 PC\문서\ITQ\Picture\동영상.wmv」
  - 자동실행, 반복재생 설정

1. 도시개발의 의미

▶ Urban development zone
  ✓ Urban development zone is an area in which policies to encourage economic growth and development are implemented

▶ 도시개발사업의 의미
  ✓ 주거, 상업, 산업, 생태, 문화 및 복지 등의 기능을 가진 단지를 조성하기 위하여 시행하는 사업
  ✓ 토지의 이용 효율화 및 쾌적한 환경 조성

슬라이드 4 — 표 슬라이드 (80점)

(1) 도형과 표 작성 기능을 이용하여 슬라이드를 작성한다(글꼴 : 굴림, 18pt).

세부조건

① 상단 도형 :
   2개 도형의 조합으로 작성
② 좌측 도형 :
   그라데이션 효과(선형 아래쪽)
③ 표 스타일 :
   테마 스타일 1 – 강조 2

2. 유사 개발사업과의 차이점

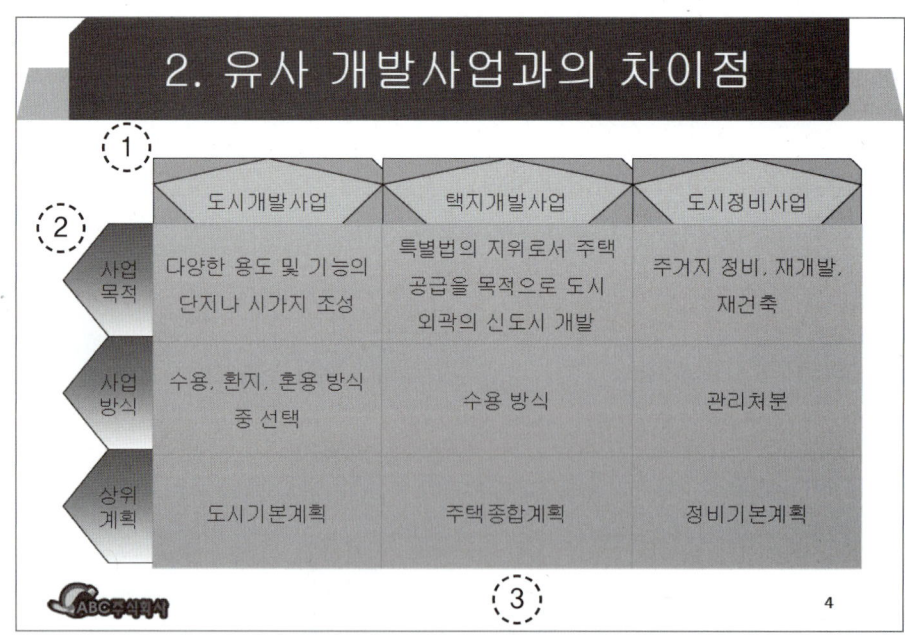

	도시개발사업	택지개발사업	도시정비사업
사업목적	다양한 용도 및 기능의 단지나 시가지 조성	특별법의 지위로서 주택공급을 목적으로 도시 외곽의 신도시 개발	주거지 정비, 재개발, 재건축
사업방식	수용, 환지, 혼용 방식 중 선택	수용 방식	관리처분
상위계획	도시기본계획	주택종합계획	정비기본계획

슬라이드 5 — 차트 슬라이드 (100점)

(1) 차트 작성 기능을 이용하여 슬라이드를 작성한다.
(2) 차트 : 종류(묶은 세로 막대형), 글꼴(돋움, 16pt), 외곽선

세부조건

※ **차트설명**
- 차트제목 : 돋움, 24pt, 굵게, 채우기(흰색), 테두리, 그림자(오프셋 대각선 왼쪽 위)
- 차트영역 : 채우기(노랑) 그림영역 : 채우기(흰색)
- 데이터 서식 : 면적 계열을 표식이 있는 꺾은선형으로 변경 후 보조축으로 지정
- 값 표시 : 강원의 개소 계열만

① **도형 삽입**
- 스타일 : 미세효과 – 파랑, 강조 1
- 글꼴 : 굴림, 18pt

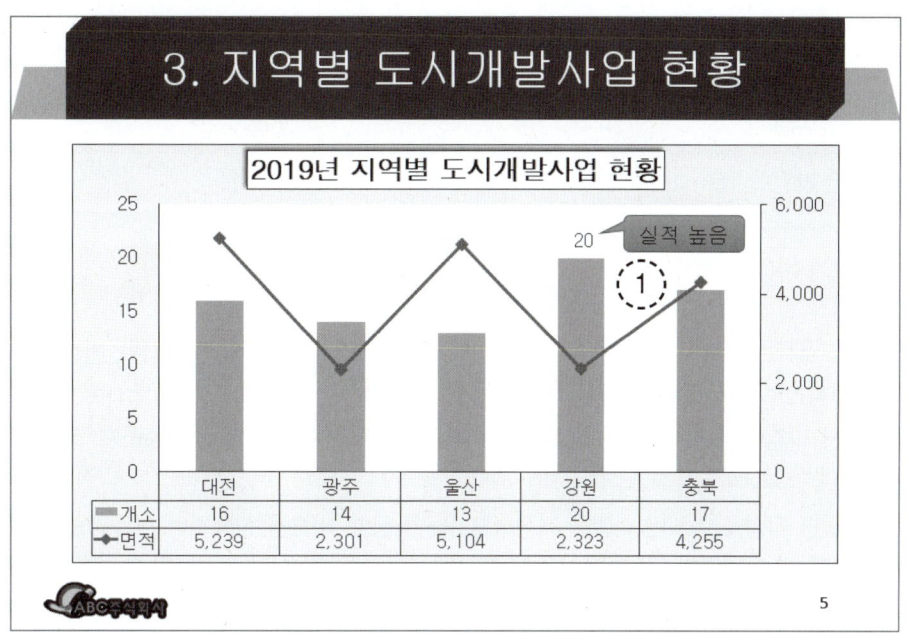

슬라이드 6 — 도형 슬라이드 (100점)

(1) 슬라이드와 같이 도형 및 스마트아트를 배치한다(글꼴 : 돋움, 18pt).
(2) 애니메이션 순서 : ① ⇒ ②

세부조건

① **도형 편집**
- 그룹화 후 애니메이션 효과 : 나누기(세로 바깥쪽으로)

② **도형 및 스마트아트 편집**
- 스마트아트 디자인 : 3차원 경사, 3차원 만화
- 그룹화 후 애니메이션 효과 : 회전

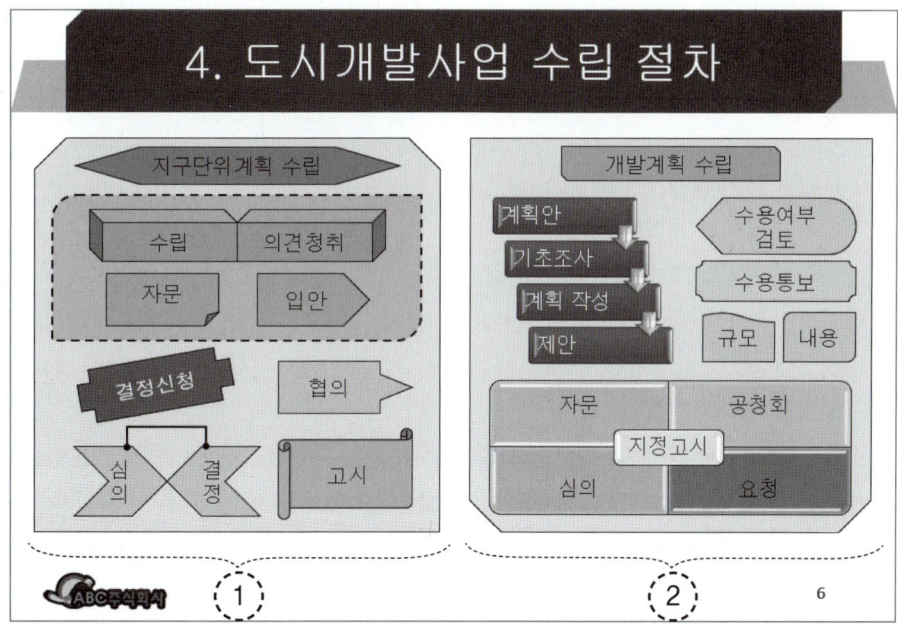

실전 모의고사

MS오피스 2016

과목	코드	문제유형	시험시간	수험번호	성 명
한글 파워포인트	1142	A	60분		

수험자 유의사항

- 수험자는 문제지를 받는 즉시 문제지와 **수험표상의 시험과목(프로그램), 버전이 동일한지 반드시 확인**하여야 합니다.
- 파일명은 본인의 "수험번호-성명"으로 입력하여 답안폴더(내 PC₩문서₩ITQ)에 하나의 파일로 저장해야 하며, 답안문서 파일명이 "수험번호-성명"과 일치하지 않거나, 답안파일을 전송하지 않아 미제출로 처리될 경우 실격 처리합니다 (예:12345678-홍길동.pptx).
- 답안 작성을 마치면 파일을 저장하고, '답안 전송' 버튼을 선택하여 감독위원 PC로 답안을 전송하십시오. 수험생 정보와 저장한 파일명이 다를 경우 전송되지 않으므로 주의하시기 바랍니다.
- 답안 작성 중에도 **주기적으로 저장하고, '답안 전송'**하여야 문제 발생을 줄일 수 있습니다. 작업한 내용을 저장하지 않고 전송할 경우 이전에 저장된 내용이 전송되오니 이점 유의하시기 바랍니다.
- 답안문서는 지정된 경로 외의 다른 보조기억장치에 저장하는 경우, 지정된 시험 시간 외에 작성된 파일을 활용할 경우, 기타 통신수단(이메일, 메신저, 네트워크 등)을 이용하여 타인에게 전달 또는 외부 반출하는 경우는 부정 처리합니다.
- 시험 중 부주의 또는 고의로 시스템을 파손한 경우는 수험자가 변상해야 하며, 〈수험자 유의사항〉에 기재된 방법대로 이행하지 않아 생기는 불이익은 수험생 당사자의 책임임을 알려 드립니다.
- 문제의 조건은 MS오피스 2016 버전으로 설정되어 있으니 유의하시기 바랍니다.
- 시험을 완료한 수험자는 답안파일이 전송되었는지 확인한 후 감독위원의 지시에 따라 문제지를 제출하고 퇴실합니다.

답안 작성요령

- 온라인 답안 작성 절차
  수험자 등록 ⇒ 시험 시작 ⇒ 답안파일 저장 ⇒ 답안 전송 ⇒ 시험 종료
- 슬라이드의 크기는 A4 Paper로 설정하여 작성합니다.
- 슬라이드의 총 개수는 6개로 구성되어 있으며 슬라이드 1부터 순서대로 작업하고 반드시 문제와 세부조건대로 합니다.
- 별도의 지시사항이 없는 경우 ≪출력형태≫를 참조하여 글꼴색은 검정 또는 흰색으로 작성하고, 기타사항은 전체적인 균형을 고려하여 작성합니다.
- 슬라이드 도형 및 개체에 출력형태와 다른 스타일(그림자, 외곽선 등)을 적용했을 경우 감점처리됩니다.
- 슬라이드 번호를 작성합니다(슬라이드 1에는 생략).
- 2~6번 슬라이드 제목 도형과 하단 로고는 슬라이드 마스터를 이용하여 출력형태와 동일하게 작성합니다(슬라이드 1에는 생략).
- 문제와 세부조건, 세부조건 번호 ⟨⟩(점선원)는 입력하지 않습니다.
- 각 개체의 위치는 오른쪽의 슬라이드와 동일하게 구성합니다.
- 그림 삽입 문제의 경우 반드시 「내 PC₩문서₩ITQ₩Picture」 폴더에서 정확한 파일을 선택하여 삽입하십시오.
- 각 슬라이드를 각각의 파일로 작업해서 저장할 경우 실격 처리됩니다.

전체 구성 (60점)

(1) 슬라이드 크기 및 순서 : 크기를 A4 용지로 설정하고 슬라이드 순서에 맞게 작성한다.
(2) 슬라이드 마스터 : 2~6슬라이드의 제목, 하단 로고, 슬라이드 번호는 슬라이드 마스터를 이용하여 작성한다.
 - 제목 글꼴(굴림, 40pt, 흰색), 가운데 맞춤, 도형(선 없음)
 - 하단 로고(「내 PC₩문서₩ITQ₩Picture₩로고1.jpg」, 배경(회색) 투명색으로 설정)

슬라이드 1 — 표지 디자인 (40점)

(1) 표지 디자인 : 도형, 워드아트 및 그림을 이용하여 작성한다.

세부조건

① 도형 편집
 - 도형에 그림 채우기 :
 「내 PC₩문서₩ITQ₩Picture₩그림2.jpg」, 투명도 50%
 - 도형 효과 :
 부드러운 가장자리 5포인트

② 워드아트 삽입
 - 변환 : 역삼각형
 - 글꼴 : 궁서, 굵게
 - 텍스트 반사 : 근접 반사, 8pt 오프셋

③ 그림 삽입
 - 「내 PC₩문서₩ITQ₩Picture₩로고1.jpg」
 - 배경(회색) 투명색으로 설정

슬라이드 2 — 목차 슬라이드 (60점)

(1) 출력형태와 같이 도형을 이용하여 목차를 작성한다(글꼴 : 굴림, 24pt).
(2) 도형 : 선 없음

세부조건

① 텍스트에 하이퍼링크 적용
 ➡ '슬라이드 3'

② 그림 삽입
 - 「내 PC₩문서₩ITQ₩Picture₩그림4.jpg」
 - 자르기 기능 이용

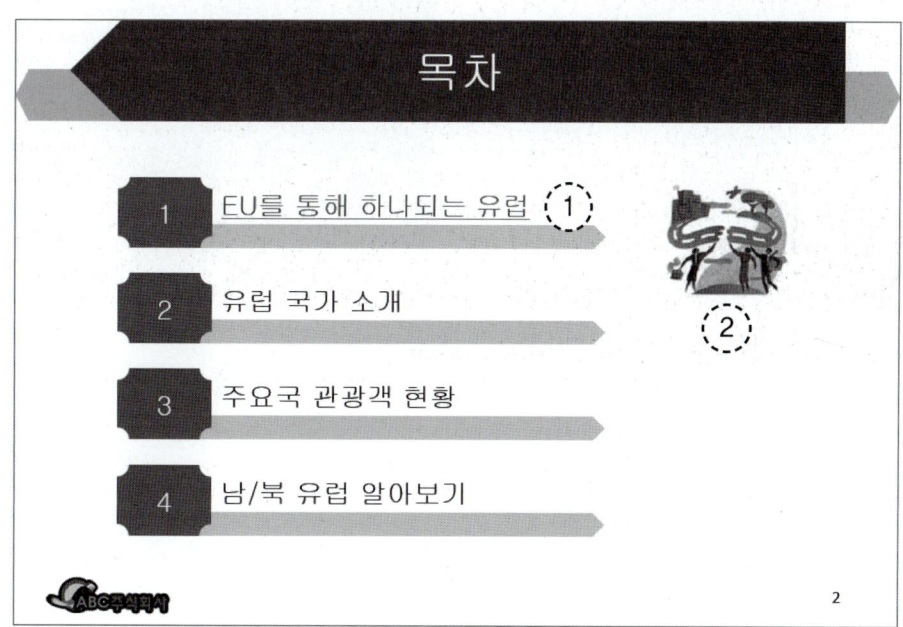

슬라이드 3 — 텍스트/동영상 슬라이드 (60점)

(1) 텍스트 작성 : 글머리 기호 사용(▶, ✓)
  ▶문단(굴림, 24pt, 굵게, 줄간격 : 1.5줄), ✓문단(굴림, 20pt, 줄간격 : 1.5줄)

세부조건

① 동영상 삽입 :
  - 「내 PC₩문서₩ITQ₩Picture₩동영상.wmv」
  - 자동실행, 반복재생 설정

1. EU를 통해 하나되는 유럽

▶ European Union
  ✓ The European Union(EU) is a politico-economic union of 27 member states that are located primarily in Europe

▶ 유럽 연합
  ✓ 유럽에 위치한 27개의 회원국 간의 정치 및 경제 통합체로 유럽 연합의 인구수는 4억 5천만 명
  ✓ 회원국에 적용되는 표준화된 법을 통해 유럽 단일 시장을 발전시킴

슬라이드 4 — 표 슬라이드 (80점)

(1) 도형과 표 작성 기능을 이용하여 슬라이드를 작성한다(글꼴 : 굴림, 18pt).

세부조건

① 상단 도형 :
  2개 도형의 조합으로 작성

② 좌측 도형 :
  그라데이션 효과(선형 아래쪽)

③ 표 스타일 :
  테마 스타일 1 – 강조 2

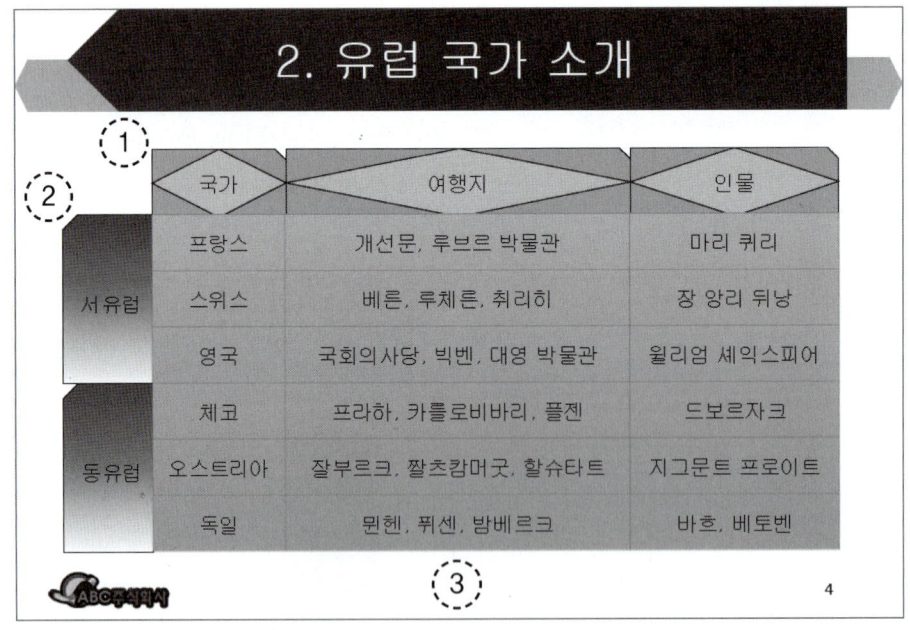

슬라이드 5 — 차트 슬라이드 (100점)

(1) 차트 작성 기능을 이용하여 슬라이드를 작성한다.
(2) 차트 : 종류(묶은 세로 막대형), 글꼴(돋움, 16pt), 외곽선

세부조건

※ 차트설명
- 차트제목 : 돋움, 24pt, 굵게, 채우기(흰색), 테두리, 그림자(오프셋 대각선 왼쪽 위)
- 차트영역 : 채우기(노랑)
  그림영역 : 채우기(흰색)
- 데이터 서식 : 국외 여행객(백명) 계열을 표식이 있는 꺾은선형으로 변경 후 보조축으로 지정
- 값 표시 : 독일의 국외 외국인(백명) 계열만

① 도형 삽입
- 스타일 : 미세효과 – 파랑, 강조 1
- 글꼴 : 굴림, 18pt

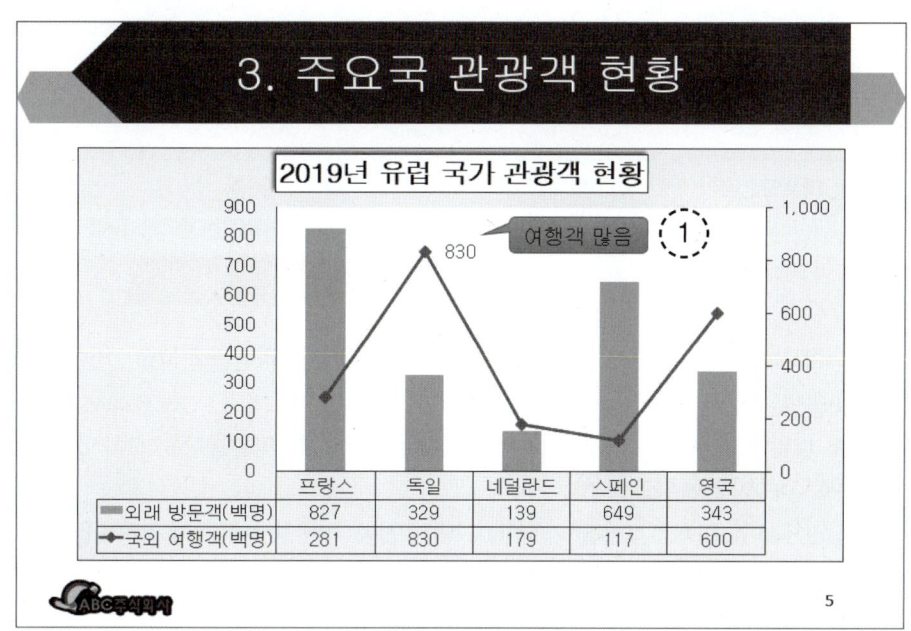

슬라이드 6 — 도형 슬라이드 (100점)

(1) 슬라이드와 같이 도형 및 스마트아트를 배치한다(글꼴 : 돋움, 18pt).
(2) 애니메이션 순서 : ① ⇒ ②

세부조건

① 도형 편집
- 그룹화 후 애니메이션 효과 : 나누기(세로 바깥쪽으로)

② 도형 및 스마트아트 편집
- 스마트아트 디자인 : 3차원 경사, 3차원 만화
- 그룹화 후 애니메이션 효과 : 회전

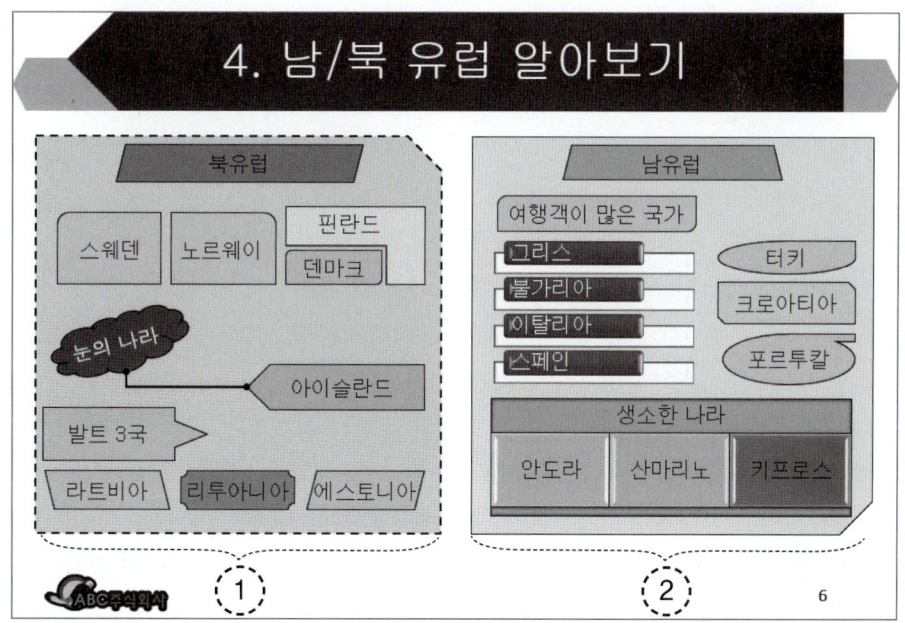

실전 모의고사

MS오피스 2016

과목	코드	문제유형	시험시간	수험번호	성 명
한글 파워포인트	1142	A	60분		

수험자 유의사항

- 수험자는 문제지를 받는 즉시 문제지와 **수험표상의 시험과목(프로그램), 버전이 동일한지 반드시 확인**하여야 합니다.
- 파일명은 본인의 "수험번호-성명"으로 입력하여 답안폴더(내 PC₩문서₩ITQ)에 하나의 파일로 저장해야 하며, 답안문서 파일명이 "수험번호-성명"과 일치하지 않거나, 답안파일을 전송하지 않아 미제출로 처리될 경우 실격 처리합니다 (예:12345678-홍길동.pptx).
- 답안 작성을 마치면 파일을 저장하고, '답안 전송' 버튼을 선택하여 감독위원 PC로 답안을 전송하십시오. 수험생 정보와 저장한 파일명이 다를 경우 전송되지 않으므로 주의하시기 바랍니다.
- 답안 작성 중에도 **주기적으로 저장하고, '답안 전송'**하여야 문제 발생을 줄일 수 있습니다. 작업한 내용을 저장하지 않고 전송할 경우 이전에 저장된 내용이 전송되오니 이점 유의하시기 바랍니다.
- 답안문서는 지정된 경로 외의 다른 보조기억장치에 저장하는 경우, 지정된 시험 시간 외에 작성된 파일을 활용할 경우, 기타 통신수단(이메일, 메신저, 네트워크 등)을 이용하여 타인에게 전달 또는 외부 반출하는 경우는 부정 처리합니다.
- 시험 중 부주의 또는 고의로 시스템을 파손한 경우는 수험자가 변상해야 하며, 〈수험자 유의사항〉에 기재된 방법대로 이행하지 않아 생기는 불이익은 수험생 당사자의 책임임을 알려 드립니다.
- 문제의 조건은 MS오피스 2016 버전으로 설정되어 있으니 유의하시기 바랍니다.
- 시험을 완료한 수험자는 답안파일이 전송되었는지 확인한 후 감독위원의 지시에 따라 문제지를 제출하고 퇴실합니다.

답안 작성요령

- 온라인 답안 작성 절차
  수험자 등록 ⇒ 시험 시작 ⇒ 답안파일 저장 ⇒ 답안 전송 ⇒ 시험 종료
- 슬라이드의 크기는 A4 Paper로 설정하여 작성합니다.
- 슬라이드의 총 개수는 6개로 구성되어 있으며 슬라이드 1부터 순서대로 작업하고 반드시 문제와 세부조건대로 합니다.
- 별도의 지시사항이 없는 경우 ≪출력형태≫를 참조하여 글꼴색은 검정 또는 흰색으로 작성하고, 기타사항은 전체적인 균형을 고려하여 작성합니다.
- 슬라이드 도형 및 개체에 출력형태와 다른 스타일(그림자, 외곽선 등)을 적용했을 경우 감점처리됩니다.
- 슬라이드 번호를 작성합니다(슬라이드 1에는 생략).
- 2~6번 슬라이드 제목 도형과 하단 로고는 슬라이드 마스터를 이용하여 출력형태와 동일하게 작성합니다(슬라이드 1에는 생략).
- 문제와 세부조건, 세부조건 번호 ⚬(점선원)는 입력하지 않습니다.
- 각 개체의 위치는 오른쪽의 슬라이드와 동일하게 구성합니다.
- 그림 삽입 문제의 경우 반드시 「내 PC₩문서₩ITQ₩Picture」 폴더에서 정확한 파일을 선택하여 삽입하십시오.
- 각 슬라이드를 각각의 파일로 작업해서 저장할 경우 실격 처리됩니다.

전체 구성 — 60점

(1) 슬라이드 크기 및 순서 : 크기를 A4 용지로 설정하고 슬라이드 순서에 맞게 작성한다.
(2) 슬라이드 마스터 : 2~6슬라이드의 제목, 하단 로고, 슬라이드 번호는 슬라이드 마스터를 이용하여 작성한다.
- 제목 글꼴(돋움, 40pt, 흰색), 가운데 맞춤, 도형(선 없음)
- 하단 로고(「내 PC\문서\ITQ\Picture\로고1.jpg」, 배경(회색) 투명색으로 설정)

슬라이드 1 — 표지 디자인 — 40점

(1) 표지 디자인 : 도형, 워드아트 및 그림을 이용하여 작성한다.

세부조건

① 도형 편집
- 도형에 그림 채우기 :
 「내 PC\문서\ITQ\Picture\그림1.jpg」, 투명도 50%
- 도형 효과 :
 부드러운 가장자리 5포인트

② 워드아트 삽입
- 변환 : 위쪽 수축
- 글꼴 : 돋움, 굵게
- 텍스트 반사 : 근접 반사, 8pt 오프셋

③ 그림 삽입
- 「내 PC\문서\ITQ\Picture\로고1.jpg」
- 배경(회색) 투명색으로 설정

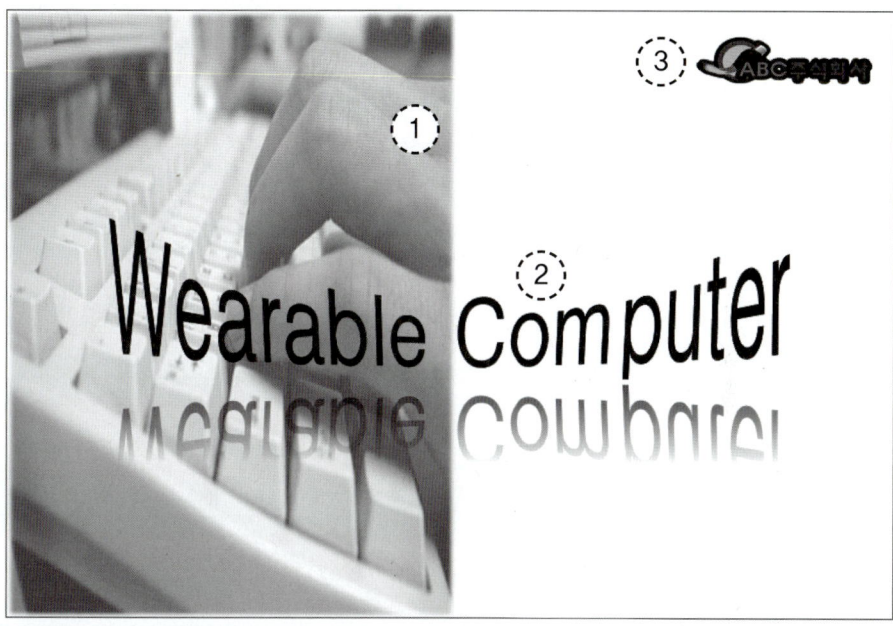

슬라이드 2 — 목차 슬라이드 — 60점

(1) 출력형태와 같이 도형을 이용하여 목차를 작성한다(글꼴 : 굴림, 24pt).
(2) 도형 : 선 없음

세부조건

① 텍스트에 하이퍼링크 적용
➡ '슬라이드 6'

② 그림 삽입
- 「내 PC\문서\ITQ\Picture\그림4.jpg」
- 자르기 기능 이용

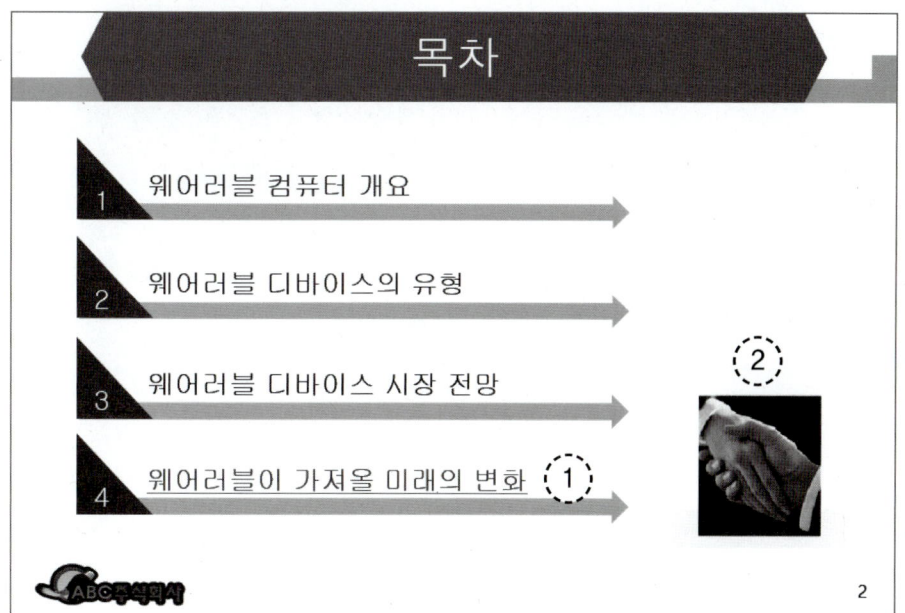

슬라이드 3 — 텍스트/동영상 슬라이드 (60점)

(1) 텍스트 작성 : 글머리 기호 사용(◆, ➢)
  ◆문단(굴림, 24pt, 굵게, 줄간격 : 1.5줄), ➢문단(굴림, 20pt, 줄간격 : 1.5줄)

세부조건

① 동영상 삽입 :
  - 「내 PC₩문서₩ITQ₩Picture₩동영상.wmv」
  - 자동실행, 반복재생 설정

1. 웨어러블 컴퓨터 개요

◆ Wearable computer
  ➢ Accessories, such as watches, glasses, etc., for the purpose of supplementing/enhancing human abilities with free hands, an electronic device that is integrated into clothing, body

◆ 웨어러블 컴퓨터란?
  ➢ 입을 수 있는 컴퓨터, 컴퓨터 기능의 디지털 장치를 자유롭게 착용하는 융합 컴퓨팅 기술
  ➢ 일상생활에 필요한 각종 디지털 기기나 기능을 의복에 통합

슬라이드 4 — 표 슬라이드 (80점)

(1) 도형과 표 작성 기능을 이용하여 슬라이드를 작성한다(글꼴 : 돋움, 18pt).

세부조건

① 상단 도형 :
  2개 도형의 조합으로 작성
② 좌측 도형 :
  그라데이션 효과(선형 아래쪽)
③ 표 스타일 :
  테마 스타일 1 – 강조 6

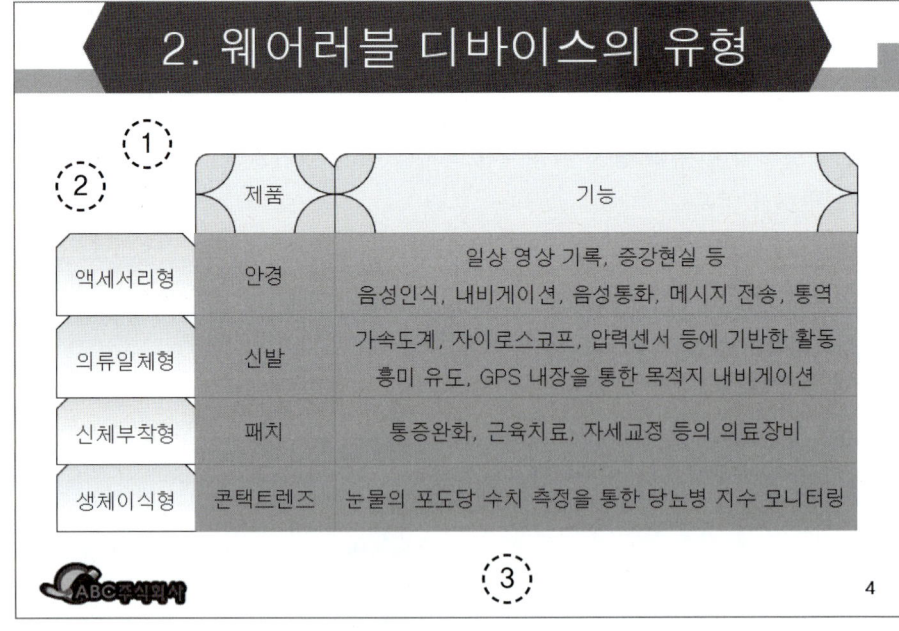

슬라이드 5 — 차트 슬라이드 [100점]

(1) 차트 작성 기능을 이용하여 슬라이드를 작성한다.
(2) 차트 : 종류(묶은 세로 막대형), 글꼴(돋움, 16pt), 외곽선

세부조건

※ **차트설명**
- 차트제목 : 궁서, 24pt, 굵게, 채우기 (흰색), 테두리, 그림자(오프셋 아래쪽)
- 차트영역 : 채우기(노랑) 그림영역 : 채우기(흰색)
- 데이터 서식 : 2021년 계열을 표식이 있는 꺾은선형으로 변경 후 보조 축으로 지정
- 값 표시 : 워치의 2021년 계열만

① **도형 삽입**
- 스타일 : 미세효과 – 파랑, 강조 1
- 글꼴 : 굴림, 18pt

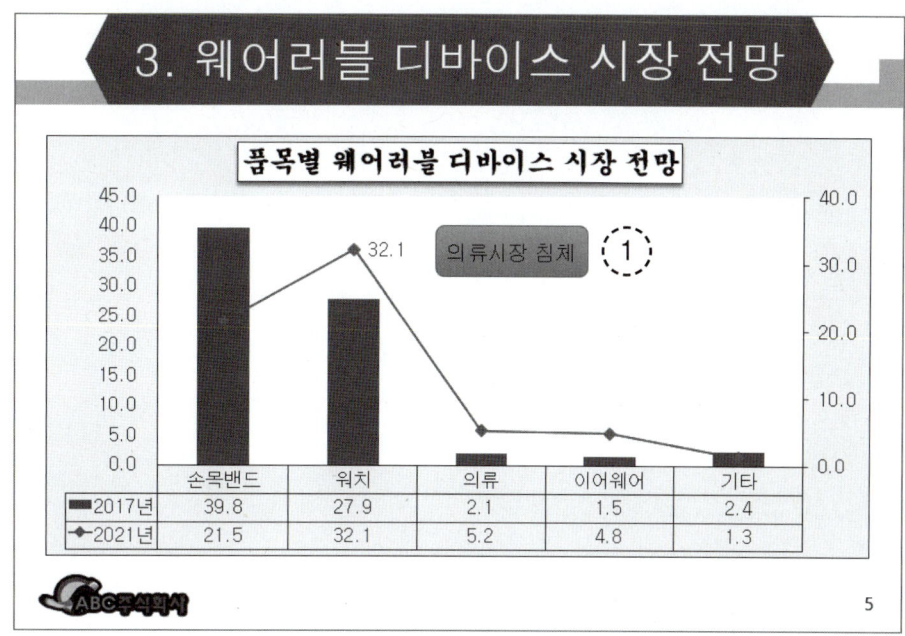

슬라이드 6 — 도형 슬라이드 [100점]

(1) 슬라이드와 같이 도형 및 스마트아트를 배치한다(글꼴 : 굴림, 18pt).
(2) 애니메이션 순서 : ① ⇒ ②

세부조건

① **도형 및 스마트아트 편집**
- 스마트아트 디자인 : 3차원 만화, 3차원 광택 처리
- 그룹화 후 애니메이션 효과 : 닦아내기(위에서)

② **도형 편집**
- 그룹화 후 애니메이션 효과 : 바운드

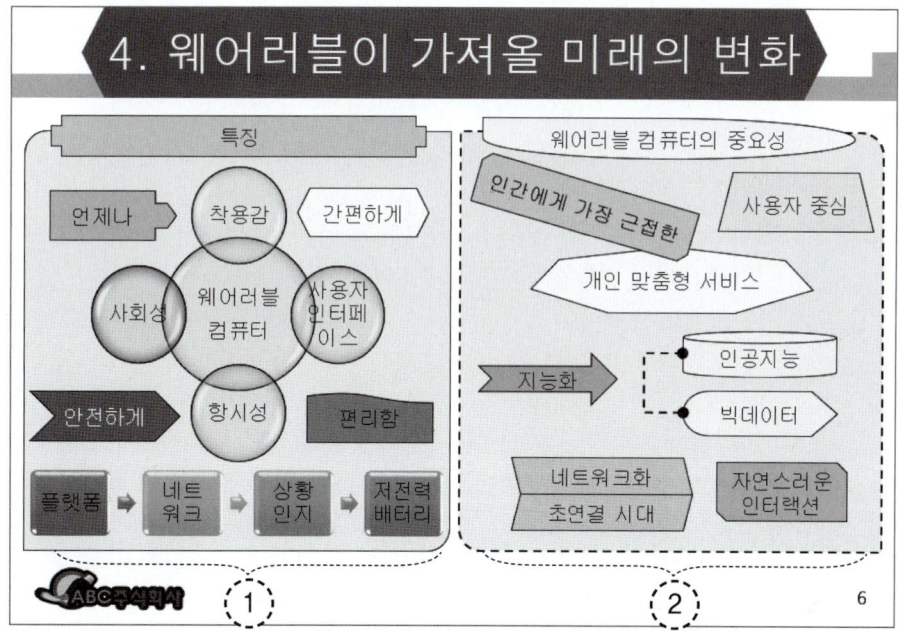

PART

03

최신 기출문제

제01회	정보기술자격(ITQ) 기출문제
제02회	정보기술자격(ITQ) 기출문제
제03회	정보기술자격(ITQ) 기출문제
제04회	정보기술자격(ITQ) 기출문제
제05회	정보기술자격(ITQ) 기출문제
제06회	정보기술자격(ITQ) 기출문제
제07회	정보기술자격(ITQ) 기출문제
제08회	정보기술자격(ITQ) 기출문제
제09회	정보기술자격(ITQ) 기출문제
제10회	정보기술자격(ITQ) 기출문제

정보기술자격(ITQ) 기출문제

제 01 회

MS오피스 2016

과목	코드	문제유형	시험시간	수험번호	성 명
한글 파워포인트	1142	A	60분		

· 수험자 유의사항 ·

- 수험자는 문제지를 받는 즉시 문제지와 **수험표상의 시험과목(프로그램), 버전이 동일한지 반드시 확인**하여야 합니다.
- 파일명은 본인의 "수험번호-성명"으로 입력하여 답안폴더(내 PC₩문서₩ITQ)에 하나의 파일로 저장해야 하며, 답안문서 파일명이 "수험번호-성명"과 일치하지 않거나, 답안파일을 전송하지 않아 미제출로 처리될 경우 실격 처리합니다 (예:12345678-홍길동.pptx).
- 답안 작성을 마치면 파일을 저장하고, '답안 전송' 버튼을 선택하여 감독위원 PC로 답안을 전송하십시오. 수험생 정보와 저장한 파일명이 다를 경우 전송되지 않으므로 주의하시기 바랍니다.
- 답안 작성 중에도 **주기적으로 저장하고, '답안 전송'**하여야 문제 발생을 줄일 수 있습니다. 작업한 내용을 저장하지 않고 전송할 경우 이전에 저장된 내용이 전송되오니 이점 유의하시기 바랍니다.
- 답안문서는 지정된 경로 외의 다른 보조기억장치에 저장하는 경우, 지정된 시험 시간 외에 작성된 파일을 활용할 경우, 기타 통신수단(이메일, 메신저, 네트워크 등)을 이용하여 타인에게 전달 또는 외부 반출하는 경우는 부정 처리합니다.
- 시험 중 부주의 또는 고의로 시스템을 파손한 경우는 수험자가 변상해야 하며, 〈수험자 유의사항〉에 기재된 방법대로 이행하지 않아 생기는 불이익은 수험생 당사자의 책임임을 알려 드립니다.
- 문제의 조건은 MS오피스 2016 버전으로 설정되어 있으니 유의하시기 바랍니다.
- 시험을 완료한 수험자는 답안파일이 전송되었는지 확인한 후 감독위원의 지시에 따라 문제지를 제출하고 퇴실합니다.

· 답안 작성요령 ·

- 온라인 답안 작성 절차
  수험자 등록 ⇒ 시험 시작 ⇒ 답안파일 저장 ⇒ 답안 전송 ⇒ 시험 종료
- 슬라이드의 크기는 A4 Paper로 설정하여 작성합니다.
- 슬라이드의 총 개수는 6개로 구성되어 있으며 슬라이드 1부터 순서대로 작업하고 반드시 문제와 세부조건대로 합니다.
- 별도의 지시사항이 없는 경우 《출력형태》를 참조하여 글꼴색은 검정 또는 흰색으로 작성하고, 기타사항은 전체적인 균형을 고려하여 작성합니다.
- 슬라이드 도형 및 개체에 출력형태와 다른 스타일(그림자, 외곽선 등)을 적용했을 경우 감점처리됩니다.
- 슬라이드 번호를 작성합니다(슬라이드 1에는 생략).
- 2~6번 슬라이드 제목 도형과 하단 로고는 슬라이드 마스터를 이용하여 출력형태와 동일하게 작성합니다(슬라이드 1에는 생략).
- 문제와 세부조건, 세부조건 번호 ◌(점선원)는 입력하지 않습니다.
- 각 개체의 위치는 오른쪽의 슬라이드와 동일하게 구성합니다.
- 그림 삽입 문제의 경우 반드시 「내 PC₩문서₩ITQ₩Picture」 폴더에서 정확한 파일을 선택하여 삽입하십시오.
- 각 슬라이드를 각각의 파일로 작업해서 저장할 경우 실격 처리됩니다.

전체 구성   60점

(1) 슬라이드 크기 및 순서 : 크기를 A4 용지로 설정하고 슬라이드 순서에 맞게 작성한다.
(2) 슬라이드 마스터 : 2~6슬라이드의 제목, 하단 로고, 슬라이드 번호는 슬라이드 마스터를 이용하여 작성한다.
 - 제목 글꼴(돋움, 40pt, 흰색), 왼쪽 맞춤, 도형(선 없음)
 - 하단 로고(「내 PC₩문서₩ITQ₩Picture₩로고2.jpg」, 배경(회색) 투명색으로 설정)

슬라이드 1   표지 디자인   40점

(1) 표지 디자인 : 도형, 워드아트 및 그림을 이용하여 작성한다.

세부조건

① 도형 편집
 - 도형에 그림 채우기 :
  「내 PC₩문서₩ITQ₩Picture₩그림1.jpg」, 투명도 50%
 - 도형 효과 :
  부드러운 가장자리 5포인트

② 워드아트 삽입
 - 변환 : 역갈매기형 수장
 - 글꼴 : 돋움, 굵게
 - 텍스트 반사 : 근접 반사, 터치

③ 그림 삽입
 - 「내 PC₩문서₩ITQ₩Picture₩로고2.jpg」
 - 배경(회색) 투명색으로 설정

슬라이드 2   목차 슬라이드   60점

(1) 출력형태와 같이 도형을 이용하여 목차를 작성한다(글꼴 : 굴림, 24pt).
(2) 도형 : 선 없음

세부조건

① 텍스트에 하이퍼링크 적용
 ➡ '슬라이드 4'

② 그림 삽입
 - 「내 PC₩문서₩ITQ₩Picture₩그림5.jpg」
 - 자르기 기능 이용

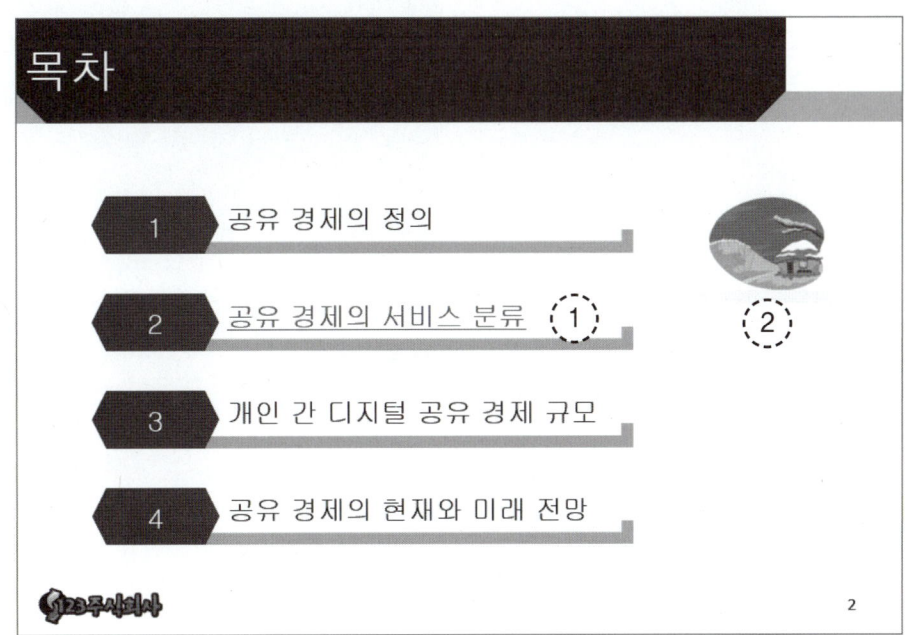

슬라이드 3   텍스트/동영상 슬라이드   60점

(1) 텍스트 작성 : 글머리 기호 사용(◆, ✓)
    ◆문단(굴림, 24pt, 굵게, 줄간격 : 1.5줄), ✓문단(굴림, 20pt, 줄간격 : 1.5줄)

세부조건

① 동영상 삽입 :
- 「내 PC\문서\ITQ\Picture\동영상.wmv」
- 자동실행, 반복재생 설정

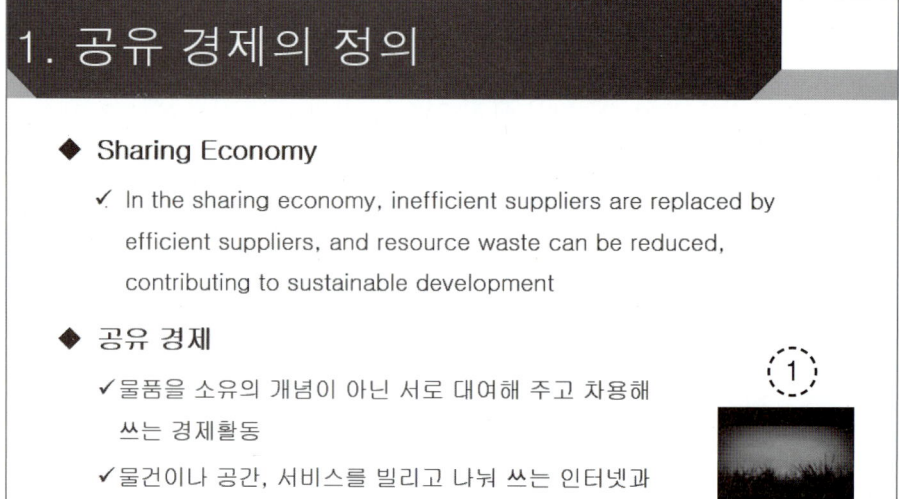

슬라이드 4   표 슬라이드   80점

(1) 도형과 표 작성 기능을 이용하여 슬라이드를 작성한다(글꼴 : 돋움, 18pt).

세부조건

① 상단 도형 :
2개 도형의 조합으로 작성

② 좌측 도형 :
그라데이션 효과(선형 아래쪽)

③ 표 스타일 :
테마 스타일 1 – 강조 5

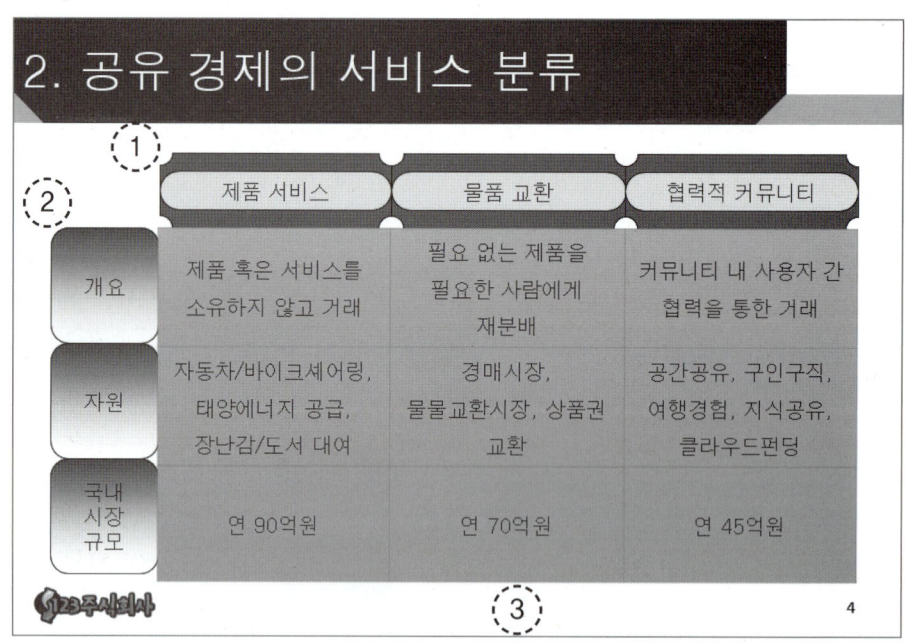

슬라이드 5 — 차트 슬라이드 (100점)

(1) 차트 작성 기능을 이용하여 슬라이드를 작성한다.
(2) 차트 : 종류(묶은 세로 막대형), 글꼴(돋움, 16pt), 외곽선

세부조건

※ **차트설명**
- 차트제목 : 궁서, 24pt, 굵게, 채우기(흰색), 테두리, 그림자(오프셋 오른쪽)
- 차트영역 : 채우기(노랑) 그림영역 : 채우기(흰색)
- 데이터 서식 : 국내 계열을 표식이 있는 꺾은선형으로 변경 후 보조축으로 지정
- 값 표시 : 2020년의 국내 계열만

① **도형 삽입**
- 스타일 : 미세효과 - 파랑, 강조 1
- 글꼴 : 굴림, 18pt

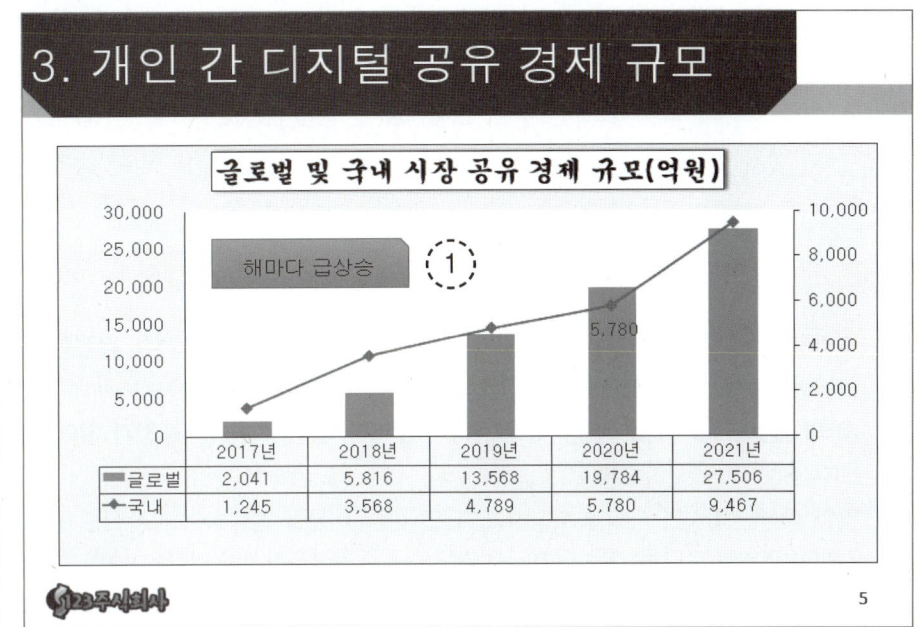

슬라이드 6 — 도형 슬라이드 (100점)

(1) 슬라이드와 같이 도형 및 스마트아트를 배치한다(글꼴 : 굴림, 18pt).
(2) 애니메이션 순서 : ① ⇒ ②

세부조건

① **도형 및 스마트아트 편집**
- 스마트아트 디자인 : 3차원 광택 처리, 3차원 만화
- 그룹화 후 애니메이션 효과 : 나타내기

② **도형 편집**
- 그룹화 후 애니메이션 효과 : 닦아내기(오른쪽에서)

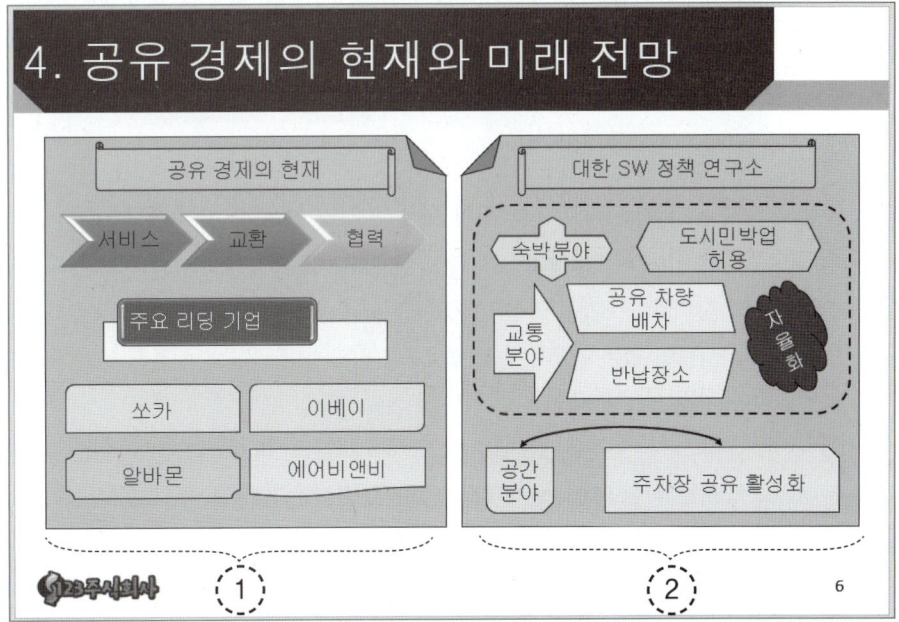

정보기술자격(ITQ) 기출문제

MS오피스 2016

과목	코드	문제유형	시험시간	수험번호	성 명
한글 파워포인트	1142	A	60분		

수험자 유의사항

- 수험자는 문제지를 받는 즉시 문제지와 **수험표상의 시험과목(프로그램), 버전이 동일한지 반드시 확인**하여야 합니다.
- 파일명은 본인의 "수험번호-성명"으로 입력하여 답안폴더(내 PC\문서\ITQ)에 하나의 파일로 저장해야 하며, 답안문서 파일명이 "수험번호-성명"과 일치하지 않거나, 답안파일을 전송하지 않아 미제출로 처리될 경우 실격 처리합니다 (예:12345678-홍길동.pptx).
- 답안 작성을 마치면 파일을 저장하고, '답안 전송' 버튼을 선택하여 감독위원 PC로 답안을 전송하십시오. 수험생 정보와 저장한 파일명이 다를 경우 전송되지 않으므로 주의하시기 바랍니다.
- 답안 작성 중에도 **주기적으로 저장하고, '답안 전송'**하여야 문제 발생을 줄일 수 있습니다. 작업한 내용을 저장하지 않고 전송할 경우 이전에 저장된 내용이 전송되오니 이점 유의하시기 바랍니다.
- 답안문서는 지정된 경로 외의 다른 보조기억장치에 저장하는 경우, 지정된 시험 시간 외에 작성된 파일을 활용할 경우, 기타 통신수단(이메일, 메신저, 네트워크 등)을 이용하여 타인에게 전달 또는 외부 반출하는 경우는 부정 처리합니다.
- 시험 중 부주의 또는 고의로 시스템을 파손한 경우는 수험자가 변상해야 하며, 〈수험자 유의사항〉에 기재된 방법대로 이행하지 않아 생기는 불이익은 수험생 당사자의 책임임을 알려 드립니다.
- 문제의 조건은 MS오피스 2016 버전으로 설정되어 있으니 유의하시기 바랍니다.
- 시험을 완료한 수험자는 답안파일이 전송되었는지 확인한 후 감독위원의 지시에 따라 문제지를 제출하고 퇴실합니다.

답안 작성요령

- 온라인 답안 작성 절차
  수험자 등록 ⇒ 시험 시작 ⇒ 답안파일 저장 ⇒ 답안 전송 ⇒ 시험 종료
- 슬라이드의 크기는 A4 Paper로 설정하여 작성합니다.
- 슬라이드의 총 개수는 6개로 구성되어 있으며 슬라이드 1부터 순서대로 작업하고 반드시 문제와 세부조건대로 합니다.
- 별도의 지시사항이 없는 경우 《출력형태》를 참조하여 글꼴색은 검정 또는 흰색으로 작성하고, 기타사항은 전체적인 균형을 고려하여 작성합니다.
- 슬라이드 도형 및 개체에 출력형태와 다른 스타일(그림자, 외곽선 등)을 적용했을 경우 감점처리됩니다.
- 슬라이드 번호를 작성합니다(슬라이드 1에는 생략).
- 2~6번 슬라이드 제목 도형과 하단 로고는 슬라이드 마스터를 이용하여 출력형태와 동일하게 작성합니다(슬라이드 1에는 생략).
- 문제와 세부조건, 세부조건 번호 ○(점선원)는 입력하지 않습니다.
- 각 개체의 위치는 오른쪽의 슬라이드와 동일하게 구성합니다.
- 그림 삽입 문제의 경우 반드시 「내 PC\문서\ITQ\Picture」 폴더에서 정확한 파일을 선택하여 삽입하십시오.
- 각 슬라이드를 각각의 파일로 작업해서 저장할 경우 실격 처리됩니다.

전체 구성 — 60점

(1) 슬라이드 크기 및 순서 : 크기를 A4 용지로 설정하고 슬라이드 순서에 맞게 작성한다.
(2) 슬라이드 마스터 : 2~6슬라이드의 제목, 하단 로고, 슬라이드 번호는 슬라이드 마스터를 이용하여 작성한다.
  - 제목 글꼴(돋움, 40pt, 흰색), 왼쪽 맞춤, 도형(선 없음)
  - 하단 로고(「내 PC\문서\ITQ\Picture\로고1.jpg」, 배경(회색) 투명색으로 설정)

슬라이드 1   표지 디자인 — 40점

(1) 표지 디자인 : 도형, 워드아트 및 그림을 이용하여 작성한다.

세부조건

① 도형 편집
  - 도형에 그림 채우기 :
    「내 PC\문서\ITQ\Picture\그림2.jpg」, 투명도 50%
  - 도형 효과 :
    부드러운 가장자리 5포인트

② 워드아트 삽입
  - 변환 : 위로 기울기
  - 글꼴 : 궁서, 굵게
  - 텍스트 반사 : 근접 반사, 터치

③ 그림 삽입
  - 「내 PC\문서\ITQ\Picture\로고1.jpg」
  - 배경(회색) 투명색으로 설정

슬라이드 2   목차 슬라이드 — 60점

(1) 출력형태와 같이 도형을 이용하여 목차를 작성한다(글꼴 : 돋움, 24pt).
(2) 도형 : 선 없음

세부조건

① 텍스트에 하이퍼링크 적용
  ➡ '슬라이드 4'

② 그림 삽입
  - 「내 PC\문서\ITQ\Picture\그림4.jpg」
  - 자르기 기능 이용

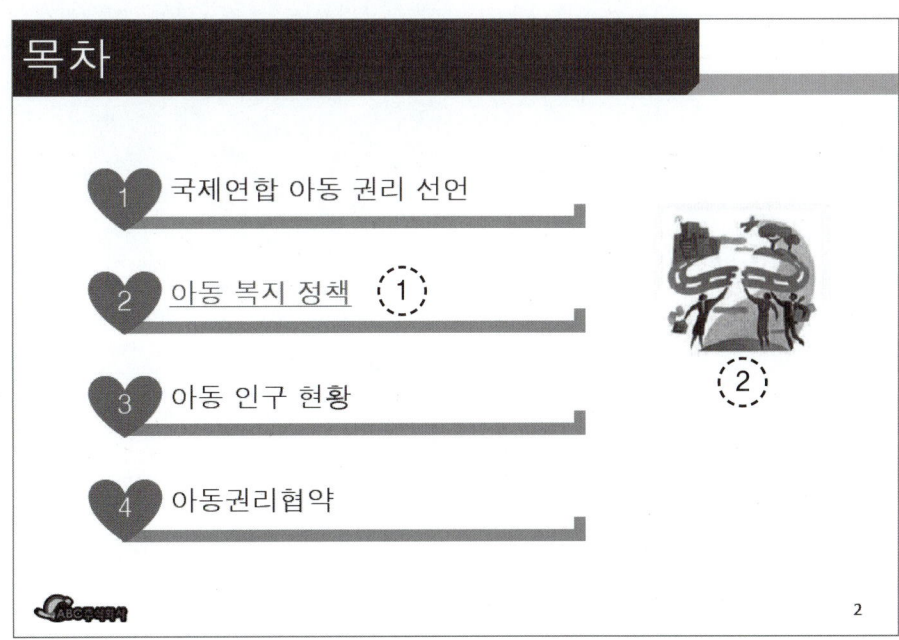

슬라이드 3   텍스트/동영상 슬라이드   60점

(1) 텍스트 작성 : 글머리 기호 사용(●, ✓)
 ●문단(굴림, 24pt, 굵게, 줄간격 : 1.5줄), ✓문단(굴림, 20pt, 줄간격 : 1.5줄)

세부조건

① 동영상 삽입 :
 - 「내 PC₩문서₩ITQ₩Picture₩동영상.wmv」
 - 자동실행, 반복재생 설정

1. 국제연합 아동 권리 선언

● Rights of Child
 ✓ Children should have the benefit from the social security system
 ✓ Children should be guaranteed the right to acquire names and nationalities from birth

● 아동권리선언
 ✓ 1차 세계대전 이후 전쟁이 아동에게 미친 참상에 대한 깊은 반성을 토대로 1924년 9월 국제연맹에서 세계 최초로 아동권리선언을 채택했다

슬라이드 4   표 슬라이드   80점

(1) 도형과 표 작성 기능을 이용하여 슬라이드를 작성한다(글꼴 : 굴림, 18pt).

세부조건

① 상단 도형 :
 2개 도형의 조합으로 작성

② 좌측 도형 :
 그라데이션 효과(선형 아래쪽)

③ 표 스타일 :
 테마 스타일 1 - 강조 3

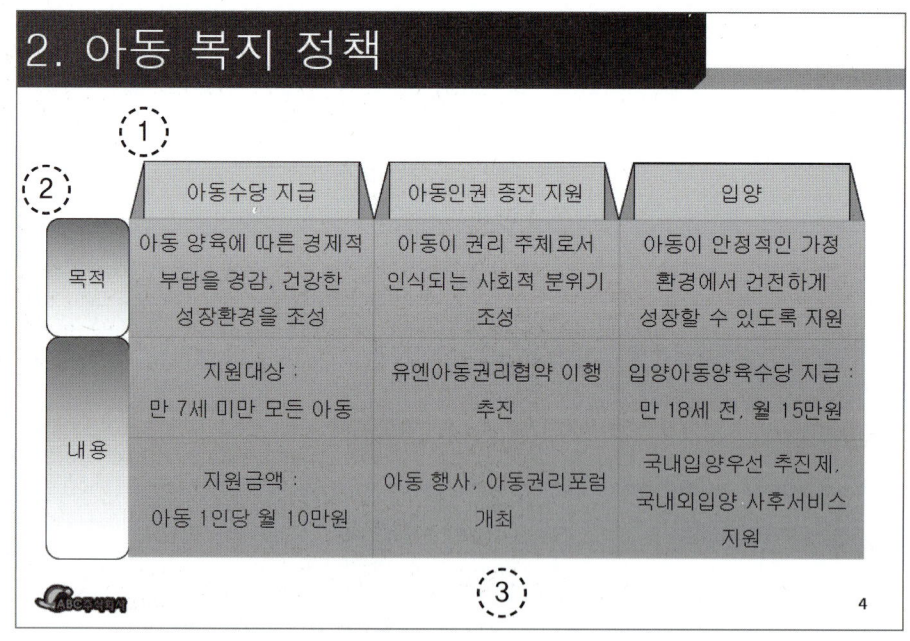

슬라이드 5 — 차트 슬라이드 (100점)

(1) 차트 작성 기능을 이용하여 슬라이드를 작성한다.
(2) 차트 : 종류(묶은 세로 막대형), 글꼴(돋움, 16pt), 외곽선

세부조건

※ 차트설명
- 차트제목 : 돋움, 24pt, 굵게, 채우기(흰색), 테두리, 그림자(오프셋 아래쪽)
- 차트영역 : 채우기(노랑)
  그림영역 : 채우기(흰색)
- 데이터 서식 : 아동 인구수 계열을 표식이 있는 꺾은선형으로 변경 후 보조축으로 지정
- 값 표시 : 2019년의 아동 인구수 계열만

① 도형 삽입
- 스타일 : 미세효과 – 파랑, 강조 1
- 글꼴 : 돋움, 14pt

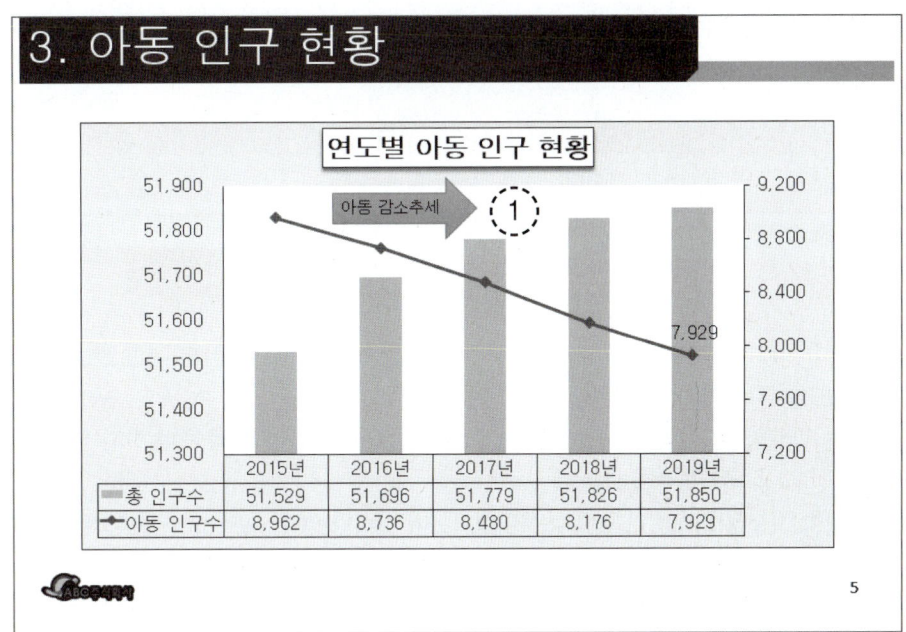

슬라이드 6 — 도형 슬라이드 (100점)

(1) 슬라이드와 같이 도형 및 스마트아트를 배치한다(글꼴 : 굴림, 18pt).
(2) 애니메이션 순서 : ① ⇒ ②

세부조건

① 도형 및 스마트아트 편집
- 그룹화 후 애니메이션 효과 : 나타내기

② 도형 편집
- 스마트아트 디자인 : 3차원 경사, 3차원 만화
- 그룹화 후 애니메이션 효과 : 닦아내기(오른쪽에서)

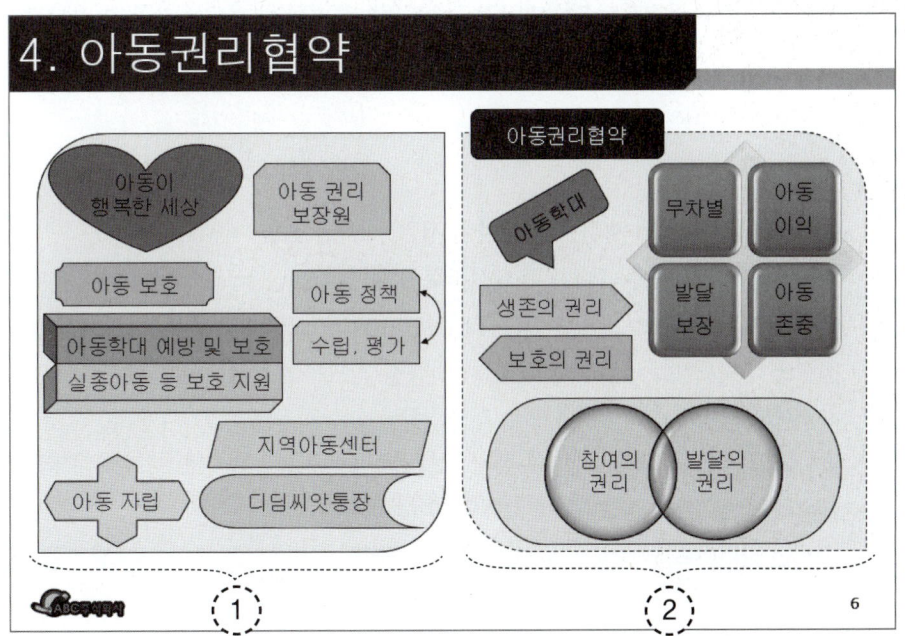

정보기술자격(ITQ) 기출문제

MS오피스 2016

과목	코드	문제유형	시험시간	수험번호	성 명
한글 파워포인트	1142	A	60분		

수험자 유의사항

- 수험자는 문제지를 받는 즉시 문제지와 **수험표상의 시험과목(프로그램), 버전이 동일한지 반드시 확인**하여야 합니다.
- 파일명은 본인의 "수험번호-성명"으로 입력하여 답안폴더(내 PC₩문서₩ITQ)에 하나의 파일로 저장해야 하며, 답안문서 파일명이 "수험번호-성명"과 일치하지 않거나, 답안파일을 전송하지 않아 미제출로 처리될 경우 실격 처리합니다(예:12345678-홍길동.pptx).
- 답안 작성을 마치면 파일을 저장하고, '답안 전송' 버튼을 선택하여 감독위원 PC로 답안을 전송하십시오. 수험생 정보와 저장한 파일명이 다를 경우 전송되지 않으므로 주의하시기 바랍니다.
- 답안 작성 중에도 **주기적으로 저장하고, '답안 전송'**하여야 문제 발생을 줄일 수 있습니다. 작업한 내용을 저장하지 않고 전송할 경우 이전에 저장된 내용이 전송되오니 이점 유의하시기 바랍니다.
- 답안문서는 지정된 경로 외의 다른 보조기억장치에 저장하는 경우, 지정된 시험 시간 외에 작성된 파일을 활용할 경우, 기타 통신수단(이메일, 메신저, 네트워크 등)을 이용하여 타인에게 전달 또는 외부 반출하는 경우는 부정 처리합니다.
- 시험 중 부주의 또는 고의로 시스템을 파손한 경우는 수험자가 변상해야 하며, 〈수험자 유의사항〉에 기재된 방법대로 이행하지 않아 생기는 불이익은 수험생 당사자의 책임임을 알려 드립니다.
- 문제의 조건은 MS오피스 2016 버전으로 설정되어 있으니 유의하시기 바랍니다.
- 시험을 완료한 수험자는 답안파일이 전송되었는지 확인한 후 감독위원의 지시에 따라 문제지를 제출하고 퇴실합니다.

답안 작성요령

- 온라인 답안 작성 절차
  수험자 등록 ⇒ 시험 시작 ⇒ 답안파일 저장 ⇒ 답안 전송 ⇒ 시험 종료
- 슬라이드의 크기는 A4 Paper로 설정하여 작성합니다.
- 슬라이드의 총 개수는 6개로 구성되어 있으며 슬라이드 1부터 순서대로 작업하고 반드시 문제와 세부조건대로 합니다.
- 별도의 지시사항이 없는 경우 ≪출력형태≫를 참조하여 글꼴색은 검정 또는 흰색으로 작성하고, 기타사항은 전체적인 균형을 고려하여 작성합니다.
- 슬라이드 도형 및 개체에 출력형태와 다른 스타일(그림자, 외곽선 등)을 적용했을 경우 감점처리됩니다.
- 슬라이드 번호를 작성합니다(슬라이드 1에는 생략).
- 2~6번 슬라이드 제목 도형과 하단 로고는 슬라이드 마스터를 이용하여 출력형태와 동일하게 작성합니다(슬라이드 1에는 생략).
- 문제와 세부조건, 세부조건 번호 ◌(점선원)는 입력하지 않습니다.
- 각 개체의 위치는 오른쪽의 슬라이드와 동일하게 구성합니다.
- 그림 삽입 문제의 경우 반드시 「내 PC₩문서₩ITQ₩Picture」 폴더에서 정확한 파일을 선택하여 삽입하십시오.
- 각 슬라이드를 각각의 파일로 작업해서 저장할 경우 실격 처리됩니다.

전체 구성   60점

(1) 슬라이드 크기 및 순서 : 크기를 A4 용지로 설정하고 슬라이드 순서에 맞게 작성한다.
(2) 슬라이드 마스터 : 2~6슬라이드의 제목, 하단 로고, 슬라이드 번호는 슬라이드 마스터를 이용하여 작성한다.
   - 제목 글꼴(돋움, 40pt, 흰색), 가운데 맞춤, 도형(선 없음)
   - 하단 로고(「내 PC₩문서₩ITQ₩Picture₩로고2.jpg」, 배경(회색) 투명색으로 설정)

슬라이드 1   표지 디자인   40점

(1) 표지 디자인 : 도형, 워드아트 및 그림을 이용하여 작성한다.

세부조건

① 도형 편집
   - 도형에 그림 채우기 :
     「내 PC₩문서₩ITQ₩Picture₩그림1.jpg」, 투명도 50%
   - 도형 효과 :
     부드러운 가장자리 5포인트

② 워드아트 삽입
   - 변환 : 수축
   - 글꼴 : 궁서, 굵게
   - 텍스트 반사 : 근접 반사, 터치

③ 그림 삽입
   - 「내 PC₩문서₩ITQ₩Picture₩로고2.jpg」
   - 배경(회색) 투명색으로 설정

슬라이드 2   목차 슬라이드   60점

(1) 출력형태와 같이 도형을 이용하여 목차를 작성한다(글꼴 : 굴림, 24pt).
(2) 도형 : 선 없음

세부조건

① 텍스트에 하이퍼링크 적용
   ➡ '슬라이드 4'

② 그림 삽입
   - 「내 PC₩문서₩ITQ₩Picture₩그림4.jpg」
   - 자르기 기능 이용

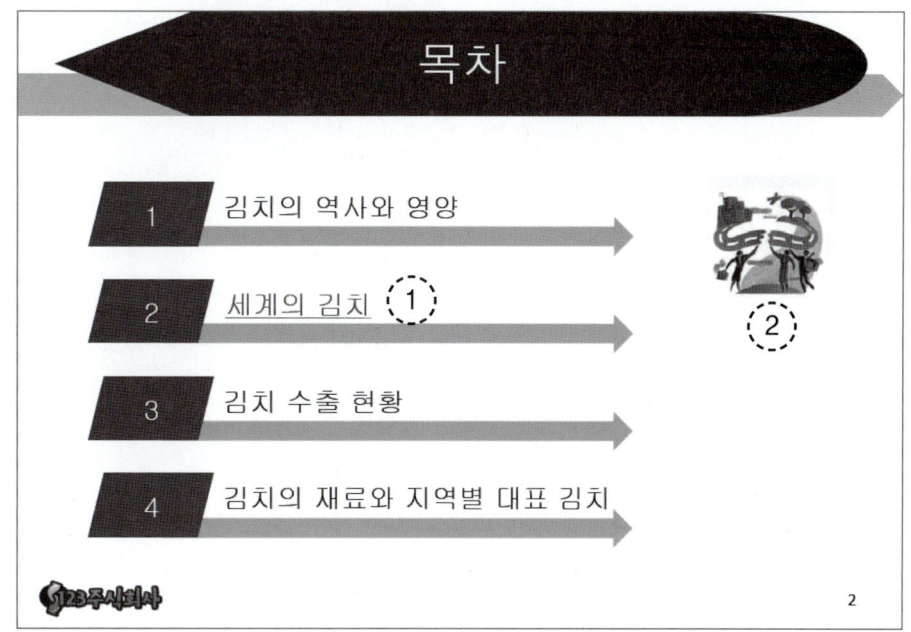

슬라이드 3 — 텍스트/동영상 슬라이드 (60점)

(1) 텍스트 작성 : 글머리 기호 사용(◆, ✓)
　　◆문단(굴림, 24pt, 굵게, 줄간격 : 1.5줄), ✓문단(굴림, 20pt, 줄간격 : 1.5줄)

세부조건

① 동영상 삽입 :
- 「내 PC₩문서₩ITQ₩Picture₩동영상.wmv」
- 자동실행, 반복재생 설정

1. 김치의 역사와 영양

◆ History of Kimchi
- ✓ Kimchi is a traditional Korean dish that originated over 3,000 years ago
- ✓ The tradition of making kimchi started as a way to ferment and store vegetables during the cold winter

◆ 김치의 영양
- ✓ 김치는 다양한 종류의 부재료를 첨가하여 탄수화물, 단백질, 각종 비타민과 무기질 등의 다양한 영양소를 풍부하게 함유하고 있으며 세계 5대 건강식품으로 선정

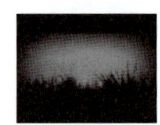

슬라이드 4 — 표 슬라이드 (80점)

(1) 도형과 표 작성 기능을 이용하여 슬라이드를 작성한다(글꼴 : 돋움, 18pt).

세부조건

① 상단 도형 :
2개 도형의 조합으로 작성

② 좌측 도형 :
그라데이션 효과(선형 아래쪽)

③ 표 스타일 :
테마 스타일 1 - 강조 5

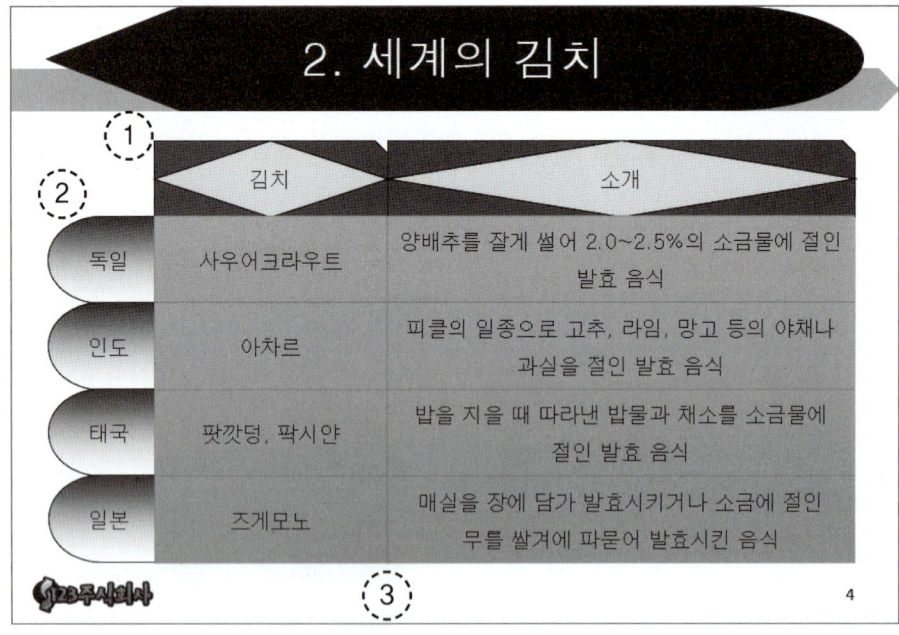

슬라이드 5 — 차트 슬라이드 (100점)

(1) 차트 작성 기능을 이용하여 슬라이드를 작성한다.
(2) 차트 : 종류(묶은 세로 막대형), 글꼴(돋움, 16pt), 외곽선

세부조건

※ **차트설명**
- 차트제목 : 궁서, 24pt, 굵게, 채우기(흰색), 테두리, 그림자(오프셋 오른쪽)
- 차트영역 : 채우기(노랑)
  그림영역 : 채우기(흰색)
- 데이터 서식 : 기타김치 계열을 표식이 있는 꺾은선형으로 변경 후 보조 축으로 지정
- 값 표시 : 수출액의 배추김치 계열만

① **도형 삽입**
- 스타일 : 미세효과 – 파랑, 강조 1
- 글꼴 : 굴림, 18pt

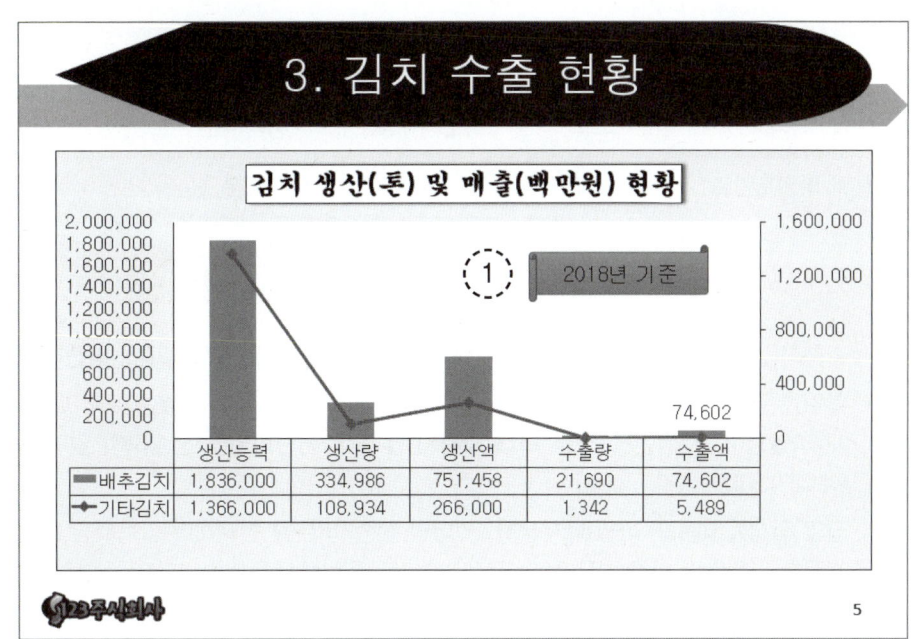

슬라이드 6 — 도형 슬라이드 (100점)

(1) 슬라이드와 같이 도형 및 스마트아트를 배치한다(글꼴 : 굴림, 18pt).
(2) 애니메이션 순서 : ① ⇒ ②

세부조건

① **도형 및 스마트아트 편집**
- 스마트아트 디자인 : 3차원 만화, 3차원 광택 처리
- 그룹화 후 애니메이션 효과 : 나타내기

② **도형 편집**
- 그룹화 후 애니메이션 효과 : 닦아내기(오른쪽에서)

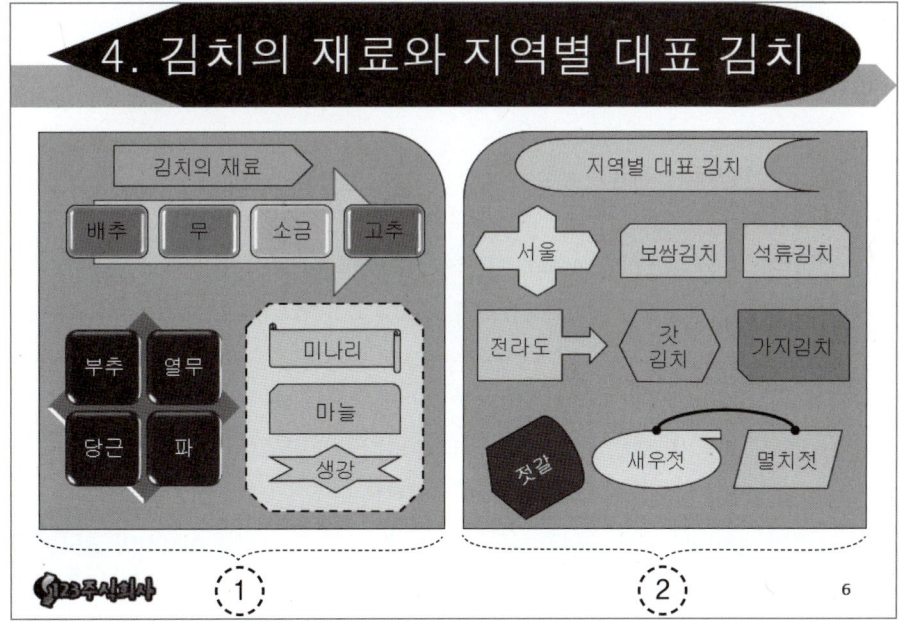

정보기술자격(ITQ) 기출문제

MS오피스 2016

과목	코드	문제유형	시험시간	수험번호	성 명
한글 파워포인트	1142	A	60분		

수험자 유의사항

- 수험자는 문제지를 받는 즉시 문제지와 **수험표상의 시험과목(프로그램), 버전이 동일한지 반드시 확인**하여야 합니다.
- 파일명은 본인의 "수험번호-성명"으로 입력하여 답안폴더(내 PC₩문서₩ITQ)에 하나의 파일로 저장해야 하며, 답안문서 파일명이 "수험번호-성명"과 일치하지 않거나, 답안파일을 전송하지 않아 미제출로 처리될 경우 실격 처리합니다(예:12345678-홍길동.pptx).
- 답안 작성을 마치면 파일을 저장하고, '답안 전송' 버튼을 선택하여 감독위원 PC로 답안을 전송하십시오. 수험생 정보와 저장한 파일명이 다를 경우 전송되지 않으므로 주의하시기 바랍니다.
- 답안 작성 중에도 **주기적으로 저장하고, '답안 전송'**하여야 문제 발생을 줄일 수 있습니다. 작업한 내용을 저장하지 않고 전송할 경우 이전에 저장된 내용이 전송되오니 이점 유의하시기 바랍니다.
- 답안문서는 지정된 경로 외의 다른 보조기억장치에 저장하는 경우, 지정된 시험 시간 외에 작성된 파일을 활용할 경우, 기타 통신수단(이메일, 메신저, 네트워크 등)을 이용하여 타인에게 전달 또는 외부 반출하는 경우는 부정 처리합니다.
- 시험 중 부주의 또는 고의로 시스템을 파손한 경우는 수험자가 변상해야 하며, 〈수험자 유의사항〉에 기재된 방법대로 이행하지 않아 생기는 불이익은 수험생 당사자의 책임임을 알려 드립니다.
- 문제의 조건은 MS오피스 2016 버전으로 설정되어 있으니 유의하시기 바랍니다.
- 시험을 완료한 수험자는 답안파일이 전송되었는지 확인한 후 감독위원의 지시에 따라 문제지를 제출하고 퇴실합니다.

답안 작성요령

- 온라인 답안 작성 절차
  수험자 등록 ⇒ 시험 시작 ⇒ 답안파일 저장 ⇒ 답안 전송 ⇒ 시험 종료
- 슬라이드의 크기는 A4 Paper로 설정하여 작성합니다.
- 슬라이드의 총 개수는 6개로 구성되어 있으며 슬라이드 1부터 순서대로 작업하고 반드시 문제와 세부조건대로 합니다.
- 별도의 지시사항이 없는 경우 ≪출력형태≫를 참조하여 글꼴색은 검정 또는 흰색으로 작성하고, 기타사항은 전체적인 균형을 고려하여 작성합니다.
- 슬라이드 도형 및 개체에 출력형태와 다른 스타일(그림자, 외곽선 등)을 적용했을 경우 감점처리됩니다.
- 슬라이드 번호를 작성합니다(슬라이드 1에는 생략).
- 2~6번 슬라이드 제목 도형과 하단 로고는 슬라이드 마스터를 이용하여 출력형태와 동일하게 작성합니다(슬라이드 1에는 생략).
- 문제와 세부조건, 세부조건 번호 ○(점선원)는 입력하지 않습니다.
- 각 개체의 위치는 오른쪽의 슬라이드와 동일하게 구성합니다.
- 그림 삽입 문제의 경우 반드시 「내 PC₩문서₩ITQ₩Picture」 폴더에서 정확한 파일을 선택하여 삽입하십시오.
- 각 슬라이드를 각각의 파일로 작업해서 저장할 경우 실격 처리됩니다.

전체 구성 — 60점

(1) 슬라이드 크기 및 순서 : 크기를 A4 용지로 설정하고 슬라이드 순서에 맞게 작성한다.
(2) 슬라이드 마스터 : 2~6슬라이드의 제목, 하단 로고, 슬라이드 번호는 슬라이드 마스터를 이용하여 작성한다.
 - 제목 글꼴(돋움, 40pt, 흰색), 가운데 맞춤, 도형(선 없음)
 - 하단 로고(「내 PC\문서\ITQ\Picture\로고2.jpg」, 배경(회색) 투명색으로 설정)

슬라이드 1 — 표지 디자인 — 40점

(1) 표지 디자인 : 도형, 워드아트 및 그림을 이용하여 작성한다.

세부조건

① 도형 편집
 - 도형에 그림 채우기 : 「내 PC\문서\ITQ\Picture\그림1.jpg」, 투명도 50%
 - 도형 효과 : 부드러운 가장자리 5포인트

② 워드아트 삽입
 - 변환 : 수축
 - 글꼴 : 궁서, 굵게
 - 텍스트 반사 : 근접 반사, 터치

③ 그림 삽입
 - 「내 PC\문서\ITQ\Picture\로고2.jpg」
 - 배경(회색) 투명색으로 설정

슬라이드 2 — 목차 슬라이드 — 60점

(1) 출력형태와 같이 도형을 이용하여 목차를 작성한다(글꼴 : 굴림, 24pt).
(2) 도형 : 선 없음

세부조건

① 텍스트에 하이퍼링크 적용
 ➡ '슬라이드 4'

② 그림 삽입
 - 「내 PC\문서\ITQ\Picture\그림4.jpg」
 - 자르기 기능 이용

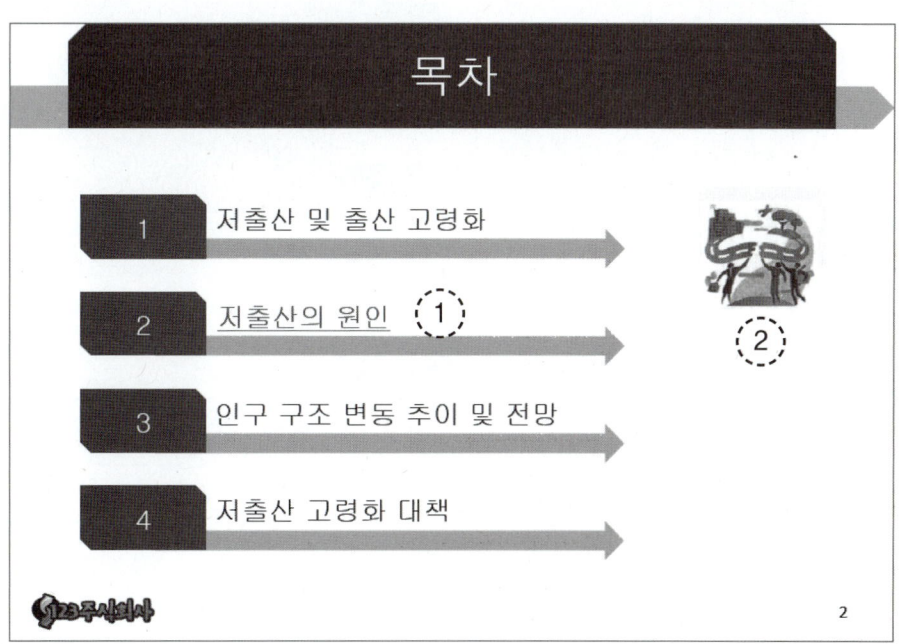

슬라이드 3 — 텍스트/동영상 슬라이드 (60점)

(1) 텍스트 작성 : 글머리 기호 사용(◆, ✓)
- ◆문단(굴림, 24pt, 굵게, 줄간격 : 1.5줄), ✓문단(굴림, 20pt, 줄간격 : 1.5줄)

세부조건

① 동영상 삽입 :
- 「내 PC₩문서₩ITQ₩Picture₩동영상.wmv」
- 자동실행, 반복재생 설정

1. 저출산 및 출산 고령화

◆ Rapidly aging population
  ✓ Korea is one of the world's fastest aging countries
  ✓ Plummeting marriage rates and dismally low child births are largely to blame for the country's demographic crisis

◆ 저출산 및 출산 고령화
  ✓ 경제협력개발기구 통계에 따르면 우리나라 출산율은 연평균 3.1%씩 감소하며 고령화 비율 연평균 증가율은 3.3%로 37개국 중 가장 빠른 것으로 나타남

슬라이드 4 — 표 슬라이드 (80점)

(1) 도형과 표 작성 기능을 이용하여 슬라이드를 작성한다(글꼴 : 돋움, 18pt).

세부조건

① 상단 도형 : 2개 도형의 조합으로 작성
② 좌측 도형 : 그라데이션 효과(선형 아래쪽)
③ 표 스타일 : 테마 스타일 1 - 강조 5

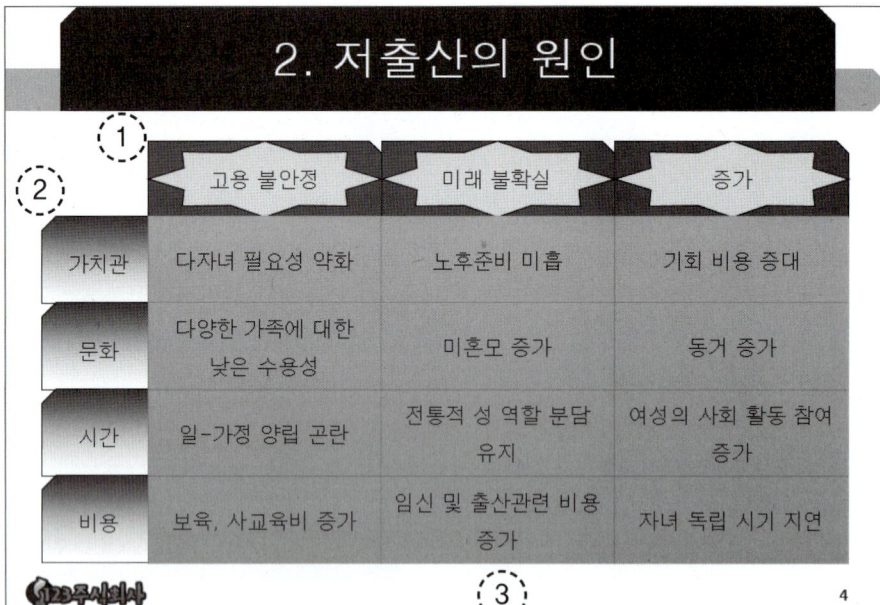

2. 저출산의 원인

	고용 불안정	미래 불확실	증가
가치관	다자녀 필요성 약화	노후준비 미흡	기회 비용 증대
문화	다양한 가족에 대한 낮은 수용성	미혼모 증가	동거 증가
시간	일-가정 양립 곤란	전통적 성 역할 분담 유지	여성의 사회 활동 참여 증가
비용	보육, 사교육비 증가	임신 및 출산관련 비용 증가	자녀 독립 시기 지연

슬라이드 5 — 차트 슬라이드 (100점)

(1) 차트 작성 기능을 이용하여 슬라이드를 작성한다.
(2) 차트 : 종류(묶은 세로 막대형), 글꼴(돋움, 16pt), 외곽선

세부조건

※ 차트설명
- 차트제목 : 궁서, 24pt, 굵게, 채우기(흰색), 테두리, 그림자(오프셋 오른쪽)
- 차트영역 : 채우기(노랑) 그림영역 : 채우기(흰색)
- 데이터 서식 : 65세 이상 계열을 표식이 있는 꺾은선형으로 변경 후 보조축으로 지정
- 값 표시 : 2060년의 15~64세 계열만

① 도형 삽입
- 스타일 : 미세효과 – 파랑, 강조 1
- 글꼴 : 굴림, 18pt

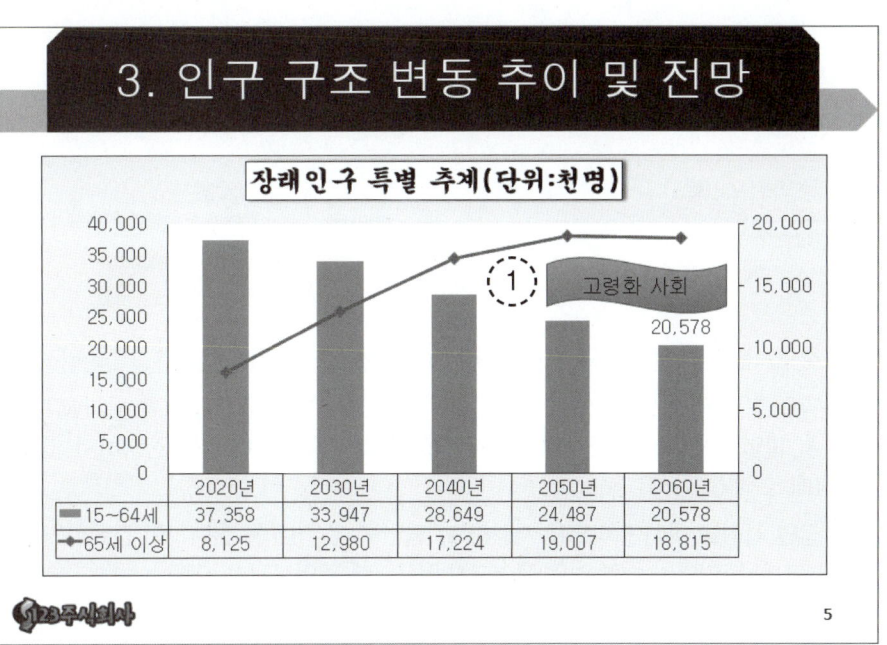

슬라이드 6 — 도형 슬라이드 (100점)

(1) 슬라이드와 같이 도형 및 스마트아트를 배치한다(글꼴 : 굴림, 18pt).
(2) 애니메이션 순서 : ① ⇒ ②

세부조건

① 도형 및 스마트아트 편집
- 스마트아트 디자인 : 3차원 만화, 3차원 광택 처리
- 그룹화 후 애니메이션 효과 : 나타내기

② 도형 편집
- 그룹화 후 애니메이션 효과 : 닦아내기(오른쪽에서)

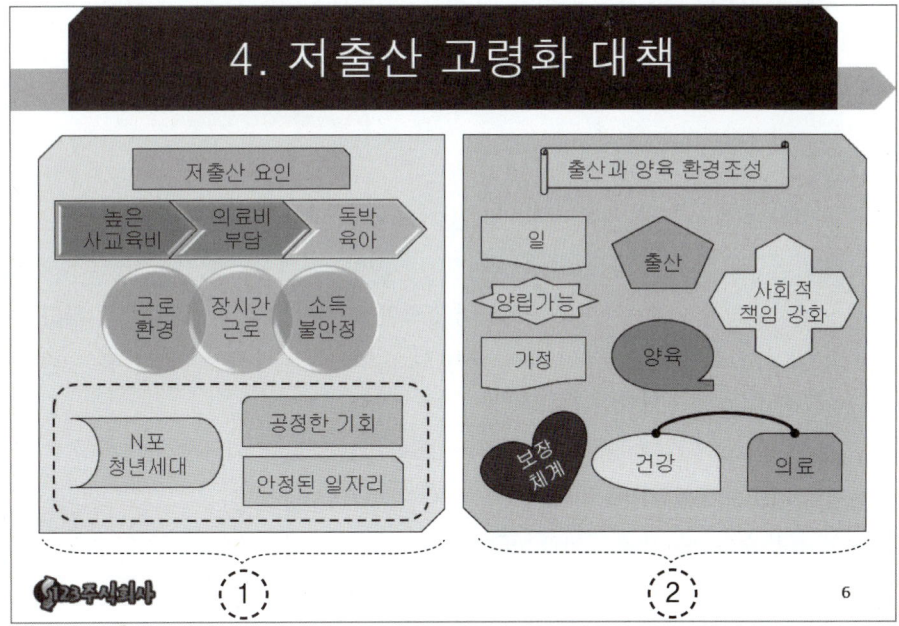

정보기술자격(ITQ) 기출문제

MS오피스 2016

과목	코드	문제유형	시험시간	수험번호	성 명
한글 파워포인트	1142	A	60분		

수험자 유의사항

- 수험자는 문제지를 받는 즉시 문제지와 **수험표상의 시험과목(프로그램), 버전이 동일한지 반드시 확인**하여야 합니다.
- 파일명은 본인의 "수험번호-성명"으로 입력하여 답안폴더(내 PC\문서\ITQ)에 하나의 파일로 저장해야 하며, 답안문서 파일명이 "수험번호-성명"과 일치하지 않거나, 답안파일을 전송하지 않아 미제출로 처리될 경우 실격 처리합니다(예:12345678-홍길동.pptx).
- 답안 작성을 마치면 파일을 저장하고, '답안 전송' 버튼을 선택하여 감독위원 PC로 답안을 전송하십시오. 수험생 정보와 저장한 파일명이 다를 경우 전송되지 않으므로 주의하시기 바랍니다.
- 답안 작성 중에도 **주기적으로 저장하고, '답안 전송'**하여야 문제 발생을 줄일 수 있습니다. 작업한 내용을 저장하지 않고 전송할 경우 이전에 저장된 내용이 전송되오니 이점 유의하시기 바랍니다.
- 답안문서는 지정된 경로 외의 다른 보조기억장치에 저장하는 경우, 지정된 시험 시간 외에 작성된 파일을 활용할 경우, 기타 통신수단(이메일, 메신저, 네트워크 등)을 이용하여 타인에게 전달 또는 외부 반출하는 경우는 부정 처리합니다.
- 시험 중 부주의 또는 고의로 시스템을 파손한 경우는 수험자가 변상해야 하며, 〈수험자 유의사항〉에 기재된 방법대로 이행하지 않아 생기는 불이익은 수험생 당사자의 책임임을 알려 드립니다.
- 문제의 조건은 MS오피스 2016 버전으로 설정되어 있으니 유의하시기 바랍니다.
- 시험을 완료한 수험자는 답안파일이 전송되었는지 확인한 후 감독위원의 지시에 따라 문제지를 제출하고 퇴실합니다.

답안 작성요령

- 온라인 답안 작성 절차
  수험자 등록 ⇒ 시험 시작 ⇒ 답안파일 저장 ⇒ 답안 전송 ⇒ 시험 종료
- 슬라이드의 크기는 A4 Paper로 설정하여 작성합니다.
- 슬라이드의 총 개수는 6개로 구성되어 있으며 슬라이드 1부터 순서대로 작업하고 반드시 문제와 세부조건대로 합니다.
- 별도의 지시사항이 없는 경우 《출력형태》를 참조하여 글꼴색은 검정 또는 흰색으로 작성하고, 기타사항은 전체적인 균형을 고려하여 작성합니다.
- 슬라이드 도형 및 개체에 출력형태와 다른 스타일(그림자, 외곽선 등)을 적용했을 경우 감점처리됩니다.
- 슬라이드 번호를 작성합니다(슬라이드 1에는 생략).
- 2~6번 슬라이드 제목 도형과 하단 로고는 슬라이드 마스터를 이용하여 출력형태와 동일하게 작성합니다(슬라이드 1에는 생략).
- 문제와 세부조건, 세부조건 번호 ⋰⋱(점선원)는 입력하지 않습니다.
- 각 개체의 위치는 오른쪽의 슬라이드와 동일하게 구성합니다.
- 그림 삽입 문제의 경우 반드시 「내 PC\문서\ITQ\Picture」 폴더에서 정확한 파일을 선택하여 삽입하십시오.
- 각 슬라이드를 각각의 파일로 작업해서 저장할 경우 실격 처리됩니다.

전체 구성 — 60점

(1) 슬라이드 크기 및 순서 : 크기를 A4 용지로 설정하고 슬라이드 순서에 맞게 작성한다.
(2) 슬라이드 마스터 : 2~6슬라이드의 제목, 하단 로고, 슬라이드 번호는 슬라이드 마스터를 이용하여 작성한다.
　－ 제목 글꼴(궁서, 40pt, 흰색), 왼쪽 맞춤, 도형(선 없음)
　－ 하단 로고(「내 PC\문서\ITQ\Picture\로고2.jpg」, 배경(회색) 투명색으로 설정)

슬라이드 1 표지 디자인 — 40점

(1) 표지 디자인 : 도형, 워드아트 및 그림을 이용하여 작성한다.

세부조건

① 도형 편집
　－ 도형에 그림 채우기 :
　　「내 PC\문서\ITQ\Picture\그림1.jpg」, 투명도 50%
　－ 도형 효과 :
　　부드러운 가장자리 5포인트

② 워드아트 삽입
　－ 변환 : 위로 기울기
　－ 글꼴 : 궁서, 굵게
　－ 텍스트 반사 : 근접 반사, 터치

③ 그림 삽입
　－ 「내 PC\문서\ITQ\Picture\로고2.jpg」
　－ 배경(회색) 투명색으로 설정

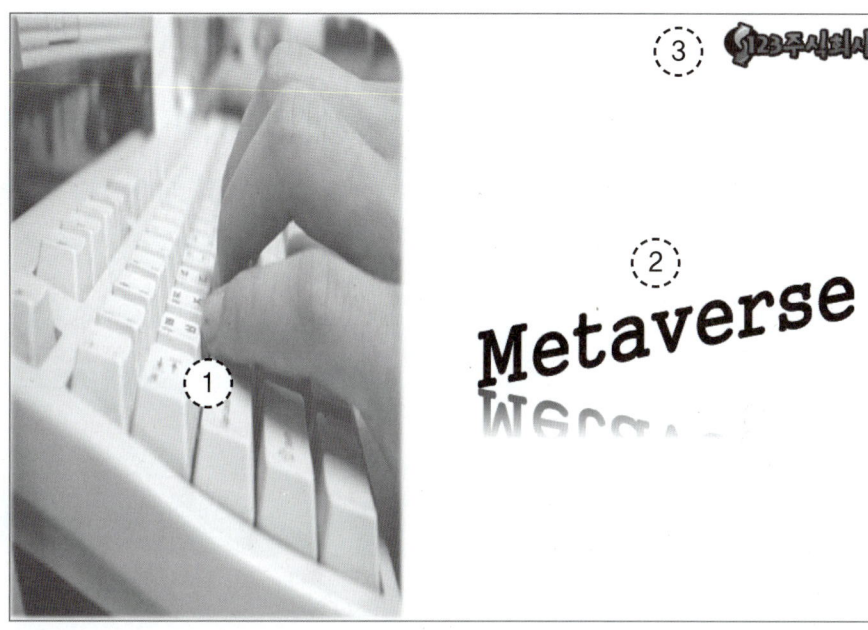

슬라이드 2 목차 슬라이드 — 60점

(1) 출력형태와 같이 도형을 이용하여 목차를 작성한다(글꼴 : 궁서, 24pt).
(2) 도형 : 선 없음

세부조건

① 텍스트에 하이퍼링크 적용
　➡ '슬라이드 4'

② 그림 삽입
　－ 「내 PC\문서\ITQ\Picture\그림4.jpg」
　－ 자르기 기능 이용

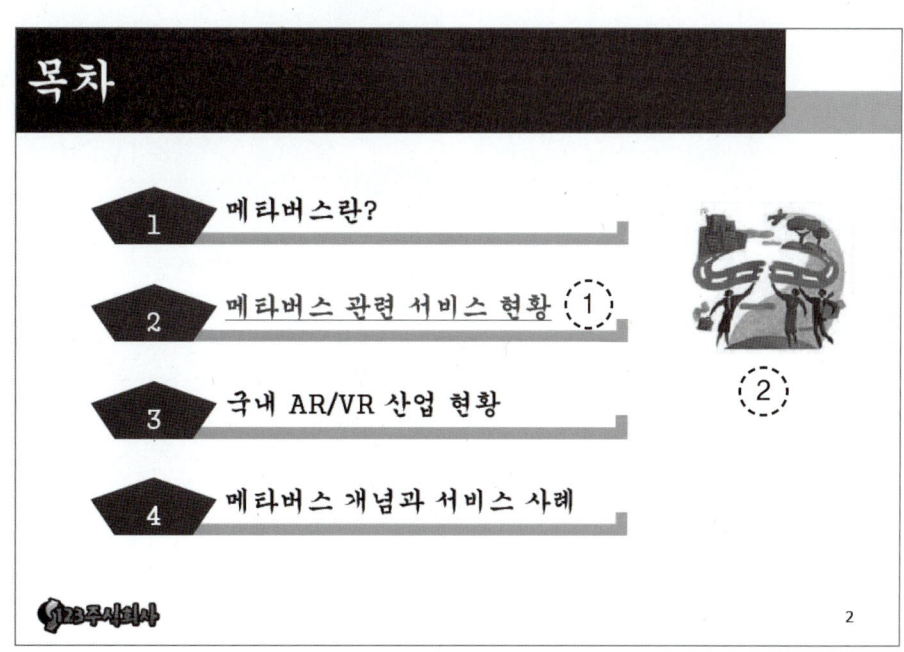

슬라이드 3 텍스트/동영상 슬라이드 60점

(1) 텍스트 작성 : 글머리 기호 사용(➤, ■)
  ➤문단(굴림, 24pt, 굵게, 줄간격 : 1.5줄), ■문단(굴림, 20pt, 줄간격 : 1.5줄)

세부조건

① 동영상 삽입 :
  - 「내 PC₩문서₩ITQ₩Picture₩동영상.wmv」
  - 자동실행, 반복재생 설정

1. 메타버스란?

➤ Metaverse
  ■ A compound word of the Greek word meta, meaning 'transcend or more', and universe, meaning 'the world or the universe'

➤ 메타버스란?
  ■ '초월, 그 이상'을 뜻하는 그리스어 메타와 '세상 또는 우주'를 뜻하는 유니버스의 합성어
  ■ 가상과 실제 현실이 상호작용하는 새로운 사이버 세계를 의미

슬라이드 4 표 슬라이드 80점

(1) 도형과 표 작성 기능을 이용하여 슬라이드를 작성한다(글꼴 : 돋움, 18pt).

세부조건

① 상단 도형 :
  2개 도형의 조합으로 작성

② 좌측 도형 :
  그라데이션 효과(선형 아래쪽)

③ 표 스타일 :
  테마 스타일 1 - 강조 5

2. 메타버스 관련 서비스 현황

구분		주요 내용
국내	네이버	자회사 네이버제트의 AR 아바타 서비스 제페토
	엔씨소프트	아바타로 케이팝 아티스트와 소통하는 유니버스
	위지윅스튜디오	영화 승리호, 뮬란 시각특수효과 제작 참여
해외	마이크로소프트	X박스 게임기, 게임 마인프래프트 사업 가속화
	페이스북	VR기기 및 플랫폼 오큘러스
	에픽게임즈	온라인 게임 포트나이트 및 3D 엔진

| 슬라이드 5 | 차트 슬라이드 | 100점 |

(1) 차트 작성 기능을 이용하여 슬라이드를 작성한다.
(2) 차트 : 종류(묶은 세로 막대형), 글꼴(돋움, 16pt), 외곽선

세부조건

※ **차트설명**
- 차트제목 : 궁서, 24pt, 굵게, 채우기(흰색), 테두리, 그림자(오프셋 오른쪽)
- 차트영역 : 채우기(노랑) 그림영역 : 채우기(흰색)
- 데이터 서식 : 콘텐츠 계열을 표식이 있는 꺾은선형으로 변경 후 보조 축으로 지정
- 값 표시 : 2020년의 하드웨어 계열만

① **도형 삽입**
- 스타일 : 미세효과 – 파랑, 강조 1
- 글꼴 : 굴림, 18pt

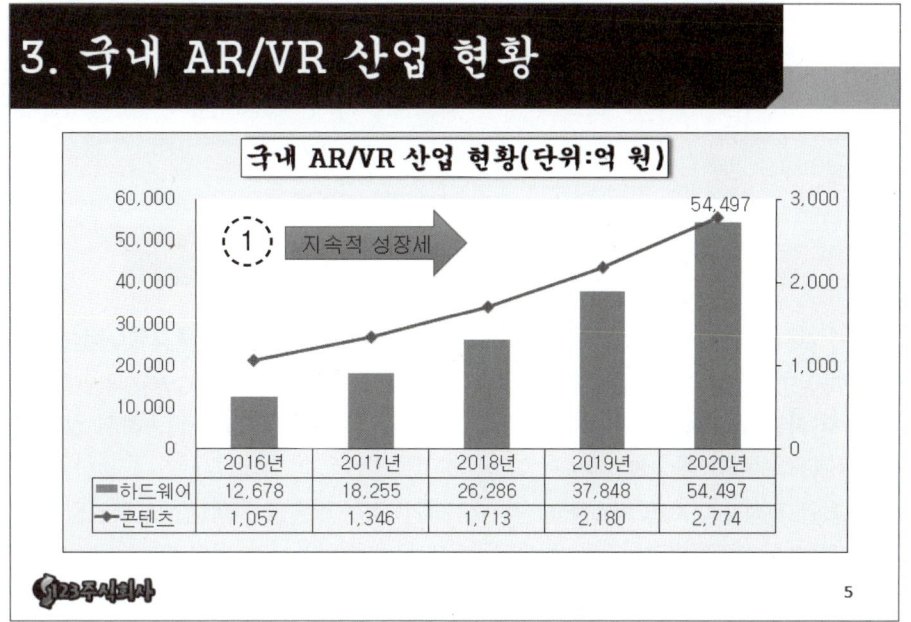

| 슬라이드 6 | 도형 슬라이드 | 100점 |

(1) 슬라이드와 같이 도형 및 스마트아트를 배치한다(글꼴 : 굴림, 18pt).
(2) 애니메이션 순서 : ① ⇒ ②

세부조건

① **도형 및 스마트아트 편집**
- 스마트아트 디자인 : 3차원 경사, 3차원 광택 처리
- 그룹화 후 애니메이션 효과 : 나타내기

② **도형 편집**
- 그룹화 후 애니메이션 효과 : 닦아내기(오른쪽에서)

정보기술자격(ITQ) 기출문제

제 06 회

MS오피스 2016

과목	코드	문제유형	시험시간	수험번호	성 명
한글 파워포인트	1142	A	60분		

• 수험자 유의사항 •

- 수험자는 문제지를 받는 즉시 문제지와 **수험표상의 시험과목(프로그램), 버전이 동일한지 반드시 확인**하여야 합니다.
- 파일명은 본인의 "수험번호-성명"으로 입력하여 답안폴더(내 PC\문서\ITQ)에 하나의 파일로 저장해야 하며, 답안문서 파일명이 "수험번호-성명"과 일치하지 않거나, 답안파일을 전송하지 않아 미제출로 처리될 경우 실격 처리합니다 (예:12345678-홍길동.pptx).
- 답안 작성을 마치면 파일을 저장하고, '답안 전송' 버튼을 선택하여 감독위원 PC로 답안을 전송하십시오. 수험생 정보와 저장한 파일명이 다를 경우 전송되지 않으므로 주의하시기 바랍니다.
- 답안 작성 중에도 **주기적으로 저장하고, '답안 전송'**하여야 문제 발생을 줄일 수 있습니다. 작업한 내용을 저장하지 않고 전송할 경우 이전에 저장된 내용이 전송되오니 이점 유의하시기 바랍니다.
- 답안문서는 지정된 경로 외의 다른 보조기억장치에 저장하는 경우, 지정된 시험 시간 외에 작성된 파일을 활용할 경우, 기타 통신수단(이메일, 메신저, 네트워크 등)을 이용하여 타인에게 전달 또는 외부 반출하는 경우는 부정 처리합니다.
- 시험 중 부주의 또는 고의로 시스템을 파손한 경우는 수험자가 변상해야 하며, 〈수험자 유의사항〉에 기재된 방법대로 이행하지 않아 생기는 불이익은 수험생 당사자의 책임임을 알려 드립니다.
- 문제의 조건은 MS오피스 2016 버전으로 설정되어 있으니 유의하시기 바랍니다.
- 시험을 완료한 수험자는 답안파일이 전송되었는지 확인한 후 감독위원의 지시에 따라 문제지를 제출하고 퇴실합니다.

• 답안 작성요령 •

- 온라인 답안 작성 절차
  수험자 등록 ⇒ 시험 시작 ⇒ 답안파일 저장 ⇒ 답안 전송 ⇒ 시험 종료
- 슬라이드의 크기는 A4 Paper로 설정하여 작성합니다.
- 슬라이드의 총 개수는 6개로 구성되어 있으며 슬라이드 1부터 순서대로 작업하고 반드시 문제와 세부조건대로 합니다.
- 별도의 지시사항이 없는 경우 《출력형태》를 참조하여 글꼴색은 검정 또는 흰색으로 작성하고, 기타사항은 전체적인 균형을 고려하여 작성합니다.
- 슬라이드 도형 및 개체에 출력형태와 다른 스타일(그림자, 외곽선 등)을 적용했을 경우 감점처리됩니다.
- 슬라이드 번호를 작성합니다(슬라이드 1에는 생략).
- 2~6번 슬라이드 제목 도형과 하단 로고는 슬라이드 마스터를 이용하여 출력형태와 동일하게 작성합니다(슬라이드 1에는 생략).
- 문제와 세부조건, 세부조건 번호 ⚪(점선원)는 입력하지 않습니다.
- 각 개체의 위치는 오른쪽의 슬라이드와 동일하게 구성합니다.
- 그림 삽입 문제의 경우 반드시 「내 PC\문서\ITQ\Picture」 폴더에서 정확한 파일을 선택하여 삽입하십시오.
- 각 슬라이드를 각각의 파일로 작업해서 저장할 경우 실격 처리됩니다.

전체 구성 (60점)

(1) 슬라이드 크기 및 순서 : 크기를 A4 용지로 설정하고 슬라이드 순서에 맞게 작성한다.
(2) 슬라이드 마스터 : 2~6슬라이드의 제목, 하단 로고, 슬라이드 번호는 슬라이드 마스터를 이용하여 작성한다.
 - 제목 글꼴(굴림, 40pt, 흰색), 가운데 맞춤, 도형(선 없음)
 - 하단 로고(「내 PC\문서\ITQ\Picture\로고3.jpg」, 배경(연보라색) 투명색으로 설정)

슬라이드 1 — 표지 디자인 (40점)

(1) 표지 디자인 : 도형, 워드아트 및 그림을 이용하여 작성한다.

세부조건

① 도형 편집
 - 도형에 그림 채우기 :
   「내 PC\문서\ITQ\Picture\그림3.jpg」, 투명도 50%
 - 도형 효과 :
   부드러운 가장자리 5포인트
② 워드아트 삽입
 - 변환 : 위로 기울기
 - 글꼴 : 돋움, 굵게
 - 텍스트 반사 : 1/2 반사, 4pt 오프셋
③ 그림 삽입
 - 「내 PC\문서\ITQ\Picture\로고3.jpg」
 - 배경(연보라색) 투명색으로 설정

슬라이드 2 — 목차 슬라이드 (60점)

(1) 출력형태와 같이 도형을 이용하여 목차를 작성한다(글꼴 : 굴림, 24pt).
(2) 도형 : 선 없음

세부조건

① 텍스트에 하이퍼링크 적용
 ➡ '슬라이드 5'
② 그림 삽입
 - 「내 PC\문서\ITQ\Picture\그림4.jpg」
 - 자르기 기능 이용

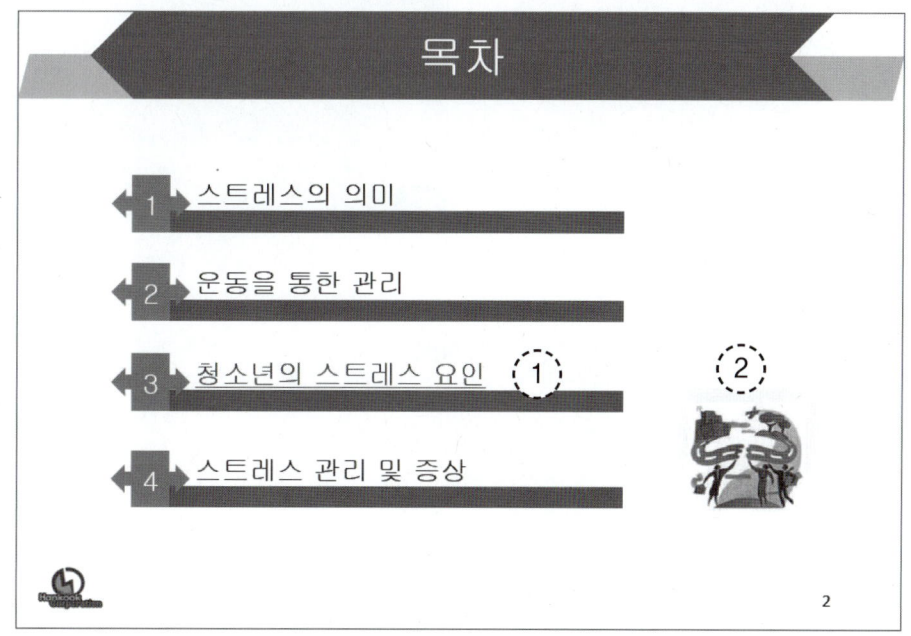

슬라이드 3 — 텍스트/동영상 슬라이드 (60점)

(1) 텍스트 작성 : 글머리 기호 사용(➢, ✓)
  ➢문단(굴림, 24pt, 굵게, 줄간격 : 1.5줄), ✓문단(굴림, 20pt, 줄간격 : 1.5줄)

세부조건

① 동영상 삽입 :
  - 「내 PC₩문서₩ITQ₩Picture₩동영상.wmv」
  - 자동실행, 반복재생 설정

1. 스트레스의 의미

➢ Stress
  ✓ Small amounts of stress may be desired, beneficial, and even healthy. It also plays a positive factor in motivation, adaptation, and reaction.

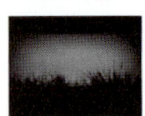

➢ 스트레스
  ✓ 외부에서 주어지는 자극과 스스로 느끼는 심적 압박감 등이 서로 작용하여 신체적, 심리적 문제 등을 일으킴
  ✓ 적절한 스트레스는 활동에 대한 동기를 부여하고 에너지 역할을 함

슬라이드 4 — 표 슬라이드 (80점)

(1) 도형과 표 작성 기능을 이용하여 슬라이드를 작성한다(글꼴 : 돋움, 18pt).

세부조건

① 상단 도형 :
  2개 도형의 조합으로 작성

② 좌측 도형 :
  그라데이션 효과(선형 아래쪽)

③ 표 스타일 :
  테마 스타일 1 – 강조 6

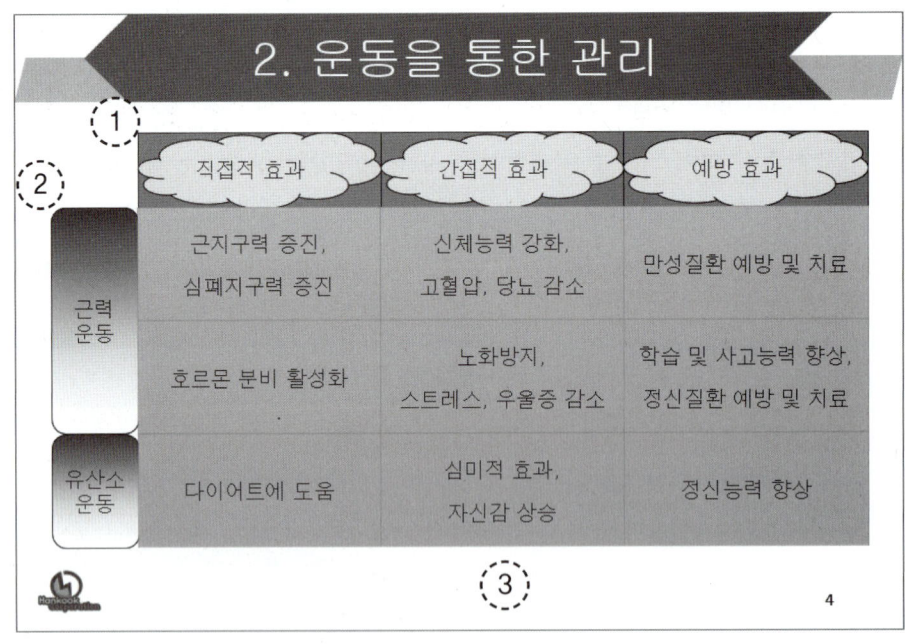

슬라이드 5 — 차트 슬라이드 (100점)

(1) 차트 작성 기능을 이용하여 슬라이드를 작성한다.
(2) 차트 : 종류(묶은 세로 막대형), 글꼴(굴림, 16pt), 외곽선

세부조건

※ 차트설명
- 차트제목 : 궁서, 24pt, 굵게, 채우기(흰색), 테두리, 그림자(오프셋 아래쪽)
- 차트영역 : 채우기(노랑)
  그림영역 : 채우기(흰색)
- 데이터 서식 : 2019년 계열을 표식이 있는 꺾은선형으로 변경 후 보조 축으로 지정
- 값 표시 : 공부의 2020년 계열만

① 도형 삽입
 - 스타일 : 미세효과 – 파랑, 강조 1
 - 글꼴 : 굴림, 18pt

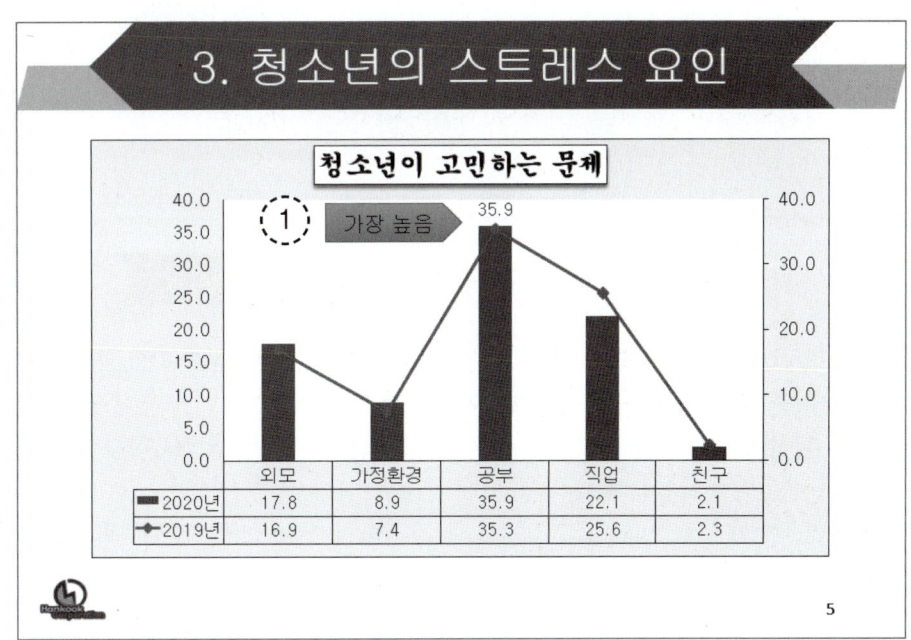

슬라이드 6 — 도형 슬라이드 (100점)

(1) 슬라이드와 같이 도형 및 스마트아트를 배치한다(글꼴 : 돋움, 18pt).
(2) 애니메이션 순서 : ① ⇒ ②

세부조건

① 도형 및 스마트아트 편집
 - 스마트아트 디자인 :
   3차원 경사,
   3차원 만화
 - 그룹화 후 애니메이션 효과 :
   바운드

② 도형 편집
 - 그룹화 후 애니메이션 효과 :
   나누기(가로 바깥쪽으로)

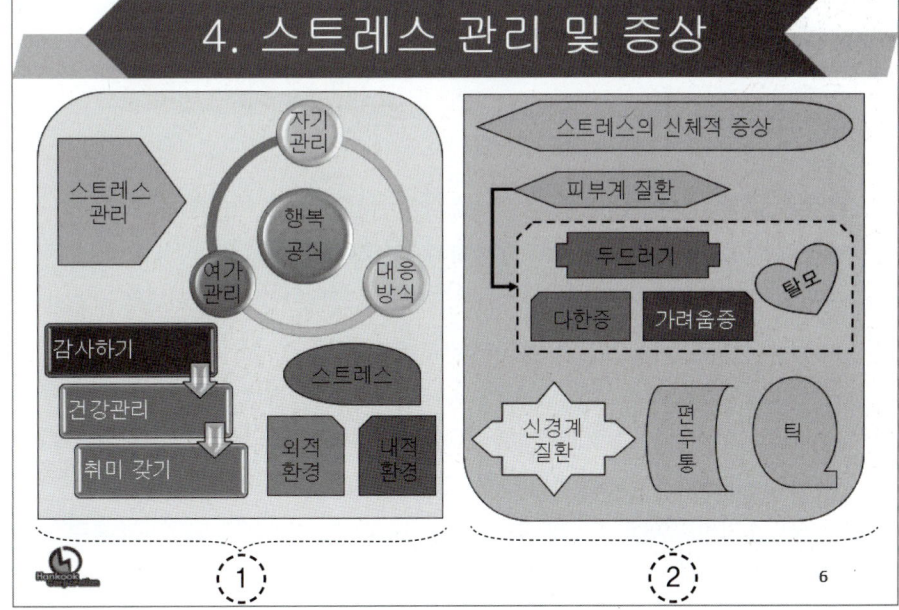

정보기술자격(ITQ) 기출문제

MS오피스 2016

과목	코드	문제유형	시험시간	수험번호	성 명
한글 파워포인트	1142	A	60분		

수험자 유의사항

- 수험자는 문제지를 받는 즉시 문제지와 **수험표상의 시험과목(프로그램), 버전이 동일한지 반드시 확인**하여야 합니다.
- 파일명은 본인의 "수험번호-성명"으로 입력하여 답안폴더(내 PC\문서\ITQ)에 하나의 파일로 저장해야 하며, 답안문서 파일명이 "수험번호-성명"과 일치하지 않거나, 답안파일을 전송하지 않아 미제출로 처리될 경우 실격 처리합니다(예:12345678-홍길동.pptx).
- 답안 작성을 마치면 파일을 저장하고, '답안 전송' 버튼을 선택하여 감독위원 PC로 답안을 전송하십시오. 수험생 정보와 저장한 파일명이 다를 경우 전송되지 않으므로 주의하시기 바랍니다.
- 답안 작성 중에도 **주기적으로 저장하고, '답안 전송'**하여야 문제 발생을 줄일 수 있습니다. 작업한 내용을 저장하지 않고 전송할 경우 이전에 저장된 내용이 전송되오니 이점 유의하시기 바랍니다.
- 답안문서는 지정된 경로 외의 다른 보조기억장치에 저장하는 경우, 지정된 시험 시간 외에 작성된 파일을 활용할 경우, 기타 통신수단(이메일, 메신저, 네트워크 등)을 이용하여 타인에게 전달 또는 외부 반출하는 경우는 부정 처리합니다.
- 시험 중 부주의 또는 고의로 시스템을 파손한 경우는 수험자가 변상해야 하며, 〈수험자 유의사항〉에 기재된 방법대로 이행하지 않아 생기는 불이익은 수험생 당사자의 책임임을 알려 드립니다.
- 문제의 조건은 MS오피스 2016 버전으로 설정되어 있으니 유의하시기 바랍니다.
- 시험을 완료한 수험자는 답안파일이 전송되었는지 확인한 후 감독위원의 지시에 따라 문제지를 제출하고 퇴실합니다.

답안 작성요령

- 온라인 답안 작성 절차
  수험자 등록 ⇒ 시험 시작 ⇒ 답안파일 저장 ⇒ 답안 전송 ⇒ 시험 종료
- 슬라이드의 크기는 A4 Paper로 설정하여 작성합니다.
- 슬라이드의 총 개수는 6개로 구성되어 있으며 슬라이드 1부터 순서대로 작업하고 반드시 문제와 세부조건대로 합니다.
- 별도의 지시사항이 없는 경우 ≪출력형태≫를 참조하여 글꼴색은 검정 또는 흰색으로 작성하고, 기타사항은 전체적인 균형을 고려하여 작성합니다.
- 슬라이드 도형 및 개체에 출력형태와 다른 스타일(그림자, 외곽선 등)을 적용했을 경우 감점처리됩니다.
- 슬라이드 번호를 작성합니다(슬라이드 1에는 생략).
- 2~6번 슬라이드 제목 도형과 하단 로고는 슬라이드 마스터를 이용하여 출력형태와 동일하게 작성합니다(슬라이드 1에는 생략).
- 문제와 세부조건, 세부조건 번호 ◌(점선원)는 입력하지 않습니다.
- 각 개체의 위치는 오른쪽의 슬라이드와 동일하게 구성합니다.
- 그림 삽입 문제의 경우 반드시 「내 PC\문서\ITQ\Picture」 폴더에서 정확한 파일을 선택하여 삽입하십시오.
- 각 슬라이드를 각각의 파일로 작업해서 저장할 경우 실격 처리됩니다.

전체 구성   60점

(1) 슬라이드 크기 및 순서 : 크기를 A4 용지로 설정하고 슬라이드 순서에 맞게 작성한다.
(2) 슬라이드 마스터 : 2~6슬라이드의 제목, 하단 로고, 슬라이드 번호는 슬라이드 마스터를 이용하여 작성한다.
    - 제목 글꼴(돋움, 40pt, 흰색), 가운데 맞춤, 도형(선 없음)
    - 하단 로고(「내 PC₩문서₩ITQ₩Picture₩로고2.jpg」, 배경(회색) 투명색으로 설정)

슬라이드 1   표지 디자인   40점

(1) 표지 디자인 : 도형, 워드아트 및 그림을 이용하여 작성한다.

세부조건

① 도형 편집
   - 도형에 그림 채우기 :
     「내 PC₩문서₩ITQ₩Picture₩그림2.jpg」, 투명도 50%
   - 도형 효과 :
     부드러운 가장자리 5포인트

② 워드아트 삽입
   - 변환 : 갈매기형 수장
   - 글꼴 : 돋움, 굵게
   - 텍스트 반사 : 근접 반사, 터치

③ 그림 삽입
   - 「내 PC₩문서₩ITQ₩Picture₩로고2.jpg」
   - 배경(회색) 투명색으로 설정

슬라이드 2   목차 슬라이드   60점

(1) 출력형태와 같이 도형을 이용하여 목차를 작성한다(글꼴 : 굴림, 24pt).
(2) 도형 : 선 없음

세부조건

① 텍스트에 하이퍼링크 적용
   ➡ '슬라이드 6'

② 그림 삽입
   - 「내 PC₩문서₩ITQ₩Picture₩그림4.jpg」
   - 자르기 기능 이용

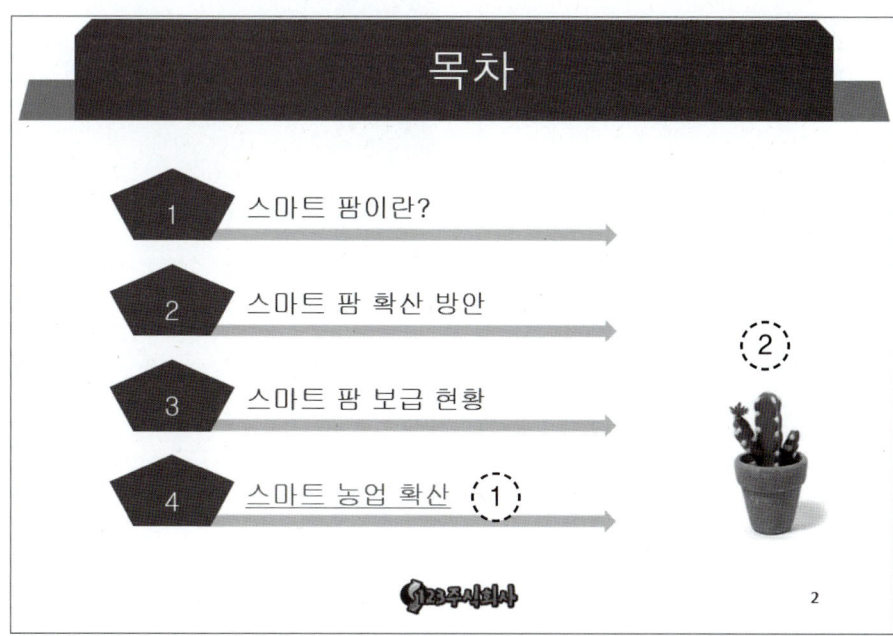

슬라이드 3 — 텍스트/동영상 슬라이드 (60점)

(1) 텍스트 작성 : 글머리 기호 사용(◆, ✓)
　　　◆문단(굴림, 24pt, 굵게, 줄간격 : 1.5줄), ✓문단(굴림, 20pt, 줄간격 : 1.5줄)

세부조건

① 동영상 삽입 :
　– 「내 PC\문서\ITQ\Picture\동영상.wmv」
　– 자동실행, 반복재생 설정

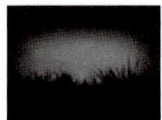

슬라이드 4 — 표 슬라이드 (80점)

(1) 도형과 표 작성 기능을 이용하여 슬라이드를 작성한다(글꼴 : 돋움, 18pt).

세부조건

① 상단 도형 :
　2개 도형의 조합으로 작성

② 좌측 도형 :
　그라데이션 효과(선형 아래쪽)

③ 표 스타일 :
　테마 스타일 1 – 강조 4

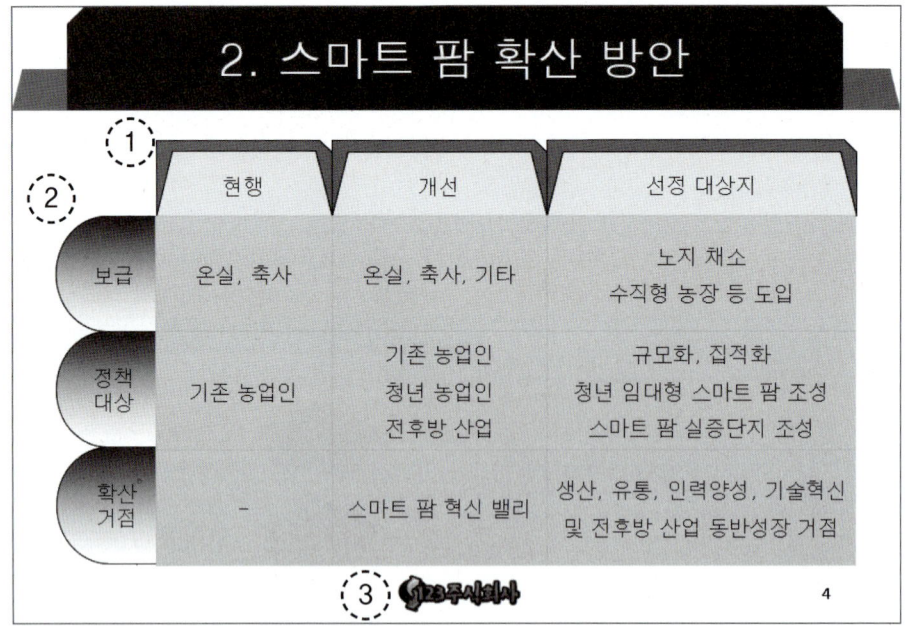

슬라이드 5 차트 슬라이드 100점

(1) 차트 작성 기능을 이용하여 슬라이드를 작성한다.
(2) 차트 : 종류(묶은 세로 막대형), 글꼴(돋움, 16pt), 외곽선

세부조건

※ **차트설명**
- 차트제목 : 궁서, 24pt, 굵게, 채우기(흰색), 테두리, 그림자(오프셋 오른쪽)
- 차트영역 : 채우기(노랑) 그림영역 : 채우기(흰색)
- 데이터 서식 : 축산(호) 계열을 표식이 있는 꺾은선형으로 변경 후 보조 축으로 지정
- 값 표시 : 2020의 시설원예(ha) 계열만

① **도형 삽입**
- 스타일 : 미세효과 - 파랑, 강조 1
- 글꼴 : 굴림, 18pt

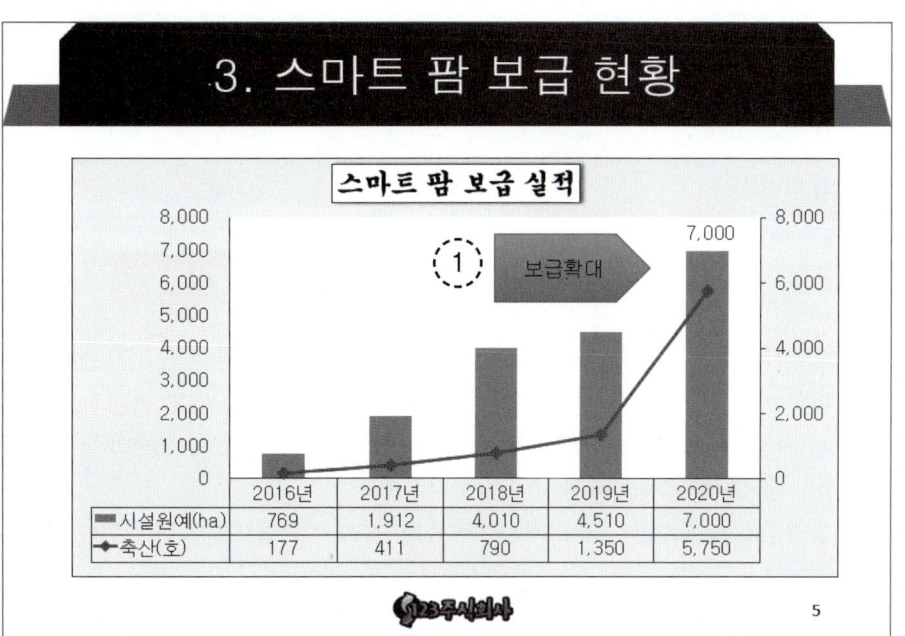

슬라이드 6 도형 슬라이드 100점

(1) 슬라이드와 같이 도형 및 스마트아트를 배치한다(글꼴 : 굴림, 18pt).
(2) 애니메이션 순서 : ① ⇒ ②

세부조건

① **도형 및 스마트아트 편집**
- 스마트아트 디자인 : 3차원 경사, 3차원 광택 처리
- 그룹화 후 애니메이션 효과 : 닦아내기(위에서)

② **도형 편집**
- 그룹화 후 애니메이션 효과 : 바운드

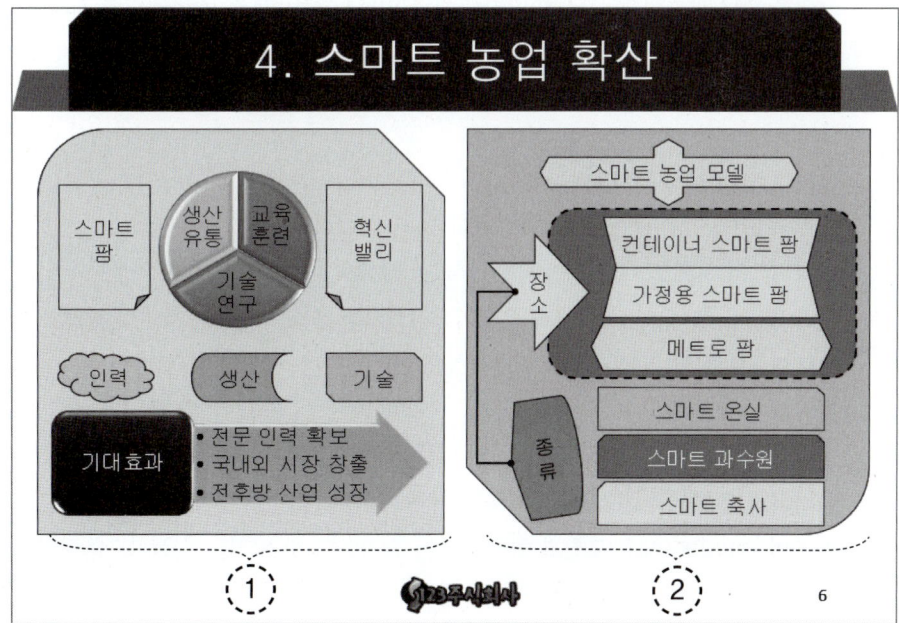

정보기술자격(ITQ) 기출문제

제08회 | MS오피스 2016

과목	코드	문제유형	시험시간	수험번호	성 명
한글 파워포인트	1142	A	60분		

수험자 유의사항

- 수험자는 문제지를 받는 즉시 문제지와 **수험표상의 시험과목(프로그램), 버전이 동일한지 반드시 확인**하여야 합니다.
- 파일명은 본인의 "수험번호-성명"으로 입력하여 답안폴더(내 PC₩문서₩ITQ)에 하나의 파일로 저장해야 하며, 답안문서 파일명이 "수험번호-성명"과 일치하지 않거나, 답안파일을 전송하지 않아 미제출로 처리될 경우 실격 처리합니다(예:12345678-홍길동.pptx).
- 답안 작성을 마치면 파일을 저장하고, '답안 전송' 버튼을 선택하여 감독위원 PC로 답안을 전송하십시오. 수험생 정보와 저장한 파일명이 다를 경우 전송되지 않으므로 주의하시기 바랍니다.
- 답안 작성 중에도 **주기적으로 저장하고, '답안 전송'**하여야 문제 발생을 줄일 수 있습니다. 작업한 내용을 저장하지 않고 전송할 경우 이전에 저장된 내용이 전송되오니 이점 유의하시기 바랍니다.
- 답안문서는 지정된 경로 외의 다른 보조기억장치에 저장하는 경우, 지정된 시험 시간 외에 작성된 파일을 활용할 경우, 기타 통신수단(이메일, 메신저, 네트워크 등)을 이용하여 타인에게 전달 또는 외부 반출하는 경우는 부정 처리합니다.
- 시험 중 부주의 또는 고의로 시스템을 파손한 경우는 수험자가 변상해야 하며, 〈수험자 유의사항〉에 기재된 방법대로 이행하지 않아 생기는 불이익은 수험생 당사자의 책임임을 알려 드립니다.
- 문제의 조건은 MS오피스 2016 버전으로 설정되어 있으니 유의하시기 바랍니다.
- 시험을 완료한 수험자는 답안파일이 전송되었는지 확인한 후 감독위원의 지시에 따라 문제지를 제출하고 퇴실합니다.

답안 작성요령

- 온라인 답안 작성 절차
  수험자 등록 ⇒ 시험 시작 ⇒ 답안파일 저장 ⇒ 답안 전송 ⇒ 시험 종료
- 슬라이드의 크기는 A4 Paper로 설정하여 작성합니다.
- 슬라이드의 총 개수는 6개로 구성되어 있으며 슬라이드 1부터 순서대로 작업하고 반드시 문제와 세부조건대로 합니다.
- 별도의 지시사항이 없는 경우 ≪출력형태≫를 참조하여 글꼴색은 검정 또는 흰색으로 작성하고, 기타사항은 전체적인 균형을 고려하여 작성합니다.
- 슬라이드 도형 및 개체에 출력형태와 다른 스타일(그림자, 외곽선 등)을 적용했을 경우 감점처리됩니다.
- 슬라이드 번호를 작성합니다(슬라이드 1에는 생략).
- 2~6번 슬라이드 제목 도형과 하단 로고는 슬라이드 마스터를 이용하여 출력형태와 동일하게 작성합니다(슬라이드 1에는 생략).
- 문제와 세부조건, 세부조건 번호 ◌(점선원)는 입력하지 않습니다.
- 각 개체의 위치는 오른쪽의 슬라이드와 동일하게 구성합니다.
- 그림 삽입 문제의 경우 반드시 「내 PC₩문서₩ITQ₩Picture」 폴더에서 정확한 파일을 선택하여 삽입하십시오.
- 각 슬라이드를 각각의 파일로 작업해서 저장할 경우 실격 처리됩니다.

전체 구성 　60점

(1) 슬라이드 크기 및 순서 : 크기를 A4 용지로 설정하고 슬라이드 순서에 맞게 작성한다.
(2) 슬라이드 마스터 : 2~6슬라이드의 제목, 하단 로고, 슬라이드 번호는 슬라이드 마스터를 이용하여 작성한다.
　　- 제목 글꼴(굴림, 40pt, 흰색), 가운데 맞춤, 도형(선 없음)
　　- 하단 로고(「내 PC₩문서₩ITQ₩Picture₩로고2.jpg」, 배경(회색) 투명색으로 설정)

슬라이드 1　　표지 디자인　40점

(1) 표지 디자인 : 도형, 워드아트 및 그림을 이용하여 작성한다.

세부조건

① 도형 편집
- 도형에 그림 채우기 :
「내 PC₩문서₩ITQ₩Picture₩그림3.jpg」, 투명도 50%
- 도형 효과 :
부드러운 가장자리 5포인트

② 워드아트 삽입
- 변환 : 위로 계단식
- 글꼴 : 궁서, 굵게
- 텍스트 반사 : 1/2 반사, 터치

③ 그림 삽입
- 「내 PC₩문서₩ITQ₩Picture₩로고2.jpg」
- 배경(회색) 투명색으로 설정

슬라이드 2　　목차 슬라이드　60점

(1) 출력형태와 같이 도형을 이용하여 목차를 작성한다(글꼴 : 굴림, 24pt).
(2) 도형 : 선 없음

세부조건

① 텍스트에 하이퍼링크 적용
➡ '슬라이드 5'

② 그림 삽입
- 「내 PC₩문서₩ITQ₩Picture₩그림4.jpg」
- 자르기 기능 이용

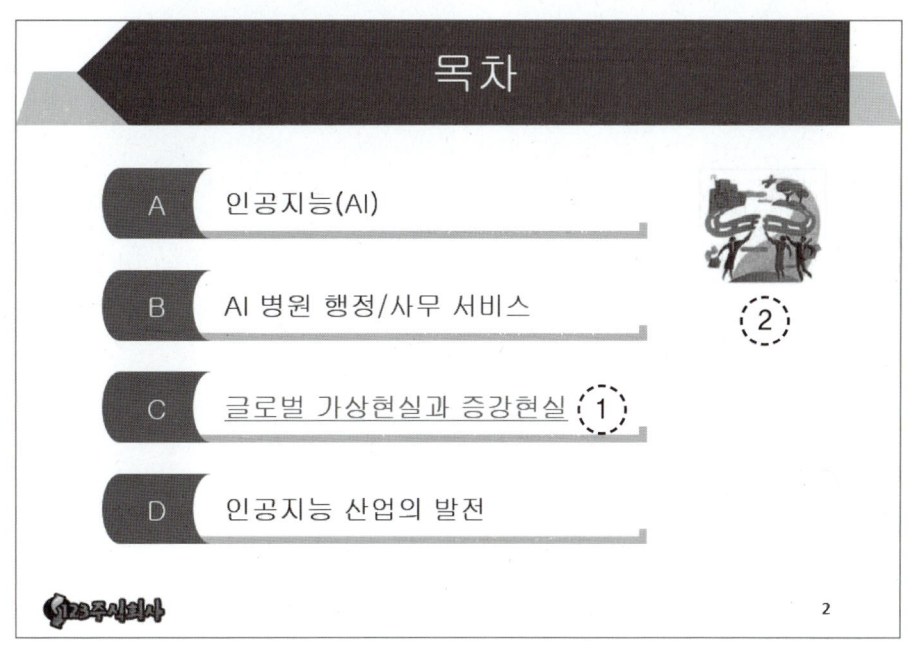

슬라이드 3 　 텍스트/동영상 슬라이드 　 60점

(1) 텍스트 작성 : 글머리 기호 사용(◆, ✓)
　　◆문단(굴림, 24pt, 굵게, 줄간격 : 1.5줄), ✓문단(굴림, 20pt, 줄간격 : 1.5줄)

세부조건

① 동영상 삽입 :
　- 「내 PC₩문서₩ITQ₩Picture₩동영상.wmv」
　- 자동실행, 반복재생 설정

A. 인공지능(AI)

◆ Artificial intelligence
　✓ In computer science, an ideal "intelligent" machine is a flexible rational agent that perceives its environment and takes actions that maximize its chance of success at some goals

◆ 생활 속의 인공지능
　✓ 재난 상황 감지, 해당 지점으로 이동
　✓ 구조 요청 감지, 대상 위치 파악, 자동 신고
　✓ 구조 대상 상태 파악, 구호 물자 운반

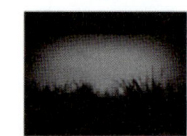

슬라이드 4 　 표 슬라이드 　 80점

(1) 도형과 표 작성 기능을 이용하여 슬라이드를 작성한다(글꼴 : 돋움, 18pt).

세부조건

① 상단 도형 :
　2개 도형의 조합으로 작성

② 좌측 도형 :
　그라데이션 효과(선형 아래쪽)

③ 표 스타일 :
　테마 스타일 1 - 강조 6

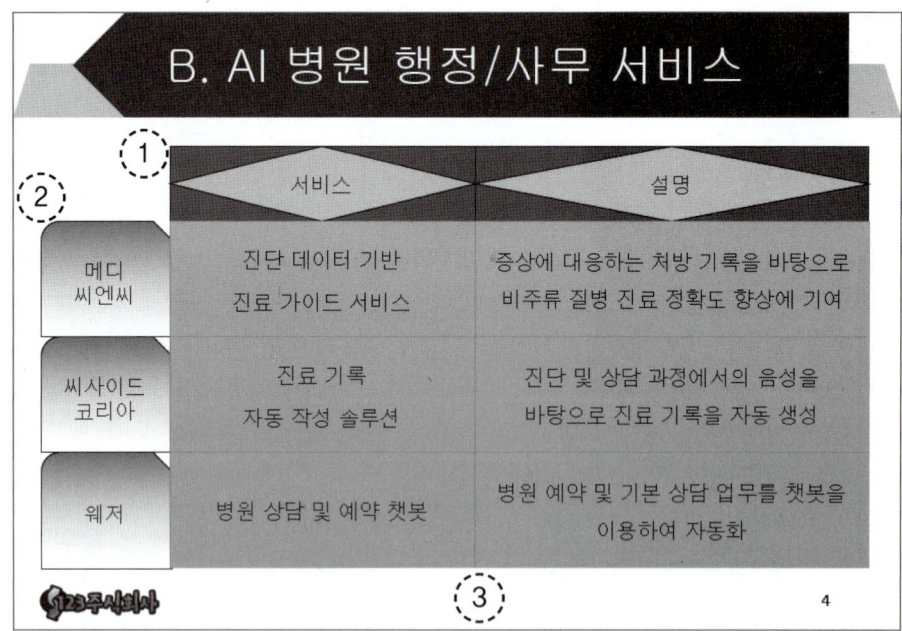

슬라이드 5 — 차트 슬라이드 (100점)

(1) 차트 작성 기능을 이용하여 슬라이드를 작성한다.
(2) 차트 : 종류(묶은 세로 막대형), 글꼴(돋움, 16pt), 외곽선

세부조건

※ **차트설명**
- 차트제목 : 궁서, 24pt, 굵게, 채우기(흰색), 테두리, 그림자(오프셋 오른쪽)
- 차트영역 : 채우기(노랑) 그림영역 : 채우기(흰색)
- 데이터 서식 : AR(억원) 계열을 표식이 있는 꺾은선형으로 변경 후 보조축으로 지정
- 값 표시 : 2024년의 VR(억원) 계열만

① **도형 편집**
- 스타일 : 미세효과 – 파랑, 강조 1
- 글꼴 : 굴림, 18pt

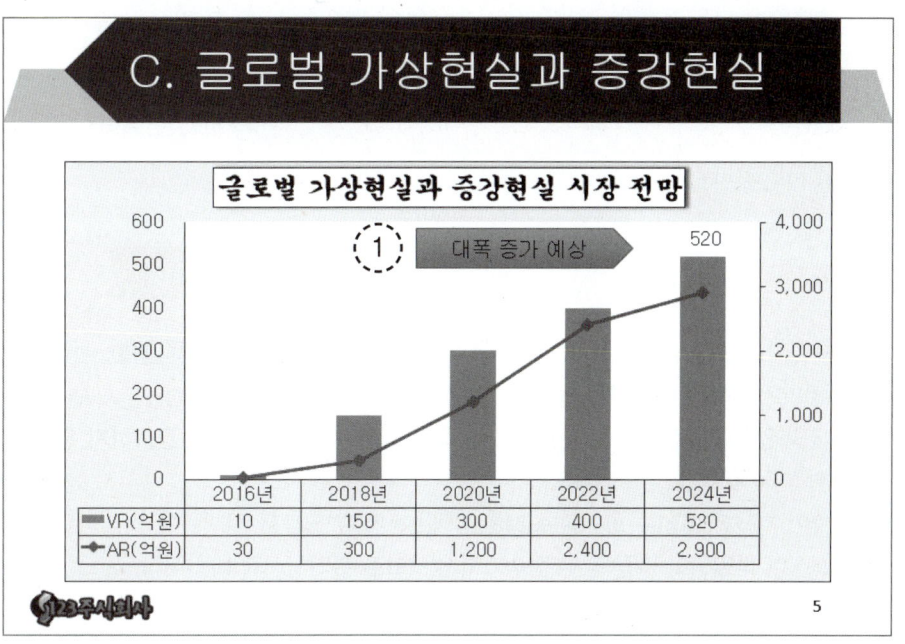

슬라이드 6 — 도형 슬라이드 (100점)

(1) 슬라이드와 같이 도형 및 스마트아트를 배치한다(글꼴 : 굴림, 18pt).
(2) 애니메이션 순서 : ① ⇒ ②

세부조건

① **도형 및 스마트아트 편집**
- 그룹화 후 애니메이션 효과 : 닦아내기(위에서)

② **도형 편집**
- 스마트아트 디자인 : 3차원 경사, 3차원 만화
- 그룹화 후 애니메이션 효과 : 바운드

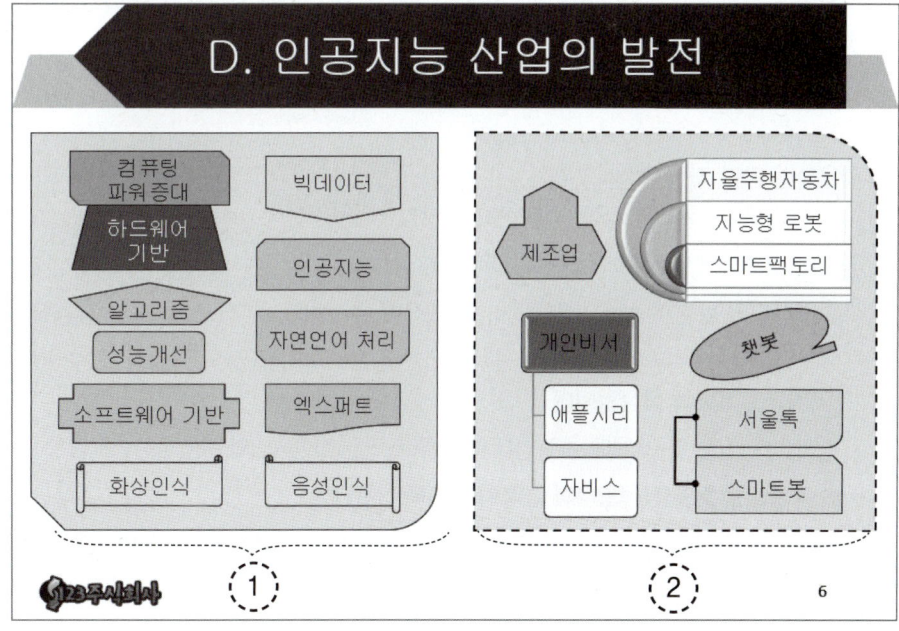

정보기술자격(ITQ) 기출문제

MS오피스 2016

과목	코드	문제유형	시험시간	수험번호	성 명
한글 파워포인트	1142	A	60분		

수험자 유의사항

- 수험자는 문제지를 받는 즉시 문제지와 **수험표상의 시험과목(프로그램), 버전이 동일한지 반드시 확인**하여야 합니다.
- 파일명은 본인의 "수험번호-성명"으로 입력하여 답안폴더(내 PC₩문서₩ITQ)에 하나의 파일로 저장해야 하며, 답안문서 파일명이 "수험번호-성명"과 일치하지 않거나, 답안파일을 전송하지 않아 미제출로 처리될 경우 실격 처리합니다 (예:12345678-홍길동.pptx).
- 답안 작성을 마치면 파일을 저장하고, '답안 전송' 버튼을 선택하여 감독위원 PC로 답안을 전송하십시오. 수험생 정보와 저장한 파일명이 다를 경우 전송되지 않으므로 주의하시기 바랍니다.
- 답안 작성 중에도 **주기적으로 저장하고, '답안 전송'**하여야 문제 발생을 줄일 수 있습니다. 작업한 내용을 저장하지 않고 전송할 경우 이전에 저장된 내용이 전송되오니 이점 유의하시기 바랍니다.
- 답안문서는 지정된 경로 외의 다른 보조기억장치에 저장하는 경우, 지정된 시험 시간 외에 작성된 파일을 활용할 경우, 기타 통신수단(이메일, 메신저, 네트워크 등)을 이용하여 타인에게 전달 또는 외부 반출하는 경우는 부정 처리합니다.
- 시험 중 부주의 또는 고의로 시스템을 파손한 경우는 수험자가 변상해야 하며, 〈수험자 유의사항〉에 기재된 방법대로 이행하지 않아 생기는 불이익은 수험생 당사자의 책임임을 알려 드립니다.
- 문제의 조건은 MS오피스 2016 버전으로 설정되어 있으니 유의하시기 바랍니다.
- 시험을 완료한 수험자는 답안파일이 전송되었는지 확인한 후 감독위원의 지시에 따라 문제지를 제출하고 퇴실합니다.

답안 작성요령

- 온라인 답안 작성 절차
  수험자 등록 ⇒ 시험 시작 ⇒ 답안파일 저장 ⇒ 답안 전송 ⇒ 시험 종료
- 슬라이드의 크기는 A4 Paper로 설정하여 작성합니다.
- 슬라이드의 총 개수는 6개로 구성되어 있으며 슬라이드 1부터 순서대로 작업하고 반드시 문제와 세부조건대로 합니다.
- 별도의 지시사항이 없는 경우 ≪출력형태≫를 참조하여 글꼴색은 검정 또는 흰색으로 작성하고, 기타사항은 전체적인 균형을 고려하여 작성합니다.
- 슬라이드 도형 및 개체에 출력형태와 다른 스타일(그림자, 외곽선 등)을 적용했을 경우 감점처리됩니다.
- 슬라이드 번호를 작성합니다(슬라이드 1에는 생략).
- 2~6번 슬라이드 제목 도형과 하단 로고는 슬라이드 마스터를 이용하여 출력형태와 동일하게 작성합니다(슬라이드 1에는 생략).
- 문제와 세부조건, 세부조건 번호 ⚪(점선원)는 입력하지 않습니다.
- 각 개체의 위치는 오른쪽의 슬라이드와 동일하게 구성합니다.
- 그림 삽입 문제의 경우 반드시「내 PC₩문서₩ITQ₩Picture」폴더에서 정확한 파일을 선택하여 삽입하십시오.
- 각 슬라이드를 각각의 파일로 작업해서 저장할 경우 실격 처리됩니다.

전체 구성 （60점）

(1) 슬라이드 크기 및 순서 : 크기를 A4 용지로 설정하고 슬라이드 순서에 맞게 작성한다.
(2) 슬라이드 마스터 : 2~6슬라이드의 제목, 하단 로고, 슬라이드 번호는 슬라이드 마스터를 이용하여 작성한다.
- 제목 글꼴(굴림, 40pt, 흰색), 가운데 맞춤, 도형(선 없음)
- 하단 로고(「내 PC\문서\ITQ\Picture\로고1.jpg」, 배경(회색) 투명색으로 설정)

슬라이드 1　　표지 디자인 （40점）

(1) 표지 디자인 : 도형, 워드아트 및 그림을 이용하여 작성한다.

세부조건

① 도형 편집
- 도형에 그림 채우기 :
「내 PC\문서\ITQ\Picture\그림3.jpg」, 투명도 50%
- 도형 효과 :
부드러운 가장자리 5포인트

② 워드아트 삽입
- 변환 : 갈매기형 수장
- 글꼴 : 굴림, 굵게
- 텍스트 반사 : 1/2 반사, 4pt 오프셋

③ 그림 삽입
- 「내 PC\문서\ITQ\Picture\로고1.jpg」
- 배경(회색) 투명색으로 설정

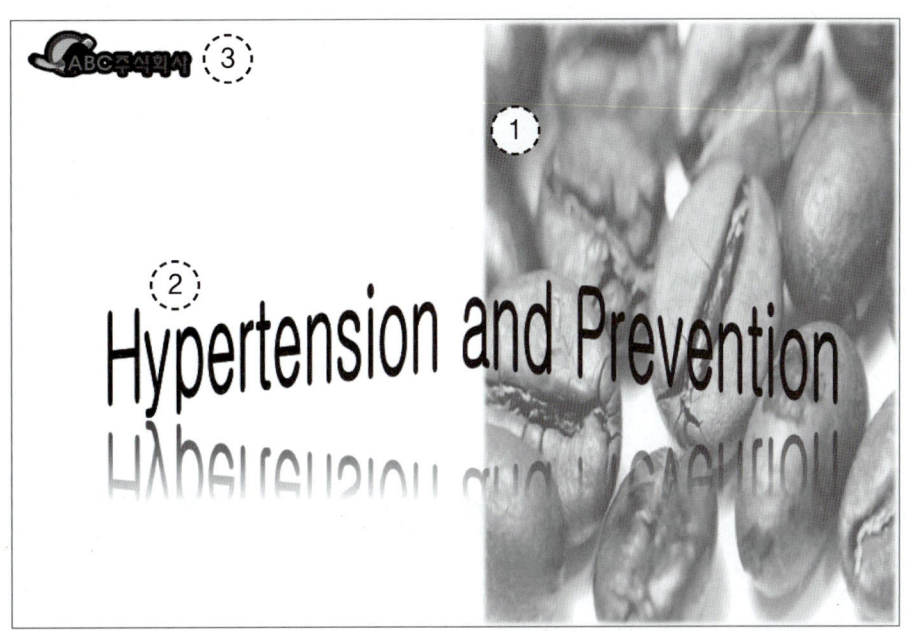

슬라이드 2　　목차 슬라이드 （60점）

(1) 출력형태와 같이 도형을 이용하여 목차를 작성한다(글꼴 : 돋움, 24pt).
(2) 도형 : 선 없음

세부조건

① 텍스트에 하이퍼링크 적용
➡ '슬라이드 5'

② 그림 삽입
- 「내 PC\문서\ITQ\Picture\그림5.jpg」
- 자르기 기능 이용

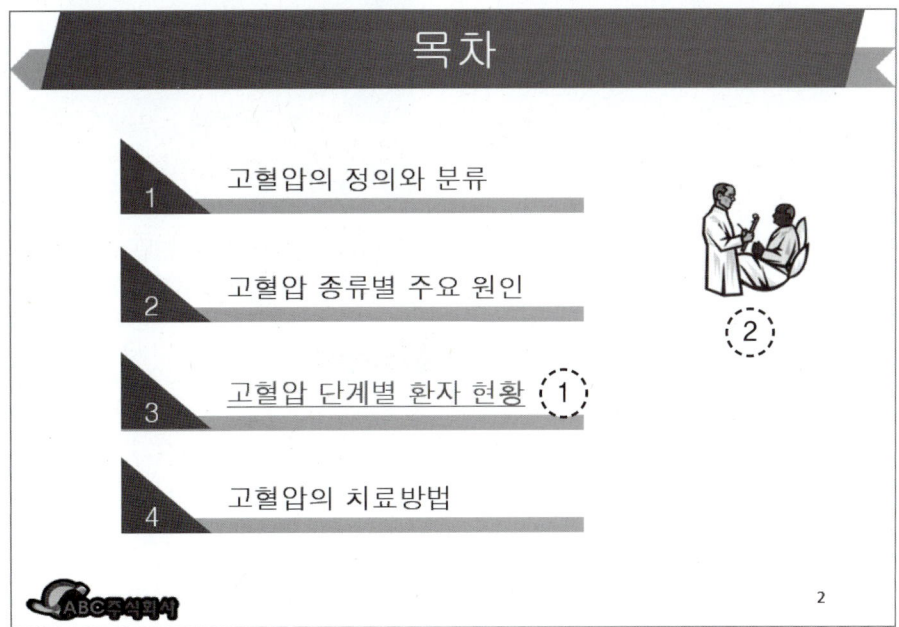

슬라이드 3 — 텍스트/동영상 슬라이드 (60점)

(1) 텍스트 작성 : 글머리 기호 사용(◆, ■)
  ◆문단(굴림, 24pt, 굵게, 줄간격 : 1.5줄), ■문단(굴림, 20pt, 줄간격 : 1.5줄)

세부조건

① 동영상 삽입 :
  - 「내 PC₩문서₩ITQ₩Picture₩동영상.wmv」
  - 자동실행, 반복재생 설정

1. 고혈압의 정의와 분류

◆ Classification of hypertension
  ■ A systolic blood pressure of 140mgHg and a diastolic blood pressure of 90mgHg are considered as criteria for high blood pressure, and if either systolic or diastolic blood pressure is higher than the standard

◆ 고혈압이란?
  ■ 고혈압이란 혈관에 가해지는 혈류의 압력이 높은 것
  ■ 혈관은 집집마다 수돗물을 공급하는 수도관과 같은 기능을 하는 것으로 혈액은 혈관을 타고 이동하면서 우리 몸 세포에 영양분과 산소를 골고루 공급함

슬라이드 4 — 표 슬라이드 (80점)

(1) 도형과 표 작성 기능을 이용하여 슬라이드를 작성한다(글꼴 : 굴림, 18pt).

세부조건

① 상단 도형 :
  2개 도형의 조합으로 작성

② 좌측 도형 :
  그라데이션 효과(선형 아래쪽)

③ 표 스타일 :
  테마 스타일 1 – 강조 6

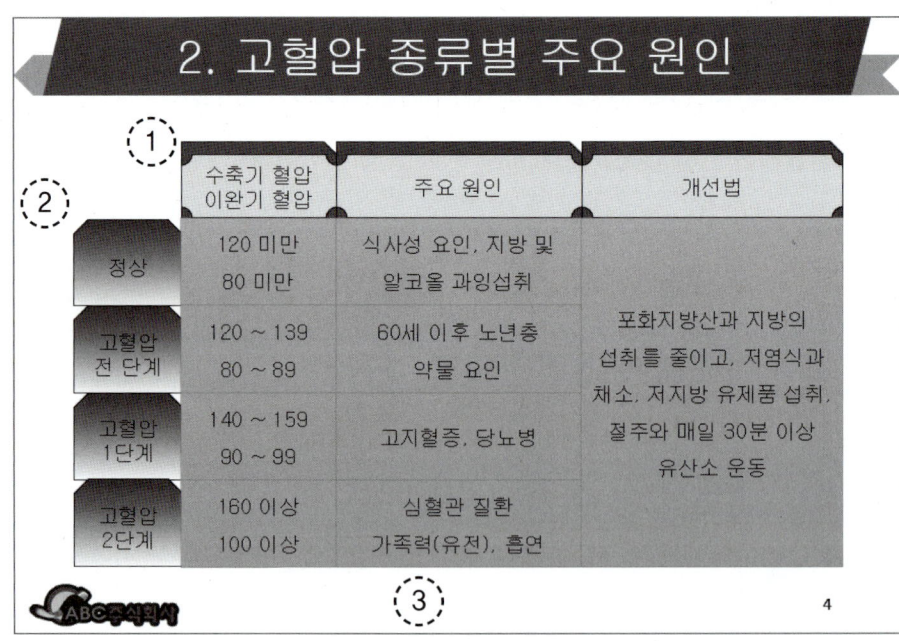

2. 고혈압 종류별 주요 원인

	수축기 혈압 / 이완기 혈압	주요 원인	개선법
정상	120 미만 / 80 미만	식사성 요인, 지방 및 알코올 과잉섭취	포화지방산과 지방의 섭취를 줄이고, 저염식과 채소, 저지방 유제품 섭취, 절주와 매일 30분 이상 유산소 운동
고혈압 전 단계	120 ~ 139 / 80 ~ 89	60세 이후 노년층 약물 요인	
고혈압 1단계	140 ~ 159 / 90 ~ 99	고지혈증, 당뇨병	
고혈압 2단계	160 이상 / 100 이상	심혈관 질환 가족력(유전), 흡연	

슬라이드 5 　 차트 슬라이드 　 100점

(1) 차트 작성 기능을 이용하여 슬라이드를 작성한다.
(2) 차트 : 종류(묶은 세로 막대형), 글꼴(돋움, 16pt), 외곽선

세부조건

※ **차트설명**
- 차트제목 : 궁서, 24pt, 굵게, 채우기(흰색), 테두리, 그림자(오프셋 아래쪽)
- 차트영역 : 채우기(노랑) 그림영역 : 채우기(흰색)
- 데이터 서식 : 고혈압 2단계 계열을 표식이 있는 꺾은선형으로 변경 후 보조축으로 지정
- 값 표시 : 2019년의 고혈압 1단계 계열만

① **도형 편집**
- 스타일 : 미세효과 - 파랑, 강조1
- 글꼴 : 굴림, 18pt

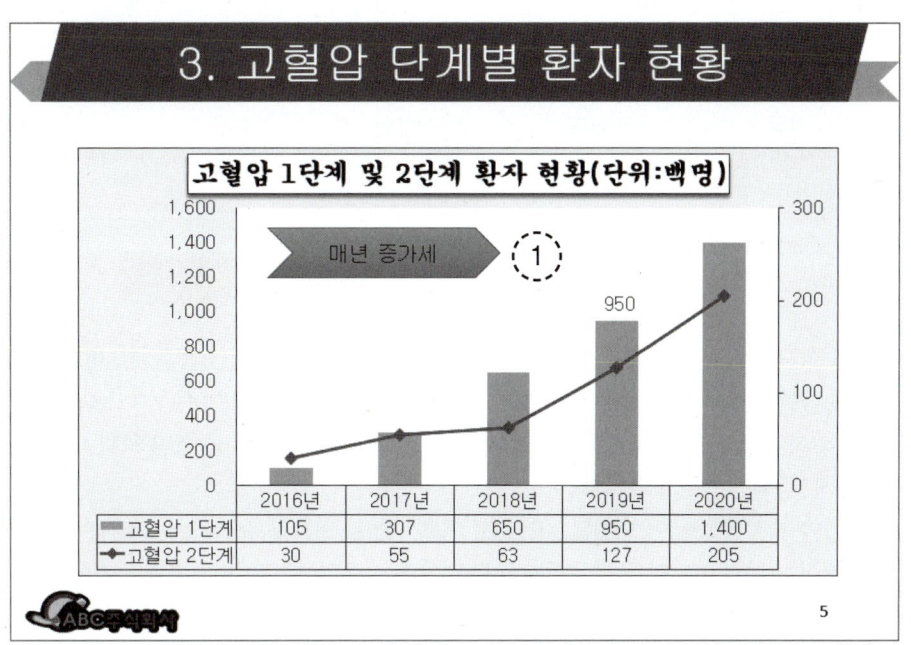

슬라이드 6 　 도형 슬라이드 　 100점

(1) 슬라이드와 같이 도형 및 스마트아트를 배치한다(글꼴 : 궁서, 18pt).
(2) 애니메이션 순서 : ① ⇒ ②

세부조건

① **도형 및 스마트아트 편집**
- 스마트아트 디자인 : 3차원 경사, 3차원 광택 처리
- 그룹화 후 애니메이션 효과 : 날아오기(오른쪽에서)

② **도형 편집**
- 그룹화 후 애니메이션 효과 : 나타내기

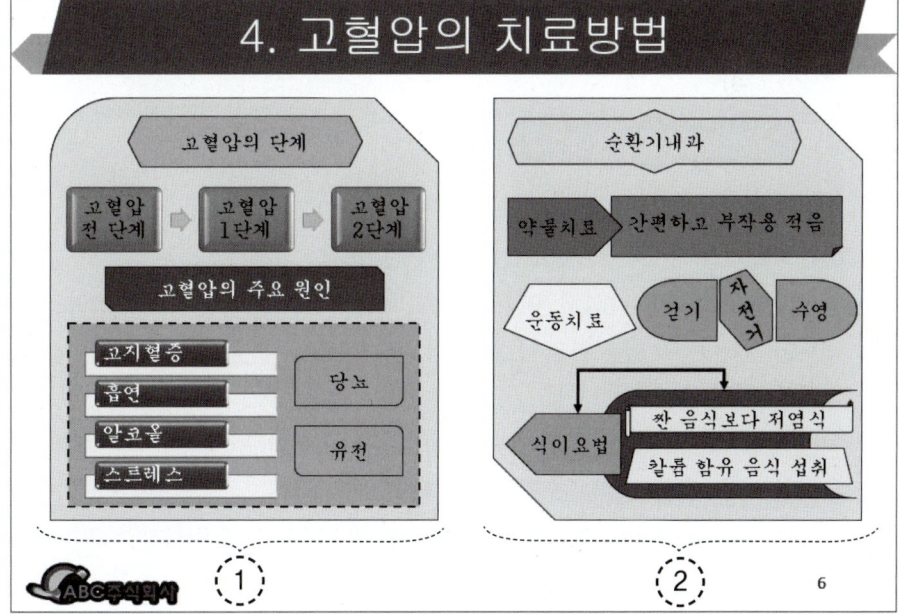

정보기술자격(ITQ) 기출문제

MS오피스 2016

과목	코드	문제유형	시험시간	수험번호	성 명
한글 파워포인트	1142	A	60분		

• 수험자 유의사항 •

- 수험자는 문제지를 받는 즉시 문제지와 **수험표상의 시험과목(프로그램), 버전이 동일한지 반드시 확인**하여야 합니다.
- 파일명은 본인의 "수험번호-성명"으로 입력하여 답안폴더(내 PC\문서\ITQ)에 하나의 파일로 저장해야 하며, 답안문서 파일명이 "수험번호-성명"과 일치하지 않거나, 답안파일을 전송하지 않아 미제출로 처리될 경우 실격 처리합니다(예:12345678-홍길동.pptx).
- 답안 작성을 마치면 파일을 저장하고, '답안 전송' 버튼을 선택하여 감독위원 PC로 답안을 전송하십시오. 수험생 정보와 저장한 파일명이 다를 경우 전송되지 않으므로 주의하시기 바랍니다.
- 답안 작성 중에도 **주기적으로 저장하고, '답안 전송'**하여야 문제 발생을 줄일 수 있습니다. 작업한 내용을 저장하지 않고 전송할 경우 이전에 저장된 내용이 전송되오니 이점 유의하시기 바랍니다.
- 답안문서는 지정된 경로 외의 다른 보조기억장치에 저장하는 경우, 지정된 시험 시간 외에 작성된 파일을 활용할 경우, 기타 통신수단(이메일, 메신저, 네트워크 등)을 이용하여 타인에게 전달 또는 외부 반출하는 경우는 부정 처리합니다.
- 시험 중 부주의 또는 고의로 시스템을 파손한 경우는 수험자가 변상해야 하며, 〈수험자 유의사항〉에 기재된 방법대로 이행하지 않아 생기는 불이익은 수험생 당사자의 책임임을 알려 드립니다.
- 문제의 조건은 MS오피스 2016 버전으로 설정되어 있으니 유의하시기 바랍니다.
- 시험을 완료한 수험자는 답안파일이 전송되었는지 확인한 후 감독위원의 지시에 따라 문제지를 제출하고 퇴실합니다.

• 답안 작성요령 •

- 온라인 답안 작성 절차
  수험자 등록 ⇒ 시험 시작 ⇒ 답안파일 저장 ⇒ 답안 전송 ⇒ 시험 종료
- 슬라이드의 크기는 A4 Paper로 설정하여 작성합니다.
- 슬라이드의 총 개수는 6개로 구성되어 있으며 슬라이드 1부터 순서대로 작업하고 반드시 문제와 세부조건대로 합니다.
- 별도의 지시사항이 없는 경우 《출력형태》를 참조하여 글꼴색은 검정 또는 흰색으로 작성하고, 기타사항은 전체적인 균형을 고려하여 작성합니다.
- 슬라이드 도형 및 개체에 출력형태와 다른 스타일(그림자, 외곽선 등)을 적용했을 경우 감점처리됩니다.
- 슬라이드 번호를 작성합니다(슬라이드 1에는 생략).
- 2~6번 슬라이드 제목 도형과 하단 로고는 슬라이드 마스터를 이용하여 출력형태와 동일하게 작성합니다(슬라이드 1에는 생략).
- 문제와 세부조건, 세부조건 번호 ◌(점선원)는 입력하지 않습니다.
- 각 개체의 위치는 오른쪽의 슬라이드와 동일하게 구성합니다.
- 그림 삽입 문제의 경우 반드시 「내 PC\문서\ITQ\Picture」 폴더에서 정확한 파일을 선택하여 삽입하십시오.
- 각 슬라이드를 각각의 파일로 작업해서 저장할 경우 실격 처리됩니다.

전체 구성 — 60점

(1) 슬라이드 크기 및 순서 : 크기를 A4 용지로 설정하고 슬라이드 순서에 맞게 작성한다.
(2) 슬라이드 마스터 : 2~6슬라이드의 제목, 하단 로고, 슬라이드 번호는 슬라이드 마스터를 이용하여 작성한다.
 – 제목 글꼴(돋움, 40pt, 흰색), 가운데 맞춤, 도형(선 없음)
 – 하단 로고(「내 PC₩문서₩ITQ₩Picture₩로고1.jpg」, 배경(회색) 투명색으로 설정)

슬라이드 1 — 표지 디자인 — 40점

(1) 표지 디자인 : 도형, 워드아트 및 그림을 이용하여 작성한다.

세부조건

① 도형 편집
 – 도형에 그림 채우기 :
  「내 PC₩문서₩ITQ₩Picture₩그림1.jpg」, 투명도 50%
 – 도형 효과 :
  부드러운 가장자리 5포인트
② 워드아트 삽입
 – 변환 : 위쪽 수축
 – 글꼴 : 궁서, 굵게
 – 텍스트 반사 : 근접 반사, 8pt 오프셋
③ 그림 삽입
 – 「내 PC₩문서₩ITQ₩Picture₩로고1.jpg」
 – 배경(회색) 투명색으로 설정

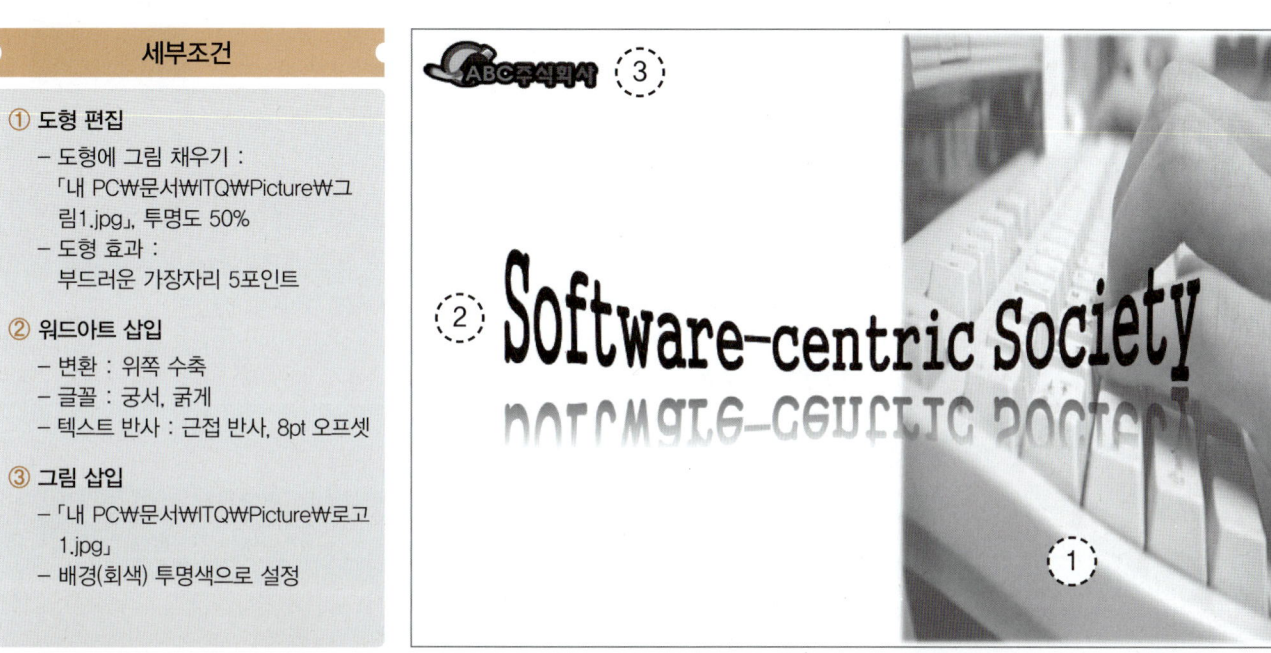

슬라이드 2 — 목차 슬라이드 — 60점

(1) 출력형태와 같이 도형을 이용하여 목차를 작성한다(글꼴 : 굴림, 24pt).
(2) 도형 : 선 없음

세부조건

① 텍스트에 하이퍼링크 적용
 ➡ '슬라이드 6'
② 그림 삽입
 – 「내 PC₩문서₩ITQ₩Picture₩그림4.jpg」
 – 자르기 기능 이용

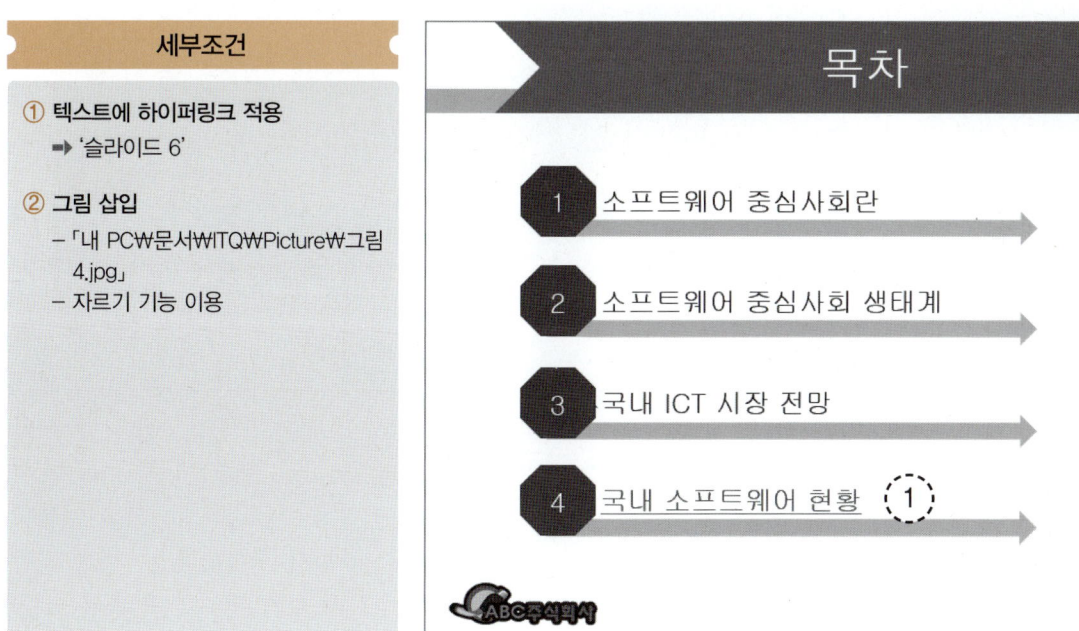

슬라이드 3 — 텍스트/동영상 슬라이드 (60점)

(1) 텍스트 작성 : 글머리 기호 사용(◆, ✓)
   ◆문단(굴림, 24pt, 굵게, 줄간격 : 1.5줄), ✓문단(굴림, 20pt, 줄간격 : 1.5줄)

세부조건

① 동영상 삽입 :
  - 「내 PC\문서\ITQ\Picture\동영상.wmv」
  - 자동실행, 반복재생 설정

1. 소프트웨어 중심사회란

◆ Software-centric society
  ✓ Government has concentrated its policy capabilities on Software industry in order to realize software-centric society and through such efforts, software industry has developed continuously

◆ 소프트웨어 중심사회
  ✓ 소프트웨어가 혁신과 성장, 가치창출의 중심이 되고 개인, 기업, 국가의 경쟁력을 좌우하며 소프트웨어를 중심으로 모든 영역이 일상화되는 사회
  ✓ 단순한 일자리는 없어지고 글로벌 양극화 심화 가능성이 높음

슬라이드 4 — 표 슬라이드 (80점)

(1) 도형과 표 작성 기능을 이용하여 슬라이드를 작성한다(글꼴 : 돋움, 18pt).

세부조건

① 상단 도형 :
  2개 도형의 조합으로 작성

② 좌측 도형 :
  그라데이션 효과(선형 아래쪽)

③ 표 스타일 :
  테마 스타일 1 - 강조 6

2. 소프트웨어 중심사회 생태계

	방향	주요 과제
개인	SW로 문제를 해결하고 창업, 취업 향유	어릴 때부터 SW 교육 환경 조성 모든 대학에 실전적 SW 교육 전면확대
기업	SW로 신사업을 창출할 수 있는 창조적 파괴	창의적 아이디어를 SW와 결합하여 새로운 비즈니스 모델 창출
정부	SW 기반으로 국가 시스템을 효율적, 능동적으로 운영	확대된 SW 범위를 반영하여 새로운 체제 정립

슬라이드 5 — 차트 슬라이드 (100점)

(1) 차트 작성 기능을 이용하여 슬라이드를 작성한다.
(2) 차트 : 종류(묶은 세로 막대형), 글꼴(돋움, 16pt), 외곽선

세부조건

※ 차트설명
- 차트제목 : 궁서, 24pt, 굵게, 채우기(흰색), 테두리, 그림자(오프셋 아래쪽)
- 차트영역 : 채우기(노랑)
  그림영역 : 채우기(흰색)
- 데이터 서식 : 2020년 계열을 표식이 있는 꺾은선형으로 변경 후 보조 축으로 지정
- 값 표시 : ICT의 2020년 계열만

① 도형 편집
- 스타일 : 미세효과 – 파랑, 강조 1
- 글꼴 : 굴림, 18pt

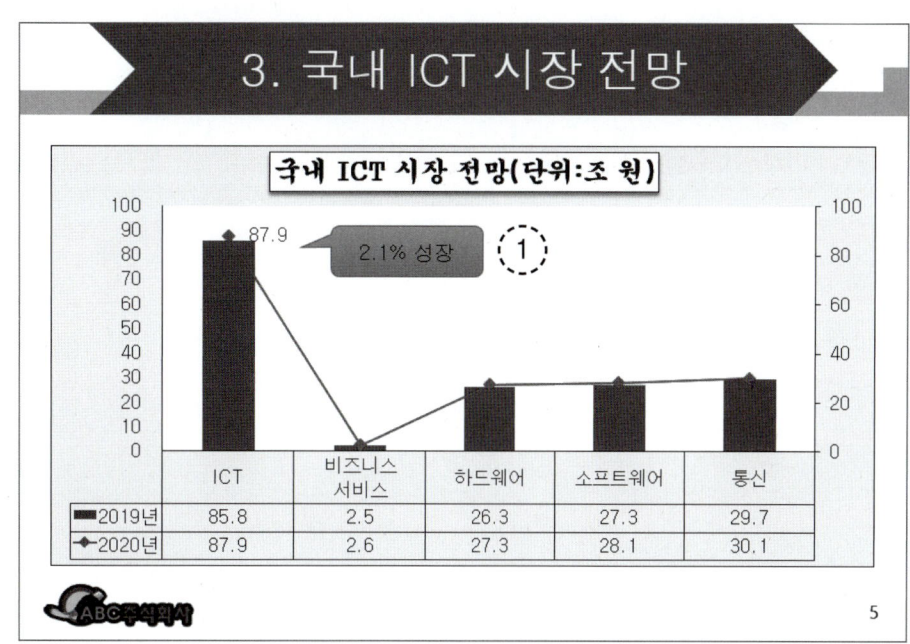

슬라이드 6 — 도형 슬라이드 (100점)

(1) 슬라이드와 같이 도형 및 스마트아트를 배치한다(글꼴 : 굴림, 18pt).
(2) 애니메이션 순서 : ① ⇒ ②

세부조건

① 도형 및 스마트아트 편집
- 스마트아트 디자인 : 3차원 만화, 3차원 경사
- 그룹화 후 애니메이션 효과 : 닦아내기(위에서)

② 도형 편집
- 그룹화 후 애니메이션 효과 : 바운드

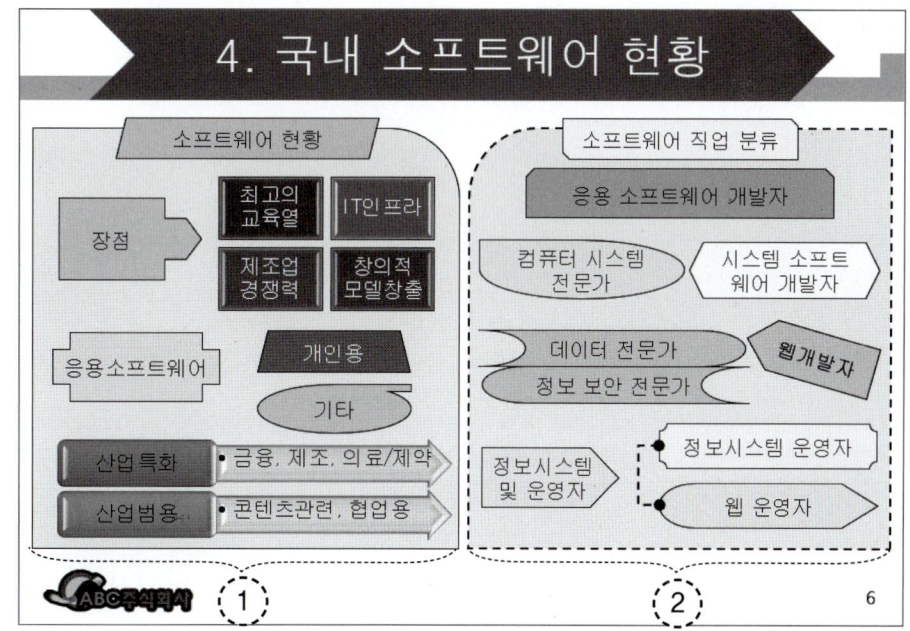

PART

04

문제 풀이

실전 모의고사 풀이

최신 기출문제 풀이

실전 모의고사 풀이

※ 제시된 풀이 방법이 정답은 아닙니다. 다양한 방식으로 작업될 수 있으므로, 제시된 방법은 참고용으로 활용합니다.

제 01 회 실전 모의고사

전체 구성

- **페이지 설정** : [디자인] 탭-[슬라이드 크기]-[사용자 지정 슬라이드 크기] 선택 → [슬라이드 크기] 대화상자 설정 (A4 용지(210×297mm))

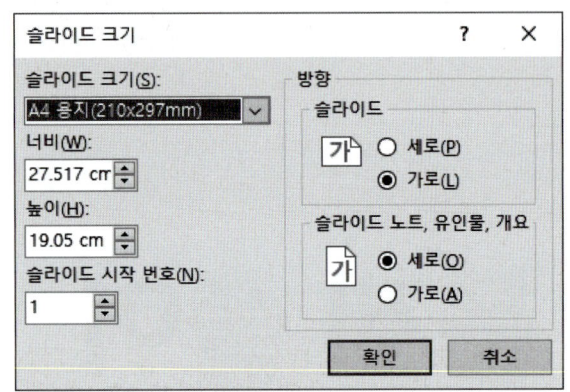

- **슬라이드 마스터** : [보기] 탭-[슬라이드 마스터]-[제목만 레이아웃] 선택
- **슬라이드 제목** : 도형 삽입([삽입] 탭-[도형]-[한쪽 모서리가 잘린 사각형] 삽입 → [오각형] 삽입) → [서식] 탭-[윤곽선 없음]/[도형 채우기] 설정 → [텍스트 상자] 클릭 → [굴림]/[40pt]/[흰색, 배경]/[가운데 맞춤] 설정
- **로고 삽입** : [삽입] 탭-[그림] 선택 → [그림 삽입] 대화상자 설정('로고2.jpg' 선택) → [서식] 탭-[색]-[투명한 색 설정] → 그림 배경 클릭 → 위치 및 크기 조정
- **슬라이드 번호** : [삽입] 탭-[슬라이드 번호] 선택 → [머리글/바닥글] 대화상자 설정([슬라이드 번호]와 [제목 슬라이드에는 표시 안 함] 체크) → 슬라이드 번호 선택 → [글꼴]/[글꼴 크기] 설정

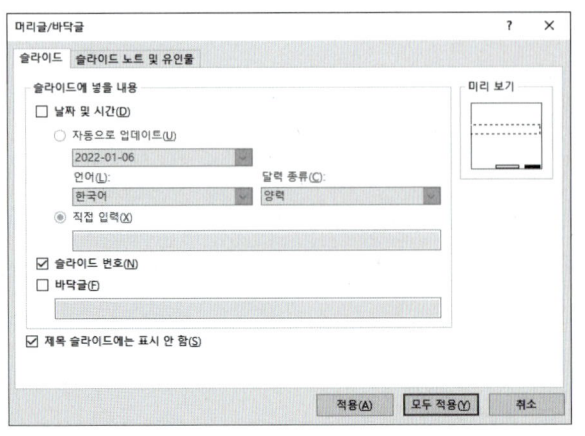

- **슬라이드 마스터 닫기** : [슬라이드 마스터] 탭-[마스터 보기 닫기] 클릭
- **슬라이드** : [홈] 탭-[레이아웃]-[빈 화면] 선택
- **슬라이드 추가** : [홈] 탭-[새 슬라이드]-[제목만] 선택 → Ctrl+M (총 6개의 슬라이드 구성)
- **저장** : Ctrl+S → '수험번호-성명' 형식

표지 디자인

- **도형 삽입** : [삽입] 탭-[도형]-[직사각형] 삽입
- **도형 채우기** : [서식] 탭-[도형 채우기]-[그림] 선택 → [그림 삽입] 대화상자 설정('그림2.jpg' 선택) → 마우스 오른쪽 버튼 클릭-[그림 서식] → [채우기 및 선]-[채우기]-투명도 설정
- **도형 효과** : [서식] 탭-[도형 효과]-[부드러운 가장자리]-[5포인트] 설정
- **워드아트 삽입** : [삽입] 탭-[텍스트 상자] 삽입 → 텍스트 입력 → [글꼴] 지정(궁서, 굵게) → 워드아트 텍스트 효과 지정([서식] 탭-[텍스트 효과]-[변환]의 [아래쪽 수축] → [서식] 탭-[텍스트 효과]-[반사]-[전체 반사, 4pt 오프셋]) → 위치 및 크기 조정

> 워드아트의 효과 지정 시 [WordArt 스타일] 그룹을 이용할 것([도형 스타일] 그룹에서 지정되지 않도록 주의)

- **그림 삽입** : [삽입] 탭-[그림] 선택 → [그림 삽입] 대화상자 설정('로고2.jpg' 선택) → [서식] 탭-[색]-[투명한 색 설정] → 그림 배경 클릭 → 위치 및 크기 조정

목차 슬라이드

- **도형 조합** : 목차 내용 도형 작성 후 번호 도형 작성
  - 목차 내용 도형 : [삽입] 탭-[도형]-[직사각형] 삽입
  - 번호 도형 : [삽입] 탭-[도형]-[타원] 삽입 → 글꼴 지정 및 번호 입력(돋움, 24pt, 가운데 맞춤) → 위치 및 크기 조정
  - 텍스트 상자 삽입 : [삽입] 탭-[텍스트 상자] 삽입 → 글꼴 지정(돋움, 24pt, 가운데 맞춤) → 목차 입력
- **목차 작성** : 도형 모두 선택 → Ctrl+Shift 키를 누른 채 드래그하여 도형 복사 → 텍스트 수정
- **하이퍼링크 삽입** : 블록 지정 → [삽입] 탭-[하이퍼링크] → [하이퍼링크 삽입] 대화상자 설정([현재 문서]-[슬라이드 5] 선택)

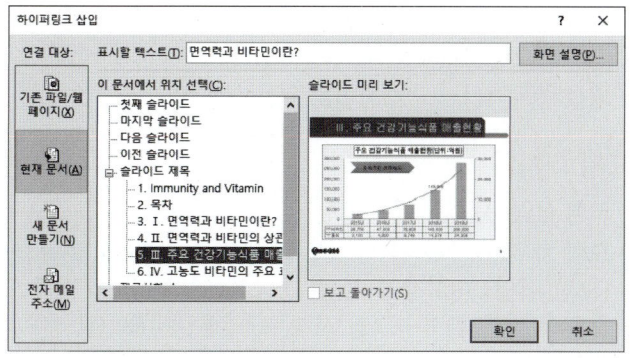

- 그림 삽입 : [삽입] 탭-[그림] 선택 → [그림 삽입] 대화상자 설정('그림5.jpg' 선택)
- 그림 자르기 : [서식] 탭-[자르기] 선택 → 자를 영역 지정 → 위치 및 크기 조정

텍스트/동영상 슬라이드

- 텍스트 상자 삽입 : [삽입] 탭-[텍스트 상자] 삽입
- 글머리 기호 : [홈] 탭-[글머리 기호]에서 선택
- 목록 수준 늘림 : Tab 키
- 줄 간격 지정 : [홈] 탭-[줄 간격]에서 선택
- 텍스트 상자 복사 : Ctrl + Shift 키를 누른 채 드래그

> 텍스트 상자 크기 조절 시 글꼴 크기가 자동 조정될 수 있음

- 동영상 삽입 : [삽입] 탭-[비디오] 선택 → [비디오 삽입] 대화상자 설정('동영상.wmv' 선택)
- 동영상 옵션 : [재생] 탭-[시작]-[자동 실행] 설정 → [반복 재생] 체크

표 슬라이드

- 표 삽입 : [삽입] 탭-[표] → 표 개수 설정(열 개수 [3], 행 개수 [3])
- 표 스타일 : 표 클릭 → [디자인] 탭-[머리글 행]/[줄무늬 행] 체크 해제 → [디자인] 탭의 표 스타일 목록에서 선택([테마 스타일 1 - 강조 5] 선택) → [홈] 탭-[글꼴] 및 단락 설정(궁서, 18pt, 가운데 맞춤)
- 상단 도형 : 2개의 도형으로 조합하기
  - 바깥쪽 도형 : [삽입] 탭-[도형]-[한쪽 모서리는 잘리고 다른 쪽 모서리는 둥근 사각형] 삽입 → [서식] 탭-[회전]-[상하 대칭] 설정
  - 텍스트 도형 : [삽입] 탭-[도형]-[육각형] 삽입 → [홈] 탭-[궁서]/[18pt]/[가운데 맞춤] 설정 → 텍스트 입력
- 좌측 도형 : [삽입] 탭-[도형]-[배지] 삽입 → [서식] 탭-[도형 채우기]-[그라데이션]-[선형 아래쪽] 설정 → 마우스 오른쪽 버튼 클릭-[도형 서식] → 그라데이션 색상 설정 → [홈] 탭-[궁서]/[18pt]/[가운데 맞춤] 설정 → 텍스트 입력
- 도형 복사 : Ctrl + Shift 키를 누른 채 드래그하여 복사 → 텍스트 수정

차트 슬라이드

- 차트 삽입 : [삽입] 탭-[차트] → [차트 삽입] 대화상자 설정(차트 선택) → 클릭 → 데이터 입력 → 블록 설정 → Ctrl + 1 → [셀 서식] 대화상자에서 설정([숫자]-[1000 단위 구분 기호(,)] 체크)

> 행과 열을 반대로 입력한 경우에는 엑셀 창(데이터 입력 창)을 닫기 전에 파워포인트 창의 [디자인] 탭에서 [행/열 전환]을 선택해야 함 (엑셀 창을 닫은 경우에는 비활성화됨)

> 엑셀 창에서 데이터 입력 시 [홈] 탭의 [표시 형식] 그룹에서 [쉼표 스타일]을 클릭한 경우에는 [회계] 형식으로 지정되어 차트 축에 표시되는 '0' 값이 '-'으로 표시됨

- 차트 영역 : [홈] 탭에서 [돋움]/[16pt] 지정 → [서식] 탭-[도형 윤곽선]-[검정, 텍스트 1] 선택 → [서식] 탭-[도형 채우기]-[노랑] 선택
- 그림 영역 : [서식] 탭-[도형 채우기]-[흰색, 배경 1] 선택
- 차트 제목 : [차트 제목] 클릭 → [홈] 탭-[돋움]/[24pt]/[굵게] 설정 → [서식] 탭-[도형 채우기]-[흰색, 배경 1]/[도형 윤곽선]-[검정, 텍스트 1]/[도형 효과]-[그림자]-[오프셋 아래쪽] 선택

> 전체 글꼴 지정 후 제목 서식을 지정해야 함

- 데이터 서식 : '홍삼' 계열 클릭 → [디자인] 탭-[차트 종류 변경] 선택 → [차트 종류 변경] 대화상자 설정('홍삼' 계열을 [표식이 있는 꺾은선형] 선택 → '홍삼' 계열의 [보조 축] 체크)

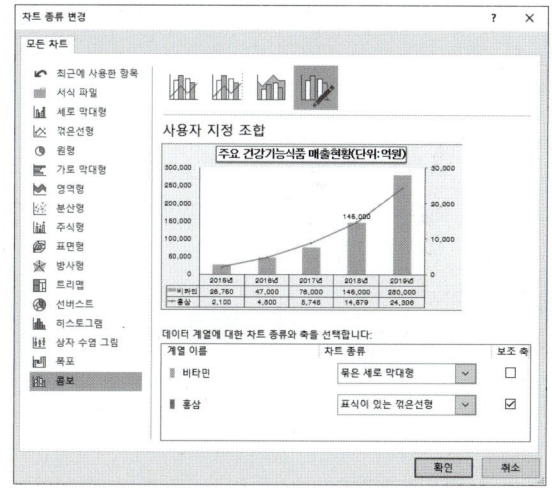

- 값 표시 : '비타민' 계열 클릭 → '2018년'의 '비타민' 계열 클릭 → [디자인] 탭-[차트 요소 추가]-[데이터 레이블]-[바깥쪽 끝에] 선택
- 데이터 표 : [디자인] 탭-[차트 요소 추가]-[데이터 표]-[범례 표지 포함] 선택 → 데이터 표 클릭 → [서식] 탭-[도형 윤곽선]-[검정, 텍스트 1] 설정
- 범례 숨기기 : [디자인] 탭-[차트 요소 추가]-[범례]-[없음] 선택
- 눈금선 표시 숨기기 : [디자인] 탭-[차트 요소 추가]-[눈금선]-[기본 주 가로](선택 해제) 선택
- 보조 세로 (값) 축 서식 : 축 클릭 → [서식] 탭-[선택 영역 서식] → [축 서식] 대화상자 설정(주 단위 [10000], 주 눈금 [바깥쪽] 설정)

- 도형 삽입 : [삽입] 탭-[도형]-[갈매기형 수장] 삽입
- 도형 서식 : [서식] 탭-[도형 스타일]-[미세효과 - 파랑, 강조 1] 선택
- 도형 텍스트 입력 : [홈] 탭-[굴림]/[18pt] 설정 → 텍스트 입력

도형 슬라이드

- 스마트아트 삽입 : [삽입] 탭-[SmartArt] → [SmartArt 그래픽 선택] 대화상자 설정(스마트아트 유형 : [프로세스형]-[닫힌 갈매기형 수장 프로세스형], [목록형]-[세로 상자 목록형])
- 스마트아트 스타일 : [디자인] 탭의 SmartArt 스타일 목록에서 선택([3차원 만화], [3차원 경사])
- 연결선 : [삽입] 탭-[도형]-[꺾인 화살표 연결선] 삽입 → 선 끝 모양 설정([서식] 탭-[도형 윤곽선]-[화살표]-[화살표 스타일 9]) → 선 두께 설정([서식] 탭-[도형 윤곽선]-[두께]-[1½pt])
- 그룹 지정 : 그룹화할 도형 선택 → [서식] 탭-[그룹화]-[그룹] 선택
- 애니메이션 지정 : [애니메이션] 탭의 애니메이션 목록에서 선택 → [애니메이션] 탭-[효과 옵션]에서 선택

제 02 회   실전 모의고사

전체 구성

- 페이지 설정 : [디자인] 탭-[슬라이드 크기]-[사용자 지정 슬라이드 크기] 선택 → [슬라이드 크기] 대화상자 설정(A4 용지(210×297mm))
- 슬라이드 제목 : 도형 삽입([삽입] 탭-[도형]-[순서도: 카드] 삽입 → [직사각형] 삽입) → [서식] 탭-[윤곽선 없음]/[도형 채우기] 설정 → [텍스트 상자] 클릭 → [돋움]/[40pt]/[흰색, 배경 1]/[가운데 맞춤] 설정
- 로고 삽입 : [삽입] 탭-[그림] 선택 → [그림 삽입] 대화상자 설정('로고1.jpg' 선택) → [서식] 탭-[색]-[투명한 색 설정] → 그림 배경 클릭 → 위치 및 크기 조정
- 슬라이드 번호 : [삽입] 탭-[슬라이드 번호] 선택 → [머리글/바닥글] 대화상자 설정([슬라이드 번호]와 [제목 슬라이드에는 표시 안 함] 체크) → 슬라이드 번호 선택 → [글꼴]/[글꼴 크기] 설정
- 슬라이드 추가 : [홈] 탭-[새 슬라이드]-[제목만] 선택 → Ctrl+M(총 6개의 슬라이드 구성)
- 저장 : Ctrl+S → '수험번호-성명' 형식

표지 디자인

- 도형 삽입 : [삽입] 탭-[도형]-[오각형] 삽입
- 도형 채우기 : [서식] 탭-[도형 채우기]-[그림] 선택 → [그림 삽입] 대화상자 설정('그림2.jpg' 선택) → 마우스 오른쪽 버튼 클릭-[그림 서식] → [채우기 및 선]-[채우기]-투명도 설정
- 도형 효과 : [서식] 탭-[도형 효과]-[부드러운 가장자리]-[5포인트] 설정
- 워드아트 삽입 : [삽입] 탭-[텍스트 상자] 삽입 → 텍스트 입력 → [글꼴] 지정(돋움, 굵게) → 워드아트 텍스트 효과 지정([서식] 탭-[텍스트 효과]-[변환]-[삼각형] → [서식] 탭-[텍스트 효과]-[반사]-[근접 반사, 8pt 오프셋]) → 위치 및 크기 조정
- 그림 삽입 : [삽입] 탭-[그림] 선택 → [그림 삽입] 대화상자 설정('로고1.jpg' 선택) → [서식] 탭-[색]-[투명한 색 설정] → 그림 배경 클릭 → 위치 및 크기 조정

목차 슬라이드

- 도형 조합 : 목차 내용 도형 작성 후 번호 도형 작성
  - 목차 내용 도형 : [삽입] 탭-[도형]-[직사각형] 삽입
  - 번호 도형 : [삽입] 탭-[도형]-[눈물 방울] 삽입 → 글꼴 지정 및 번호 입력(굴림, 24pt) → 위치 및 크기 조정
  - 텍스트 상자 삽입 : [삽입] 탭-[텍스트 상자] 삽입 → 글꼴 지정(굴림, 24pt) → 목차 입력
- 하이퍼링크 삽입 : 블록 지정 → [삽입] 탭-[하이퍼링크] → [하이퍼링크 삽입] 대화상자 설정([현재 문서]-[슬라이드 4] 선택)
- 그림 삽입 : [삽입] 탭-[그림] 선택 → [그림 삽입] 대화상자 설정('그림4.jpg' 선택)

텍스트/동영상 슬라이드

- 텍스트 상자 삽입 : [삽입] 탭-[텍스트 상자] 삽입
- 글머리 기호 : [홈] 탭-[글머리 기호]에서 선택
- 줄 간격 지정 : [홈] 탭-[줄 간격]에서 선택
- 동영상 삽입 : [삽입] 탭-[비디오] 선택 → [비디오 삽입] 대화상자 설정('동영상.wmv' 선택)
- 동영상 옵션 : [재생] 탭-[시작]-[자동 실행] 설정 → [반복 재생] 체크

표 슬라이드

- 표 삽입 : [삽입] 탭-[표] → 표 개수 설정(열 개수 [3], 행 개수 [4])
- 표 스타일 : 표 클릭 → [디자인] 탭-[머리글 행]/[줄무늬 행] 체크 해제 → [디자인] 탭의 표 스타일 목록에서 선택([보통 스타일 4 - 강조 5] 선택) → [홈] 탭-[글꼴] 및 단락 설정(굴림, 18pt, 가운데 맞춤)

- 상단 도형 : 2개의 도형으로 조합하기
  - 바깥쪽 도형 : [삽입] 탭-[도형]-[양쪽 모서리가 둥근 사각형] 삽입
  - 텍스트 도형 : [삽입] 탭-[도형]-[사다리꼴] 삽입 → [홈] 탭-[굴림]/[18pt]/[가운데 맞춤] 설정 → 텍스트 입력
- 좌측 도형 : [삽입] 탭-[도형]-[한쪽 모서리는 잘리고 다른 쪽 모서리는 둥근 사각형] 삽입 → [서식] 탭-[도형 채우기]-[그라데이션]-[선형 아래쪽] 설정 → 마우스 오른쪽 버튼 클릭-[도형 서식] → 그라데이션 색상 설정 → [홈] 탭-[굴림]/[18pt]/[가운데 맞춤] 설정 → 텍스트 입력
- 도형 복사 : Ctrl+Shift 키를 누른 채 드래그하여 복사 → 텍스트 수정

차트 슬라이드

- 차트 영역 : [홈] 탭에서 [돋움]/[16pt] 지정 → [서식] 탭-[도형 윤곽선]-[검정, 텍스트 1] 선택 → [서식] 탭-[도형 채우기]-[노랑] 선택
- 그림 영역 : [서식] 탭-[도형 채우기]-[흰색, 배경 1] 선택
- 차트 제목 : [차트 제목] 클릭 → [홈] 탭-[궁서]/[24pt]/[굵게] 설정 → [서식] 탭-[도형 채우기]-[흰색, 배경 1]/[도형 윤곽선]-[검정, 텍스트 1]/[도형 효과]-[그림자]-[오프셋 아래쪽] 선택
- 데이터 서식 : [디자인] 탭-[차트 종류 변경] 선택 → [차트 종류 변경] 대화상자 설정('전기차(천)' 계열을 '표식이 있는 꺾은선형' 선택 → '전기차(천)' 계열의 [보조 축] 체크)
- 값 표시 : '전기차(천)' 계열 클릭 → '2015년'의 '전기차(천)' 계열 클릭 → [디자인] 탭-[차트 요소 추가]-[데이터 레이블]-[위쪽] 선택
- 데이터 표 : [디자인] 탭-[차트 요소 추가]-[데이터 표]-[범례 표지 포함] 선택 → 데이터 표 클릭 → [서식] 탭-[도형 윤곽선]-[검정, 텍스트 1] 설정
- 범례 숨기기 : [디자인] 탭-[차트 요소 추가]-[범례]-[없음] 선택
- 눈금선 표시 숨기기 : [디자인] 탭-[차트 요소 추가]-[눈금선]-[기본 주 가로](선택 해제) 선택
- 보조 세로 (값) 축 서식 : 축 클릭 → [서식] 탭-[선택 영역 서식] → [축 서식] 대화상자 설정(주 단위 [300], 주 눈금 [바깥쪽] 설정)
- 도형 삽입 : [삽입] 탭-[도형]-[한쪽 모서리가 잘린 사각형] 삽입 → [서식] 탭-[회전]-[좌우 대칭] 설정
- 도형 서식 : [서식] 탭-[도형 스타일]-[미세효과 - 검정, 어둡게 1] 선택
- 도형 텍스트 입력 : [홈] 탭-[굴림]/[18pt] 설정 → 텍스트 입력

도형 슬라이드

- 스마트아트 삽입 : [삽입] 탭-[SmartArt] → [SmartArt 그래픽 선택] 대화상자 설정(스마트아트 유형 : 프로세스형]-[연속 블록 프로세스형], 프로세스형]-[세로 프로세스형])
- 스마트아트 스타일 : [디자인] 탭의 SmartArt 스타일 목록에서 선택([3차원 벽돌], [3차원 경사])
- 연결선 : [삽입] 탭-[도형]-[꺾인 화살표 연결선] 삽입 → 선 끝 모양 설정([서식] 탭-[도형 윤곽선]-[화살표]-[화살표 스타일 5]) → 선 두께 설정([서식] 탭-[도형 윤곽선]-[두께]-[1½pt])
- 그룹 지정 : 그룹화할 도형 선택 → [서식] 탭-[그룹화]-[그룹] 선택
- 애니메이션 지정 : [애니메이션] 탭의 애니메이션 목록에서 선택 → [애니메이션] 탭-[효과 옵션]에서 선택

제 03 회 실전 모의고사

전체 구성

- 페이지 설정 : [디자인] 탭-[슬라이드 크기]-[사용자 지정 슬라이드 크기] 선택 → [슬라이드 크기] 대화상자 설정 (A4 용지(210×297mm))
- 슬라이드 제목 : 도형 삽입([삽입] 탭-[도형]-[육각형] 삽입 → [직사각형] 삽입 → [서식] 탭-[윤곽선 없음]/[도형 채우기] 설정 → [텍스트 상자] 클릭 → [궁서]/[40pt]/[흰색, 배경 1]/[가운데 맞춤] 설정
- 로고 삽입 : [삽입] 탭-[그림] 선택 → [그림 삽입] 대화상자 설정('로고2.jpg' 선택) → [서식] 탭-[색]-[투명한 색 설정] → 그림 배경 클릭 → 위치 및 크기 조정
- 슬라이드 번호 : [삽입] 탭-[슬라이드 번호] 선택 → [머리글/바닥글] 대화상자 설정([슬라이드 번호]와 [제목 슬라이드에는 표시 안 함] 체크) → 슬라이드 번호 선택 → [글꼴]/[글꼴 크기] 설정
- 저장 : Ctrl+S → '수험번호-성명' 형식

표지 디자인

- 도형 삽입 : [삽입] 탭-[도형]-[직사각형] 삽입 → [서식] 탭-[회전]-[좌우 대칭] 설정
- 도형 채우기 : [서식] 탭-[도형 채우기]-[그림] 선택 → [그림 삽입] 대화상자 설정('그림2.jpg' 선택) → 마우스 오른쪽 버튼 클릭-[그림 서식] → [채우기 및 선]-[채우기]-투명도 설정
- 워드아트 삽입 : [삽입] 탭-[텍스트 상자] 삽입 → 텍스트 입력 → [글꼴] 지정(돋움, 굵게) → 워드아트 텍스트 효과 지정([서식] 탭-[텍스트 효과]-[변환]-[위로 기울기] → [서식] 탭-[텍스트 효과]-[반사]-[전체 반사, 4pt 오프셋]) → 위치 및 크기 조정
- 그림 삽입 : [삽입] 탭-[그림] 선택 → [그림 삽입] 대화상자 설정('로고2.jpg' 선택) → [서식] 탭-[색]-[투명한 색 설정] → 그림 배경 클릭 → 위치 및 크기 조정

목차 슬라이드

- 도형 조합 : 목차 내용 도형 작성 후 번호 도형 작성
  - 목차 내용 도형 : [삽입] 탭-[도형]-[L 도형] 삽입 → [서식] 탭-[회전]-[좌우 대칭] 설정

- 번호 도형 : [삽입] 탭-[도형]-[포인트가 6개인 별] 삽입 → 글꼴 지정 및 번호 입력(돋움, 24pt) → 위치 및 크기 조정
- 텍스트 상자 삽입 : [삽입] 탭-[텍스트 상자] 삽입 → 글꼴 지정(돋움, 24pt) → 목차 입력
- 하이퍼링크 삽입 : 블록 지정 → [삽입] 탭-[하이퍼링크] → [하이퍼링크 삽입] 대화상자 설정([현재 문서]-[슬라이드 4] 선택)
- 그림 삽입 : [삽입] 탭-[그림] 선택 → [그림 삽입] 대화상자 설정('그림4.jpg' 선택)

텍스트/동영상 슬라이드
- 글머리 기호 : [홈] 탭-[글머리 기호]에서 선택
- 동영상 삽입 : [삽입] 탭-[비디오] 선택 → [비디오 삽입] 대화상자 설정('동영상.wmv' 선택)
- 동영상 옵션 : [재생] 탭-[시작]-[자동 실행] 설정 → [반복 재생] 체크

표 슬라이드
- 표 삽입 : [삽입] 탭-[표] → 표 개수 설정(열 개수 [2], 행 개수 [5])
- 표 스타일 : 표 클릭 → [디자인] 탭-[머리글 행]/[줄무늬 행] 체크 해제 → [디자인] 탭의 표 스타일 목록에서 선택('테마 스타일 1 - 강조 4' 선택) → [홈] 탭-[글꼴] 및 단락 설정(굴림, 18pt, 가운데 맞춤)
- 상단 도형 : 2개의 도형으로 조합하기
  - 바깥쪽 도형 : [삽입] 탭-[도형]-[한쪽 모서리가 잘린 사각형] 삽입
  - 텍스트 도형 : [삽입] 탭-[도형]-[다이아몬드] 삽입 → [홈] 탭-[굴림]/[18pt]/[가운데 맞춤] 설정 → 텍스트 입력
- 좌측 도형 : [삽입] 탭-[도형]-[대각선 방향의 모서리가 둥근 사각형] 삽입 → [서식] 탭-[회전]-[좌우 대칭] 설정 → [서식] 탭-[도형 채우기]-[그라데이션]-[선형 아래쪽] 설정 → 마우스 오른쪽 버튼 클릭-[도형 서식] → 그라데이션 색상 설정 → [홈] 탭-[굴림]/[18pt]/[가운데 맞춤] 설정 → 텍스트 입력

차트 슬라이드
- 차트 영역 : [홈] 탭에서 [글꼴]/[글꼴 크기] 지정 → [서식] 탭-[도형 윤곽선]-[검정, 텍스트 1] 선택 → [서식] 탭-[도형 채우기]-[노랑] 선택
- 데이터 서식 : [디자인] 탭-[차트 종류 변경] 선택 → [차트 종류 변경] 대화상자 설정('고양이' 계열을 '표식이 있는 꺾은선형' 선택 → '고양이' 계열의 [보조 축] 체크)
- 값 표시 : '개' 계열 클릭 → '분양'의 '개' 계열 클릭 → [디자인] 탭-[차트 요소 추가]-[데이터 레이블]-[바깥쪽 끝에] 선택
- 데이터 표 : [디자인] 탭-[차트 요소 추가]-[데이터 표]-[범례 표지 포함] 선택 → 데이터 표 클릭 → [서식] 탭-[도형 윤곽선] -[검정, 텍스트 1] 설정

- 범례 숨기기 : [디자인] 탭-[차트 요소 추가]-[범례]-[없음] 선택
- 눈금선 표시 숨기기 : [디자인] 탭-[차트 요소 추가]-[눈금선]-[기본 주 가로](선택 해제) 선택
- 보조 세로 (값) 축 서식 : 축 클릭 → [서식] 탭-[선택 영역 서식] → [축 서식] 대화상자 설정(주 단위 [3000], 주 눈금 [바깥쪽] 설정)
- 도형 삽입 : [삽입] 탭-[도형]-[사각형 설명선] 삽입→ 모양 조절점을 드래그하여 모양 변형
- 도형 서식 : [서식] 탭-[도형 스타일]-[미세효과 - 파랑, 강조 1] 선택

도형 슬라이드
- 스마트아트 삽입 : [삽입] 탭-[SmartArt] → [SmartArt 그래픽 선택] 대화상자 설정(스마트아트 유형 : [목록형]-[세로 화살표 목록형], [프로세스형]-[지그재그 프로세스형])
- 스마트아트 스타일 : [디자인] 탭의 SmartArt 스타일 목록에서 선택([3차원 경사], [3차원 만화])
- 연결선 : [삽입] 탭-[도형]-[꺾인 화살표 연결선] 삽입 → 선 끝 모양 설정([서식] 탭-[도형 윤곽선]-[화살표]-[화살표 스타일 9]) → 선 두께 설정([서식] 탭-[도형 윤곽선]-[두께]-[1¾pt])
- 애니메이션 지정 : [애니메이션] 탭의 애니메이션 목록에서 선택 → [애니메이션] 탭-[효과 옵션]에서 선택

제 04 회   실전 모의고사

전체 구성
- 슬라이드 제목 : 도형 삽입([삽입] 탭-[도형]-[팔각형] 삽입 → [직사각형] 삽입 → [서식] 탭-[윤곽선 없음]/[도형 채우기] 설정 → [텍스트 상자] 클릭 → [돋움]/[40pt]/[흰색, 배경 1]/[가운데 맞춤] 설정
- 로고 삽입 : [삽입] 탭-[그림] 선택 → [그림 삽입] 대화상자 설정('로고2.jpg' 선택) → [서식] 탭-[색]-[투명한 색 설정] → 그림 배경 클릭 → 위치 및 크기 조정
- 슬라이드 번호 : [삽입] 탭-[슬라이드 번호] 선택 → [머리글/바닥글] 대화상자 설정([슬라이드 번호]와 [제목 슬라이드에는 표시 안 함] 체크) → 슬라이드 번호 선택 → [글꼴]/[글꼴 크기] 설정

표지 디자인
- 도형 삽입 : [삽입] 탭-[도형]-[직사각형] 삽입
- 워드아트 삽입 : [삽입] 탭-[텍스트 상자] 삽입 → 텍스트 입력 → 글꼴 지정(돋움, 굵게) → 워드아트 텍스트 효과 지정([서식] 탭-[텍스트 효과]-[변환]-[역갈매기형 수장] → [서식] 탭-[텍스트 효과]-[반사]-[근접 반사, 터치]) → 위치 및 크기 조정
- 그림 삽입 : [삽입] 탭-[그림] 선택 → [그림 삽입] 대화상자 설정('로고2.jpg' 선택) → [서식] 탭-[색]-[투명한 색

설정] → 그림 배경 클릭 → 위치 및 크기 조정

목차 슬라이드

- 도형 조합 : 목차 내용 도형 작성 후 번호 도형 작성
  - 목차 내용 도형 : [삽입] 탭-[도형]-[직사각형] 삽입
  - 번호 도형 : [삽입] 탭-[도형]-[순서도: 카드] 삽입 → 글꼴 지정 및 번호 입력(굴림, 24pt) → 위치 및 크기 조정
  - 텍스트 상자 삽입 : [삽입] 탭-[텍스트 상자] 삽입 → 글꼴 지정(굴림, 24pt) → 목차 입력
- 하이퍼링크 삽입 : 블록 지정 → [삽입] 탭-[하이퍼링크] → [하이퍼링크 삽입] 대화상자 설정([현재 문서]-[슬라이드 5] 선택)
- 그림 삽입 : [삽입] 탭-[그림] 선택 → [그림 삽입] 대화상자 설정('그림5.jpg' 선택)

텍스트/동영상 슬라이드

- 글머리 기호 : [홈] 탭-[글머리 기호]에서 선택
- 동영상 삽입 : [삽입] 탭-[비디오] 선택 → [비디오 삽입] 대화상자 설정('동영상.wmv' 선택)
- 동영상 옵션 : [재생] 탭-[시작]-[자동 실행] 설정 → [반복 재생] 체크

표 슬라이드

- 표 삽입 : [삽입] 탭-[표] → 표 개수 설정(열 개수 [2], 행 개수 [3])
- 표 스타일 : 표 클릭 → [디자인] 탭-[머리글 행]/[줄무늬 행] 체크 해제 → [디자인] 탭의 표 스타일 목록에서 선택([테마 스타일 1 - 강조 2] 선택) → [홈] 탭-[글꼴] 및 단락 설정(돋음, 18pt, 가운데 맞춤)
- 상단 도형 : 2개의 도형으로 조합하기
  - 바깥쪽 도형 : [삽입] 탭-[도형]-[양쪽 모서리가 잘린 사각형] 삽입
  - 텍스트 도형 : [삽입] 탭-[도형]-[사다리꼴] 삽입 → 모양 조절점을 드래그하여 모양 변형 → [서식] 탭-[회전]-[상하 대칭] 설정 → [홈] 탭-[돋음]/[18pt]/[가운데 맞춤] 설정 → 텍스트 입력
- 좌측 도형 : [삽입] 탭-[도형]-[한쪽 모서리는 잘리고 다른 쪽 모서리는 둥근 사각형] 삽입 → [서식] 탭-[회전]-[좌우 대칭] 설정 → [서식] 탭-[도형 채우기]-[그라데이션]-[선형 위쪽] 설정 → 마우스 오른쪽 버튼 클릭-[도형 서식] → 그라데이션 색상 설정 → [홈] 탭-[돋음]/[18pt]/[가운데 맞춤] 설정 → 텍스트 입력

차트 슬라이드

- 데이터 서식 : [디자인] 탭-[차트 종류 변경] 선택 → [차트 종류 변경] 대화상자 설정('부산광역시' 계열을 '표식이 있는 꺾은선형' 선택 → '부산광역시' 계열의 [보조 축] 체크)
- 값 표시 : '부산광역시' 계열 클릭 → '생활용품'의 '부산광역시' 계열 클릭 → [디자인] 탭-[차트 요소 추가]-[데이터 레이블]-[위쪽] 선택

- 데이터 표 : [디자인] 탭-[차트 요소 추가]-[데이터 표]-[범례 표지 포함] 선택 → 데이터 표 클릭 → [서식] 탭-[도형 윤곽선]-[검정, 텍스트 1] 설정
- 범례 숨기기 : [디자인] 탭-[차트 요소 추가]-[범례]-[없음] 선택
- 눈금선 표시 숨기기 : [디자인] 탭-[차트 요소 추가]-[눈금선]-[기본 주 가로](선택 해제) 선택
- 보조 세로 (값) 축 서식 : 축 클릭 → [서식] 탭-[선택 영역 서식] → [축 서식] 대화상자 설정(주 단위 [1000], 주 눈금 [바깥쪽] 설정)
- 도형 삽입 : [삽입] 탭-[도형]-[순서도: 천공테이프] 삽입
- 도형 서식 : [서식] 탭-[도형 스타일]-[미세효과 – 파랑, 강조 1] 선택

도형 슬라이드

- 스마트아트 삽입 : [삽입] 탭-[SmartArt] → [SmartArt 그래픽 선택] 대화상자 설정(스마트아트 유형 : [프로세스형]-[기본 프로세스형], [프로세스형]-[기본 갈매기형 수장 프로세스형])
- 스마트아트 스타일 : [디자인] 탭의 SmartArt 스타일 목록에서 선택([3차원 광택 처리], [3차원 벽돌])
- 연결선 : [삽입] 탭-[도형]-[꺾인 화살표 연결선] 삽입 → 선 끝 모양 설정([서식] 탭-[도형 윤곽선]-[화살표]-[화살표 스타일 11]) → 선 두께 설정([서식] 탭-[도형 윤곽선]-[두께]-[1½pt])

제 05 회 실전 모의고사

전체 구성

- 슬라이드 제목 : 도형 삽입([삽입] 탭-[도형]-[순서도; 문서] 삽입 → [L 도형] 삽입 → 'L 도형' 클릭 → [서식] 탭-[회전]-[좌우 대칭] 설정 → [서식] 탭-[윤곽선 없음]/[도형 채우기] 설정 → [텍스트 상자] 클릭 → [돋음]/[40pt]/[흰색, 배경 1]/[가운데 맞춤] 설정
- 로고 삽입 : [삽입]/[가운데 맞춤] 탭-[그림] 선택 → [그림 삽입] 대화상자 설정('로고2.jpg' 선택) → [서식] 탭-[색]-[색]-[투명한 색 설정] → 그림 배경 클릭 → 위치 및 크기 조정

표지 디자인

- 도형 삽입 : [삽입] 탭-[도형]-[순서도: 지연] 삽입
- 워드아트 삽입 : [삽입] 탭-[텍스트 상자] 삽입 → 텍스트 입력 → 글꼴 지정(돋음, 굵게) → 워드아트 텍스트 효과 지정([서식] 탭-[텍스트 효과]-[변환]-[갈매기형 수장]) → [서식] 탭-[텍스트 효과]-[반사]-[근접 반사, 터치]) → 위치 및 크기 조정
- 그림 삽입 : [삽입] 탭-[그림] 선택 → [그림 삽입] 대화상자 설정('로고2.jpg' 선택) → [서식] 탭-[색]-[투명한 색 설정] → 그림 배경 클릭 → 위치 및 크기 조정

목차 슬라이드

- 도형 조합 : 목차 내용 도형 작성 후 번호 도형 작성
  - 목차 내용 도형 : [삽입] 탭-[도형]-[L 도형] 삽입 → [서식] 탭-[회전]-[좌우 대칭] 설정
  - 번호 도형 : [삽입] 탭-[도형]-[육각형] 삽입 → 글꼴 지정 및 번호 입력(굴림, 24pt) → 위치 및 크기 조정
  - 텍스트 상자 삽입 : [삽입] 탭-[텍스트 상자] 삽입 → 글꼴 지정(굴림, 24pt) → 목차 입력
- 그림 삽입 : [삽입] 탭-[그림] 선택 → [그림 삽입] 대화상자 설정('그림5.jpg' 선택)

텍스트/동영상 슬라이드

- 동영상 삽입 : [삽입] 탭-[비디오] → [비디오 삽입] 대화상자 설정('동영상.wmv' 선택)
- 동영상 옵션 : [재생] 탭-[시작]-[자동 실행] 설정 → [반복 재생] 체크

표 슬라이드

- 표 삽입 : [삽입] 탭-[표] → 표 개수 설정(열 개수 [2], 행 개수 [4])
- 표 스타일 : 표 클릭 → [디자인] 탭-[머리글 행]/[줄무늬 행] 체크 해제 → [디자인] 탭의 표 스타일 목록에서 선택([테마 스타일 1 - 강조 2] 선택) → [홈] 탭-[글꼴] 및 단락 설정(돋움, 18pt, 가운데 맞춤)
- 상단 도형 : 2개의 도형으로 조합하기
  - 바깥쪽 도형 : [삽입] 탭-[도형]-[한쪽 모서리가 잘린 사각형] 삽입
  - 텍스트 도형 : [삽입] 탭-[도형]-[오각형] 삽입 → [서식] 탭-[회전]-[좌우 대칭] 설정 → [홈] 탭-[돋움]/[18pt]/[가운데 맞춤] 설정 → 텍스트 입력
- 좌측 도형 : [삽입] 탭-[도형]-[순서도: 화면 표시] 삽입 → [서식] 탭-[도형 채우기]-[그라데이션]-[선형 위쪽] 설정 → 마우스 오른쪽 버튼 클릭-[도형 서식] → 그라데이션 색상 설정 → [홈] 탭-[돋움]/[18pt]/[가운데 맞춤] 설정 → 텍스트 입력

차트 슬라이드

- 데이터 서식 : [디자인] 탭-[차트 종류 변경] 선택 → [차트 종류 변경] 대화상자 설정('만족도(%)' 계열을 '표식이 있는 꺾은선형' 선택 → '만족도(%)' 계열의 [보조 축] 체크)
- 값 표시 : '소비(2019년)' 계열 클릭 → '40대'의 '소비(2019년)' 계열 클릭 → [디자인] 탭-[차트 요소 추가]-[데이터 레이블]-[바깥쪽 끝에] 선택
- 데이터 표 : [디자인] 탭-[차트 요소 추가]-[데이터 표]-[범례 표지 포함] 선택 → 데이터 표 클릭 → [서식] 탭-[도형 윤곽선]-[검정, 텍스트 1] 설정
- 범례 숨기기 : [디자인] 탭-[차트 요소 추가]-[범례]-[없음] 선택

- 눈금선 표시 숨기기 : [디자인] 탭-[차트 요소 추가]-[눈금선]-[기본 주 가로](선택 해제) 설정
- 보조 세로 (값) 축 서식 : 축 클릭 → [서식] 탭-[선택 영역 서식] → [축 서식] 대화상자 설정(주 단위 [20], 주 눈금 [바깥쪽] 설정)
- 도형 삽입 : [삽입] 탭-[도형]-[모서리가 둥근 사각형 설명선]
- 도형 서식 : [서식] 탭-[도형 스타일]-[미세효과 - 파랑, 강조 1]

도형 슬라이드

- 스마트아트 삽입 : [삽입] 탭-[SmartArt] → [SmartArt 그래픽 선택] 대화상자 설정(스마트아트 유형 : [계층 구조형]-[조직도형], [프로세스형]-[세로 프로세스형])
- 스마트아트 스타일 : [디자인] 탭의 SmartArt 스타일 목록에서 선택([3차원 광택 처리], [3차원 벽돌])

제 06 회 실전 모의고사

표지 디자인

- 도형 삽입 : [한쪽 모서리가 둥근 사각형] 삽입 → 도형 서식 변경(투명도, 효과)
- 그림 삽입 : [삽입] 탭-[그림] 선택 → [그림 삽입] 대화상자 설정('로고2.jpg' 선택)

목차 슬라이드

목차 삽입 : [L 도형] 삽입 → [좌우 대칭] 설정 → [정오각형] 삽입 → 글꼴 지정 및 번호 입력

표 슬라이드

- 표 삽입 : 표 삽입(열 개수 [2], 행 개수 [3]) → [테마 스타일 1 - 강조 5] 선택
- 상단 도형 : [육각형], [다이아몬드] 삽입
- 좌측 도형 : [한쪽 모서리가 잘린 사각형] 삽입 → [좌우 대칭] 설정 → [그라데이션]-[선형 아래쪽] 설정 → 그라데이션 색상 설정

차트 슬라이드

- 값 표시 : '업체수' 계열 클릭 → '2019년'의 '업체수' 계열 클릭 → [디자인] 탭-[차트 요소 추가]-[데이터 레이블]-[바깥쪽 끝에] 선택
- 도형 : [모서리가 둥근 사각형 설명선] 삽입 → [도형 스타일] 설정

도형 슬라이드

스마트아트 삽입 : [세로 화살표 목록형] 삽입 → [3차원 만화] 설정, [기본 갈매기형 수장 프로세스형] 삽입 → [3차원 광택 처리] 설정

제 07 회 실전 모의고사

표지 디자인
- 도형 삽입 : [직사각형] 삽입 → 도형 서식 변경(투명도, 효과)
- 그림 삽입 : [삽입] 탭-[그림] 선택 → [그림 삽입] 대화상자 설정('로고2.jpg' 선택)

목차 슬라이드
목차 삽입 : [오른쪽 화살표] 삽입 → [순서도: 자기 디스크] 삽입 → 글꼴 지정 및 번호 입력

표 슬라이드
- 표 삽입 : 표 삽입(열 개수 [2], 행 개수 [4]) → [테마 스타일 1 - 강조 5] 선택
- 상단 도형 : [양쪽 모서리가 잘린 사각형], [대각선 줄무늬] 삽입
- 좌측 도형 : [오각형] 삽입 → [오른쪽으로 90도 회전] 설정 → 모양 조절점을 드래그하여 모양 변형 → [그라데이션]-[선형 오른쪽] 설정 → 그라데이션 색상 설정

차트 슬라이드
- 값 표시 : '2019년(천개)' 계열 클릭 → '구글'의 '2019년(천개)' 계열 클릭 → [디자인] 탭-[차트 요소 추가]-[데이터 레이블]-[바깥쪽 끝에] 선택
- 도형 : [모서리가 둥근 사각형 설명선] 삽입 → [도형 스타일] 설정

도형 슬라이드
스마트아트 삽입 : [수렴 방사형] 삽입 → [3차원 광택 처리] 설정, [그룹화된 목록형] 삽입 → [3차원 경사] 설정

제 08 회 실전 모의고사

표지 디자인
- 도형 삽입 : [직사각형] 삽입 → 도형 서식 변경(투명도, 효과)
- 그림 삽입 : [삽입] 탭-[그림] 선택 → [그림 삽입] 대화상자 설정('로고1.jpg' 선택)

목차 슬라이드
목차 삽입 : [오른쪽 화살표] 삽입 → [오각형] 삽입 → 글꼴 지정 및 번호 입력

표 슬라이드
- 표 삽입 : 표 삽입(열 개수 [2], 행 개수 [4]) → [테마 스타일 1 - 강조 5] 선택
- 상단 도형 : [한쪽 모서리는 잘리고 다른 쪽 모서리는 둥근 사각형], [직사각형] 삽입
- 좌측 도형 : [순서도: 지연] 삽입 → [좌우 대칭] 설정 → [그라데이션]-[선형 아래쪽] 설정 → 그라데이션 색상 설정

차트 슬라이드
- 값 표시 : '백분율(%)' 계열 클릭 → '2016년'의 '백분율(%)' 계열 클릭 → [디자인] 탭-[차트 요소 추가]-[데이터 레이블]-[위쪽] 선택
- 도형 : [오른쪽 화살표] 삽입 → [도형 스타일] 설정

도형 슬라이드
스마트아트 삽입 : [세로 프로세스형] 삽입 → [3차원 경사] 설정, [표 계층 구조형] 삽입 → [3차원 벽돌] 설정

제 09 회 실전 모의고사

표지 디자인
- 도형 삽입 : [직사각형] 삽입 → 도형 서식 변경(투명도, 효과)
- 그림 삽입 : [삽입] 탭-[그림] 선택 → [그림 삽입] 대화상자 설정('로고2.jpg' 선택)

목차 슬라이드
목차 삽입 : [오른쪽 화살표] 삽입 → [정오각형] 삽입 → 글꼴 지정 및 번호 입력

표 슬라이드
- 표 삽입 : 표 삽입(열 개수 [2], 행 개수 [3]) → [테마 스타일 1 - 강조 6] 선택
- 상단 도형 : [양쪽 모서리가 둥근 사각형], [사다리꼴] 삽입
- 좌측 도형 : [한쪽 모서리가 잘린 사각형] 삽입 → [좌우 대칭] 설정 → [그라데이션]-[선형 아래쪽] 설정 → 그라데이션 색상 설정

차트 슬라이드
- 값 표시 : '1인 가구(만 가구)' 계열 클릭 → '2017년'의 '1인 가구(만 가구)' 계열 클릭 → [디자인] 탭-[차트 요소 추가]-[데이터 레이블]-[바깥쪽 끝에] 선택
- 도형 : [오른쪽 화살표] 삽입 → [도형 스타일] 설정

도형 슬라이드
스마트아트 삽입 : [방사 주기형] 삽입 → [3차원 경사] 설정, [연속 블록 프로세스형] 삽입 → [3차원 만화] 설정

제 10 회 실전 모의고사

표지 디자인
- 도형 삽입 : [직사각형] 삽입 → 도형 서식 변경(투명도, 효과)
- 그림 삽입 : [삽입] 탭-[그림] 선택 → [그림 삽입] 대화상자 설정('로고2.jpg' 선택)

목차 슬라이드
목차 삽입 : [오른쪽 화살표] 삽입 → [순서도: 지연] 삽입 → 글꼴 지정 및 번호 입력

표 슬라이드
- 표 삽입 : 표 삽입(열 개수 [3], 행 개수 [5]) → [테마 스타일 1 - 강조 6] 선택
- 상단 도형 : [양쪽 모서리가 잘린 사각형], [육각형] 삽입
- 좌측 도형 : [오각형] 삽입 → [좌우 대칭] 설정 → 모양 조절점을 드래그하여 모양 변형 → [그라데이션]-[선형 아래쪽] 설정 → 그라데이션 색상 설정

차트 슬라이드
- 값 표시 : '조각류' 계열 클릭 → '보성'의 '조각류' 계열 클릭 → [디자인] 탭-[차트 요소 추가]-[데이터 레이블]-[바깥쪽 끝에] 선택
- 도형 : [오각형] 삽입 → [도형 스타일] 설정

도형 슬라이드
스마트아트 삽입 : [기본 프로세스형] 삽입 → [3차원 만화] 설정, [세로 화살표 목록형] 삽입 → [3차원 경사] 설정

제 11 회 실전 모의고사

표지 디자인
- 도형 삽입 : [직사각형] 삽입 → 도형 서식 변경(투명도, 효과)
- 그림 삽입 : [삽입] 탭-[그림] 선택 → [그림 삽입] 대화상자 설정('로고1.jpg' 선택)

목차 슬라이드
목차 삽입 : [순서도: 수동 입력] 삽입 → [오각형] 삽입 → 글꼴 지정 및 번호 입력

표 슬라이드
- 표 삽입 : 표 삽입(열 개수 [2], 행 개수 [3]) → [테마 스타일 1 - 강조 6] 선택
- 상단 도형 : [직사각형], [사다리꼴] 삽입
- 좌측 도형 : [순서도: 자기 디스크] 삽입 → [그라데이션]-[선형 위쪽] 설정 → 그라데이션 색상 설정

차트 슬라이드
- 값 표시 : '2015년' 계열 클릭 → '화장품'의 '2015년' 계열 클릭 → [디자인] 탭-[차트 요소 추가]-[데이터 레이블]-[바깥쪽 끝에] 선택
- 도형 : [배지] 삽입 → [도형 스타일] 설정

도형 슬라이드
스마트아트 삽입 : [계층 구조 목록형] 삽입 → [3차원 만화] 설정, [지그재그 프로세스형] 삽입 → [3차원 경사] 설정

제 12 회 실전 모의고사

표지 디자인
- 도형 삽입 : [직사각형] 삽입 → 도형 서식 변경(투명도, 효과)
- 그림 삽입 : [삽입] 탭-[그림] 선택 → [그림 삽입] 대화상자 설정('로고1.jpg' 선택)

목차 슬라이드
목차 삽입 : [오각형] 삽입 → [육각형] 삽입 → 글꼴 지정 및 번호 입력

표 슬라이드
- 표 삽입 : 표 삽입(열 개수 [3], 행 개수 [3]) → [테마 스타일 1 - 강조 2] 선택
- 상단 도형 : [한쪽 모서리가 잘린 사각형], [정오각형] 삽입
- 좌측 도형 : [오각형] 삽입 → [좌우 대칭] 설정 → 모양 조절점을 드래그하여 모양 변형 → [그라데이션]-[선형 아래쪽] 설정 → 그라데이션 색상 설정

차트 슬라이드
- 값 표시 : '개소' 계열 클릭 → '강원'의 '개소' 계열 클릭 → [디자인] 탭-[차트 요소 추가]-[데이터 레이블]-[바깥쪽 끝에] 선택
- 도형 : [모서리가 둥근 사각형 설명선] 삽입 → [도형 스타일] 설정

도형 슬라이드
스마트아트 삽입 : [지그재그 프로세스형] 삽입 → [3차원 경사] 설정, [제목 있는 행렬형] 삽입 → [3차원 만화] 설정

제 13 회 실전 모의고사

표지 디자인
- **도형 삽입** : [직사각형] 삽입 → 도형 서식 변경(투명도, 효과)
- **그림 삽입** : [삽입] 탭-[그림] 선택 → [그림 삽입] 대화상자 설정('로고1.jpg' 선택)

목차 슬라이드
목차 삽입 : [오각형] 삽입 → [배지] 삽입 → 글꼴 지정 및 번호 입력

표 슬라이드
- **표 삽입** : 표 삽입(열 개수 [3], 행 개수 [6]) → [테마 스타일 1 - 강조 2] 선택
- **상단 도형** : [한쪽 모서리가 잘린 사각형], [다이아몬드] 삽입
- **좌측 도형** : [한쪽 모서리가 잘린 사각형] 삽입 → [좌우대칭] 설정 → [그라데이션]-[선형 아래쪽] 설정 → 그라데이션 색상 설정

차트 슬라이드
- **값 표시** : '국외 여행객(백명)' 계열 클릭 → '독일'의 '국외 여행객(백명)' 계열 클릭 → [디자인] 탭-[차트 요소 추가]-[데이터 레이블]-[오른쪽] 선택
- **도형** : [모서리가 둥근 사각형 설명선] 삽입 → [도형 스타일] 설정

도형 슬라이드
스마트아트 삽입 : [세로 상자 목록형] 삽입 → [3차원 경사] 설정, [표 목록형] 삽입 → [3차원 만화] 설정

제 14 회 실전 모의고사

표지 디자인
- **도형 삽입** : [직사각형] 삽입 → 도형 서식 변경(투명도, 효과)
- **그림 삽입** : [삽입] 탭-[그림] 선택 → [그림 삽입] 대화상자 설정('로고1.jpg' 선택)

목차 슬라이드
목차 삽입 : [오른쪽 화살표] 삽입 → [직각 삼각형] 삽입 → 글꼴 지정 및 번호 입력

표 슬라이드
- **표 삽입** : 표 삽입(열 개수 [2], 행 개수 [4]) → [테마 스타일 1 - 강조 6] 선택
- **상단 도형** : [한쪽 모서리는 잘리고 다른 쪽 모서리는 둥근 사각형], [배지] 삽입 → '배지' 도형의 모양 조절점을 드래그하여 모양 변형
- **좌측 도형** : [양쪽 모서리가 잘린 사각형] 삽입 → [그라데이션]-[선형 아래쪽] 설정 → 그라데이션 색상 설정

차트 슬라이드
- **값 표시** : '2021년' 계열 클릭 → '2021년'의 '워치' 계열 클릭 → [디자인] 탭-[차트 요소 추가]-[데이터 레이블]-[오른쪽] 선택
- **도형** : [모서리가 둥근 사각형] 삽입 → [도형 스타일] 설정

도형 슬라이드
스마트아트 삽입 : [방사형 벤형] 삽입 → [3차원 만화] 설정, [기본 프로세스형] 삽입 → [3차원 광택 처리] 설정

최신 기출문제 풀이

※ 제시된 풀이 방법이 정답은 아닙니다. 다양한 방식으로 작업될 수 있으므로, 제시된 방법은 참고용으로 활용합니다.

제 01 회 정보기술자격(ITQ) 시험

전체 구성

- 페이지 설정 : [디자인] 탭-[슬라이드 크기]-[사용자 지정 슬라이드 크기] 선택 → [슬라이드 크기] 대화상자 설정(A4 용지(210×297mm))
- 슬라이드 마스터 : [보기] 탭-[슬라이드 마스터]-[제목만 레이아웃] 선택
- 슬라이드 제목 : 도형 삽입([삽입] 탭-[도형]-[양쪽 모서리가 잘린 사각형] 삽입) → [서식] 탭-[회전]-[상하 대칭] → [직사각형] 삽입 → [서식] 탭-[윤곽선 없음]/[도형 채우기] 설정 → [텍스트 상자] 클릭 → [돋움]/[40pt]/[흰색, 배경 1]/[왼쪽 맞춤] 설정
- 로고 삽입 : [삽입] 탭-[그림] 선택 → [그림 삽입] 대화상자 설정('로고2.jpg' 선택) → [서식] 탭-[색]-[투명한 색 설정] → 그림 배경 클릭 → 위치 및 크기 조정
- 슬라이드 번호 : [삽입] 탭-[슬라이드 번호] 선택 → [머리글/바닥글] 대화상자 설정([슬라이드 번호]와 [제목 슬라이드에는 표시 안 함] 체크) → 슬라이드 번호 선택 → [글꼴]/[글꼴 크기] 설정
- 슬라이드 마스터 닫기 : [슬라이드 마스터] 탭-[마스터 보기 닫기] 클릭
- 슬라이드 : [홈] 탭-[레이아웃]-[빈 화면] 선택
- 슬라이드 추가 : [홈] 탭-[새 슬라이드]-[제목만] 선택 → Ctrl+M(총 6개의 슬라이드 구성)
- 저장 : Ctrl+S → '수험번호-성명' 형식

표지 디자인

- 도형 삽입 : [삽입] 탭-[도형]-[순서도: 수동 입력] 삽입
- 도형 채우기 : [서식] 탭-[도형 채우기]-[그림] 선택 → [그림 삽입] 대화상자 설정('그림1.jpg' 선택) → 마우스 오른쪽 버튼 클릭-[그림 서식] → [채우기 및 선]-[채우기]-투명도 설정
- 도형 효과 : [서식] 탭-[도형 효과]-[부드러운 가장자리]-[5포인트] 설정
- 워드아트 삽입 : [삽입] 탭-[텍스트 상자] 삽입 → 텍스트 입력 → 글꼴 지정(돋움, 굵게) → 워드아트 텍스트 효과 지정([서식] 탭-[텍스트 효과]-[변환]-[역갈매기형 수장] → [서식] 탭-[텍스트 효과]-[반사]-[근접 반사, 터치]) → 위치 및 크기 조정
- 그림 삽입 : [삽입] 탭-[그림] 선택 → [그림 삽입] 대화상자 설정('로고2.jpg' 선택) → [서식] 탭-[색]-[투명한 색 설정] → 그림 배경 클릭 → 위치 및 크기 조정

목차 슬라이드

- 도형 조합 : 목차 내용 도형 작성 후 번호 도형 작성
  - 목차 내용 도형 : [삽입] 탭-[도형]-[L 도형] 삽입 → [서식] 탭-[회전]-[좌우 대칭] 설정
  - 번호 도형 : [삽입] 탭-[도형]-[육각형] 삽입 → 글꼴 지정 및 번호 입력(굴림, 24pt) → 위치 및 크기 조정
  - 텍스트 상자 삽입 : [삽입] 탭-[텍스트 상자] 삽입 → 글꼴 지정(굴림, 24pt) → 목차 입력
- 목차 작성 : 도형 모두 선택 → Ctrl+Shift 키를 누른 채 드래그하여 도형 복사 → 텍스트 수정
- 하이퍼링크 삽입 : 블록 지정 → [삽입] 탭-[하이퍼링크] → [하이퍼링크 삽입] 대화상자 설정([현재 문서]-[슬라이드 4] 선택)
- 그림 삽입 : [삽입] 탭-[그림] 선택 → [그림 삽입] 대화상자 설정('그림5.jpg' 선택)
- 그림 자르기 : [서식] 탭-[자르기] 선택 → 자를 영역 지정 → 위치 및 크기 조정

텍스트/동영상 슬라이드

- 텍스트 상자 삽입 : [삽입] 탭-[텍스트 상자] 삽입
- 글머리 기호 : [홈] 탭-[글머리 기호]에서 선택
- 목록 수준 늘림 : Tab 키
- 줄 간격 지정 : [홈] 탭-[줄 간격]에서 선택
- 텍스트 상자 복사 : Ctrl+Shift 키를 누른 채 드래그
- 동영상 삽입 : [삽입] 탭-[비디오] 선택 → [비디오 삽입] 대화상자 설정('동영상.wmv' 선택)
- 동영상 옵션 : [재생] 탭-[시작]-[자동 실행] 설정 → [반복 재생] 체크

표 슬라이드

- 표 삽입 : [삽입] 탭-[표] → 표 개수 설정(열 개수 [3], 행 개수 [3])
- 표 스타일 : 표 클릭 → [디자인] 탭-[머리글 행]/[줄무늬 행] 체크 해제 → [디자인] 탭의 표 스타일 목록에서 선택([테마 스타일 1 - 강조 5] 선택) → [홈] 탭-[글꼴] 및 단락 설정(돋움, 18pt, 가운데 맞춤)

- 상단 도형 : 2개의 도형으로 조합하기
  - 바깥쪽 도형 : [삽입] 탭-[도형]-[배지] 삽입
  - 텍스트 도형 : [삽입] 탭-[도형]-[모서리가 둥근 직사각형] 삽입 → 모양 조절점을 드래그하여 모양 변형 → [홈] 탭-[돋움]/[18pt]/[가운데 맞춤] 설정 → 텍스트 입력
- 좌측 도형 : [삽입] 탭-[도형]-[모서리가 둥근 직사각형] 삽입 → [서식] 탭-[도형 채우기]-[그라데이션]-[선형 아래쪽] 설정 → 마우스 오른쪽 버튼 클릭-[도형 서식] → 그라데이션 색상 설정→ [홈] 탭-[돋움]/[18pt]/[가운데 맞춤] 설정 → 텍스트 입력
- 도형 복사 : Ctrl+Shift 키를 누른 채 드래그하여 복사 → 텍스트 수정

차트 슬라이드

- 차트 삽입 : [삽입] 탭-[차트] → [차트 삽입] 대화상자 설정(차트 선택) → 클릭 → 데이터 입력 → 블록 설정 → Ctrl+1 → [셀 서식] 대화상자에서 설정([숫자]-[1000 단위 구분 기호(,)] 체크)
- 차트 영역 : [홈] 탭에서 [글꼴]/[글꼴 크기] 지정 → [서식] 탭-[도형 윤곽선]-[검정, 텍스트 1] 선택 → [서식] 탭-[도형 채우기]-[노랑] 선택
- 그림 영역 : [서식] 탭-[도형 채우기]-[흰색, 배경 1] 설정
- 차트 제목 : [차트 제목] 클릭 → [홈] 탭-[궁서]/[24pt]/[굵게] 설정 → [서식] 탭-[도형 채우기]-[흰색, 배경 1]/[도형 윤곽선]-[검정, 텍스트 1]/[도형 효과]-[그림자]-[오프셋 오른쪽] 선택
- 데이터 서식 : [디자인] 탭-[차트 종류 변경] 선택 → [차트 종류 변경] 대화상자 설정('국내' 계열을 [표식이 있는 꺾은선] 선택 → '국내' 계열의 [보조 축] 체크)
- 값 표시 : '국내' 계열 클릭 → '2020년'의 '국내' 계열 클릭 → [디자인] 탭-[차트 요소 추가]-[데이터 레이블]-[아래쪽] 선택
- 데이터 표 : [디자인] 탭-[차트 요소 추가]-[데이터 표]-[범례 표지 포함] 선택 → 데이터 표 클릭 → [서식] 탭-[도형 윤곽선]-[검정, 텍스트 1] 설정
- 범례 숨기기 : [디자인] 탭-[차트 요소 추가]-[범례]-[없음]
- 눈금선 표시 숨기기 : [디자인] 탭-[차트 요소 추가]-[눈금선]-[기본 주 가로](선택 해제) 선택
- 보조 세로 (값) 축 서식 : 축 클릭 → [서식] 탭-[선택 영역 서식] → [축 서식] 대화상자 설정(주 단위 [2000], 주 눈금 [바깥쪽] 설정)
- 도형 삽입 : [삽입] 탭-[도형]-[한쪽 모서리가 잘린 사각형] 삽입
- 도형 서식 : [서식] 탭-[도형 스타일]-[미세효과 – 파랑, 강조 1] 선택
- 도형 텍스트 입력 : [홈] 탭-[굴림]/[18pt] 설정 → 텍스트 입력

도형 슬라이드

- 스마트아트 삽입 : [삽입] 탭-[SmartArt] → [SmartArt 그래픽 선택] 대화상자 설정(스마트아트 유형 : [프로세스형]-[기본 갈매기형 수장 프로세스형], [목록형]-[세로 상자 목록형])
- 스마트아트 스타일 : [디자인] 탭의 SmartArt 스타일 목록에서 선택([3차원 광택 처리], [3차원 만화])
- 연결선 : [삽입] 탭-[도형]-[구부러진 양쪽 화살표 연결선] 삽입 → 선 두께 설정([서식] 탭-[도형 윤곽선]-[두께]-[1½pt])
- 그룹 지정 : 그룹화할 도형 선택 → [서식] 탭-[그룹화]-[그룹] 선택
- 애니메이션 지정 : [애니메이션] 탭의 애니메이션 목록에서 선택 → [애니메이션] 탭-[효과 옵션]에서 선택

제 02 회 정보기술자격(ITQ) 시험

전체 구성

- 슬라이드 제목 : 도형 삽입([삽입] 탭-[도형]-[한쪽 모서리가 잘린 사각형] 삽입 → [서식] 탭-[회전]-[상하 대칭] → [직사각형] 삽입 → [서식] 탭-[윤곽선 없음]/[도형 채우기] 설정 → [텍스트 상자] 클릭 → [돋움]/[40pt]/[흰색, 배경 1]/[왼쪽 맞춤] 설정
- 로고 삽입 : [삽입] 탭-[그림] → [그림 삽입] 대화상자 설정('로고1.jpg' 선택) → [서식] 탭-[색]-[투명한 색 설정] → 그림 배경 클릭 → 위치 및 크기 조정

표지 디자인

- 도형 삽입 : [삽입] 탭-[도형]-[순서도: 수동 입력] 삽입
- 워드아트 삽입 : [삽입] 탭-[텍스트 상자] 삽입 → 텍스트 입력 → 글꼴 지정(궁서, 굵게) → 워드아트 텍스트 효과 지정([서식] 탭-[텍스트 효과]-[변환]-[위로 기울기] → [서식] 탭-[텍스트 효과]-[반사]-[근접 반사, 터치]) → 위치 및 크기 조정
- 그림 삽입 : [삽입] 탭-[그림] 선택 → [그림 삽입] 대화상자 설정('로고1.jpg' 선택) → [서식] 탭-[색]-[투명한 색 설정] → 그림 배경 클릭 → 위치 및 크기 조정

목차 슬라이드

- 도형 조합 : 목차 내용 도형 작성 후 번호 도형 작성
  - 목차 내용 도형 : [삽입] 탭-[도형]-[L 도형] 삽입 → [서식] 탭-[회전]-[좌우 대칭] 설정
  - 번호 도형 : [삽입] 탭-[도형]-[하트] 삽입 → 글꼴 지정 및 번호 입력(돋움, 24pt) → 위치 및 크기 조정
  - 텍스트 상자 삽입 : [삽입] 탭-[텍스트 상자] 삽입 → 글꼴 지정(돋움, 24pt) → 목차 입력
- 그림 삽입 : [삽입] 탭-[그림] → [그림 삽입] 대화상자 설정('그림4.jpg' 선택)

텍스트/동영상 슬라이드
- 글머리 기호 : [홈] 탭-[글머리 기호]에서 선택
- 동영상 삽입 : [삽입] 탭-[비디오] 선택 → [비디오 삽입] 대화상자 설정('동영상.wmv' 선택)
- 동영상 옵션 : [재생] 탭-[시작]-[자동 실행] 설정 → [반복 재생] 체크

표 슬라이드
- 표 삽입 : [삽입] 탭-[표] → 표 개수 설정(열 개수 [3], 행 개수 [3])
- 표 스타일 : 표 클릭 → [디자인] 탭-[머리글 행]/[줄무늬 행] 체크 해제 → [디자인] 탭의 표 스타일 목록에서 선택([테마 스타일 1 - 강조 3] 선택) → [홈] 탭-[글꼴 및 단락 설정(굴림, 18pt, 가운데 맞춤)
- 상단 도형 : 2개의 도형으로 조합하기
  - 바깥쪽 도형 : [삽입] 탭-[도형]-[사다리꼴] 삽입
  - 텍스트 도형 : [삽입] 탭-[도형]-[직사각형] 삽입 → [홈] 탭-[굴림]/[18pt]/[가운데 맞춤] 설정
- 좌측 도형 : [삽입] 탭-[도형]-[모서리가 둥근 직사각형] 삽입 → [서식] 탭-[도형 채우기]-[그라데이션]-[선형 아래쪽] 설정 → 마우스 오른쪽 버튼 클릭-[도형 서식] → 그라데이션 색상 설정 → [홈] 탭-[굴림]/[18pt]/[가운데 맞춤] 설정 → 텍스트 입력

차트 슬라이드
- 데이터 서식 : [디자인] 탭-[차트 종류 변경] 선택 → [차트 종류 변경] 대화상자 설정('아동 인구수' 계열을 '표식이 있는 꺾은선형' 선택 → '아동 인구수' 계열의 [보조 축] 체크)
- 값 표시 : '아동 인구수' 계열 클릭 → '2019년'의 '아동 인구수' 계열 클릭 → [디자인] 탭-[차트 요소 추가]-[데이터 레이블]-[위쪽] 선택
- 데이터 표 : [디자인] 탭-[차트 요소 추가]-[데이터 표]-[범례 표지 포함] 선택 → 데이터 표 클릭 → [서식] 탭-[도형 윤곽선] 설정
- 범례 숨기기 : [디자인] 탭-[차트 요소 추가]-[범례]-[없음] 선택
- 눈금선 표시 숨기기 : [디자인] 탭-[차트 요소 추가]-[눈금선]-[기본 주 가로](선택 해제) 선택
- 보조 세로 (값) 축 서식 : 축 선택 → [서식] 탭-[선택 영역 서식] → [축 서식] 대화상자 설정(주 단위 [400], 주 눈금 [바깥쪽] 설정)
- 도형 삽입 : [삽입] 탭-[도형]-[오른쪽 화살표] 삽입
- 도형 서식 : [서식] 탭-[도형 스타일]-[미세효과 - 파랑, 강조 1] 선택

도형 슬라이드
- 스마트아트 삽입 : [삽입] 탭-[SmartArt] → [SmartArt 그래픽 선택] 대화상자 설정(스마트아트 유형 : [행렬형]-[기본 행렬형], [관계형]-[선형 벤형])
- 스마트아트 스타일 : [디자인] 탭의 SmartArt 스타일 목록에서 선택([3차원 경사], [3차원 만화])
- 연결선 : [삽입] 탭-[도형]-[구부러진 양쪽 화살표 연결선] 삽입 → 선 두께 설정([서식] 탭-[도형 윤곽선]-[두께]-[1½pt]

제 03 회 정보기술자격(ITQ) 시험

표지 디자인
- 도형 삽입 : [직사각형] 삽입 → 도형 서식 변경(투명도, 효과)
- 그림 삽입 : [삽입] 탭-[그림] 선택 → [그림 삽입] 대화상자 설정('로고2.jpg' 선택)

목차 슬라이드
목차 삽입 : [오른쪽 화살표] 삽입 → [평행 사변형] 삽입 → 글꼴 지정 및 번호 입력

표 슬라이드
- 표 삽입 : 표 삽입(열 개수 [2], 행 개수 [4]) → [테마 스타일 1 - 강조 5] 선택
- 상단 도형 : [한쪽 모서리가 잘린 사각형], [다이아몬드] 삽입
- 좌측 도형 : [순서도: 지연] 삽입 → [좌우 대칭] 설정 → [그라데이션]-[선형 아래쪽] 설정 → 그라데이션 색상 설정

차트 슬라이드
- 값 표시 : '배추김치' 계열 클릭 → '수출액'의 '배추김치' 계열 클릭 → [디자인] 탭-[차트 요소 추가]-[데이터 레이블]-[바깥쪽 끝에] 선택
- 도형 : [가로로 말린 두루라미 모양] 삽입 → [도형 스타일] 설정

도형 슬라이드
스마트아트 삽입 : [연속 블록 프로세스형] 삽입 → [3차원 만화] 설정, [기본 행렬형] 삽입 → [3차원 광택 처리] 설정

제 04 회 정보기술자격(ITQ) 시험

표지 디자인
- 도형 삽입 : [양쪽 모서리가 잘린 사각형] 삽입 → 도형 서식 변경(투명도, 효과)
- 그림 삽입 : [삽입] 탭-[그림] 선택 → [그림 삽입] 대화상자 설정('로고2.jpg' 선택)

목차 슬라이드
목차 삽입 : [오른쪽 화살표] 삽입 → [대각선 방향의 모서리가 잘린 사각형] 삽입 → [좌우 대칭] 설정 → 글꼴 지정 및 번호 입력

표 슬라이드

- **표 삽입** : 표 삽입(열 개수 [3], 행 개수 [4]) → [테마 스타일 1 – 강조 5] 선택
- **상단 도형** : [한쪽 모서리가 잘린 사각형], [포인트가 8개인 별] 삽입
- **좌측 도형** : [한쪽 모서리가 잘린 사각형] 삽입 → [좌우 대칭] 설정 → [그라데이션]–[선형 아래쪽] 설정 → 그라데이션 색상 설정

차트 슬라이드

- **값 표시** : '15~64세' 계열 클릭 → '2060년'의 '15~64세' 계열 클릭 → [디자인] 탭–[차트 요소 추가]–[데이터 레이블]–[바깥쪽 끝에] 선택
- **도형** : [물결] 삽입 → [도형 스타일] 설정

도형 슬라이드

스마트아트 삽입 : [닫힌 갈매기형 수장 프로세스형] 삽입 → [3차원 만화] 설정, [선형 벤형] 삽입 → [3차원 광택 처리] 설정

제 05 회 정보기술자격(ITQ) 시험

표지 디자인

- **도형 삽입** : [한쪽 모서리가 둥근 사각형] 삽입 → 도형 서식 변경(투명도, 효과)
- **그림 삽입** : [삽입] 탭–[그림] 선택 → [그림 삽입] 대화상자 설정('로고2.jpg' 선택)

목차 슬라이드

목차 삽입 : [L 도형] 삽입 → [좌우 대칭] 설정 → [정오각형] 삽입 → 글꼴 지정 및 번호 입력

표 슬라이드

- **표 삽입** : 표 삽입(열 개수 [2], 행 개수 [6]) → [테마 스타일 1 – 강조 5] 선택
- **상단 도형** : [배지], [다이아몬드] 삽입
- **좌측 도형** : [한쪽 모서리가 잘린 사각형] 삽입 → [좌우 대칭] 설정 → [그라데이션]–[선형 아래쪽] 설정 → 그라데이션 색상 설정

차트 슬라이드

- **값 표시** : '하드웨어' 계열 클릭 → '2020년'의 '하드웨어' 계열 클릭 → [디자인] 탭–[차트 요소 추가]–[데이터 레이블]–[바깥쪽 끝에] 선택
- **도형** : [오른쪽 화살표] 삽입 → [도형 스타일] 설정

도형 슬라이드

스마트아트 삽입 : [방사 주기형] 삽입 → [3차원 경사] 설정, [선형 벤형] 삽입 → [3차원 광택 처리] 설정

제 06 회 정보기술자격(ITQ) 시험

표지 디자인

- **도형 삽입** : [직사각형] 삽입 → 도형 서식 변경(투명도, 효과)
- **그림 삽입** : [삽입] 탭–[그림] 선택 → [그림 삽입] 대화상자 설정('로고3.jpg' 선택)

목차 슬라이드

목차 삽입 : [직사각형] 삽입 → [왼쪽/오른쪽 화살표 설명선] 삽입 → 글꼴 지정 및 번호 입력

표 슬라이드

- **표 삽입** : 표 삽입(열 개수 [3], 행 개수 [3]) → [테마 스타일 1 – 강조 6] 선택
- **상단 도형** : [직사각형], [구름] 삽입
- **좌측 도형** : [모서리가 둥근 직사각형] 삽입 → [그라데이션]–[선형 아래쪽] 설정 → 그라데이션 색상 설정

차트 슬라이드

- **값 표시** : '2020년' 계열 클릭 → '2020년'의 '공부' 계열 클릭 → [디자인] 탭–[차트 요소 추가]–[데이터 레이블]–[바깥쪽 끝에] 선택
- **도형** : [오각형] 삽입 → [도형 스타일] 설정

도형 슬라이드

스마트아트 삽입 : [방사 주기형] 삽입 → [3차원 경사] 설정, [지그재그 프로세스형] 삽입 → [3차원 만화] 설정

제 07 회 정보기술자격(ITQ) 시험

표지 디자인

- **도형 삽입** : [직사각형] 삽입 → 도형 서식 변경(투명도, 효과)
- **그림 삽입** : [삽입] 탭–[그림] 선택 → [그림 삽입] 대화상자 설정('로고2.jpg' 선택)

목차 슬라이드

목차 삽입 : [오른쪽 화살표] 삽입 → [정오각형] 삽입 → 글꼴 지정 및 번호 입력

표 슬라이드

- **표 삽입** : 표 삽입(열 개수 [3], 행 개수 [3]) → [테마 스타일 1 – 강조 4] 선택
- **상단 도형** : [한쪽 모서리가 잘린 사각형], [사다리꼴] 삽입
- **좌측 도형** : [순서도: 지연] 삽입 → [좌우 대칭] 설정 → [그라데이션]–[선형 아래쪽] 설정 → 그라데이션 색상 설정

차트 슬라이드

- 값 표시 : '시설원예(ha)' 계열 클릭 → '2020년'의 '시설원예(ha)' 계열 클릭 → [디자인] 탭-[차트 요소 추가]-[데이터 레이블]-[바깥쪽 끝에] 선택
- 도형 : [오각형] 삽입 → [도형 스타일] 설정

도형 슬라이드

스마트아트 삽입 : [기본 원형] 삽입 → [3차원 경사] 설정, [세로 화살표 목록형] 삽입 → [3차원 광택 처리] 설정

제 08 회 정보기술자격(ITQ) 시험

표지 디자인

- 도형 삽입 : [직사각형] 삽입 → 도형 서식 변경(투명도, 효과)
- 그림 삽입 : [삽입] 탭-[그림] 선택 → [그림 삽입] 대화상자 설정('로고2.jpg' 선택)

목차 슬라이드

목차 삽입 : [L 도형] 삽입 → [좌우 대칭] 설정 → [순서도: 저장 데이터] 삽입 → 글꼴 지정 및 번호 입력

표 슬라이드

- 표 삽입 : 표 삽입(열 개수 [2], 행 개수 [3]) → [테마 스타일 1 - 강조 6] 선택
- 상단 도형 : [직사각형], [다이아몬드] 삽입
- 좌측 도형 : [한쪽 모서리는 잘리고 다른 쪽 모서리는 둥근 사각형] 삽입 → [그라데이션]-[선형 아래쪽] 설정 → 그라데이션 색상 설정

차트 슬라이드

- 값 표시 : 'VR(억원)' 계열 클릭 → '2024년'의 'VR(억원)' 계열 클릭 → [디자인] 탭-[차트 요소 추가]-[데이터 레이블]-[바깥쪽 끝에] 선택
- 도형 : [오각형] 삽입 → [도형 스타일] 설정

도형 슬라이드

스마트아트 삽입 : [과녁 목록형] 삽입 → [3차원 경사] 설정, [계층 구조 목록형] 삽입 → [3차원 만화] 설정

제 09 회 정보기술자격(ITQ) 시험

표지 디자인

- 도형 삽입 : [직사각형] 삽입 → 도형 서식 변경(투명도, 효과)
- 그림 삽입 : [삽입] 탭-[그림] 선택 → [그림 삽입] 대화상자 설정('로고1.jpg' 선택)

목차 슬라이드

목차 삽입 : [직사각형] 삽입 → [직각 삼각형] 삽입 → 글꼴 지정 및 번호 입력

표 슬라이드

- 표 삽입 : 표 삽입(열 개수 [3], 행 개수 [4]) → 표의 3열을 선택 → [레이아웃] 탭-[셀 병합] → [테마 스타일 1 - 강조 6] 선택
- 상단 도형 : [한쪽 모서리가 잘린 사각형], [배지] 삽입
- 좌측 도형 : [양쪽 모서리가 잘린 사각형] 삽입 → [그라데이션]-[선형 아래쪽] 설정 → 그라데이션 색상 설정

차트 슬라이드

- 값 표시 : '고혈압 1단계' 계열 클릭 → '2019년'의 '고혈압 1단계' 계열 클릭 → [디자인] 탭-[차트 요소 추가]-[데이터 레이블]-[바깥쪽 끝에] 선택
- 도형 : [갈매기형 수장] 삽입 → [도형 스타일] 설정

도형 슬라이드

스마트아트 삽입 : [기본 프로세스형] 삽입 → [3차원 경사] 설정, [세로 상자 목록형] 삽입 → [3차원 광택 처리] 설정

제 10 회 정보기술자격(ITQ) 시험

표지 디자인

- 도형 삽입 : [직사각형] 삽입 → 도형 서식 변경(투명도, 효과)
- 그림 삽입 : [삽입] 탭-[그림] 선택 → [그림 삽입] 대화상자 설정('로고1.jpg' 선택)

목차 슬라이드

목차 삽입 : [오른쪽 화살표] 삽입 → [팔각형] 삽입 → 글꼴 지정 및 번호 입력

표 슬라이드

- 표 삽입 : 표 삽입(열 개수 [2], 행 개수 [3]) → [테마 스타일 1 - 강조 6] 선택
- 상단 도형 : [한쪽 모서리가 잘린 사각형], [다이아몬드] 삽입
- 좌측 도형 : [양쪽 모서리가 둥근 사각형] 삽입 → [그라데이션]-[선형 아래쪽] 설정 → 그라데이션 색상 설정

차트 슬라이드

도형 : [모서리가 둥근 사각형 설명선] 삽입 → [도형 스타일] 설정

도형 슬라이드

스마트아트 삽입 : [기본 블록 목록형] 삽입 → [3차원 만화] 설정, [세로 화살표 목록형] 삽입 → [3차원 경사] 설정

ITQ 파워포인트 2016

초판2쇄 발행	2023년 04월 03일(인쇄 2023년 03월 09일)
초 판 발 행	2021년 05월 03일(인쇄 2021년 03월 24일)
발 행 인	박영일
책 임 편 집	이해욱
편 저	IT수험교재팀
편 집 진 행	이동욱
표지디자인	김도연
편집디자인	신해니
발 행 처	(주)시대고시기획
출 판 등 록	제 10-1521호
주 소	서울시 마포구 큰우물로 75 [도화동 538 성지 B/D] 9F
전 화	1600-3600
홈 페 이 지	www.sdedu.co.kr
I S B N	979-11-383-1669-9(13000)
정 가	14,000원

※이 책은 저작권법에 의해 보호를 받는 저작물이므로, 동영상 제작 및 무단전재와 복제, 상업적 이용을 금합니다.
※이 책의 전부 또는 일부 내용을 이용하려면 반드시 저작권자와 (주)시대고시기획의 동의를 받아야 합니다.
※잘못된 책은 구입하신 서점에서 바꾸어 드립니다.